义马上石河春秋墓

三门峡市文物考古研究所 编著

科学出版社
北京

内 容 简 介

上石河墓地位于河南省义马市市区南部、石河西岸约100米处的原上石河村中，是三门峡地区继上村岭虢国墓地之后发现的又一处较大规模的春秋早期中小型贵族墓地。2017年7月至2018年9月，受河南省文物考古研究院的委派，三门峡市文物考古研究所与义马市文物管理所联合对该墓地进行了首次较大规模的抢救性考古发掘。此次发掘共清理春秋时期墓葬107座、马坑9座，出土各类文物达3549件（颗）。本书全面、系统地介绍了墓地的发掘成果，从地理环境、墓葬形制、出土器物组合和特征以及墓葬年代等方面进行了认真细致的整理和分析，为探索和研究豫西地区春秋时期的葬制和葬俗提供了珍贵的考古材料，具有十分重要的学术意义。

本书适合于考古学、历史学等相关专业的研究者、爱好者参考、阅读。

图书在版编目（CIP）数据

义马上石河春秋墓 / 三门峡市文物考古研究所编著. —北京：科学出版社，2024.1

ISBN 978-7-03-076351-8

Ⅰ．①义… Ⅱ．①三… Ⅲ．①墓葬（考古）–考古发掘–义马–春秋时代 Ⅳ.①K878.8

中国国家版本馆CIP数据核字（2023）第180216号

责任编辑：张亚娜 / 责任校对：张亚丹
责任印制：肖 兴 / 封面设计：美光设计

科学出版社 出版
北京东黄城根北街 16 号
邮政编码：100717
http://www.sciencep.com

北京汇瑞嘉合文化发展有限公司 印刷
科学出版社发行 各地新华书店经销
*
2024年1月第 一 版 开本：889×1194 1/16
2024年1月第一次印刷 印张：31 1/2 插页：48
字数：900 000

定价：428.00元
（如有印装质量问题，我社负责调换）

义马上石河春秋墓

主 编

郑立超

副主编

燕 飞 杨海青 高 鹏

目　录

插图目录

插表目录

彩版目录

图版目录

第一章 绪 论

第一节 地理环境和历史沿革

一、地理环境

义马市位于河南省西部，介于洛阳市和三门峡市之间，东距省会郑州183公里，地理坐标为东经111°50′47″~111°50′49″，北纬34°42′~34°46′。义马市周围绝大部分被本省的渑池县所环绕，仅东南一角与本省的宜阳县盐镇乡、新安县铁门镇毗邻，东西纵长14公里，南北横宽约9公里，总面积112平方公里。义马市地处秦岭余脉崤山延伸地带，属浅山丘陵区，海拔在380~670米之间。境内沟壑纵横，随着山脉河流走向，地势为北高南低、西高东低，自北向南倾斜。市区南、北各有一东西走向的山脉，北系为渑池韶山支脉之雁眉山、南屏山，穿市区北境而过，向南呈缓坡形降低，浅山丘陵区岩层外露；南系为由渑池县峨眉山入境的南郊山脉，自西向东依次为蒿梨山、仙崖、香山、飞凤山及钟灵山，横亘市区南境。

义马市属暖温带大陆性气候，四季分明，日照充足，年平均气温12.4℃，年平均日照2250.4小时，全年无霜期118~276天，年降雨量666.9毫米。受大陆性气候影响，秋冬季多西北风，春夏季多东南风，天气变化无常，干旱较多。义马市属于黄河流域，土壤类型有潮土、褐土两个类型。境内煤炭资源十分丰富，动植物资源的种类也达百余种。由于这里自然环境条件优越，较为适宜人类生存。

二、历史沿革

义马市地处黄河流域，因境内的义马村而得名。义马原名"艺麻"，其村东、西旧有东麻地、西麻地之称，后演变为义马。又传唐秦琼曾在此饮马，后"饮"演为"义"，故名。义马市处于两京（西安、洛阳）之间的崤渑故道上，为秦函谷关（灵宝）、汉函谷关（新安）之间的咽喉地带，自古以来即为兵家必争、商贾必越之地。

义马历史悠久，早在新石器时代，就有中华民族的先辈在这里定居生活、繁衍生息。秦时置新安县，县城治所在今市区西南部下石河村一带，历汉、魏、晋、南北朝等朝代计800余年。北魏孝文帝孝昌三年（527年）新安县东移，设西新安，先后为宜阳、渑池二郡所辖。隋大业初改东垣县为新安县，渑池县移治新安驿，大业十二年（616年）又移治大坞城，义马一带仍归于渑池县境。明清时期，渑池全县编为30里（后并为25里），义马境域分属东一里、东二里、东三里和南二里。中华民国初年，沿袭清制；民国20年（1931年）办理自治，划渑池全县为六区，义马地区分属第三区、四区；民国25年（1936年）改区设乡镇，渑池原第三、四区合为新二区，辖现义马市大部分地区；民国31年（1942年）废区设署，渑池全县划为11个乡镇，义马地区分属常村乡和千秋镇。新中国成立之初，义马地区分属渑池县第三区和第四区。1951年渑池县增设千秋为第七区，辖现义马市全部区域。1956年撤区并乡，义马地区分属渑池县千秋镇和洪阳乡。1958年实现公社化，义马地区成立千秋公社和义马矿区公社。1963年石佛、千秋两社合并为千秋公社，同年12月划出义马、常村、三十里铺三个大队成立义马镇。1968年千秋公社与义马镇合并为义马公社。1970年7月义马矿区成立，归洛阳地区代管，分设千秋公社、常村公社和义马镇。1981年4月，经国务院批准，在义马矿区成立义马市，由洛阳地区代管。1986年洛阳地区撤销，义马市归三门峡市代管至今。

第二节 墓地概况

上石河墓地位于河南省义马市市区南部、石河西岸约100米处的原上石河村中，中心地理坐标为东经111°51′37″，北纬34°44′22″，海拔约450米。墓地北临310国道，东南邻义马市第一污水处理厂，南接新安古城遗址，西与开祥精细化工有限公司老厂区隔墙相连（图一；彩版一）。

2017年7月，义马市文物钻探队在配合开祥精细化工有限公司厂区向东扩建工程对建设用地进行钻探时，发现该墓地。墓地地表原为上石河村村民居住地，周围地势整体较为开阔平坦。目前已初步探明，墓地现存范围东西长约200米，南北宽约150米，总面积为3万余平方米，墓葬分布较为密集。

第三节 发掘经过

2017年7月至2018年9月，受河南省文物考古研究院委派，三门峡市文物考古研究所与义马市文物管理所组成联合考古队对上石河墓地进行了首次大规模的抢救性考古发掘，由杨海青担任发掘领队，全面主持各项工作。这次发掘工作分两个阶段进行。

2017年7～8月为第一阶段，共清理竖穴土坑墓4座、马坑2座，出土铜、陶、玉、石、蚌

北

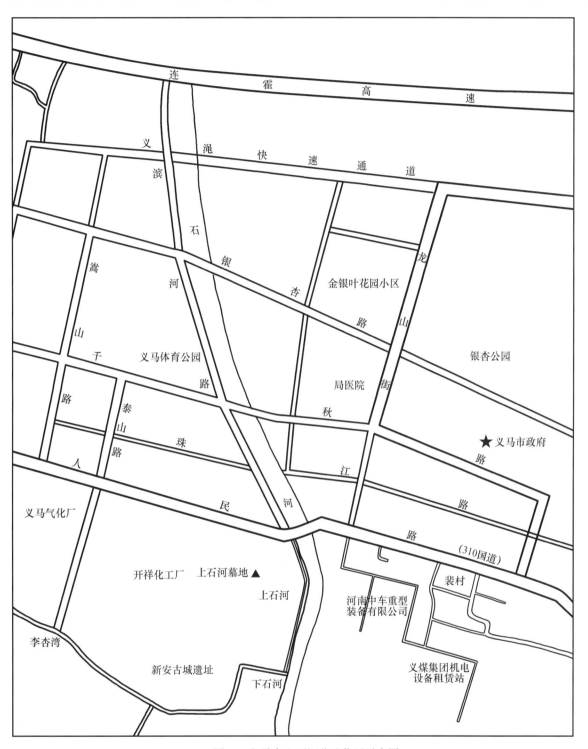

图一 义马市上石河墓地位置示意图

等类随葬器物49件。根据墓葬形制和出土陶器特征判断，这批墓葬的时代为春秋时期。参加此阶段发掘的人员有三门峡市文物考古研究所赵小灿、上官荣光，义马市文物管理所高鹏、王战东、王振以及陕州区文物地质钻探管理站焦小建等。

2018年1~9月为第二阶段，共清理竖穴土坑墓103座、马坑7座，共出土铜、陶、玉、石、玛瑙、骨、蚌质和海贝等类随葬器物3500件。参加此阶段发掘的人员有三门峡市文物考古研究所杨海青、高鸣，义马市文物管理所高鹏、张欲晓、陈仲夏、杨生峡、王振，西北师范大学历史文化学院研究生李永涛、彭宇，灵宝市文物保护管理所韩红波以及技工刘付有、梁峰锦等。此外，三门峡市文物考古研究所燕飞、义马市文物管理所王战东、陕州区文物地质钻探管理站刘国保、河北师范大学历史文化学院研究生任婷、河南大学文博学院博士生李萌等参加了此阶段的部分发掘工作。在第二阶段的发掘过程中，郑州大学历史学院体质人类学研究生王一鸣对该墓地的人骨进行了科学采集和初步鉴定。

2018年9月，上石河墓地发掘工作结束。这次发掘共清理春秋时期墓葬107座、马坑9座，出土各类遗物3549件。发掘表明，该墓地是一处保存完整、排列有序、规划严谨的春秋早期墓群，是继三门峡上村岭虢国墓地之后发现的又一处重要的虢国邦族墓地。它不仅可以填补崤函古道上春秋时期中小型贵族墓地的发现和研究空白，还为寻找虢国被晋国灭掉后，虢国贵族的最后去向提供线索。2019年3月，上石河墓地被评为"2018年度河南省五大考古新发现"之一。

发掘期间，河南省文物局文物处副处长何军峰，河南省文物考古研究院研究员马俊才和胡永庆、副研究员梁法伟，三门峡市文化广电和旅游局副局长宁会振，时任义马市文化广电旅游和新闻出版局局长李纪从等领导专家曾多次亲临发掘现场指导工作。中央电视台《探索发现》栏目组也对发掘现场进行了长达20天的跟踪拍摄，国内外数十家新闻媒体对该墓地进行了报道。

第四节　资料整理和报告编写

从田野发掘开始，经室内整理、研究，到报告的编写完成直至正式出版，无疑是一项极其复杂的工作，其中对出土器物的修复、保护、整理研究以及鉴定、摄影、绘图、墨拓等工作更是十分繁缛和琐碎。

上石河墓地发掘结束后，由于种种原因，室内资料整理、出土器物修复与保护等工作只能时断时续地进行。2019年3~10月，三门峡市文物考古研究所张雪娇和河南省文物考古研究院技工陈英等完成了部分铜器和玉器的线图绘制以及部分铜器的去锈工作。2021年6~8月，南阳市文物考古研究所技工杜祖双、梅中武等完成了陶器的修复工作。2022年5月至2023年1月，张雪娇完成了全部陶器和剩余铜器及玉器的线图绘制工作。

2022年8月开始进行报告的编写工作。报告的编写主要由郑立超、燕飞、杨海青负责，高鹏、孙宁等参与了报告的整理编写工作。在编写报告的同时,郑州市文物局王羿、梁立俊完成了器物的摄影工作。

上石河墓地的发掘和整理工作是在河南省文物考古研究院和三门峡市文物考古研究所的领导下进行的,是参与发掘和整理工作的全体同仁共同努力的结果。

第二章 墓葬概述

第一节 墓葬综述

一、墓葬分布

上石河墓地首次发掘的春秋时期墓葬共107座，分别编号为M2～M7、M10、M12、M15～M18、M21～M23、M25～M116，分布比较集中（图二）。经考古调查勘探可知，在该墓地中部有一条Y形古河道，古河道呈西北—东南走向，较窄浅。整个发掘区被这条小古河道分为北区、南区和东北区三个部分。

南区的墓葬一般规模较大，分布稀疏，随葬品种类和数量较丰富，以铜器及玉石器为主，墓葬基本为南北向，祔葬马坑均发现于此区域，应是较高等级贵族墓区；北区的墓葬规模相对较小，分布较密集，随葬品种类和数量较少，以玉石器为主，墓向以南北向为主，少数为东西向；东北区的墓葬以小型墓为主，分布最为密集，随葬品以陶器为主，墓向以东西向为主，少数规模较大的墓葬则为南北向（彩版二）。

该墓地地表原为上石河村村民居住地，因村民建房挖地基，所有墓葬的墓上地层被完全扰乱破坏。已发掘的同时期墓葬之间相互不存在打破或叠压关系，表明该墓地具有一定的规划，且有较为严格的埋葬制度。此外，部分墓葬在相对位置上存在并列关系，甚至成组分布，呈现出一定的规律性。

二、形制与结构

从墓葬平面形状上看，107座墓葬均为长方形或近长方形竖穴土坑墓，墓葬规模相差较大（见附表一）。依墓口面积大小，可分为大型墓、中型墓和小型墓三类。

北 ←

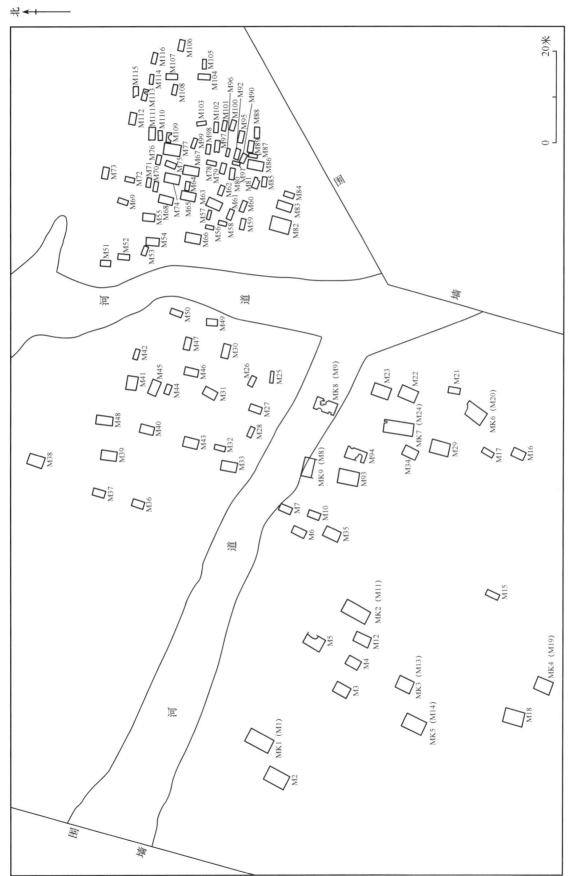

图二 义马市上石河墓地墓葬及马坑分布图

（一）大型墓

2座。墓口长度在4.84～4.96米，宽度在3.22～3.60米之间，墓葬面积在15.00平方米以上。墓内随葬品种类多，数量较丰富，以制作精美的铜器和玉石器为主。墓向均为南北向。葬具为单椁重棺或单椁单棺，均有祔葬马坑。两座墓葬的墓底四周都设熟土二层台。其中1座墓葬（M2）口大底小，墓壁斜直内收，平底；另1座墓葬（M93）口底同大，墓壁垂直，平底。

（二）中型墓

29座。墓口长度在3.30～4.70米，宽度在1.96～3.24米，墓葬面积在6.60～15.00平方米之间。随葬品种类较丰富，数量较多，以铜器和玉石器为主。墓向以南北向为主。葬具为单椁重棺或单椁单棺，部分墓葬有祔葬马坑。29座墓葬的墓底四周都设熟土二层台，个别墓葬的底部还设有腰坑，坑内放置有幼狗等小动物。其中12座墓葬口小底大，墓壁陡直或斜直略外张，平底；16座墓葬口底同大，墓壁垂直，平底；1座墓葬（M34）口大底小，墓壁垂直或陡直内收，平底。

（三）小型墓

76座。墓口长1.84～3.38米，宽0.72～1.95米，墓葬面积在6.50平方米以下。大多数墓葬有少量的随葬品，陶器组合以鬲、罐、盂为主，多数墓葬有玉石玦、玉石或蚌质口琀等。墓葬以东西向为主。葬具以单椁单棺为主，单椁或单棺次之，极个别的无葬具。多数墓底的四周设熟土二层台，个别墓底还设有腰坑。其中2座墓葬口大底小，墓壁陡直内收，平底；12座墓葬口小底大，墓壁陡直或斜直略外张，平底；58座墓葬口底同大，墓壁垂直，平底；4座墓葬口底同大，墓壁垂直，底部略呈斜坡状。

墓内填土均为以红褐色为主的花土，有的土质较硬，有的较疏松，土内夹杂有少量的小料姜石和小河卵石块。

三、墓葬方向

107座墓葬中，墓葬方向以南北向为主，东西向次之。其中方向在0°～40°之间者计55座，占墓葬总数的大多数，约占51.40%；96°～125°之间者计24座，约占22.43%；272°～300°之间者计23座，约占21.50%；190°～212°之间者计5座，约占4.67%。可以看出，墓葬内墓主的头向大多数向北，向东者和向西者次之，向南者极少。

四、葬　　具

107座墓葬中，葬具均因腐朽严重，结构不清。从墓内残存的灰白色或灰黑色木质朽痕可以辨出，葬具为单椁重棺者14座，约占13.09%；单椁单棺者46座，约占42.99%；单椁者18座，约占16.82%；单棺者28座，约占26.17%；另有1座墓葬因被毁严重或早期迁葬，未见葬具朽痕，仅占0.93%。以上数据表明，使用单椁重棺的墓主较少，其身份应为较高等级的贵族；而使用单椁单棺者数量最多，其身份应为较低等级的贵族；使用单椁或单棺者数量均相对较少，其身份应为一般庶民。

五、葬　　式

107座墓葬中，除3座墓内未发现人骨和4座墓内人骨被扰乱无法辨别葬式外，其余均为单人葬。其中，仰身直肢葬75座，占可辨葬式墓葬的75%，死者一般双手交叉放于腹部；仰身屈肢葬14座，占可辨葬式墓葬的14%；侧身直肢葬6座，占可辨葬式墓葬的6%；侧身屈肢葬4座，占可辨葬式墓葬的4%；另有因下身骨骼残缺，具体葬式不明的仰身葬1座。

六、随　　葬　品

这次发掘墓葬出土的随葬品，虽然总体来说是比较少的，但放置位置具有明显规律。大型墓的墓葬形制较大，随葬品数量较为丰富，且以铜器和玉石器为主，葬具为单椁重棺或单椁单棺，随葬品主要放置于外棺盖板上、椁室周围及内棺内的墓主人身上。中型墓的墓葬形制相对较大，随葬品数量相对也较丰富，同样以铜器和玉石器为主，葬具为单椁重棺或单椁单棺，随葬品主要放置在棺盖板上、椁室内和棺内墓主人头部附近或口中。小型墓的墓葬形制一般较小，随葬品也较少，大多数墓葬有少量的随葬品，陶器组合以鬲、罐、盂为主，多数墓葬有玉石玦、玉石或蚌质口琀等。葬具或为单椁单棺，或为单椁，或为单棺，极个别的无葬具。其中单椁单棺者，随葬品放置于椁室内和棺内墓主人头部附近或口中；单椁者，随葬品放置于椁室内和墓主人头部附近或口中；单棺者，随葬品放置于墓坑底部或棺内墓主人头部附近或口中；无葬具者，随葬品放置于墓内墓主人头部附近。

此次发掘的107座墓葬中，除10座墓内无随葬品外，其余墓葬均有数量不等的随葬品。各墓内出土随葬品最少仅1件，最多有1338件（颗）。依质地不同，可分为铜器、陶器、玉器、石器、玛瑙器、水晶器、骨器、蚌器、海贝与蛤蜊壳等十类。其中以石器数量最多，陶器和玉器次之，铜器再次之；骨器、蚌器、海贝、蛤蜊壳等数量较少，只见于少数墓葬中。

铜器种类有鼎、簋、盘、盨、方壶、匜、盉、镬等礼器，戈、镞、盾钖等兵器，铲、刻刀等工具，辖、衔、镳、铃、带扣、小腰等车马器，小铃、鱼、翣等棺饰，以及环、合页等杂器。主要纹样有窃曲纹、重环纹、垂鳞纹、瓦垄纹等。玉器虽然出土不少，但器型普遍较小，主要种类有璧、戈、组玉佩、佩饰、管、环、玦、口琀和残玉饰等。纹样比较简单，有龙纹、凤鸟纹等。陶器多出土于小型墓葬中，陶质分为泥质和夹砂陶两种，大多数为泥质灰陶，少数为夹砂灰黑陶。陶器制法主要为轮制。器表装饰纹样简单，主要以粗绳纹、弦纹为主。器类有鬲、罐、盂、壶、珠等。石器种类主要有璧、戈、圭、匕、刀、玦、口琀、贝和绿松石饰等，以石贝数量最多。玛瑙器种类主要有项饰、手腕饰和口琀等。骨器种类有戈、圭、饰件、管、小腰、坠饰、镳和钉等。蚌器有圭、匕、刀、饰件、管、玦和口琀等。此外还有极少数的海贝和蛤蜊壳等。

第二节　墓葬分述

一、M2

M2位于墓地南区的西北部。

（一）墓葬形制

该墓为南北向长方形竖穴土坑墓，方向30°。墓口开于扰土层下，距现地表0.70米。墓口北高南低，平面呈长方形，南北长4.96米，东西宽3.48～3.50米。墓底略小于墓口，墓壁修整较光滑，自墓口向下皆斜直稍内收，墓底平坦。墓底南北长4.86米，东西宽3.32～3.40米，墓深1.92～2.14米。

墓底四周设有熟土二层台，其中北侧台宽0.20米，东侧台宽0.18～0.50米，南侧台宽0.08～0.10米，西侧台宽0.22～0.38米，台残高0.58米。

墓内填土为灰褐色花土，土质较硬，内含少量小料姜石块和大量兽骨、陶片等。

（二）葬具与葬式

1. 葬具

墓内葬具被火烧过且腐朽严重，结构不清。从残存的灰白色和灰黑色木质朽痕能推断出葬具为单椁单棺。

木椁位于墓底中部，椁室四壁紧贴二层台内壁，北宽南窄，平面近长方形，南北长4.60米，东西宽2.56~2.90米，残高0.58米。椁盖板仅清理出几块残木板痕迹，厚度不详；椁室四壁由厚约0.06~0.08米的木板相围而成；椁底板由30块宽约0.12~0.18米、厚0.04米的薄木板拼合而成，呈东西横向平铺于墓底。椁室的壁板均已炭化，应为火烧所致。

木棺位于椁室中部，因被扰严重，仅清理出3块残存的底板痕迹。木棺形状不明，底板南北残长1.42~2.14米，东西残宽0.14~0.36米，板厚0.04米。

2. 葬式

因该墓被扰严重，葬式不详（图三；图版一，1）。

（三）随葬器物

随葬器物分别放置于椁盖板上和椁室内。其中，椁盖板上放置石贝3枚、石璧1件、骨钉3件、牛面形蚌饰1件、石戈3件、龙形蚌佩1件（图四）；椁室东北部放置铜盾钖2件、铜衔1件、骨镳1件，东南部放置有石贝33枚，西南部则放置铜合页3件、龙形蚌佩1件、L形蚌饰1件、铜铃1件。

随葬器物共计55件（枚）。依质地可分为铜、石、骨和蚌四类。

1. 铜器

7件。有盾钖、衔、合页和铃四种。

盾钖　2件。应为盾牌上的装饰物。因胎壁较薄，出土时腐蚀严重，其中一件略残，另一件破碎不堪。形制、大小相同。呈圆形，正面中部向上隆起，背面相应凹陷，周边有左右对称的两个细小钉孔。标本M2：10-1，外径7.0、高0.5、厚0.15厘米（图五，1）。

衔　1件。M2：11-1，出土时一端环残缺。由两个"8"字形铜环套接而成，端环呈椭方形。残长17.2厘米，环长径4.1、短径3.2厘米（图五，9；图版一四，1）。

合页　3件。形制基本相同，大小、纹样略有差异。皆由上下两个构件组成。上部是一个下连横轴的长方形钮，下部是顶端以横轴相连的长方形双层页片。上下构件套接在一起，可自由转动。器身正、背面下部各有一个圆形穿孔，中部各饰一组无珠重环纹。M2：12，通高7.6厘米，页片长5.2、宽3.0、厚0.5厘米（图五，2、3；图版一四，2）。M2：13，通长7.4厘米，页片长5.1、宽2.9、厚0.4厘米（图五，5、6；图版一四，2）。M2：14，通长6.1厘米，页片长4、宽2.4、厚0.3厘米（图五，7、8；图版一四，2）。

铃　1件。M2：16，出土时铃舌已丢失。体较瘦长，上细下粗，平顶，上有半环形钮，钮下有小穿孔与腹腔贯通，下口边缘向上弧起，器身断面近椭圆形。器身正面有一竖向长条形穿孔。通高5.1厘米，下口长径2.7、短径1.9厘米（图五，4；图版一四，3）。

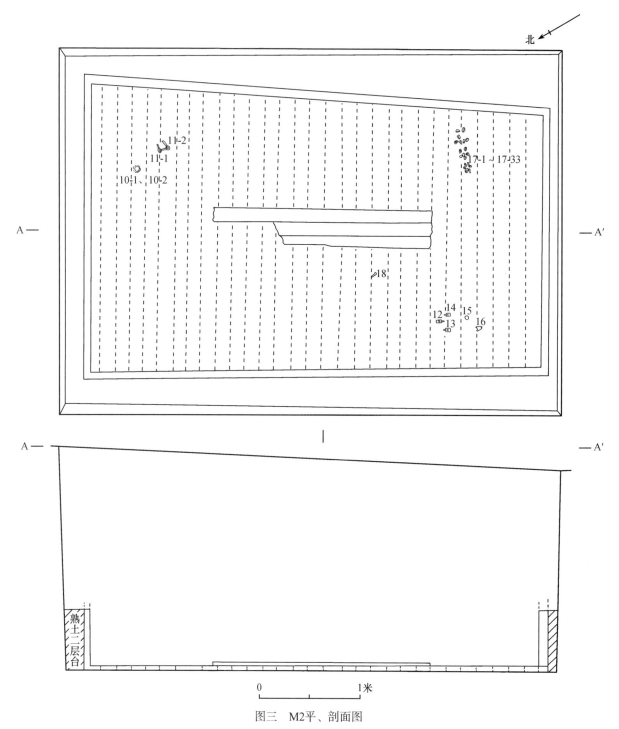

图三　M2平、剖面图

10-1、10-2.铜盾钖　11-1.铜衔　11-2.骨镳　12~14.铜合页　15.龙形蚌佩　16.铜铃　17-1~17-33.石贝　18.L形蚌饰

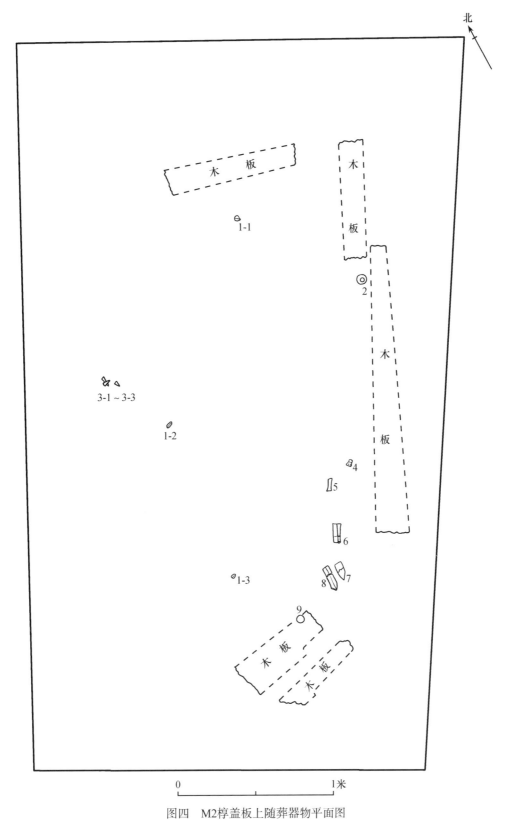

图四 M2椁盖板上随葬器物平面图

1-1～1-3. 石贝 2. 石璧 3-1～3-3. 骨钉 4. 牛面形蚌饰 5、6（与7合）、8. 石戈 9. 龙形蚌佩

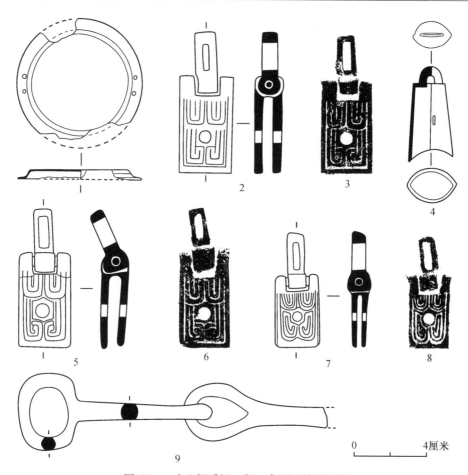

图五　M2出土铜盾钖、衔、合页、铃及拓片

1. 盾钖（M2：10-1）　　2、5、7. 合页（M2：12、M2：13、M2：14）　　3、6、8. 合页（M2：12、M2：13、M2：14）纹样拓片
4. 铃（M2：16）　　9. 衔（M2：11-1）

2. 石器

40件。有璧、戈和贝三种。

璧　1件。M2：2，石英岩质，白色。圆形，体较厚，中部有双面钻圆孔，断面近长方形。外径5.0、内径1.9、厚0.7厘米（图六，1；彩版三〇，5）。

戈　3件。M2：5，出土时戈的锋部、援前段及内部残缺。石英岩质，白色。器身略窄，直援，正面有脊，背面平。援残长6.7、宽2.0、厚0.6厘米（图六，10）。M2：6，经整理与M2：7合为一件。出土时已断裂为6块，且援前段略残。石英岩质，白色。器身略宽，锋呈三角形，直援，正面有脊，背面平，近末端处两侧有缺，以示内部。长方形直内。通长19.6厘米，援长14.5厘米，内长5.1、宽3.5厘米，厚0.5厘米（图六，3）。M2：8，出土时已断裂为3块。石英岩质，白色。锋呈等腰三角形，较尖，直援，正面有脊，背面平，近末端处两侧有缺，以示内部。长方形直内。通长13.0厘米，援长10.2厘米，内长1.8、宽2.9厘米，厚0.6厘米（图六，2；彩版三三，1）。

贝　36枚。石英岩质，灰白色。形状相同，大小略有差异。上端较尖，下端呈弧状，正

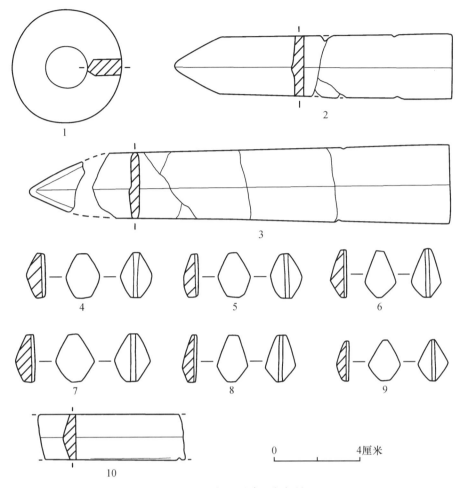

图六　M2出土石璧、戈与贝
1.璧（M2：2）　2、3、10.戈（M2：8、M2：6（与M2：7合）、M2：5）　4～9.贝（M2：1-1、M2：1-2、M2：1-3、
M2：17-1、M2：17-2、M2：17-3）

面鼓起，背面为平面，背面中部纵向刻一道浅凹槽。标本M2：1-1，长1.95、宽1.5、厚0.85厘米（图六，4）。标本M2：1-2，长2.0、宽1.5、厚0.65厘米（图六，5）。标本M2：1-3，长2.1、宽1.45、厚0.8厘米（图六，6）。标本M2：17-1，长2.1、宽1.7、厚0.85厘米（图六，7；彩版三三，2）。标本M2：17-2，长2.1、宽1.45、厚0.7厘米（图六，8；彩版三三，2）。标本M2：17-3，长1.85、宽1.45、厚0.6厘米（图六，9；彩版三三，2）。

3. 骨器

4件。有镞和钉二种。

镞　1件。M2：11-2，出土时下端已残缺。作弧形弯曲状，一端平齐，另一端较细，断面呈切角长方形，两侧面上透穿长方形孔。残长8.3厘米，最大断面长1.8、宽1.2厘米（图七，1）。

钉　3枚。土黄色。形状、大小相同，平顶，呈四棱锥体。标本M2：3-1，长3.7厘米，末端边长0.85、宽0.75厘米（图七，2）。

4. 蚌器

4件。有龙形佩、牛面形饰和L形饰三种。皆由蚌壳磨制而成，白色。

龙形佩　2件。形状、纹样基本相同，大小稍有差异。皆作圆形扁平体镂空状，正面饰盘龙纹，龙角高耸，"臣"字形目，张口，下唇上卷，尖尾衔于龙口内。M2∶9，出于椁盖板上。外径3.7、厚0.3厘米（图七，3、4；彩版三二，3）。M2∶15，出于椁室内。外径3.65、厚0.35厘米（图七，5、6）。

牛面形饰　1件。M2∶4，整体呈倒梯形，正面鼓起，背面平。正面作牛面形，上端有双角耸立，"臣"字形目，阔鼻外凸。高1.75、上端宽1.9、下端宽1.1、厚0.6厘米（图七，7、8；彩版三二，4）。

L形饰　1件。M2∶18，出于椁室内。整体近L形，一侧有单面斜刃，末端有两个小圆穿。残长4.2、宽1.2、厚0.3厘米（图七，9）。

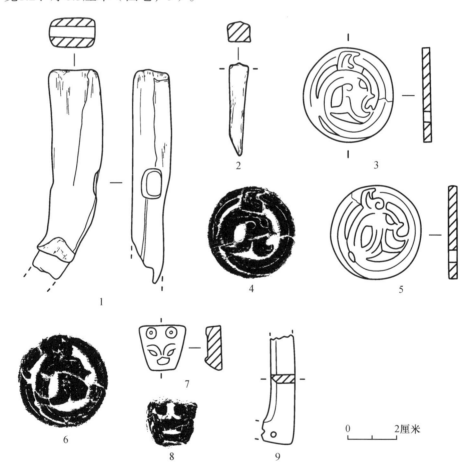

图七　M2出土骨镳、钉，蚌佩、蚌饰及拓片

1. 骨镳（M2∶11-2）　2. 骨钉（M2∶3-1）　3、5. 龙形蚌佩（M2∶9、M2∶15）　4、6. 龙形蚌佩（M2∶9、M2∶15）纹样拓片
7. 牛面形蚌饰（M2∶4）　8. 牛面形蚌饰（M2∶4）纹样拓片　9.L形蚌饰（M2∶18）

二、M3

M3位于墓地南区的中部。

（一）墓葬形制

该墓为南北向长方形竖穴土坑墓，方向30°。墓口开于扰土层下，距现地表0.56米。墓口平面呈长方形，南北长3.50米，东西宽2.44米。墓壁修整光滑，上下垂直，墓底平坦。墓底长、宽与墓口尺寸相同，深2.50米。

墓底四周有宽窄不等的熟土二层台，其中北侧台宽0.36米，东侧台宽0.20米，南侧台宽0.26米，西侧台宽0.40米，台残高0.50米。

墓内填土是以红褐色为主的花土，略经夯打，较硬，夯层与夯窝不明显，内含少量小料姜石块。

（二）葬具与葬式

1. 葬具

墓内葬具腐朽严重，结构不清。从灰白色或灰黑色木质朽痕判断，葬具为单椁单棺。

木椁位于墓底中部略偏东，椁室四壁紧贴二层台内壁，平面呈长方形，南北长2.88米，东西宽1.84米，残高0.50米，椁板厚度不详。

木棺位于椁室中部略偏西，平面近长方形，南北长1.76米，东西宽0.64～0.74米，残高0.30米，壁板与挡板厚0.04米，盖板与底板厚度不详。

2. 葬式

棺内葬有墓主1人，骨骼保存很差，仅存头骨和1根肱骨。从头骨位置推断，墓主为头北足南。在椁室东南部放置有铜戈、铜镞等兵器，判断墓主为男性，但年龄不详（图八；图版一，2）。

（三）随葬器物

随葬器物均放置于椁室内。其中椁室东北部放置石贝7枚，东中部放置石贝11枚，东南部放置铜戈1件、铜衔2件、铜镳4件、铜镞2件、石戈1件。

随葬器物共计28件（枚），依质地可分为铜、石两类。

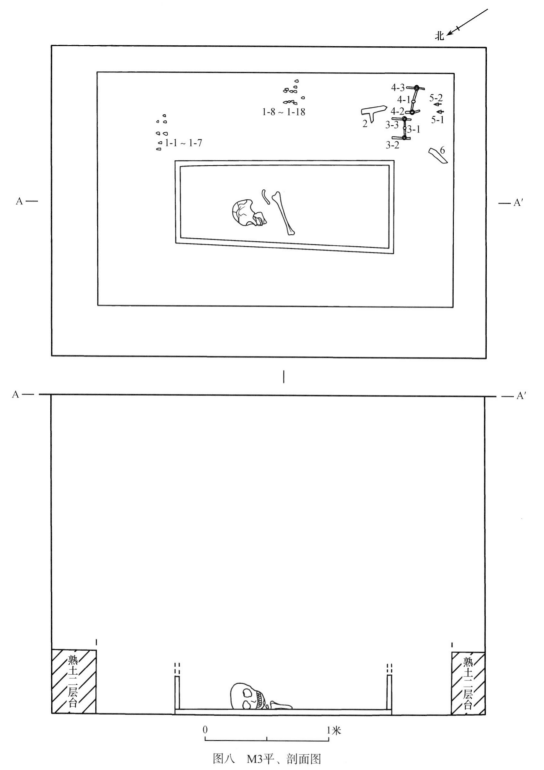

图八　M3平、剖面图

1-1～1-18.石贝　2.铜戈　3-1、4-1.铜衔　3-2、3-3、4-2、4-3.铜镳　5-1、5-2.铜镞　6.石戈

1. 铜器

9件。有戈、镞、衔和镳等四种。

戈　1件。M3：2，锋呈等腰三角形，锐利，直援有脊，上下边有锐刃，内、援之间有凸棱形阑，胡较长，阑侧有两个纵长条形穿和一个横长条形穿。近长方形直内，内中部有一横条形穿，内端下角有缺。通长20厘米，援长13.7、宽2.9厘米，内长6.3、宽3.3厘米，厚0.4厘米（图九，1；彩版二〇，1；图版一四，4）。

镞　2件。形状、大小基本相同。皆属双翼外张型镞。尖锋，双翼远离镞身且有锐刃，高脊，铤呈圆柱状。标本M3：5-1，出土时一翼残缺。镞长5.3、双翼残宽2.3厘米，铤长1.75、直径0.3厘米（图九，2）。

衔　2件。形制、大小基本相同。皆由两个"8"字形铜环套接而成，两端环呈圆形。M3：3-1，通长18.6、环径3.65厘米（图九，3；图版一四，5）。M3：4-1，通长22.1、环径3.7厘米（图九，4；图版一四，5）。

镳　4件。出土时2件镳与1件衔套在一起。每副镳的大小、形状、纹样基本相同，且左右相对。皆作弧形弯曲状，上端稍粗，下端渐细，表面略鼓，背面有脊，背面中部有两个半

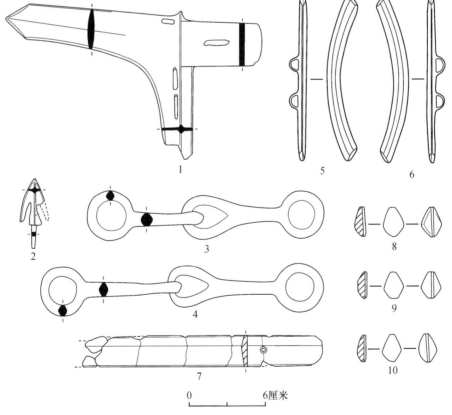

图九　M3出土铜戈、镞、衔、镳，石戈与贝

1.铜戈（M3：2）　2.铜镞（M3：5-1）　3、4.铜衔（M3：3-1、M3：4-1）　5、6.铜镳（M3：3-2、M3：3-3）

7.石戈（M3：6）　8～10.石贝（M3：1-1、M3：1-2、M3：1-3）

环形钮，断面呈扁圆形。M3：3，长12.7、宽1.1、厚0.5厘米（图版一四，6）。M3：3-2，左首镳（图九，5）；M3：3-3，右首镳（图九，6）。M3：4，尺寸、大小与M3：3相同（图版一四，6）。M3：4-2，左首镳；M3：4-3，右首镳。

2. 石器

19件。有戈和贝二种。

戈　1件。M3：6，出土时已断裂成7块，且锋部、援刃部及内末端两角均有残缺。石灰岩质，白色。器身略窄，直援，正面有脊，背面为平面，援两侧磨出单面钝刃，近末端处两侧有缺，以示内部。援本中部有一单面钻圆穿。近长方形直内。残长18.8厘米，内长4.3、宽2.3厘米，厚0.4厘米（图九，7）。

贝　18枚。石英岩质，灰白色。形状相同，大小略有差异。上端较尖，下端呈弧状，正面鼓起，背面为平面，背面中部纵向刻一道浅凹槽。M3：1-1，长2.25、宽1.6、厚0.8厘米（图九，8）。M3：1-2，长2.0、宽1.5、厚0.7厘米（图九，9）。标本M3：1-3，长2.1、宽1.5、厚0.6厘米（图九，10）。

三、M4

M4位于墓地南区的中部。

（一）墓葬形制

该墓为南北向长方形竖穴土坑墓，方向30°。墓口开于扰土层下，距现地表0.45米。墓口平面呈长方形，南北长3.12米，东西宽1.80米。墓壁修整光滑，上下垂直，墓底平坦。墓底长、宽与墓口尺寸相同，墓深1.70米。

墓底四周有宽窄不等的熟土二层台，其中北侧台宽0.26米，东侧台宽0.12～0.24米，南侧台宽0.32米，西侧台宽0.14米，台残高0.52米。

墓内填土是以红褐色为主的花土，略经夯打，较硬，夯层与夯窝不明显，内含少量的小料姜石块和小河卵石块。

（二）葬具与葬式

1. 葬具

墓内葬具腐朽严重，结构不清。从灰白色或灰黑色木质朽痕判断，葬具为单椁单棺。

木椁位于墓底中部，椁室四壁紧贴二层台内壁，平面近长方形，南北长2.54米，东西宽1.42～1.54米，残高0.60米，壁板与挡板厚0.04米，盖板与底板厚度不详。在椁室南部有一较大的石块，可能是用来支撑椁挡板的。

木棺位于椁室中部，平面呈长方形，南北长1.73米，东西宽0.60米，棺高与棺板厚度不详。

2. 葬式

棺内葬有墓主1人，骨骼保存较差，头部及下腿骨均腐朽成黄褐色粉末状。墓主为仰身直肢葬，头北足南，年龄与性别不详（图一〇）。

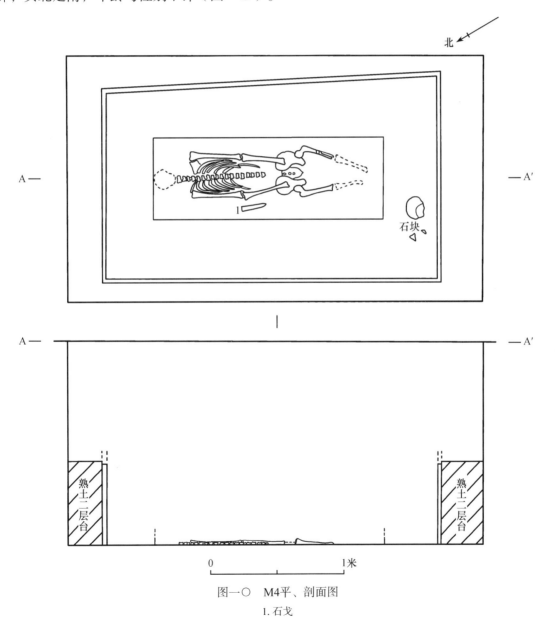

图一〇　M4平、剖面图

1. 石戈

（三）随葬器物

随葬器物放置于棺内西中部，仅有石戈1件。

石戈　1件。M4：1，出土时内端两角部略有磨损。石英岩质，灰白色。器身略宽，锋呈等腰三角形，直援，正面有脊，援一侧磨有双面钝刃，近末端处两侧有缺，以示内部。长方形直内。通长18.2厘米，援长13.5、宽3.6厘米，内长4.7、宽3.6厘米，厚0.8厘米（图一一；彩版三三，4）。

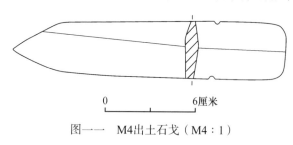

0　　　　　　　6厘米

图一一　M4出土石戈（M4：1）

四、M5

M5位于墓地南区的中部。该墓东北部被一现代窖穴打破，窖穴底部远深于墓底。

（一）墓葬形制

该墓为南北向长方形竖穴土坑墓，方向31°。墓口开于扰土层下，距现地表0.47米。墓口平面呈长方形，南北长4.30米，东西宽3.12米。墓壁修整光滑，上下垂直，墓底平坦。墓底长、宽与墓口尺寸相同，墓深2.66米。

墓底四周有宽窄不等的熟土二层台，其中北侧台宽0.24米，东侧台宽0.32米，南侧台宽0.30米，西侧台宽0.26米，台高0.66米。

墓内填土是以红褐色为主的花土，略经夯打，较硬，夯层与夯窝不明显，内含少量的小料姜石块和小河卵石块。

（二）葬具与葬式

1. 葬具

墓内葬具腐朽严重，结构不清。从灰白色或灰黑色木质朽痕判断，葬具为单椁重棺，东北部均被现代窖穴打破。

木椁位于墓底中部，椁室四壁紧贴二层台内壁，平面呈长方形，南北长3.76米，东西宽2.55米，残高0.66米，椁板厚度不详。

外棺位于椁室中部略偏东，平面呈长方形，南北长2.70米，东西宽1.40米，残高0.16米，壁板与挡板厚0.04米，盖板与底板厚度不详。

内棺位于外棺中部略偏西，平面近长方形，南北长2.20～2.24米，东西宽0.86米，残高0.16米，壁板与挡板厚0.04米，盖板与底板厚度不详。

2. 葬式

内棺内葬有墓主1人，骨骼因被扰保存很差。从残存的骨骼看，墓主为直肢葬，头北足南。从墓内出土铜镞判断，墓主应为男性，具体年龄不详（图一二）。

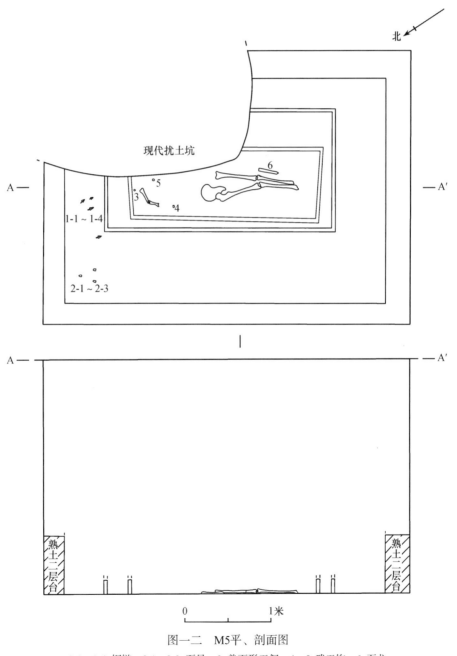

图一二　M5平、剖面图

1-1～1-4.铜镞　2-1～2-3.石贝　3.兽面形玉佩　4、5.残玉饰　6.石戈

（三）随葬器物

该墓虽被扰严重，但墓内仍残留有少量器物。其中椁室北部放置有铜镞4件、石贝3枚；内棺内西北角放置有兽面形玉佩1件、残玉饰2件，东南部放置石戈1件。

随葬器物共计11件（枚）。依质地可分为铜、玉和石器三类。

1. 铜器

4件。仅镞一种。形状相同，大小略有差异。皆尖锋，双翼稍离镞身且有锐刃，高脊，铤呈圆锥状。标本M5：1-1，镞长5.5、双翼宽1.8厘米，铤长1.9、直径0.3厘米（图一三，1）。标本M5：1-2，镞长4.5、双翼宽1.85厘米，铤长1.8、直径0.3厘米（图一三，2）。

2. 玉器

3件。有兽面形佩、残饰两种。

兽面形佩　1件。M5：3，白玉，乳白色。玉质细腻，半透明。厚片雕。整体呈倒梯形，断面呈长方形。作简易兽面状，上端有两个凸出的角，器身正中单钻一小孔。高2.0、上宽2.0、下宽1.1、厚0.7厘米（图一三，3；彩版二七，3）。

残饰　2件。多系旧玉改作玉料后所余之边角废料。M5：4，青玉，深冰青色。玉质细腻，微透明。扁平体，正、背面残存有部分兽面纹样。残长2.2、残宽2.6、厚0.6厘米（图一三，4~6；彩版三三，3）。M5：5，青白玉，青白色。玉质细腻，微透明。体呈圆弧状，一端残损，断面呈椭圆形。残长2.4厘米，断面长径宽0.75、短径0.6厘米（图一三，7）。

3. 石器

4件。有戈与贝两种。

戈　1件。M5：6，出土时已断成4块，且援刃部略残。石英岩质，灰白色。器身较宽，锋呈等腰三角形，尖锐，直援无脊，正面略鼓，背面平，援两侧磨有双面钝刃，长方形直内略窄于援，援本中部有一圆穿。通长23.3厘米，援长19.8、宽3.6厘米，内长3.5、宽3.4厘米，厚0.7厘米（图一三，8；彩版三一，1）。

贝　3枚。石英岩质，白色。形状相同，大小略有差异。上端较尖，下端呈弧状，正面鼓起，背面平，背面中部纵向刻一道浅凹槽。M5：2-1，长2.2、宽1.7、厚1.0厘米（图一三，9）。M5：2-2，长2.3、宽1.5、厚0.9厘米（图一三，10）。M5：2-3，长2.1、宽1.65、厚0.9厘米（图一三，11）。

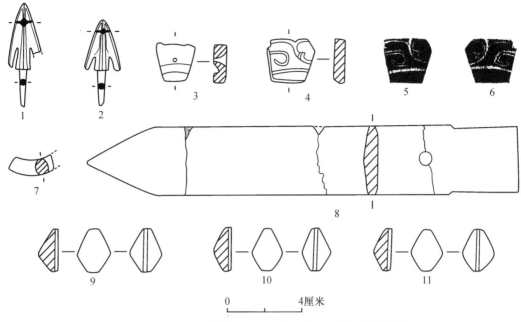

图一三　M5出土铜镞，玉佩、残玉饰，石戈与贝及拓片

1、2.铜镞（M5∶1-1、M5∶1-2）　3.兽面形玉佩（M5∶3）　4、7.残玉饰（M5∶4、M5∶5）　5.残玉饰（M5∶4）正面纹样拓片
6.残玉饰（M5∶4）背面纹样拓片　8.石戈（M5∶6）　9～11.石贝（M5∶2-1、M5∶2-2、M5∶2-3）

五、M6

M6位于墓地南区的北中部。

（一）墓葬形制

该墓为南北向长方形竖穴土坑墓，方向30°。墓口开于扰土层下，距现地表0.70米。墓口北宽南窄，平面近长方形，南北长2.80米，东西宽1.44～1.72米。墓壁修整较光滑，上下垂直，墓底平坦。墓底长、宽与墓口尺寸相同，墓深2.16米。

墓底四周设有熟土二层台，其中北侧台宽0.20米，东侧台宽0.25米，南侧台宽0.26米，西侧台宽0.17～0.27米，台高0.68米。

墓内填土是以红褐色为主的花土，土质较硬，内含少量的小料姜石块和小河卵石块。

（二）葬具与葬式

1.葬具

墓内葬具腐朽严重，结构不清。从残存的灰白色和黄褐色木质朽痕判断，葬具为单椁单棺。

木椁位于墓底中部，椁室四壁紧贴二层台内壁，北端稍宽，平面近长方形，南北长2.34米，东西宽1.06～1.16米，高0.68米，壁板、挡板与底板厚0.04米，盖板厚度不详。

木棺位于椁室中部略偏东南，平面呈长方形，南北长2.17米，东西宽0.73米，残高0.30米，壁板、挡板与底板厚0.04米。盖板由6块宽约0.08～0.18米的薄木板呈南北纵向拼合而成，厚度不详。

2. 葬式

棺内葬有墓主1人，骨骼保存较好。墓主为仰身直肢葬，头北足南，面向上，双手交叉置于腹部。经初步鉴定，墓主为男性，年龄在40岁左右（图一四）。

（三）随葬器物

随葬器物分别放置于棺盖板上和棺内。其中棺盖板上放置石戈1件、蚌圭1件（图一五）；棺内墓主口中放置石口琀2件。

随葬器物共计4件。依质地可分为石与蚌两类。

1. 石器

3件。有戈和口琀两种。

戈　1件。M6∶1，出土时已断裂成7块，且锋、内略残。石英岩质，较粗糙，灰白色。锋呈等腰三角形，直援，两面微鼓，正面有脊，援一侧有双面钝刃，援本中部有一双面钻圆穿。近长方形直内。残长16.2厘米，援残长13.3、宽2.7厘米，内残长2.9、宽2.5厘米，厚0.4厘米（图一六，1）。

口琀　2件。系旧器之残块。皆为青石质，浅青灰色。体近三角形，断面呈长方形。M6∶3-1，体稍薄，一侧有钝刃。残长2.1、残宽1.3、厚0.3厘米（图一六，2）。M6∶3-2，体稍厚。残长1.8、残宽0.6、厚0.35厘米（图一六，3）。

2. 蚌器

1件。为圭。M6∶2，系蚌壳磨制而成，白色。器身呈扁平长条形，上端略窄，有等腰三角形锋，下端稍宽，断面近长方形。长12.25、宽2.5、厚0.3厘米（图一六，4；彩版五〇，1）。

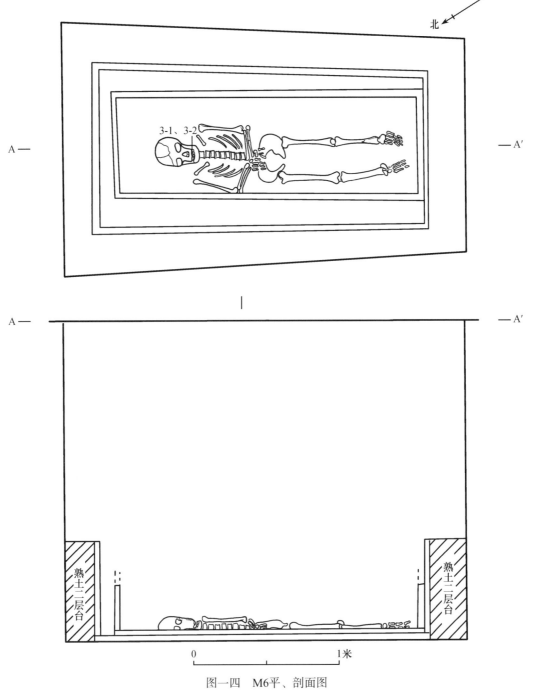

图一四 M6平、剖面图
3-1、3-2. 石口珞

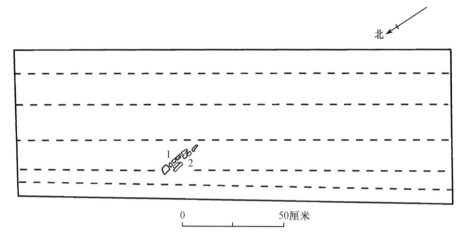

图一五　M6棺盖板上随葬器物平面图

1. 石戈　2. 蚌圭

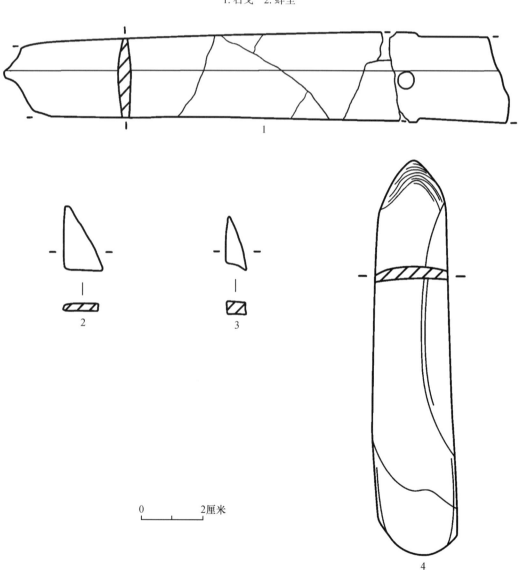

图一六　M6出土石戈、口玲与蚌圭

1. 石戈（M6：1）　　2、3. 石口玲（M6：3-1、M6：3-2）　　4. 蚌圭（M6：2）

六、M7

M7位于墓地南区的北中部。

（一）墓葬形制

该墓为南北向长方形竖穴土坑墓，方向25°。墓口开于扰土层下，距现地表0.90米。墓口东窄西宽，平面近长方形，南北长2.98～3.08米，东西宽1.70米。墓壁修整较光滑，上下垂直，墓底平坦。墓底长、宽与墓口尺寸相同，墓深1.58米。

墓底四周设有熟土二层台，其中北侧台宽0.08～0.16米，东侧台宽0.06～0.08米，南侧台宽0.04米，西侧台宽0.07～0.12米，台高0.66米。

墓内填土是以灰褐色为主的花土，土质较疏松，内含少量的小料姜石块和小河卵石块。

（二）葬具与葬式

1. 葬具

墓内葬具腐朽严重，结构不清。从残存的灰白色和黄褐色木质朽痕判断，葬具为单椁单棺。

木椁位于墓底中部，椁室四壁紧贴二层台内壁，平面呈长方形，南北长2.86米，东西宽1.50～1.56米，高0.64米，壁板、挡板与底板厚0.04米，盖板厚度不详。其中底板是用数块薄木板呈南北纵向平铺于墓底。

木棺位于椁室中部，平面亦呈长方形，南北长2.14米，东西宽0.81米，残高0.40米，壁板、挡板与底板厚0.02～0.04米。盖板由6块宽约0.08～0.22米的薄木板呈南北纵向拼合而成，厚度不详。

2. 葬式

棺内葬有墓主1人，骨骼保存较好。墓主为仰身直肢葬，头北足南，面向东，双手交叉置于腹下部。经初步鉴定，墓主为男性，年龄在35岁左右（图一七；图版一，3）。

（三）随葬器物

随葬器物分别放置于棺盖板上和棺内。其中棺盖板上放置石戈1件（图一八）；棺内墓主盆骨左侧放置玉玦2件。

随葬器物共计3件。依质地可分为玉与石两类。

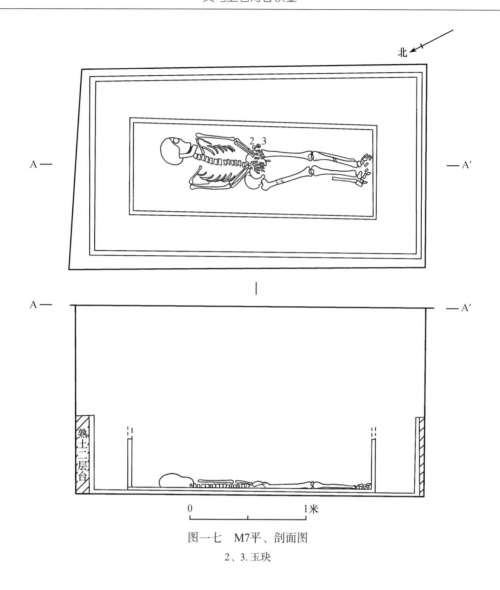

图一七　M7平、剖面图
2、3. 玉玦

1. 玉器

2件。仅玦一种。玉质、玉色及形制相同，大小略有差异。皆为青玉，深豆青色。玉质细腻，半透明。作圆形扁平体，一侧有缺口，断面呈长方形。M7∶2，出土时已断成2块。外径2.4、内径0.75、厚0.25厘米（图一九，1；彩版三四，1）。M7∶3，出土时已断成3块。外径2.3、内径0.75、厚0.25厘米（图一九，2；彩版三四，1）。

2. 石器

1件。为戈。M7∶1，出土时已断成4块，且内一角稍有磨损。石英岩质，白色。锋呈等腰三角形，尖锐，直援有脊，两面略鼓，近末端处两侧有缺，以示内部。援本与内交接处有一双面钻圆穿。长方形直内。通长19.7厘米，援长17.0厘米，内长2.7、宽2.8厘米，厚0.4厘米（图一九，3；彩版三四，2）。

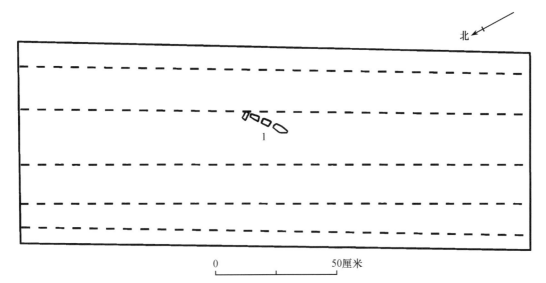

图一八 M7棺盖板上随葬器物平面图
1. 石戈

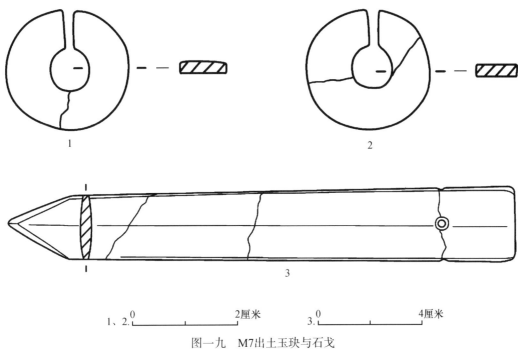

图一九 M7出土玉玦与石戈
1、2. 玉玦（M7：2、M7：3） 3. 石戈（M7：1）

七、M10

M10位于墓地南区的北中部。

（一）墓葬形制

该墓为南北向长方形竖穴土坑墓，方向25°。墓口开于扰土层下，距现地表0.70米。墓口平面呈长方形，南北长3.10米，东西宽1.60米。墓壁修整较光滑，上下垂直，墓底平坦。墓底长、宽与墓口尺寸相同，墓深0.84米。

墓底四周设有熟土二层台，其中北侧台宽0.28～0.32米，东侧台宽0.16～0.22米，南侧台宽0.18～0.20米，西侧台宽0.15～0.18米，台残高0.50米。

墓内填土是以红褐色为主的花土，土质较硬，内含少量小料姜石块。

（二）葬具与葬式

1. 葬具

墓内葬具腐朽严重，结构不清。从残存的灰白色木质朽痕判断，葬具为单椁单棺。

木椁位于墓底中部，椁室四壁紧贴二层台内壁，平面呈长方形。南北长2.62米，东西宽1.22～1.26米，残高0.48米，壁板与挡板厚0.04～0.06米，底板厚0.02米，盖板厚度不详。

木棺位于椁室中部，平面亦呈长方形，南北长2.04米，东西宽0.60米，残高0.10米，壁板与挡板厚0.04米，盖板和底板厚度不详。

2. 葬式

棺内葬有墓主1人，骨骼保存较差。墓主为仰身直肢葬，头北足南，面向上。经初步鉴定，墓主为男性，年龄不详（图二〇；图版一，4）。

（三）随葬器物

随葬器物分别放置于墓内填土中、棺盖板上、椁室及棺内。其中墓内填土中出土有海贝1枚；棺盖板上放置石戈3件、石圭2件（图二一）；椁室西北部放置铜鼎1件、铜盾锡1件；棺内墓主口中放置石口琀1件。

随葬器物共计9件（枚）。依质地可分为铜、石和海贝三类。

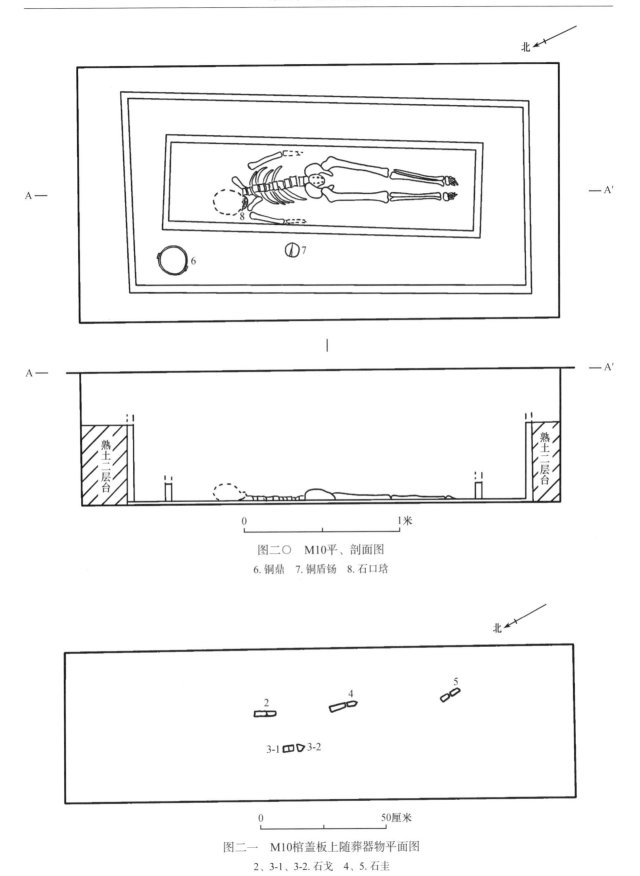

图二〇　M10平、剖面图

6. 铜鼎　7. 铜盾钖　8. 石口玲

图二一　M10棺盖板上随葬器物平面图

2、3-1、3-2. 石戈　4、5. 石圭

1. 铜器

2件。有鼎与盾锡二种。

鼎　1件。M10：6，窄折沿上斜，尖唇，口微敞，立耳微外撇，其中一侧耳变形，斜弧腹较浅，圜底，蹄足较高且瘦长。沿下饰一周模糊不清的重环纹，腹部饰一周凸弦纹。通高18、口径19.8、腹径18.6、腹深7.2厘米（图二二，1；图版一五，1）。

盾锡　1件。M10：7，因壁胎极薄，出土时残损较甚。圆形，正面中部向上隆起，背面相应凹陷，表面饰两周宽凹弦纹。外径11、高1.8、厚0.1厘米（图二二，2）。

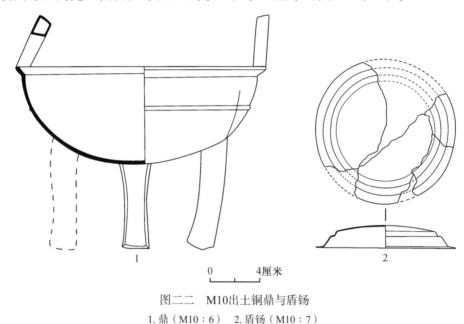

0　　　4厘米

图二二　M10出土铜鼎与盾锡
1. 鼎（M10：6）　2. 盾锡（M10：7）

2. 石器

6件。有戈、圭和口琀三种。

戈　3件。M10：2，出土时已断为2块，且援的前段残缺。石英岩质，较粗糙，灰白色。直援，正面略鼓，背面平，近末端处两侧有缺，以示内部。内呈长方形。残长8.6、宽1.65厘米，内长2.15、宽1.75厘米，厚0.5厘米（图二三，1）。M10：3-1，出土时仅残存援后半段和内部。石英岩质，较粗糙，白色。直援有脊，正面略鼓，背面平，近末端处两侧有缺，以示内部。内呈长方形。残长3.9厘米，内长1.5、宽1.7厘米，厚0.5厘米（图二三，2）。M10：3-2，出土时已断为2块，且仅存锋部及援一小段。石英岩质，较粗糙，白色。锋呈等腰三角形，直援有脊。残长3.75、宽1.95、厚0.5厘米（图二三，3）。

圭　2件。皆作扁平长条形。M10：4，出土时已断为2块，且末端略残。石英岩质，较粗糙，白色。器身上下等宽，上端有等腰三角形锋，正面微鼓，背面有切割痕迹。残高11.5、宽2.1、厚0.5厘米（图二三，4；彩版三四，3）。M10：5，出土时仅残存两段，两端及中段缺失。青石质，青灰色。上端略窄，下端稍宽，背面有切割痕迹。残长8.8、宽1.8、厚0.3厘米（图二三，5）。

口琀　1件。M10：8，青石质，浅青灰色。体近三角形。残长1.5、残宽1.2、厚0.35厘米（图二三，6）。

3. 海贝

1枚。M10：1，出于填土中。白色。上端较尖，下端呈弧状，正面鼓起，背面稍平且有一道纵向浅凹槽，槽两侧有锯齿状牙。长2.2、宽1.75、厚1.1厘米（图二三，7；彩版五一，1）。

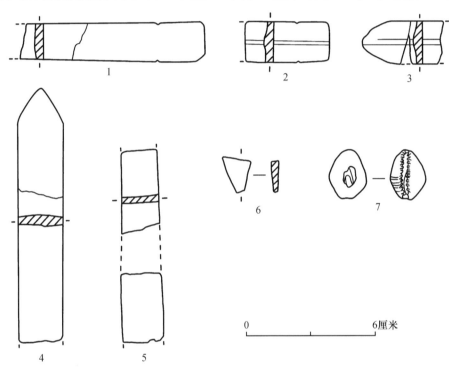

图二三　M10出土石戈、圭、口琀与海贝
1~3.石戈（M10：2、M10：3-1、M10：3-2）　4、5.石圭（M10：4、M10：5）　6.石口琀（M10：8）　7.海贝（M10：1）

八、M12

M12位于墓地南区的中部。

（一）墓葬形制

该墓为南北向长方形竖穴土坑墓，方向23°。墓口开于扰土层下，距现地表0.50米。墓口平面呈长方形，南北长3.50米，东西宽2.60米。墓壁修整光滑，上下垂直，墓底平坦。墓底长、宽与墓口尺寸相同，墓深2.70米。

墓底四周有宽窄不等的熟土二层台，其中北侧台宽0.20米，东、南和西侧台均宽0.30米，台高0.70米。

墓内填土是以红褐色为主的花土，略经夯打，较硬，夯层与夯窝不明显，内含少量小料姜石块和小河卵石块。

（二）葬具与葬式

1. 葬具

墓内葬具腐朽严重，结构不清。从灰白色或灰黑色木质朽痕判断，葬具为单椁单棺。

木椁位于墓底中部，椁室四壁紧贴二层台内壁，平面呈长方形，南北长3.00米，东西宽2.00米，高0.70米，壁板与挡板厚0.04米，盖板与底板厚度不详。

木棺位于椁室中部略偏东，平面呈长方形，南北长1.86米，东西宽1.00米，残高0.30米，壁板、挡板与底板厚0.04米，盖板厚度不详。

2. 葬式

棺内葬有墓主1人，骨骼保存尚好。墓主为仰身直肢葬，头北足南。经初步鉴定，墓主为女性，推测年龄在45岁左右（图二四；图版二，1）。

（三）随葬器物

随葬器物分别放置于椁室和棺内。其中椁室东北角放置陶鬲1件；棺内东北角放置石戈1件，墓主头部两侧各放置玉玦1件。

随葬器物共计4件。依质地可分为玉、陶和石三类。

1. 玉器

2件。仅玦一种。皆为圆形扁平体，一侧有缺口，断面呈长方形。素面。M12：3，出土时断裂为2块。青白玉，青白色，全部受沁，局部呈黄褐色。玉质细腻，半透明。外径2.6、内径0.9、厚0.35厘米（图二五，2；彩版三四，4）。M12：4，出土时残损较甚。青玉，冰青色，局部受沁呈黄白色。玉质细腻，半透明。外径2.6、内径0.9、厚0.35厘米（图二五，3；彩版三四，4）。

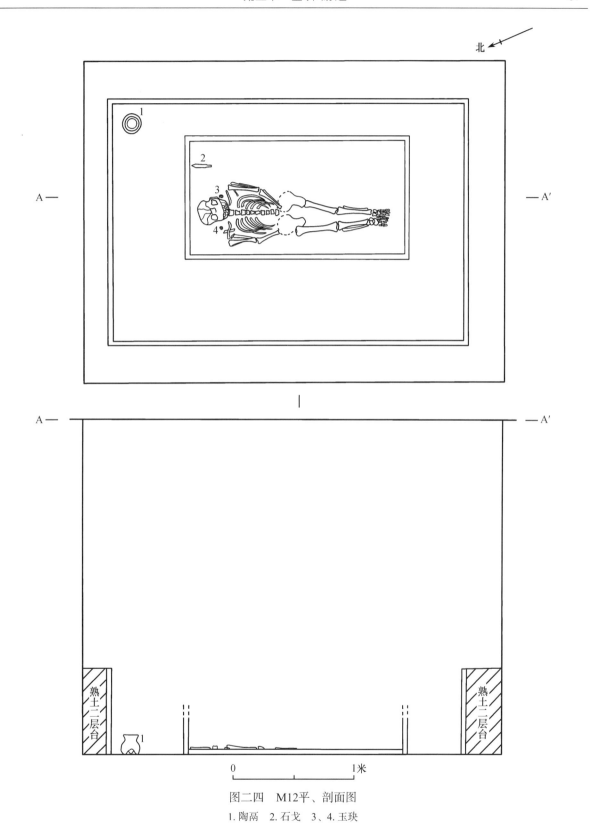

图二四 M12平、剖面图
1.陶鬲 2.石戈 3、4.玉玦

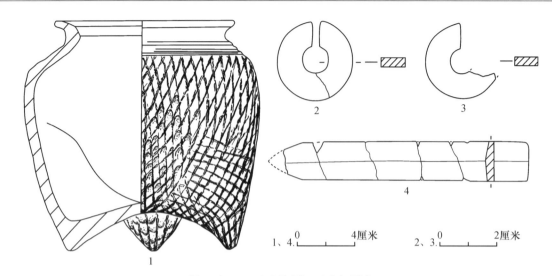

图二五　M12出土陶鬲，玉玦与石戈

1.陶鬲（M12：1）　2、3.玉玦（M12：3、M12：4）　4.石戈（M12：2）

2. 陶器

1件。为鬲。M12：1，夹砂灰陶。宽折沿上斜，圆唇，侈口，近口部较平，短束颈，折肩，平弧裆较低，上部微瘪，空袋足内收。颈部饰数道凹弦纹，通体饰特粗绳纹。通高15.6、口径12.6、腹径16.6、腹深12.4厘米（图二五，1；彩版二二，1；图版三三，1）。

3. 石器

1件。为戈。M12：2，出土时已断裂成5块，且锋部及援两侧边刃均略残。石灰岩质，灰白色。锋呈等腰三角形，直援有脊，正面略鼓，背面平，近末端处两侧有缺，以示内部。长方形直内。通长16.9厘米，援长12.6、宽2.6厘米，内长4.3、宽2.65厘米，厚0.6厘米（图二五，4；彩版三四，5）。

九、M15

M15位于墓地南区的南中部。

（一）墓葬形制

该墓为南北向长方形竖穴土坑墓，方向25°。墓口开于扰土层下，距现地表0.47米。墓口北窄南宽，平面近长方形，南北长2.70米，东西宽1.12～1.34米。墓底小于墓口，墓壁修整较光滑，北、东、南三壁陡直略内收，西壁斜直稍外张，底部平坦。墓底南北长2.60米，东西宽

1.14 ~ 1.20米，墓深1.36米。

墓底四周设有熟土二层台，其中北侧台宽0.18米，东侧台宽0.06 ~ 0.18米，南侧台宽0.14 ~ 0.16米，西侧台宽0.10 ~ 0.24米，台残高0.28米。

墓内填以红褐色为主的花土，土质较硬，内含少量小料姜石块。

（二）葬具与葬式

1. 葬具

墓内葬具腐朽严重，结构不清。从残存的灰黑色木质朽痕判断，葬具为单椁单棺。

木椁位于墓底中部，椁室四壁紧贴二层台内壁，平面近长方形，南北长2.24米，东西宽0.80 ~ 0.94米，残高0.28米，壁板、挡板与底板厚0.02 ~ 0.03米，盖板厚度不详。

木棺位于椁室中部，平面呈长方形，南北长1.88米，东西宽0.64 ~ 0.70米，残高0.22米，壁板与挡板厚0.02米，盖板与底板厚度不详。

2. 葬式

棺内葬有墓主1人，骨骼保存较差。墓主为仰身直肢葬，头北足南，面朝东，双手置于腹下部。性别和年龄不详（图二六）。

（三）随葬器物

随葬器物均放置于棺内。棺内墓主胸部放置石戈1件，头部放置小铜环1件。

随葬器物共计2件。依质地可分为铜和石两类。

1. 铜器

1件。为环。M15：2，已断为4段。近圆形，一侧略有变形，两端接口处部分交叠，断面呈圆形。外径1.3、内径1.0、断面径0.2厘米（图二七，1）。

2. 石器

1件。为戈。M15：1，出土时已断裂为4块。石英岩质，较粗糙，白色。锋呈等腰三角形，尖锐，直援，正面略鼓，背面平且有一道纵向切割线痕，援两侧有钝刃，近末端处两侧有缺，以示内部。长方形直内。通长13.8厘米，援长11.1厘米，内长2.7、宽2.2厘米，厚0.4厘米（图二七，2；彩版三五，1）。

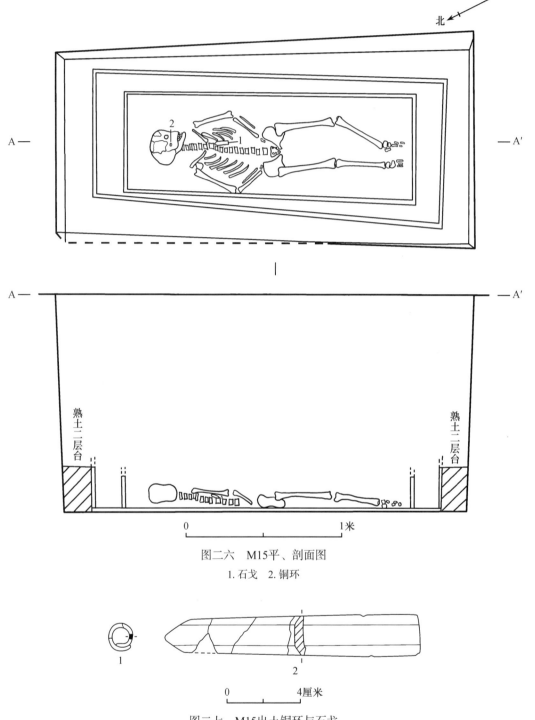

图二六　M15平、剖面图
1.石戈　2.铜环

图二七　M15出土铜环与石戈
1.铜环（M15∶2）　2.石戈（M15∶1）

一〇、M16

M16位于墓地南区的东南部。

（一）墓葬形制

该墓为南北向长方形竖穴土坑墓，方向25°。墓口开于扰土层下，距现地表0.40米。墓口北宽南窄，平面近长方形，南北长2.78米，东西宽1.64～1.78米。墓底略小于墓口，墓壁较光滑，西壁上下垂直，其他三壁陡直稍内收，墓底平坦。墓底南北长2.74米，东西宽1.62～1.74米，墓深2.74米。

墓底四周设有熟土二层台，其中北侧台宽0.12～0.14米，东侧台宽0.14～0.40米，南侧台宽0.14～0.28米，西侧台宽0.20～0.30米，台高0.68米。

墓内填以红褐色为主的花土，土质较硬，内含少量小料姜石块。

（二）葬具与葬式

1. 葬具

墓内葬具腐朽严重，结构不清。从残留的灰褐色木质朽痕判断，葬具为单椁单棺。

木椁位于墓底中部，椁室四壁紧贴二层台内壁，平面近长方形，南北长2.32～2.46米，东西宽1.14～1.20米，高0.68米，壁板、挡板与底板厚0.02～0.03米，盖板厚度不详。

木棺位于椁室中部偏北，平面呈长方形，南北长1.24米，东西宽0.74～0.80米，残高0.40米，壁板与挡板厚0.02～0.03米，盖板与底板厚度不详。

2. 葬式

棺内葬有墓主1人。墓主骨骼不完整，且被凌乱地堆放在棺内北端，依此推断墓主应为迁葬而来，其葬式、性别及年龄不详（图二八）。

（三）随葬器物

随葬器物放置于棺内墓主骨骼下，仅有骨圭1件。

骨圭　1件。M16：1，出土时锋尖和下端略残。器身呈较窄的扁平长条体，上部稍宽于下部。上端有等腰三角形锋，正面平整，背面微鼓。残长12.7、宽1.75、厚0.3厘米（图二九；彩版五〇，3）。

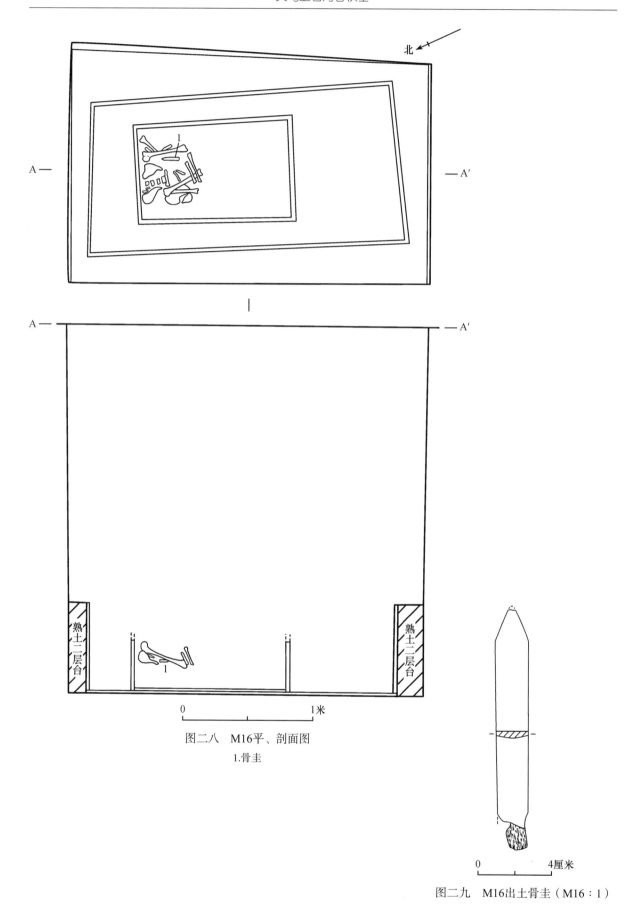

图二八　M16平、剖面图

1.骨圭

图二九　M16出土骨圭（M16：1）

一一、M17

M17位于墓地南区的东南部。

（一）墓葬形制

该墓为南北向长方形竖穴土坑墓，方向210°。墓口开于扰土层下，距现地表0.60米。墓口平面呈长方形，南北长2.78米，东西宽1.40米。墓壁修整光滑，上下垂直，墓底平坦。墓底长、宽与墓口尺寸相同，墓深1.96米。

墓底四周设有熟土二层台，其中北侧台宽0.12米，东侧台宽0.20米，南侧台宽0.08米，西侧台宽0.14米，台残高0.52米。

墓内填以浅褐色为主的花土，土质较硬，内含少量小料姜石块和小河卵石块。

（二）葬具与葬式

1. 葬具

墓内葬具腐朽严重，结构不清。从残存的灰黑色和灰白色木质朽痕判断，葬具为单椁单棺。

木椁位于墓底中部，椁室四壁紧贴二层台内壁，平面呈长方形，南北长2.58米，东西宽1.07米，残高0.52米，壁板和挡板厚0.04~0.05米，盖板与底板厚度不详。

木棺位于椁室中部稍偏西，平面呈长方形，南北长2.24米，东西宽0.82米，残高0.40米，壁板与挡板厚0.04米，盖板与底板厚度不详。

2. 葬式

棺内葬有墓主1人，骨骼保存较差，部分骨骼已腐朽成粉末状。墓主为仰身直肢葬，头南足北，双臂弯曲置于腹部。墓主性别和年龄不详（图三〇）。

（三）随葬器物

随葬器物放置于椁室东南角，仅有铜鼎1件。

铜鼎 1件。M17：1，窄折沿上斜，斜方唇，口微敞，立耳微外撇，斜弧腹内收，腹较浅，圜底，三蹄足较高，足端瘦小。口沿下饰一周无珠重环纹，腹中部饰一周凸弦纹，腹下部饰一周简易垂鳞纹。通高19.6、口径20.6、最大腹径18.6、腹深8.3厘米（图三一；图版一五，2）。

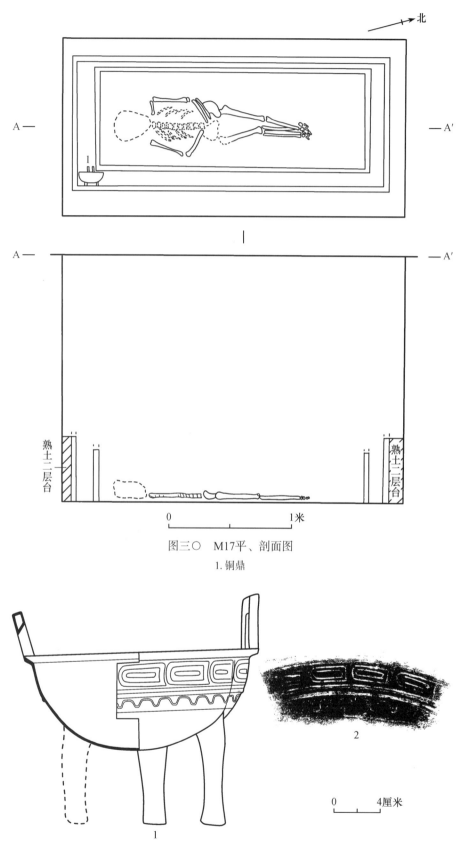

图三〇　M17平、剖面图
1. 铜鼎

图三一　M17出土铜鼎（M17：1）及拓片
1. 鼎　2. 沿下及腹部纹样拓片

一二、M18

M18位于墓地南区的南部。

（一）墓葬形制

该墓为南北向长方形竖穴土坑墓，方向15°。墓口开于扰土层下，距现地表1.60米。墓口平面呈长方形，南北长4.33米，东西宽3.00米。墓壁修整光滑，上下垂直，墓底平坦。墓底长、宽与墓口尺寸相同，墓深2.1米。

墓底四周有宽窄不等的熟土二层台，其中北侧台宽0.18～0.24米，东侧台宽0.12～0.24米，南侧台宽0.16～0.20米，西侧台宽0.06～0.10米，台高0.78米。

墓主身下中部东侧的墓底设有一腰坑，坑口平面呈椭圆形，直壁，平底。坑口长径0.55米，短径0.30米，坑深0.16米。

墓内填土是以红褐色为主的花土，略经夯打，较硬，夯层与夯窝不明显，内含少量小料姜石块和小河卵石块。

（二）葬具与葬式

1. 葬具

墓内葬具腐朽严重，结构不清。从灰白色或灰黑色木质朽痕判断，葬具为单椁重棺。

木椁位于墓底中部，椁室四壁紧贴二层台内壁，平面近长方形，南北长3.80米，东西宽2.64米，高0.74米，壁板与挡板厚0.04米，盖板与底板厚度不详。从二层台上残存的椁盖板痕迹来看，椁盖板呈东西向放置，每块板宽在0.12～0.25米之间；椁底板呈南北纵向放置平铺于墓底，每块板宽约0.15米。

外棺位于椁室中部略偏北，平面近长方形，南北长2.32米，东西宽1.18米，残高0.26米，壁板与挡板厚0.06米，盖板与底板厚度不详。

内棺位于外棺中部，平面也近长方形，南北长1.84～1.90米，东西宽0.86米，壁板与挡板厚0.04米，棺高与盖板、底板厚度不详。

2. 葬式

内棺内葬有墓主1人，骨骼保存较差。墓主为仰身直肢葬，头北足南。经初步鉴定，墓主为男性，臼齿磨损程度为V级，推测年龄在50岁左右（图三二；彩版三，1）。

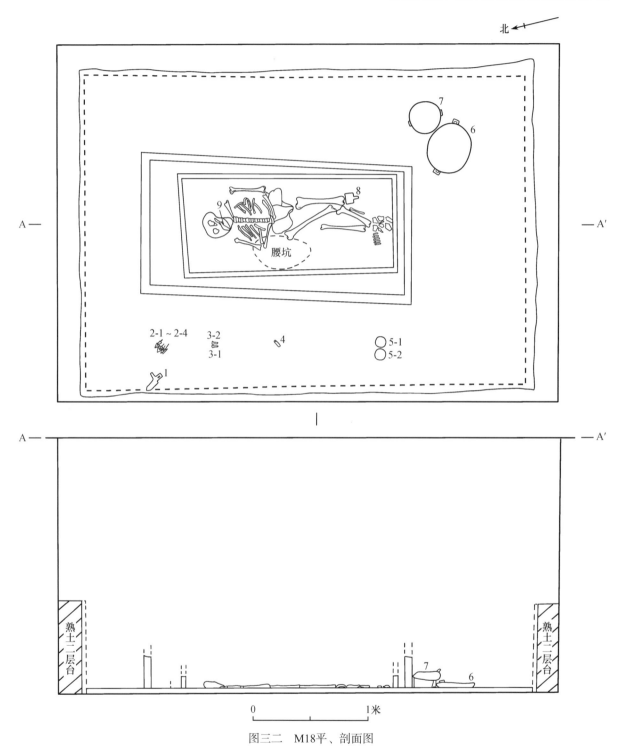

图三二　M18平、剖面图

1. 铜戈　2-1 ~ 2-4. 铜镞　3-1、3-2. 铜小腰　4. 铜铃　5-1、5-2. 铜盾钖　6. 铜盘　7. 铜鼎　8. 铜铲　9. 玉口琀

（三）随葬器物

随葬器物分别放置于椁室和内棺内。其中椁室西部放置铜戈1件、铜镞4件、铜小腰2件、铜铃1件、铜盾钖2件，东南部放置铜盘1件、铜鼎1件；内棺内东南角放置铜铲1件，墓主口中放置玉口琀1件。

随葬器物共14件。依质地可分为铜和玉两类。

1. 铜器

13件。有鼎、盘、铲、戈、镞、盾钖、铃和小腰等八种。

鼎　1件。M18：7，窄折沿上斜，尖圆唇，口微敞，立耳微外撇，斜弧腹内收，腹较浅，圜底，三蹄足较高，足端瘦小，内侧有一道竖向凹槽。口沿下饰一周无珠重环纹，纹样不甚清晰；腹上部饰一周凸弦纹。通高22.4、口径25.8、最大腹径24.0、腹深10.0厘米（图三三，1、2；图版一五，3）。

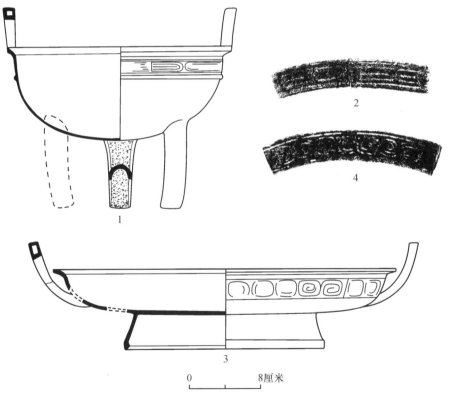

图三三　M18出土铜鼎、盘及拓片

1.鼎（M18：7）　2.鼎（M18：7）纹样拓片　3.盘（M18：6）　4.盘（M18：6）纹样拓片

盘　1件。M18∶6，出土时破碎较甚。宽折沿上斜，斜方唇，敞口，腹部两附耳外撇，浅弧腹，平底，喇叭形高圈足。口沿下饰一周S形窃曲纹。通高11.6、口径38.8、腹深4.6、圈足径22.4厘米（图三三，3、4）。

铲　1件。M18∶8，近方形，下端有刃，上端中部有用以装木柄的长方形銎，銎正面有一竖向长条形穿孔。通长12.4厘米，銎口长3.8、宽1.9厘米，下端刃宽9.2厘米（图三四，1；彩版一九，2；图版一五，4）。

戈　1件。M18∶1，锋呈等腰三角形，锐利，直援无脊，上下边有锐刃，内、援之间有凸棱形阑，胡较长，阑侧有三长条形穿和一圆形穿。近长方形直内，内中部有一横条形穿孔。通长19.7厘米，援长13、宽2.9厘米，内长6.7、宽3.0厘米，厚0.25厘米（图三四，2；彩版二〇，2；图版一五，5）。

镞　4件。形状、大小基本相同。皆尖锋，双翼远离镞身且有锐刃，高脊，铤呈圆柱状或圆锥状。标本M18∶2-1，铤呈圆柱状。镞长7.1、双翼宽3.4厘米，铤长2.3、直径0.2厘米（图三四，4；彩版一九，4；图版一五，6）。标本M18∶2-2，铤略呈圆锥状。镞长7.1、双翼宽3.4厘米，铤长2.7、直径0.2厘米（图三四，5；彩版一九，4；图版一五，6）。

盾钖　2件。因胎壁极薄，出土时皆破碎严重，但能看出轮廓，应为盾牌上的装饰物。形制、大小相同。皆为圆形，正面中部向上隆起，背面相应凹陷，周边有细小钉孔。标本M18∶5-1，周边残存一个细小钉孔。外径10、高1.5、厚约0.04厘米（图三四，3）。

铃　1件。M18∶4，上端较细，下端稍粗，平顶，上有半环钮，钮下有小穿孔与腹腔贯通，铃腔内有一个槌状铃舌，一面凸起，一面平，舌上有一圆形穿孔，下为内弧喇叭口，边缘向上弧起。器身正面有两个相平行的细长条形穿孔，断面近椭圆形。通高4.7厘米，下口长径2.3、短径1.8厘米，舌长3.75厘米（图三四，6；图版一六，1）。

小腰　2件。形状、大小相同。器身扁薄，两端近方形且正面上隆各作一兽首状，背面相应凹陷，中段呈扁条带状。兽首头顶有竖耳，椭圆形目，眼角上挑，鼻子作上细下粗的蛹身形。M18∶3-1，长4.8、中部宽1.2厘米（图三四，7、8；彩版一九，6；图版一六，2）。M18∶3-2，长4.8、中部宽1.2厘米（图三四，9、10；彩版一九，6；图版一六，2）。

2. 玉器

1件。仅口琀一种。M18∶9，出土时断为3块且一端残缺。青玉，冰青色，玉质细腻，半透明。近似璜形，体较薄，断面呈长方形，中部有三个圆形穿孔。长2.5、宽0.9、厚0.15厘米（图三四，11；彩版三五，2）。

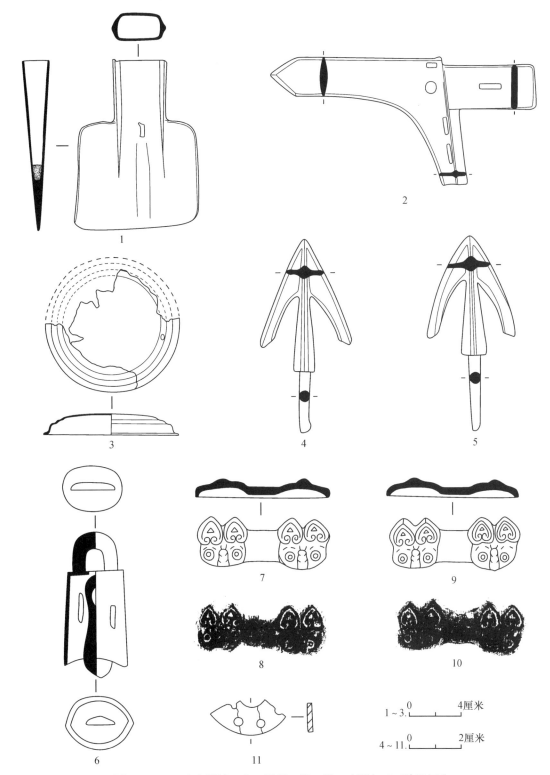

图三四　M18出土铜铲、戈、盾钖、镞、铃、小腰与玉口琀及拓片

1. 铜铲（M18：8）　　2. 铜戈（M18：1）　　3. 铜盾钖（M18：5-1）　　4、5. 铜镞（M18：2-1、M18：2-2）　　6. 铜铃（M18：4）
7、9. 铜小腰（M18：3-1、M18：3-2）　　8、10. 铜小腰（M18：3-1、M18：3-2）纹样拓片　　11. 玉口琀（M18：9）

一三、M21

M21位于墓地南区的东部。

（一）墓葬形制

该墓为南北向长方形竖穴土坑墓，方向190°。墓口开于扰土层下，距现地表0.96米。墓口平面呈长方形，南北长2.48米，东西宽1.36～1.42米。墓壁修整较光滑，上下垂直，墓底北端略高于南端。墓底长、宽与墓口尺寸相同，墓深0.56～0.61米。

在墓底的北、东、西三面设有熟土二层台，其中北侧台宽0.14米，东侧台宽0.12～0.20米，西侧台宽0.16米，台残高0.15米。

墓内填以浅褐色为主的花土，土质较硬，内含少量小料姜石块。

（二）葬具与葬式

1. 葬具

墓内葬具腐朽严重，结构不清。从残存的灰白色木质朽痕判断，葬具为单椁单棺。

木椁位于墓底中部略偏南，椁室北、东、西三壁紧贴二层台内壁，南壁则紧贴墓圹。木椁平面呈长方形，南北长2.34米，东西宽1.07米，残高0.15米，椁板厚度不详。

木棺位于椁室中部，平面呈长方形，南北长1.96米，东西宽0.74米，残高0.15米，壁板与挡板厚0.05米，盖板与底板厚度不详。

2. 葬式

棺内葬有墓主1人，骨骼保存较好。墓主为仰身直肢葬，头南足北，面向上，双臂弯曲置于腹部。经初步鉴定，墓主为男性，年龄在45岁左右（图三五；图版二，2）。

（三）随葬器物

随葬器物放置于棺内西中部，仅有石圭1件。

石圭　1件。M21：1，出土时已断裂成3块，且两端残损。青石质，青灰色。扁平长条体，器身上下基本等宽，一边有侧刃。残长10.3、宽1.6、厚0.4厘米（图三六）。

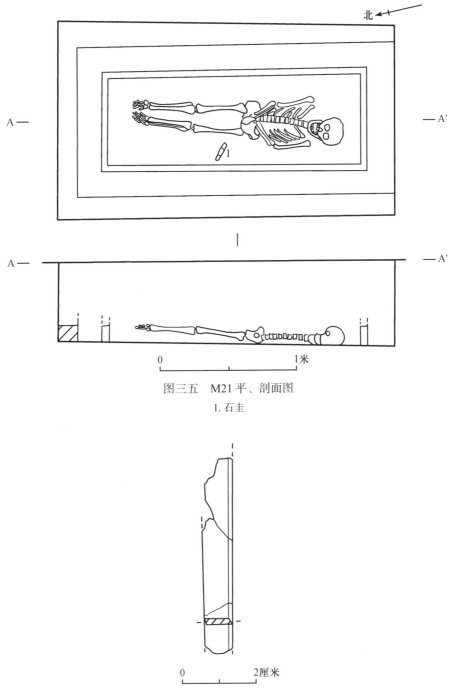

图三五　M21平、剖面图
1. 石圭

图三六　M21出土石圭（M21∶1）

一四、M22

M22位于墓地南区的东部。

（一）墓葬形制

该墓为南北向长方形竖穴土坑墓，方向 24°。墓口开于扰土层下，距现地表0.40米。墓口平面呈长方形，南北长4.08米，东西宽2.60～2.64米。墓底略大于墓口，墓壁规整，均向下斜直略外张，墓底平坦。墓底南北长4.16～4.22米，东西宽2.62～2.74米，墓深2.68米。

墓底四周有熟土二层台，其中北侧台与东侧台宽0.14～0.20米，南侧台宽0.22米，西侧台宽0.16～0.24米，台高0.84米。

墓内填土是以红褐色为主的花土，土质较硬，内含少量小料姜石块。

（二）葬具与葬式

1. 葬具

墓内葬具腐朽严重，结构不清。从残存的灰褐色木质朽痕判断，葬具为单椁重棺。

木椁位于墓底中部，椁室四壁紧贴二层台内壁，平面呈长方形，南北长3.80米，东西宽2.28～2.36米，高0.84米，壁板、挡板及底板厚0.04米，盖板厚度不详。

外棺位于椁室中部，平面近长方形，南北长2.55米，东西宽0.98～1.06米，高0.56米，壁板、挡板与底板厚0.06米，盖板厚度不详。

内棺位于外棺中部略偏西，平面近长方形，长2.47米，宽0.74～0.82米，高0.44米，壁板与挡板厚0.04米，盖板与底板厚度不详。

2. 葬式

内棺内葬有墓主1人，骨骼腐朽严重，已呈黄褐色粉末状。依其骨骼轮廓痕迹，可知为单人侧身直肢葬，头北足南，年龄、性别不详（图三七；彩版三，2）。

（三）随葬器物

随葬器物分别放置于椁盖板上、椁室和内棺内。其中椁盖板上散置陶珠61颗、石贝98枚和铜鱼8件，且铜鱼是每2件放在一处且头向一致（图三八）；椁室东北角放置铜盨1件，东中部

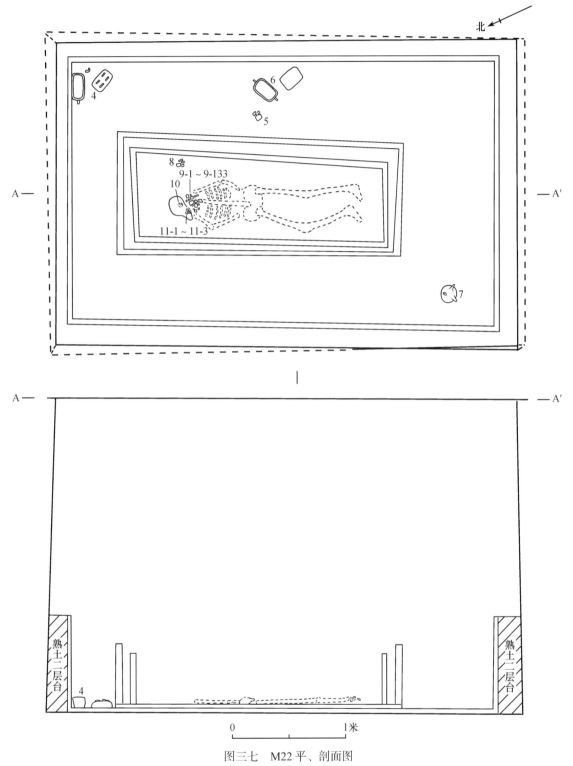

图三七 M22 平、剖面图

4、6.铜盨 5.残石戈 7.陶鬲 8.残铜片 9-1～9-133.玛瑙珠与玉佩组合项饰 10.玉玦 11-1～11-3.玉口琀

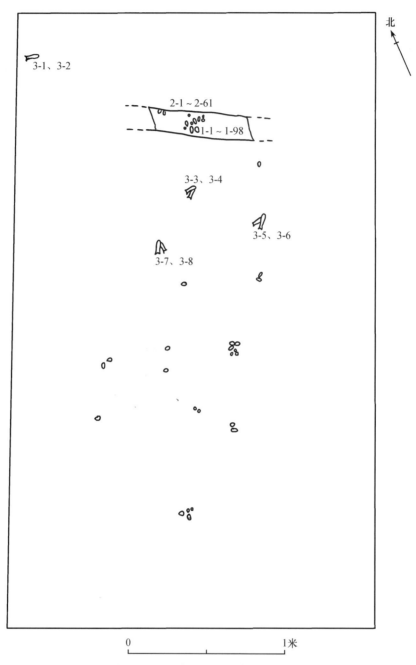

图三八　M22椁盖板上随葬器物平面图

1-1～1-98. 石贝　2-1～2-61. 陶珠　3-1～3-8. 铜鱼

放置铜盨和残石戈各1件，西南角则放置陶鬲1件；内棺内东部放置残铜片1件，墓主颈部放置玛瑙珠与玉佩组合项饰1组133件（颗）、头部放置玉玦1件、口内放置玉口琀3件。

　　随葬器物共计309件（枚）。依质地可分为铜、玉、陶和石四类。

1. 铜器

11件。有盨、鱼和残片三种。

盨 2件。形制、纹样相同，大小略有差异。皆有盖，盖口呈椭长方形，盖面隆起，顶部有四个扁体支钮。器身子口内敛，方唇，腹壁略外鼓，两侧有一对龙首耳，龙舌向下内卷作半环形，耳与器身以榫卯销式铸接而成，器底近平，矮圈足微侈，圈足四周中部各有一个圆角梯形豁口。盖顶中部饰S形平目窃曲纹，支钮正面各饰一卷云纹，盖缘与器口沿各饰一周无珠重环纹，盖面与器腹部各饰三周瓦垄纹，圈足饰一周垂鳞纹。M22：4，通高14.4厘米，口长22.3、宽13.0厘米，腹深6.2厘米，圈足长17.6、宽9.5厘米（图三九、图四〇；彩版一七，4；图版一六，4）。M22：6，通高14.4厘米，口长22.0、宽12.9厘米，腹深6.0厘米，圈足长17.6、宽9.4厘米（图四一、图四二；彩版一七，3；图版一六，3）。

鱼 8件。出土时每2件一组。形状相同，大小略有差异。鱼身均呈扁薄长条形，背上有一鳍，腹、臀各有一鳍，眼部为一个椭圆形或不规则形小穿孔，可系缀。正面饰鱼鳞纹，背面为素面，部分周边有范缝毛刺。标本M22：3-1，长7.9、身宽2.3、厚0.15厘米（图四三，1；图版一六，5）。标本M22：3-2，长8.0、身宽2.4、厚0.2厘米（图四三，2；图版一六，5）。标本M22：3-3，尾部略残。残长7.7、身宽2.3、厚0.2厘米（图四三，3；图版一六，5）。

薄残片 1件。标本M22：8，出土时残甚。体极薄，形状不明。

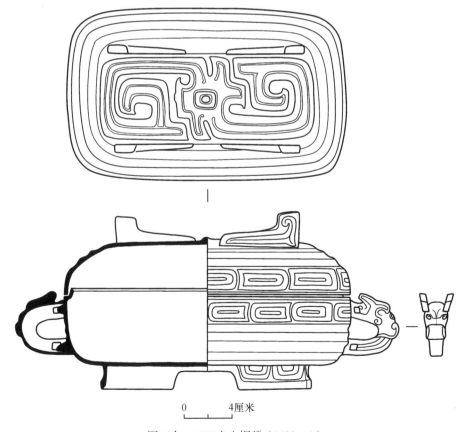

0   4厘米

图三九　M22出土铜盨（M22：4）

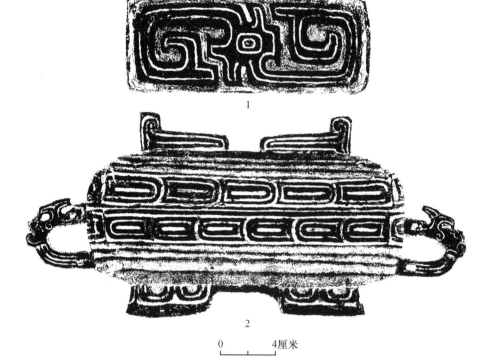

0 ———— 4厘米

图四〇　M22出土铜盨（M22：4）纹样拓片

1. 盖顶　2. 正面

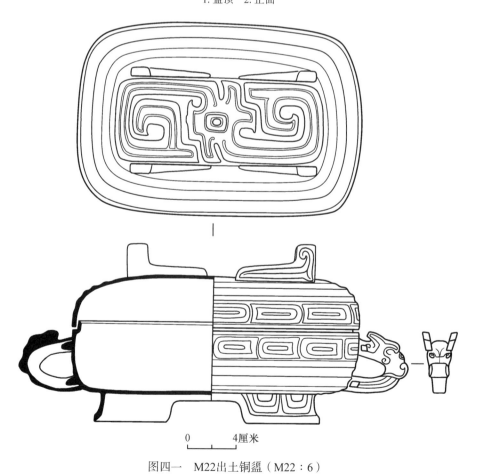

0 ———— 4厘米

图四一　M22出土铜盨（M22：6）

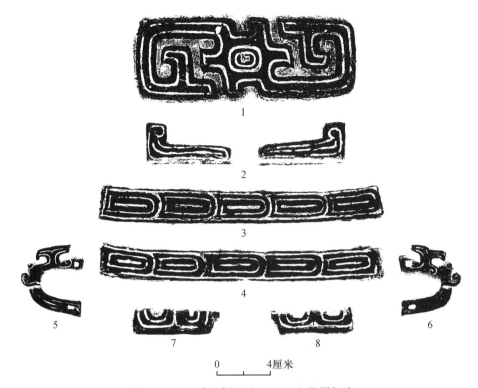

图四二　M22出土铜盨（M22∶6）纹样拓片
1.盖顶　2.盖顶支钮　3.盖缘　4.沿下　5.左耳侧面　6.右耳侧面　7.圈足左侧　8.圈足右侧

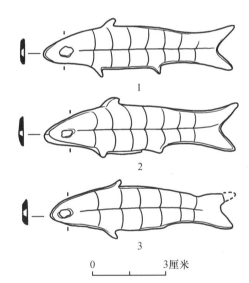

图四三　M22出土铜鱼（M22∶3）
1.M22∶3-1　2.M22∶3-2　3.M22∶3-3

2. 玉器

137件（颗）。有组合项饰、玦、口琀三种。

组合项饰　1组133件（颗）。出土于墓主的颈部，为玉佩与玛瑙珠组合而成的项饰。M22：9，由1件鸟纹佩、6件马蹄形佩、126颗红色或橘红色玛瑙珠相间串联而成。经整理复原，可知连缀方式为：以1件鸟纹佩为结合部，6件马蹄形佩之间以双行玛瑙珠相间，每行玛瑙珠均为7颗（图四四；彩版二五，1）。

①鸟纹佩　1件。M22：9-1，青玉，豆青色。玉质细腻，半透明。整体作圆角方形，断面呈长方形，器身正中部有一小圆穿。正面饰阴线刻首尾相接的团身鸟纹，头上有冠，尖啄微勾，圆睛。背面为素面。长2.5、宽2.4、厚0.4厘米（图四五，1、2）。

②马蹄形佩　6件。玉质、形制及纹样大体相同，大小略有不同，可能是取材于同一块玉料。皆为青白玉，青白色。玉质细腻，晶莹润泽，半透明。均作马蹄状，正面饰简易兽面纹，背面平整或有一纵向的宽凹槽，背面上、下两端各有两个斜向小穿孔。M22：9-20，背面

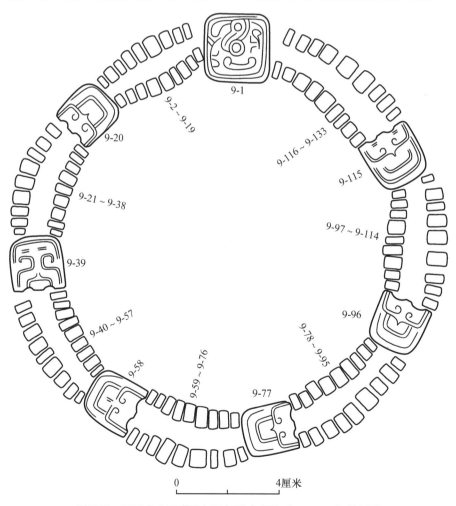

图四四　M22出土玛瑙珠与玉佩组合项饰（M22：9）复原图

9-1.鸟纹玉佩　9-20、9-39、9-58、9-77、9-96、9-115.马蹄形玉佩　9-2～9-19、9-21～9-38、9-40～9-57、9-59～9-76、9-78～9-95、9-97～9-114、9-116～9-133.玛瑙珠

平整。长1.9、宽1.8、厚0.3厘米（图四五，3、4）。M22∶9-39，背面有一纵向的宽凹槽。长2.0、宽2.0、厚0.25厘米（图四五，5、6）。M22∶9-58，受沁处有黄褐斑。背面有一纵向的宽凹槽。长1.95、宽1.95、厚0.3厘米（图四五，7、8）。M22∶9-77，背面平整。长1.9、宽1.8、厚0.3厘米（图四五，9、10）。M22∶9-96，受沁处有黄褐斑。背面有一纵向的宽凹槽。长1.8、宽1.9、厚0.3厘米（图四五，11、12）。M22∶9-115，背面有一纵向的宽凹槽。长2.0、宽2.0、厚0.2厘米（图四五，13、14）。

③玛瑙珠　7组126颗。分为2行7组，每组18颗。呈红色或橘红色，半透明。形制基本相同，大小不一。皆作圆鼓状，中部透钻一小穿。长0.2～0.6、直径0.4～0.8厘米。标本M22∶9-129，体较大。高0.6、直径0.7厘米（图四五，15）。标本M22∶9-19，体较小。高0.2、直径0.4厘米（图四五，16）。

玦　1件。M22∶10，青玉，冰青色。玉质细腻，半透明。作圆形扁平体，一侧有缺口，断面呈长方形。素面。外径2.25、内径0.8、厚0.4厘米（图四六，1；彩版三五，3）。

口玲　3件。形状大致相同。仿海贝形或贝形，上端较尖，下端呈弧形，正面鼓起，背面平，背面中部纵向刻一道浅凹槽，上端有一单面钻小圆穿。M22∶11-1，青玉，冰青色，局部受沁有黄白斑。玉质细腻，微透明。体较大，仿海贝形，凹槽两侧有锯齿牙。长1.8、宽1.3、厚0.4厘米（图四六，2；彩版三五，4）。M22∶11-2，青白玉，青白色，受沁处有黄褐斑。体较小，仿贝形。长1.3、宽1.1、厚0.6厘米（图四六，3；彩版三五，4）。M22∶11-3，青玉，浅豆青色。体较小，仿贝形。长1.25、宽1.1、厚0.3厘米（图四六，4；彩版三五，4）。

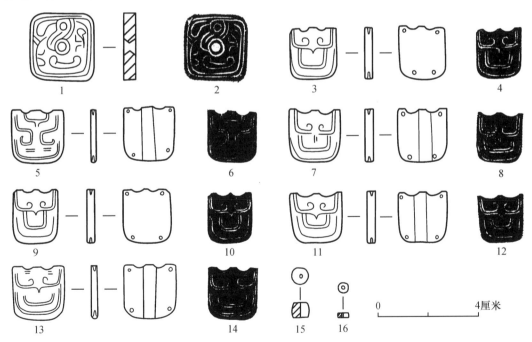

图四五　M22出土玛瑙珠与玉佩组合项饰（M22∶9）中的玉佩与玛瑙珠及拓片
1. 鸟纹玉佩（M22∶9-1）　2. 鸟纹玉佩（M22∶9-1）纹样拓片　3、5、7、9、11、13. 马蹄形玉佩（M22∶9-20、M22∶9-39、M22∶9-58、M22∶9-77、M22∶9-96、M22∶9-115）　4、6、8、10、12、14. 马蹄形玉佩（M22∶9-20、M22∶9-39、M22∶9-58、M22∶9-77、M22∶9-96、M22∶9-115）纹样拓片　15、16. 玛瑙珠（M22∶9-129、M22∶9-19）

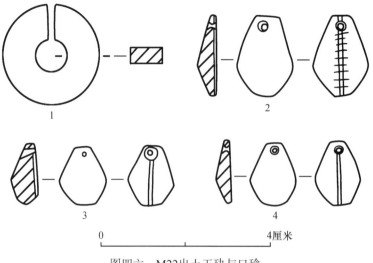

图四六　M22出土玉玦与口琀

1. 玉玦（M22：10）　　2～4. 口琀（M22：11-1、M22：11-2、M22：11-3）

3. 陶器

62件（颗）。有鬲和珠两种。

鬲　1件。M22：7，一足略残。夹砂灰陶。宽折沿上斜，斜方唇，侈口，近口部较平，束颈，鼓肩，瘪裆较高，袋足中空，实足根微外撇。口沿内外各饰一周凹弦纹，颈部饰数周凹弦纹，肩部及以下饰粗绳纹。通高13.2、口径16.6、腹径16.6、腹深8.75厘米（图四七，1；彩版二二，2；图版三三，2）。

珠　61颗。形状相同，大小不一。均为泥质灰黑陶，菱形，两端较尖，中部有凸起的外轮，中间有一穿孔，断面为圆形。标本M22：2-1，体较大，短胖。长1.6、直径1.6厘米（图四七，2）。标本M22：2-2，体较小，短胖。长1.0、直径1.2厘米（图四七，3）。标本M22：2-3，体较小，短胖。长1.0、直径1.0厘米（图四七，4）。标本M22：2-4，体较大，瘦长。长1.5、直径1.2厘米（图四七，5）。

4. 石器

99件（枚）。有戈与贝两种。

戈　1件。M22：5，出土时仅存内部，粉化严重。石灰岩质，灰白色。近长方形内，正、背面中部有脊。残长6.3、宽5.0、厚0.55厘米（图四七，6）。

贝　98枚。石英岩质，灰白色，少数腐蚀严重。形状基本相同，大小不一。上端较尖，下端呈弧形，正面鼓起，背面平，背面中部纵向刻一道浅凹槽。标本M22：1-1，体较大。长2.4、宽1.9、厚1.0厘米（图四七，7）。标本M22：1-2，体较大。长2.35、宽1.9、厚1.1厘米（图四七，8）。标本M22：1-3，体较小。长1.8、宽1.0、厚0.6厘米（图四七，9）。标本M22：1-4，体较小。长1.6、宽1.1、厚0.6厘米（图四七，10）。

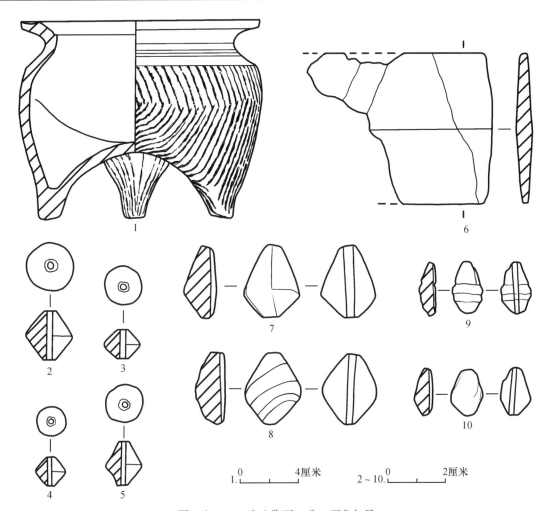

图四七　M22出土陶鬲、珠，石戈与贝

1. 陶鬲（M22：7）　2~5. 陶珠（M22：2-1、M22：2-2、M22：2-3、M22：2-4）　6. 石戈（M22：5）

7~10. 石贝（M22：1-1、M22：1-2、M22：1-3、M22：1-4）

一五、M23

M23位于墓地南区的东北部。

（一）墓葬形制

该墓为南北向长方形竖穴土坑墓，方向25°。墓口开于扰土层下，距现地表0.60米。墓口平面呈长方形，南北长4.20米，东西宽2.76~2.86米。墓壁光滑修整，上下垂直，墓底平坦。墓底长、宽与墓口尺寸相同，墓深2.44米。

墓底四周设有熟土二层台，其中北侧台宽0.38~0.42米，东侧台宽0.38米，南侧台宽0.36米，西侧台宽0.18~0.40米，台高1.00米。

墓内填土是以红褐色为主的花土，土质较硬，内含少量小料姜石块和小河卵石块。

（二）葬具与葬式

1. 葬具

墓内葬具腐朽严重，结构不清。从残存的灰白色木质痕迹判断，葬具为单椁单棺。

木椁位于墓底中部，椁室四壁紧贴二层台内壁，平面呈长方形，南北长3.40米，东西宽2.06~2.20米，高1.00米，底板厚0.05米，盖板、壁板与挡板厚度不详。椁盖板是用薄木板东西横向平铺于二层台上，壁板是用宽约0.20米的木板相围而成，底板是用宽约0.15~0.22米的木板南北纵向平铺于墓室底部。

木棺位于椁室中部，平面近长方形，南北长2.32米，东西宽0.78~0.80米，高0.56米，壁板与挡板厚0.04米，盖板与底板厚度不详。

2. 葬式

棺内葬有墓主1人，骨骼保存较差。墓主为仰身屈肢葬，头北足南，腿部微屈。经初步鉴定，墓主为男性，年龄在40岁左右（图四八；彩版四，1）。

（三）随葬器物

随葬器物分别放置于椁室、棺盖板上及棺内。其中棺盖板上放置石戈1件、海贝1枚（图四九）；椁室东北角仅放置石贝29枚，东南角则放置铜鼎1件、铜簋1件、铜盘1件、铜盉1件、石贝40枚；棺内墓主头部两侧各放置玉玦1件，口内放置玉琀4件。

随葬器物共计81件（枚）。依质地可分为铜、玉、石和海贝四类。

1. 铜器

4件。有鼎、簋、盘和盉四种。

鼎　1件。M23：5，一足略残。窄折沿上斜，斜方唇，口微敞，立耳微外撇，斜弧腹内收，圜底近平，三矮蹄足，足内侧有一道竖向凹槽。素面。通高11.1、口径13.4、最大腹径12.2、腹深5.1厘米（图五〇，1；图版一七，1）。

簋　1件。M23：3，器型较小，盖与器身浑铸，制作粗糙。顶部有圆形捉手，盖面隆起，鼓腹，腹一侧为半环形耳，另一侧耳由于铸造粗糙未经打磨近方形，无底，喇叭形圈足。腹上部饰一周无珠重环纹，下部饰四周瓦垅纹。腹腔内残留范土。通高15.2、腹径16.5、圈足径13.2厘米（图五〇，3、4；图版一七，2）。

盘　1件。M23：4，窄折沿上斜，敞口，斜方唇，附耳较直，浅弧腹，底近平，喇叭形高圈足。通高7.2、口径17.5、腹深3.0、圈足径11.9厘米（图五〇，2；图版一七，3）。

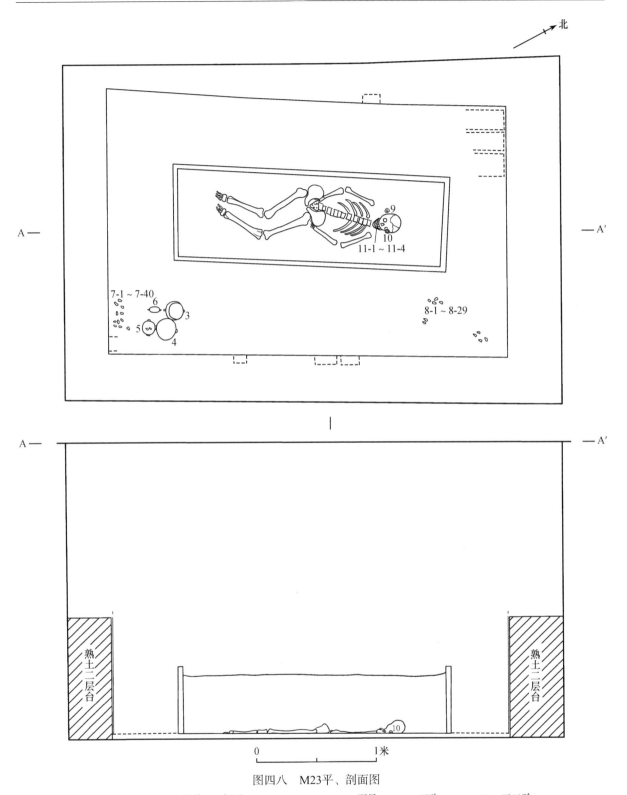

图四八 M23平、剖面图

3.铜簋 4.铜盘 5.铜鼎 6.铜盉 7-1～7-40、8-1～8-29.石贝 9、10.玉玦 11-1～11-4.玉口琀

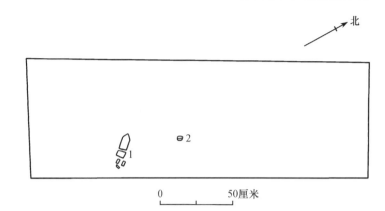

图四九　M23棺盖板上随葬器物平面图
1.石戈　2.海贝

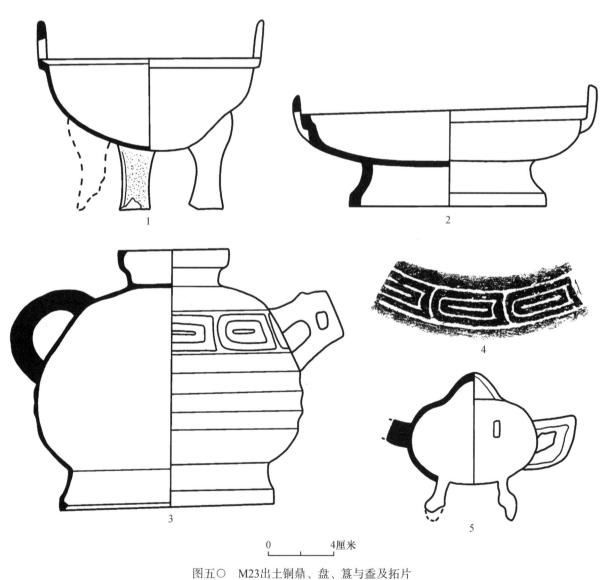

图五〇　M23出土铜鼎、盘、簋与盉及拓片
1.鼎（M23∶5）　2.盘（M23∶4）　3.簋（M23∶3）　4.簋（M23∶3）沿下纹样拓片　5.盉（M23∶6）

盉 1件。M23：6，流残缺。整体浑铸，造型粗糙。呈侧置的椭圆扁鼓形，顶部有方锥形盖，一侧有无孔实心菱形管状流，另一侧为斜三角形錾，器身腹部背面有两个平行的竖向长方形孔，中空，下有四个简易蹄足。腹腔内有范土。通高9.0厘米，残长11.6厘米，腹腔长径7.2、短径5.2厘米，腔体厚3.2厘米（图五〇，5；图版一七，4）。

2. 玉器

6件。有玦和口琀两种。

玦 2件。形制、大小基本相同。皆呈圆形扁平体，一侧有缺口，断面呈长方形。M23：9，白玉，乳白色，局部受沁有黄褐斑。玉质细腻，半透明。正面饰一曲体龙纹，头上有角，臣字目，龙身饰重环纹。外径2.9、内径0.9、厚0.35厘米（图五一，1、2；彩版二七，4）。M23：10，青玉，冰青色，局部受沁呈黄褐色或有黄白斑。玉质细腻，微透明。正面饰对称简易龙纹，张口，椭圆形目。外径2.9、内径0.9、厚0.35厘米（图五二，3、4；彩版三六，2）。

口琀 4件。皆系旧器之残块。M23：11-1，青玉，浅冰青色。玉质细腻，半透明。体呈不规则形，断面呈长方形。正、背面饰平行线纹。长1.8、宽1.2、厚0.3厘米（图五一，5）。M23：11-2，白玉，乳白色。玉质细腻，透明度好。体呈等腰三角形，断面呈长方形。长1.6、宽0.8、厚0.3厘米（图五一，6）。M23：11-3，青玉，浅冰青色。玉质细腻，半透明。体呈三角形，断面呈长方形。长1、宽0.9、厚0.3厘米（图五一，7）。M23：11-4，青玉，浅冰青色。玉质细腻，半透明。体近三角形，断面呈长方形。长2.0、宽0.8、厚0.2厘米（图五一，9）。

3. 石器

70件（枚）。有戈和贝二种。

戈 1件。M23：1，出土时已破碎成数十块，且锋部和援部略残。青石质，青灰色。锋呈三角形，直援，正面略鼓，背面平且有一道纵向切割线痕，援两侧有钝刃，近末端处两侧有缺，以示内部。长方形直内，末端略弧。残长28.2厘米，援残长22.2、宽4.5厘米，内长6、宽4.5厘米，厚0.04厘米（图五一，10；彩版三六，1）。

贝 69枚。分两处放置。其中M23：7为40枚（彩版三六，3），M23：8为29枚。皆为石英岩质，白色。形制相同，大小略有差异。上端较尖，下端呈弧形，正面鼓起，背面平且中部纵向刻一道浅凹槽。标本M23：7-1，体较大。长2.1、宽1.55、厚0.85厘米（图五一，11）。标本M23：7-2，体较小。长1.4、宽1.0、厚0.6厘米（图五一，12）。标本M23：8-1，体较大。长2.1、宽1.5、厚0.95厘米（图五一，14）。标本M23：8-2，体较小。长1.5、宽1.2、厚0.6厘米（图五一，13）。标本M23：8-3，体较小。长1.85、宽1.35、厚0.4厘米（图五一，15）。标本M23：8-4，体较小。长1.6、宽1.2、厚0.75厘米（图五一，16）。

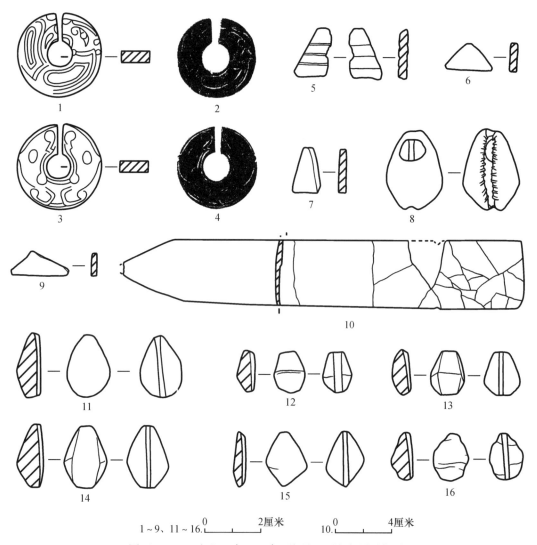

图五一　M23出土玉玦、口琀，海贝，石戈与贝及拓片

1、3.玉玦（M23：9、M23：10）　2、4.玉玦（M23：9、M23：10）纹样拓片　5~7、9.玉口琀（M23：11-1、M23：11-2、
M23：11-3、M23：11-4）　8.海贝（M23：2）　10.石戈（M23：1）　11~16.石贝（M23：7-1、M23：7-2、M23：8-2、
M23：8-1、M23：8-3、M23：8-4）

4. 海贝

1枚。M23：2，白色。上端尖，下端呈弧形，正面鼓起，背面稍平且有一道纵向浅凹槽，槽两侧有锯齿牙。长2.75、宽1.95、厚1.2厘米（图五一，8）。

一六、M25

M25位于墓地北区的东南部。

（一）墓葬形制

该墓为东西向长方形竖穴土坑墓，方向285°。墓口开口于扰土层下，距现地表0.50米。墓口东宽西窄，平面近长方形，东西长2.78米，南北宽0.78～0.86米。墓壁修整较光滑，上下垂直，墓底平坦。墓底长、宽与墓口尺寸相同，墓深1.22米。

墓内填以红褐色为主的花土，土质较疏松，内含少量小料姜石块和小河卵石块。

（二）葬具与葬式

1. 葬具

墓内葬具腐朽严重，结构不清。从残存的灰白色和灰黑色木质朽痕判断，葬具为单棺。

木棺位于墓底中部略偏西，平面呈长方形，东西长1.92米，南北宽0.47～0.52米，残高0.12米，壁板与挡板厚0.02～0.04米，盖板和底板厚度不详。

2. 葬式

棺内葬有墓主1人，骨骼保存较差。墓主为仰身直肢葬，头西足东，面向上，双手交叉置于腹下部。经初步鉴定，墓主为男性，年龄在45岁左右（图五二）。

（三）随葬器物

随葬器物均放置于棺内。其中墓主腹部左侧放置石匕1件，口中放置蚌口琀1件。

随葬器物共计2件。依质地可分为石与蚌两类。

1. 石器

1件。为匕。M25:1，出土时上端残损，且断裂为3块。青石质，青灰色。器身呈扁薄长条形，正面微鼓，背面平。上端稍宽，末端略窄且被轻微磨去一角，一侧和末端一角被磨成钝刃。残长8.45、宽2.10、厚0.10～0.27厘米（图五三）。

2. 蚌器

1件。为口琀。M25：2，白色。出土时残损严重，已成若干碎片。

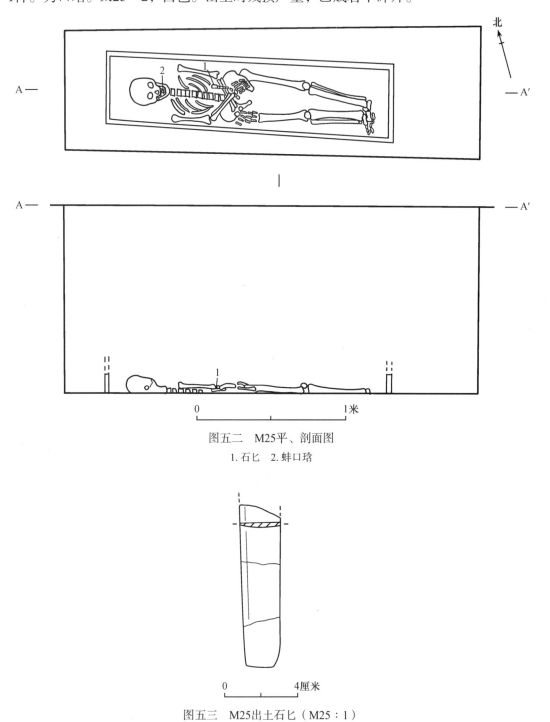

图五二　M25平、剖面图
1. 石匕　2. 蚌口琀

图五三　M25出土石匕（M25：1）

一七、M26

M26位于墓地北区的东南部。

（一）墓葬形制

该墓为东西向长方形竖穴土坑墓，方向290°。墓口开于扰土层下，距现地表0.50米。墓口平面呈长方形，东西长2.50米，南北宽1.20米。墓壁光滑规整，上下垂直，墓底平坦。墓底长、宽与墓口尺寸大小相同，墓深1.80米。

墓底四周设有熟土二层台，其中北侧台宽0.06～0.10米，东侧台宽0.12米，南侧台宽0.06～0.08米，西侧台宽0.12～0.14米，台高0.66米。

墓内填以红褐色为主的花土，土质较硬，内含少量小料姜石块。

（二）葬具与葬式

1. 葬具

墓内葬具腐朽严重，结构不清。从残存的灰白色和灰黑色木质朽痕判断，葬具为单椁单棺。

木椁位于墓底中部，椁室四壁紧贴二层台内壁，平面近长方形，东西长2.22米，南北宽1.02～1.08米，高0.66米，壁板、挡板和底板均厚0.04米，盖板厚度不详。

木棺位于椁室中部，平面近长方形，东西长1.78～1.82米，南北宽0.68米，残高0.40米，壁板与挡板均厚0.06～0.08米，盖板和底板厚度不详。

2. 葬式

棺内葬有墓主1人，骨骼保存较差。墓主为仰身直肢葬，头西足东，面向北，双手交叉置于腹下部。经初步鉴定，墓主为女性，年龄在25岁左右（图五四；图版二，3）。

（三）随葬器物

随葬器物放置于棺内。在墓主头部两侧各放置有玉玦1件。

随葬器物共计2件。均为玉器，仅有玦一种。

玉玦　2件。玉质、玉色及形制、大小相同。青玉，深豆青色，大部受沁有灰白色。玉质较粗，不透明。皆呈圆形扁平体，一侧有缺口，断面呈长方形。素面。M26：1，外径2.65、内

径0.7、厚0.3厘米（图五五，1；彩版三六，4）。M26∶2，断裂成2块。外径2.65、内径0.7、
厚0.3厘米（图五五，2；彩版三六，4）。

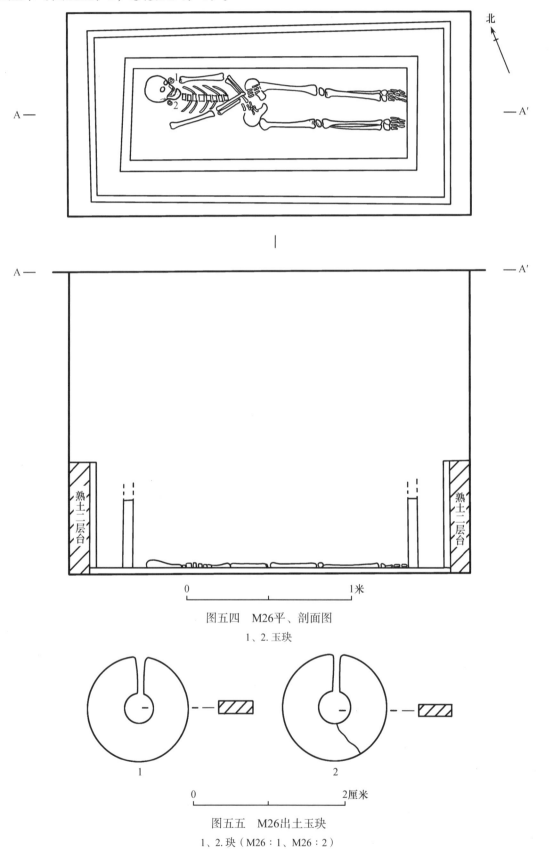

图五四　M26平、剖面图

1、2.玉玦

图五五　M26出土玉玦

1、2.玦（M26∶1、M26∶2）

一八、M27

M27位于墓地北区的东南部。

（一）墓葬形制

该墓为南北向长方形竖穴土坑墓，方向28°。墓口开于扰土层下，距现地表0.63米。墓口平面呈长方形，南北长2.90米，东西宽1.70～1.75米。墓底略大于墓口，墓壁较光滑，除东壁上下垂直外，其他三壁皆斜直稍外张，墓底平坦。墓底南北长3.04米，东西宽1.70～1.78米，墓深2.36米。

墓底四周设有熟土二层台，其中北侧台宽0.18米，东侧台宽0.22～0.26米，南侧台宽0.30米，西侧台宽0.24～0.26米，台高0.66米。

墓内填以红褐色为主的花土，略经夯打，较硬，夯窝与夯层不明显，内含少量小料姜石块和小河卵石块。

（二）葬具与葬式

1. 葬具

墓内葬具腐朽严重，结构不清。从残存的灰白色和灰黑色木质朽痕判断，葬具为单椁单棺。

木椁位于墓底中部，椁室四壁紧贴二层台内壁，平面呈长方形，南北长2.52米，东西宽1.24米，高0.66米，壁板与挡板厚0.06～0.08米，盖板和底板厚度不详。

木棺位于椁室中部稍偏东南，平面呈长方形，南北长2.12米，东西宽0.78米，残高0.16～0.26米，壁板与挡板厚0.06～0.08米，盖板和底板厚度不详。

2. 葬式

棺内葬有墓主1人，骨骼保存尚好。墓主为仰身直肢葬，头北足南，面向西，双手置于腹下部。经初步鉴定，墓主为男性，年龄约为35～40岁（图五六；图版二，4）。

（三）随葬器物

随葬器物分别放置于棺盖板上和棺内。其中棺盖板中部放置骨圭1件（图五七）；棺内墓主口中放置玉口琀1件。

随葬器物共计2件。依质地可分为玉与骨两类。

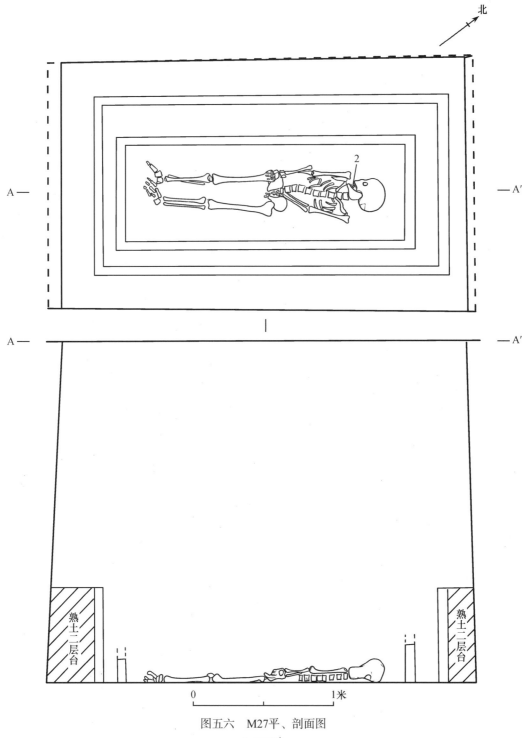

图五六　M27平、剖面图
2. 玉口琀

1. 玉器

1件。为口琀。M27：2，青玉，冰青色，全部受沁呈黄白色。玉质较粗糙，微透明。体呈不规则形。长1.4、宽0.8、厚0.6厘米（图五八，2）。

2. 骨器

1件。为圭。M27：1，出土时器身一侧及末端略有残损。全部受沁呈黄灰色。呈扁平长条形，上端有三角形锋，器身两面微鼓，正面有脊，锋及两侧均有钝刃，底端中部有一椭圆形斜穿。残长13.9、宽2.1、厚0.5厘米（图五八，1；彩版五○，4）。

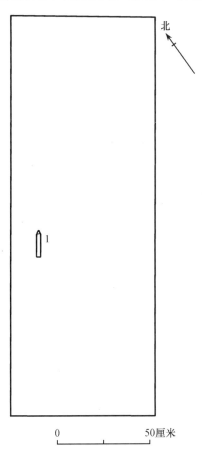

图五七 M27棺盖板上随葬器物平面图
1. 骨圭

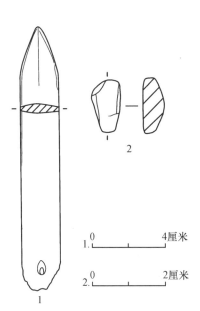

图五八 M27出土骨圭与玉口琀
1. 骨圭（M27：1） 2. 玉口琀（M27：2）

一九、M28

M28位于墓地北区的南部。

（一）墓葬形制

该墓为东西向长方形竖穴土坑墓，方向125°。墓口开于扰土层下，距现地表0.45米。墓口平面呈圆角长方形，东西长2.52米，南北宽1.02～1.06米。墓壁上下垂直，较光滑规整，西壁略呈弧状，墓底平坦。墓底长、宽与墓口尺寸相同，墓深1.12米。

墓底四周设有熟土二层台，其中北侧台宽0.08～0.14米，东侧台宽0.10～0.18米，南侧台宽0.04～0.06米，西侧台宽0.10～0.16米，台残高0.30米。

墓内填以红褐色为主的花土，土质较硬，内含少量小料姜石块和小河卵石块。

（二）葬具与葬式

1. 葬具

墓内葬具腐朽严重，结构不清。从残存的灰白色和灰黑色木质朽痕判断，葬具为单椁单棺。

木椁位于墓底中部，椁室四壁紧贴二层台内壁，平面呈长方形，东西长2.20米，南北宽0.86～0.90米，残高0.30米，壁板与挡板厚0.02米，盖板和底板厚度不详。椁盖板由13块宽约0.08～0.20米的薄木板呈南北横向平铺于二层台上；椁底板则由数块宽约0.12米的薄木板呈东西纵向平铺于墓底。

木棺位于椁室中部略偏北，平面呈长方形，东西长2.00米，南北宽0.52米，壁板与挡板厚0.04米，棺高及盖板、底板厚度不详。

2. 葬式

棺内葬有墓主1人，骨骼保存较好。墓主为仰身直肢葬，头东足西，面向上，双手交叉置于腹下部。经初步鉴定，墓主为男性，年龄约为40岁左右（图五九、图六〇）。

（三）随葬器物

无。

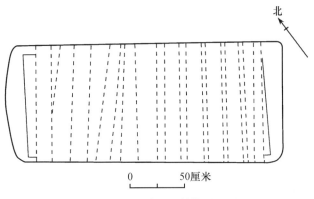

北

0 50厘米

图五九 M28椁盖板结构平面图

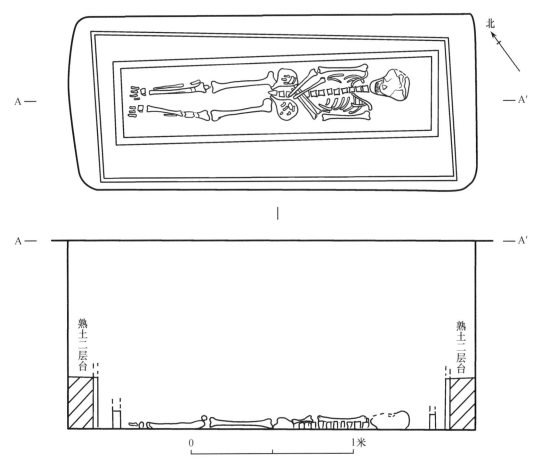

北

A— —A′

A— —A′

熟土二层台 熟土二层台

0 1米

图六〇 M28平、剖面图

二〇、M29

M29位于墓地南区的东中部。

（一）墓葬形制

该墓为南北向长方形竖穴土坑墓，方向195°。墓口开于扰土层下，距现地表0.40米。墓口平面呈长方形，南北长4.40米，东西宽2.68～2.74米。墓口略小于墓底，墓壁修整平滑，北、东、西三壁向下斜直外张，南壁陡直，墓底平坦。墓底南北长4.42米，东西宽2.82～2.96米，墓深2.48米。

墓底四周有熟土二层台，其中北侧台宽0.34米，东侧台宽0.23～0.37米，南侧台宽0.18～0.39米，西侧台宽0.20～0.30米，台高0.92米。

墓内填以红褐色为主的花土，略经夯打，较硬，夯层与夯窝不明显，内含少量小料姜石块和小河卵石块。

（二）葬具与葬式

1. 葬具

墓内葬具已严重腐朽，结构不清。从灰白色或灰黑色木质朽痕判断，葬具为单椁单棺。

木椁位于墓底中部，椁室四壁紧贴二层台内壁，平面近长方形，南北长3.70米，东西宽2.30～2.40米，高0.92米，壁板与挡板厚0.04米，盖板与底板厚度不详。

木棺位于椁室中部，平面近长方形，南北长2.56米，东西宽1.00米，高0.70米，壁板与挡板厚0.05米，盖板与底板厚度不详。

2. 葬式

棺内葬有墓主1人，为侧身直肢葬，头向东南，足向北，骨骼保存较差。经初步鉴定，墓主为男性，年龄在35岁左右（图六一；彩版四，2）。

（三）随葬器物

随葬器物均放置于椁室内。其中椁室西北部放置石戈1件、骨镞2件，东部则放置铜簋盖1件、铜盾钖2件、铜环1件、石贝30枚。

随葬器物共计37件（枚）。依质地可分为铜、石和骨三类。

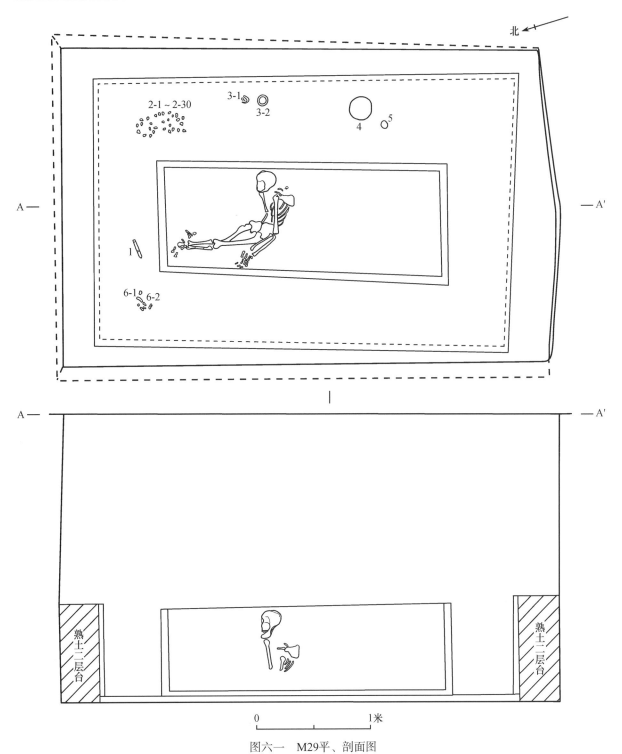

图六一　M29平、剖面图

1. 石戈　2-1～2-30. 石贝　3-1、3-2. 铜盾饰　4. 铜簋盖　5. 铜环　6-1、6-2. 骨镳

1. 铜器

4件。有簋盖、盾钖和环三种。

簋盖　1件。M29：4，整体呈覆盘形。盖面隆起，顶有圆形捉手。盖缘饰一周S形平目窃曲纹，盖面饰瓦垅纹。高7.6、口径20.6、捉手径11.0厘米（图六二，1、2；彩版一八，3；图版一七，5）。

盾钖　2件。因胎壁较薄且腐蚀严重，出土时均已破碎，但尚能看出轮廓，应为盾牌上的装饰物。M29：3-1、M29：3-2，形制、大小相同。皆为圆形，正面中部隆起，背面相应凹陷。厚约0.04厘米。

环　1件。M29：5，圆形，断面亦呈圆形。外径6.5、内径4.7、断面直径0.9厘米（图六二，3；图版一七，6）。

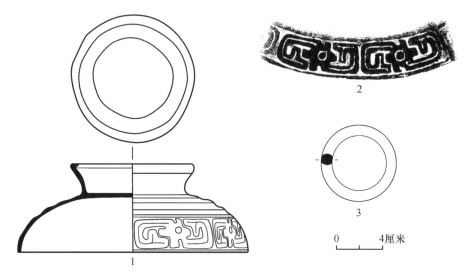

图六二　M29出土铜簋盖与环及拓片
1.簋盖（M29：4）　2.簋盖（M29：4）纹样拓片　3.环（M29：5）

2. 石器

31件（枚）。有戈与贝两种。

戈　1件。M29：1，出土时已断裂为3块，内端略有残损。青石质，青灰色。锋呈等腰三角形，尖锐，直援，有钝刃，正面中脊明显，背面平，近末端处两侧有缺，以示内部。近长方形内。通长16.7厘米，援长13.6、内长3.1、宽2.3、厚0.5厘米（图六三，1；彩版三七，1）。

贝　30枚。石英岩质，白色。形状相同，大小略有差异。上端较尖，下端呈弧形，正面鼓起，背面平且中部纵向刻一道浅凹槽。标本M29：2-1，体较大。长2.3、宽1.8、厚0.65厘米（图六三，2）。标本M29：2-2，体较小。长1.5、宽1.2、厚0.7厘米（图六三，3）。

3. 骨器

2件。仅有镳一种。兽角制成。皆呈弧形弯曲，一端平齐，另一端尖细，断面呈切角长方形。M29：6-1，残断成多块，较窄的两侧面透穿有两个长方形穿孔。长13.6厘米，最大断面长2.1、宽1.4厘米（图六三，4；彩版五〇，5）。M29：6-2，残断成多块，中部缺失，较宽的两侧面透穿有两个椭圆形穿孔，较窄的两侧面透穿有一个椭圆形穿孔，长12.5厘米，最大断面长1.6、宽1.2厘米（图六三，5；彩版五〇，5）。

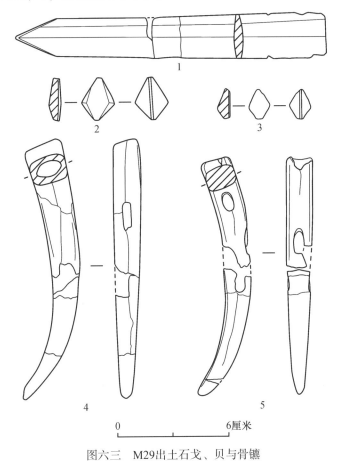

图六三 M29出土石戈、贝与骨镳

1.石戈（M29：1） 2、3.石贝（M29：2-1、M29：2-2） 4、5.骨镳（M29：6-1、M29：6-2）

二一、M30

M30位于墓地北区的东部。

（一）墓葬形制

该墓为东西向长方形竖穴土坑墓，方向288°。墓口开于扰土层下，距现地表0.54米。墓口平面呈长方形，东西长3.28米，南北宽1.80米。墓壁光滑规整，上下垂直，墓底平坦。墓底长、宽与墓口尺寸相同，墓深2.20米。

墓底四周有熟土二层台，其中北侧台宽0.14～0.16米，东侧台宽0.30～0.32米，南侧台宽0.16～0.18米，西侧台宽0.26米，台残高0.46米。

墓内填以红褐色为主的花土，土质较硬，内含少量小料姜石块。

（二）葬具与葬式

1. 葬具

墓内葬具腐朽严重，结构不清。从残存的灰白色和灰黑色木质朽痕判断，葬具为单椁单棺。

木椁位于墓底中部，椁室四壁紧贴二层台内壁，平面呈长方形，东西长2.72米，南北宽1.46～1.50米，残高0.46米，椁板厚度不详。

木棺位于椁室中部，平面呈长方形，东西长2.08米，南北宽0.72米，残高0.10米，壁板与挡板均厚0.06米，盖板和底板厚度不详。

2. 葬式

棺内葬有墓主1人，骨骼保存较好。墓主为仰身屈肢葬，头西足东，面向上，双手交叉置于腹下部。经初步鉴定，墓主为男性，年龄为50～55岁（图六四；图版三，1）。

（三）随葬器物

随葬器物均放置于椁室内。其中椁室北中部放置石贝28枚，南中部放置陶鬲1件、陶罐1件。随葬器物共计30件。依质地可分为陶和石两类。

1. 陶器

2件。有鬲和罐两种。

鬲　1件。M30：1，夹砂灰褐陶。宽折沿微上斜，尖圆唇，侈口，短束颈，鼓腹，腹部与足相对处各有一个竖向扉棱，瘪裆较高，空袋足，实足根微外撇。口沿内外各饰一周凹弦纹，通体饰中绳纹，上腹有一周抹痕。通高11.3、口径15.2、腹径15.2、腹深7.5厘米（图六五，1；图版三三，3）。

罐　1件。M30：2，出土时口及颈部残损。泥质灰陶。折肩，斜弧腹内收，平底。肩部饰两周锯齿纹，锯齿纹上、下各饰两周凹弦纹。残高9.4、腹径13.5、底径7.4厘米（图六五，2；图版三三，4）。

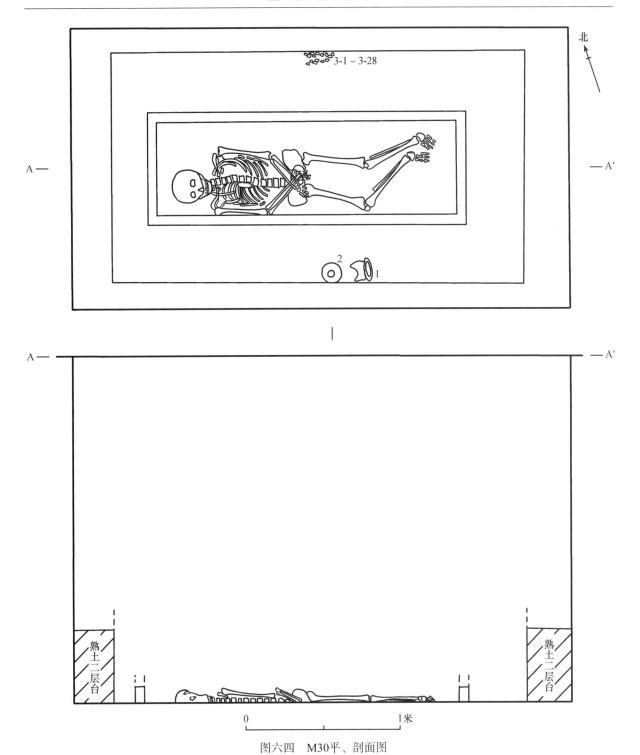

图六四　M30平、剖面图

1. 陶鬲　2. 陶罐　3-1～3-28. 石贝

2. 石器

28枚。仅有贝一种。除标本M30：3-1为青石质外，其余27枚均为石英岩质。石质较粗糙，呈灰白或灰青色。形状相同，大小略有差异。上端较尖，下端略呈弧形，正面鼓起，背面平。其中18枚上端有穿孔，10枚无穿孔且背面中部纵向刻一道浅凹槽。标本M30：3-1，青灰色。体较大，背面中部纵向刻一道凹槽，上端无穿孔。长2.2、宽1.6、厚1.2厘米（图六五，3）。标本M30：3-2，灰白色。体较大，背面中部纵向刻一道凹槽，上端无穿孔。长2.8、宽2.0、厚1.0厘米（图六五，4）。标本M30：3-3，体较大，上端有单面钻圆穿。长2.35、宽1.5、厚0.9厘米（图六五，5）。标本M30：3-4，体较小，背面中部纵向刻一道凹槽，上端无穿孔。长1.8、宽1.1、厚0.7厘米（图六五，6）。

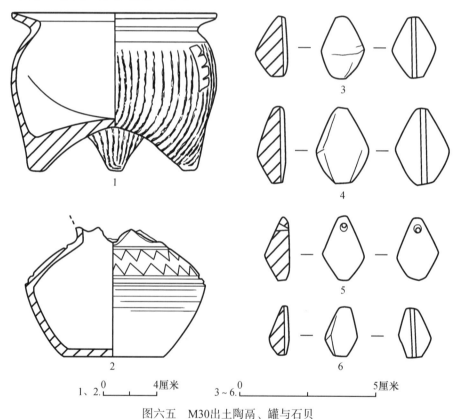

图六五　M30出土陶鬲、罐与石贝

1. 陶鬲（M30：1）　2. 陶罐（M30：2）　3～6. 石贝（M30：3-1、M30：3-2、M30：3-3、M30：3-4）

二二、M31

M31位于墓地北区的东中部。

（一）墓葬形制

该墓为南北向长方形竖穴土坑墓，方向31°。墓口开于扰土层下，距现地表0.40米。墓口平面呈长方形，南北长3.30米，东西宽2.00米。墓壁光滑规整，上下垂直，墓底平坦。墓底长、宽与墓口尺寸相同。墓深1.94米。

墓底四周设熟土二层台，其中北侧台宽0.30米，东侧台宽0.04～0.10米，南侧台宽0.26～0.30米，西侧台宽0.20米，台高0.82～0.88米。

墓内填以红褐色为主的花土，土质较硬，内含少量小料姜石块。

（二）葬具与葬式

1. 葬具

墓内葬具腐朽严重，结构不清。从残存的灰白色和灰黑色木质朽痕判断，葬具为单椁单棺。

木椁位于墓底中部，椁室四壁紧贴二层台内壁，平面呈长方形，南北长2.70～2.74米，东西宽1.70～1.76米，高0.82～0.86米，壁板、挡板和底板厚0.04米，盖板厚度不详。

木棺位于椁室中部，平面呈长方形，南北长2.06米，东西宽0.84～0.88米，残高0.20米，壁板和挡板厚0.06～0.08米，盖板与底板厚度不详。

2. 葬式

棺内葬有墓主1人，骨骼保存较差。墓主为仰身直肢葬，头北足南，双臂向内弯曲置于腹部，右腿微屈。经初步鉴定，墓主为男性，年龄在45岁左右（图六六；图版三，2）。

（三）随葬器物

随葬器物均放置于棺内。其中墓主胸部放置骨戈1件，口中放置玉口琀3件、石口琀1件。随葬器物共计5件。依质地可分为玉、石与骨三类。

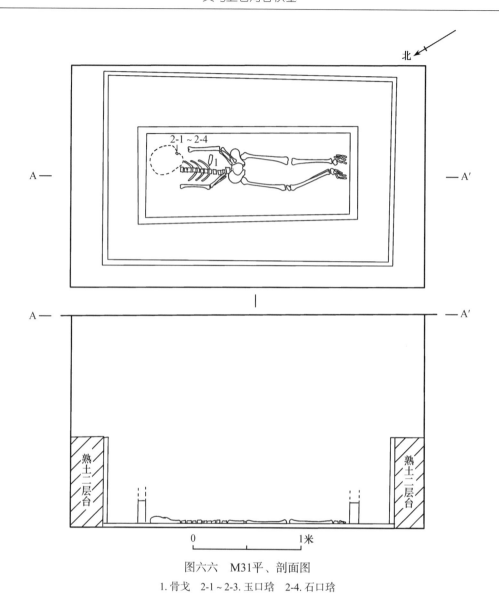

图六六　M31平、剖面图

1. 骨戈　2-1～2-3. 玉口琀　2-4. 石口琀

1. 玉器

　　3件。均为口琀，系旧器之残块。玉质、玉色相同，青白玉，青白色。玉质细腻，半透明。M31：2-1，局部受沁呈黄白色。体呈不规则形。长1.3、宽0.5、厚0.4厘米（图六七，2）。M31：2-2，全部受沁呈黄白色。体呈不规则形。长1.0、宽0.6、厚0.4厘米（图六七，3）。M31：2-3，全部受沁呈黄褐色。体呈不规则形。长0.7、宽0.6、厚0.35厘米（图六七，4）。

2. 石器

　　1件。为口琀。M31：2-4，石灰岩质，白色。整体呈扇形，断面呈长方形。长1.5、宽0.8、厚0.3厘米（图六七，5）。

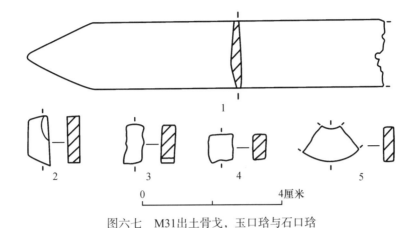

图六七　M31出土骨戈，玉口琀与石口琀

1. 骨戈（M31:1）　　2~4. 玉口琀（M31:2-1、M31:2-2、M31:2-3）　　5. 石口琀（M31:2-4）

3. 骨器

1件。为戈。M31:1，出土时内部残缺。锋呈等腰三角形，较尖锐，直援无脊，正面微鼓，锋边与援两侧边磨出双面钝刃。残长10.3、宽1.85、厚0.3厘米（图六七，1；彩版五〇，6）。

二三、M32

M32位于墓地北区的南部。

（一）墓葬形制

该墓为南北向长方形竖穴土坑墓，方向23°。墓口开于扰土层下，距现地表0.40米。墓口南端略高，平面呈长方形，南北长2.72米，东西宽1.24~1.28米。墓壁修整较光滑，上下垂直，墓底平坦。墓底长、宽与墓口尺寸相同，墓深1.44米。

墓底四周设有熟土二层台，其中北侧台宽0.20~0.22米，东侧台宽0.14~0.16米，南侧台宽0.14米，西侧台宽0.12~0.20米，台残高0.36米。

墓内填以红褐色为主的花土，土质较疏松，内含少量小料姜石块和小河卵石块。

（二）葬具与葬式

1. 葬具

墓内葬具腐朽严重，结构不清。从残存的灰白色和灰黑色木质朽痕判断，葬具为单椁单棺。木椁位于墓底中部，椁室四壁紧贴二层台内壁，平面呈长方形，南北长2.36米，东西宽

0.92 ~ 0.98米，残高0.36米，壁板、挡板与底板厚0.04米，盖板厚度不详。

木棺位于椁室中部稍偏南，平面呈长方形，南北长2.10米，东西宽0.56 ~ 0.62米，残高0.10米，壁板与挡板厚0.04米，盖板和底板厚度不详。

2. 葬式

棺内葬有墓主1人，骨骼保存较好。墓主为仰身直肢葬，头北足南，面向东，双手交叉置于腹下部，左腿微屈。经初步鉴定，墓主为男性，年龄约为35岁（图六八；图版三，3）。

（三）随葬器物

无。

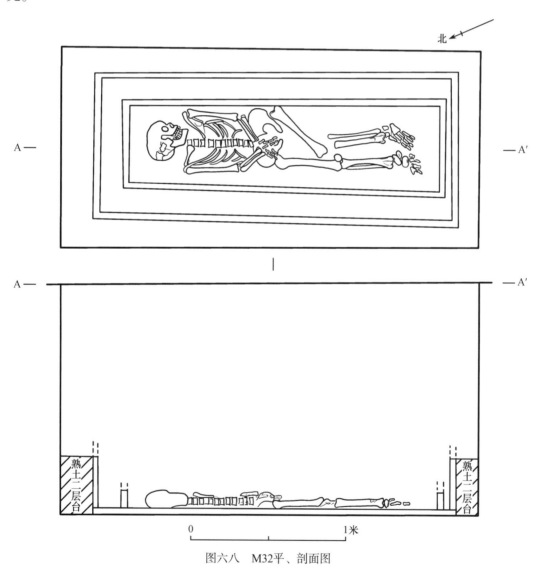

图六八　M32平、剖面图

二四、M33

M33位于墓地北区的南部。

（一）墓葬形制

该墓为南北向长方形竖穴土坑墓，方向20°。墓口开于扰土层下，距现地表0.45米。墓口平面呈长方形，南北长3.74米，东西宽2.32～2.36米。墓壁光滑规整，上下基本垂直，墓底平坦。墓底长、宽与墓口尺寸相同，墓深2.14米。

墓底四周设有熟土二层台，其中北侧台宽0.14米，东侧台宽0.12米，南侧台宽0.12米，西侧台宽0.06～0.10米，台高0.40米。

墓内填土是以红褐色为主的花土，土质较硬，内含少量料姜石块。

（二）葬具与葬式

1. 葬具

墓内葬具腐朽严重，结构不清。从灰白色或灰黑色木质痕迹可知，葬具为单椁单棺。

木椁位于墓底中部，椁室四壁紧贴二层台内壁，平面呈长方形，南北长3.50米，东西宽2.10～2.14米，残高0.40米，椁板厚度不详。

木棺位于椁室中部，因腐朽且受填土挤压变形，平面近长方形，南北长2.16米，东西宽0.89米，残高0.12米，壁板与挡板厚0.04米，盖板与底板厚度不详。

2. 葬式

棺内葬有墓主1人，为仰身直肢葬，头北足南，骨骼保存较差。经初步鉴定，墓主为男性，年龄为35岁左右（图六九；彩版五，1）。

（三）随葬器物

随葬器物分别放置于椁室和棺内。其中椁室北部放置铜戈1件、铜镞3件、铜盾钖11件、铜衔2件、铜刻刀2件、骨镳2件，西部则放置铜戈1件、陶鬲1件；棺内墓主头部放置玉玦2件，颈部放置组玉佩1组152件（颗），口内放置石口琀2件，盆骨处放置玉鸟形佩1件、长方形骨饰1件。

随葬器物共计181件（颗）。依质地可分为铜、玉、陶、石和骨五类。

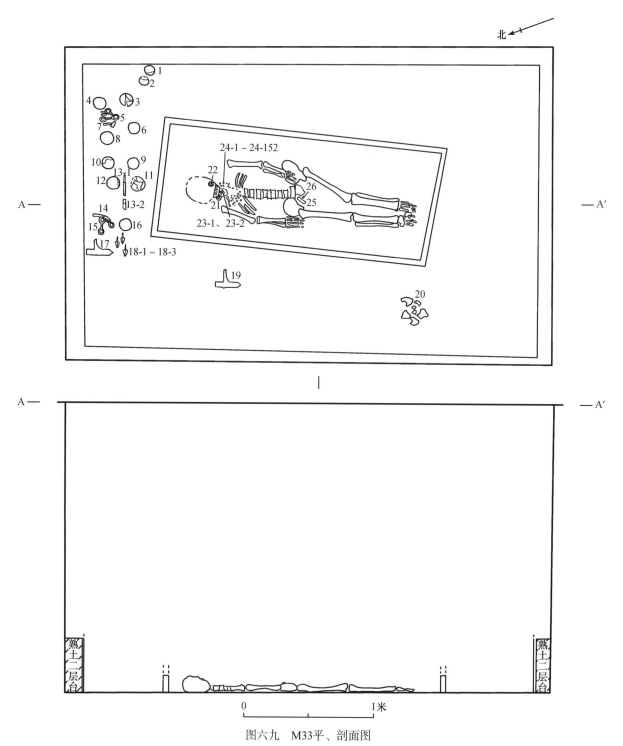

图六九　M33平、剖面图

1~4、6、8~12、16.铜盾钖　5、15.铜衔　7、14.骨镳　13-1、13-2.铜刻刀　17、19.铜戈　18-1~18-3.铜镞　20.陶鬲
21、22.玉玦　23-1、23-2.石口琀　24-1~24-152.玉璜、管与玛瑙珠组合佩饰　25.鸟形玉佩　26.长方形骨饰

1. 铜器

20件。有戈、镞、盾饰、衔和刻刀五种。

戈 2件。形制、大小基本相同。皆为等腰三角形锋，锐利，直援，有脊，上下边有锐刃，内、援之间有凸棱形阑，胡较长，阑侧有两个纵长条形穿和一个横长方形穿。近长方形直内，下角有缺，内中部有一穿孔，穿孔或为圆形，或为横长条形。M33：17，援本部饰一镂空旋涡纹，内部穿孔为圆形。通长19.8厘米，援长13.4、宽2.6厘米，内长6.4、宽3.2厘米，厚0.25厘米（图七〇，1；彩版二〇，3；图版一六，6）。M33：19，援本部有一圆形钻芯镂空，内部穿孔为横长条形。通长19.8厘米，援长12.5、宽2.6厘米，内长7.3、宽3.2厘米，厚0.25厘米（图七〇，2；彩版二〇，4；图版一八，3）。

镞 3件。形状、大小基本相同。皆为尖锋，双翼远离镞身且有锐刃，高脊，铤呈圆柱状或圆锥状（图版一八，2）。标本M33：18-1，铤呈圆锥状。镞长6.0、双翼宽2.0厘米，铤长

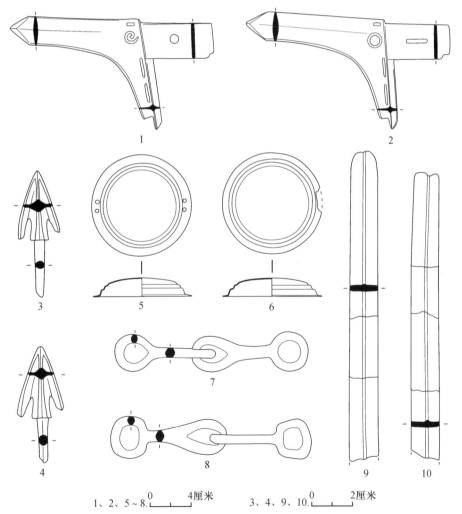

1、2、5~8. 0 4厘米 　3、4、9、10. 0 2厘米

图七〇 M33出土铜戈、镞、盾饰、衔与刻刀

1、2.戈（M33：17、M33：19） 　3、4.镞（M33：18-1、M33：18-2） 　5、6.盾饰（M33：4、M33：6） 　7、8.衔（M33：5、M33：15） 　9、10.刻刀（M33：13-1、M33：13-2）

2.6、直径0.2厘米（图七〇，3）。标本M33：18-2，铤略呈圆柱状。镞长5.5、双翼宽2.0厘米，铤长2.2、直径0.2厘米（图七〇，4）。

盾钖　11件。因胎壁较薄，出土时大多严重破碎，应为盾牌上的装饰物。形制、大小相同。圆形，正面中部隆起，背面相应凹陷，有的周边有数个细小的钉孔。标本M33：4，两侧对称分布4个细小的钉孔。外径9.5、高1.8、厚0.04厘米（图七〇，5；图版一八，1）。标本M33：6，边缘略残。周边无钉孔。外径9.6、高1.7、厚0.04厘米（图七〇，6）。

衔　2件。形制、大小相同。皆由两个"8"字形铜环套接而成（图版一八，4）。M33：5，两端环呈圆形。通长18.7、环径3.5厘米（图七〇，7）。M33：15，两端环近椭圆形。通长19.5厘米，环长径3.8、短径3.4厘米（图七〇，8）。

刻刀　2件。出土时锈蚀严重且末端残缺。器身均呈扁平长条状，上端略窄，下部稍阔，断面近长方形（图版一八，5）。M33：13-1，器身断成3块。首端略呈弧形，正、背两面宽度相等，背面有一道竖向细凸棱。残长14.5、宽1.2～1.4、厚0.2厘米（图七〇，9）。M33：13-2，器身断成4块。首端平齐，正面略宽于背面，背面有一道竖向细凸棱。残长13.6、正面宽1.2～1.4、厚0.2厘米（图七〇，10）。

2. 玉器

155件（颗）。有组玉佩、鸟形佩与玦三种。

组玉佩　1组152件（颗）。为玉璜、玉管与玛瑙珠组合佩饰。M33：24，由1件玉璜、1件玉管和150颗大小不等的红色或橘红色玛瑙珠单行相间串联而成（图七一；彩版二五，2）。

①璜　1件。M33：24-1，出土时残碎较甚。青玉，浅冰青色，局部受沁呈黄白色。玉质细腻，微透明。器身呈拱弧形，两端中部各有一单钻圆孔。素面。长8.0、宽2.0、厚0.25厘米（图七二，1）。

②管　1件。M33：24-2，白玉，乳白色，受沁处呈黄褐色。玉质细腻，微透明。整体呈扁六棱柱状，中部有一圆形贯通孔，断面呈六边形。通身饰阴线刻勾连S形纹。长1.4、宽0.9、孔径0.4～0.5厘米（图七二，2～4）。

③玛瑙珠　150颗。长短、粗细不尽相同。红色或橘红色，半透明。皆呈短圆鼓状，中部透钻一小穿。珠高0.2～0.6、直径0.4～0.7厘米。标本M33：24-28，体较大。高0.5、直径0.6厘米（图七二，5）。标本M33：24-8，体较大。高0.5、直径0.5厘米（图七二，6）。标本M33：24-27，体较薄。高0.3、直径0.7厘米（图七二，7）。标本M33：24-76，体较小。高0.3、直径0.3厘米（图七二，8）。

鸟形佩　1件。M33：25，出土时已断裂成2块。青玉，浅豆青色，局部受沁呈黄白色或有黄褐色斑。玉质细腻，微透明。片雕。正、背面纹样相同。鸟尖啄，头部单钻一圆孔以作目，以阴线雕刻羽翅及爪，末端一侧单钻一圆形小孔。高9.0、宽2.1、厚0.25厘米（图七三，1、2；彩版二六，4）。

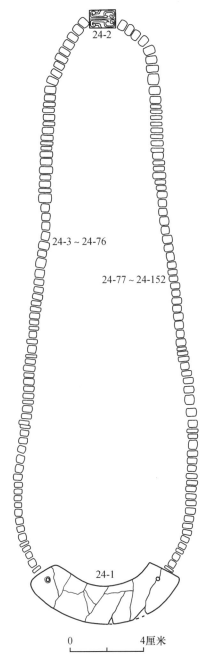

图七一　M33出土玉璜、管与玛瑙珠组合佩饰（M33：24）复原图

24-1. 玉璜　24-2. 玉管　24-3～24-152. 玛瑙珠

　　玦　2件。形制相同，大小略有差异。皆呈圆形扁平体，一侧有缺口，断面呈长方形。素面。M33：21，青玉，冰青色，局部受沁有黄白色斑线。玉质细腻，透明度好。外径2.6、内径1.0、厚0.3厘米（图七三，3；彩版二七，5）。M33：22，青玉，豆青色。玉质细腻，半透明。外径2.8、内径0.95、厚0.3厘米（图七三，4；彩版二七，6）。

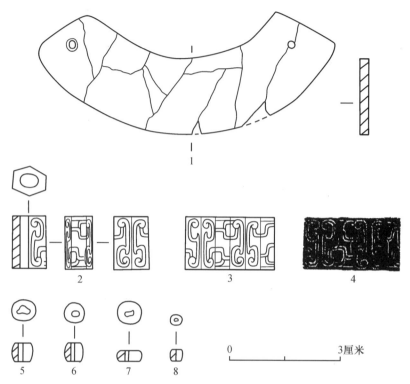

图七二　M33出土玉璜、管与玛瑙珠组合佩饰（M33∶24）中的玉璜、管与玛瑙珠及拓片

1. 玉璜（M33∶24-1）　2. 玉管（M33∶24-2）　3. 玉管（M33∶24-2）展开纹样　4. 玉管（M33∶24-2）纹样拓片

5~8. 玛瑙珠（M33∶24-28、M33∶24-8、M33∶24-27、M33∶24-76）

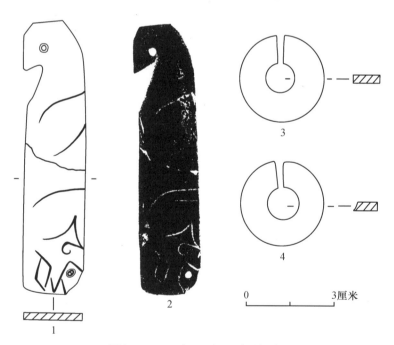

图七三　M33出土玉佩、玦及拓片

1. 鸟形佩（M33∶25）　2. 鸟形佩（M33∶25）拓片　3、4. 玦（M33∶21、M33∶22）

3. 陶器

1件。为陶鬲。M33：20，残破较甚，已修复。夹砂灰黑陶。宽折沿微上斜，方唇，侈口，短束颈，鼓腹，瘪裆较高，空袋足内收。口沿内外各饰一周凹弦纹，颈部以下饰粗绳纹，腹上部饰凹弦纹。通高13.7、口径18.2、腹径18.6、腹深9.4厘米（图七四，1；图版三三，5）。

4. 石器

2件。仅有口珞一种。皆系残石块。M33：23-1，石英岩质，白色。近三角形。长2.0、宽1.4、厚0.4厘米（图七四，2）。M33：23-2，石英岩质，灰白色。不规则形。长1.6、宽1.2、厚0.9厘米（图七四，3）。

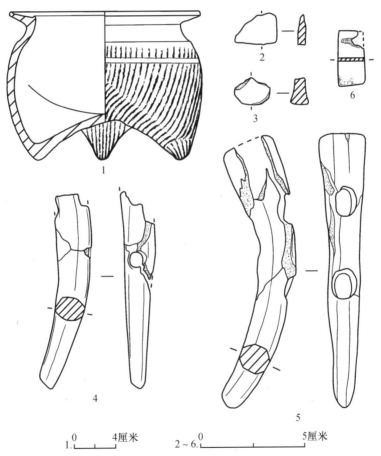

图七四 M33出土陶鬲，石口珞，骨镞与骨饰

1.陶鬲（M33：20） 2、3.石口珞（M33：23-1、M33：23-2） 4、5.骨镞（M33：7、M33：14） 6.长方形骨饰（M33：26）

5. 骨器

3件。有镳和长方形饰两种。

镳　2件。兽角制成。皆呈弧形弯曲，一端平齐，另一端尖细，断面呈圆角长方形。M33：7，上端残缺并断裂成多块。较窄的两侧面透穿有两个圆形穿孔。残长9.0厘米，最大断面长1.65、宽1.4厘米（图七四，4）。M33：14，断裂成多块。较窄的两侧面透穿有两个椭圆形穿孔。长12.5厘米，最大断面长2.1、宽2.3厘米（图七四，5）。

长方形饰　1件。M33：26，系兽骨磨制而成。体极薄，近长方形，断面呈长方形。长2.6、宽1.3、厚0.1厘米（图七四，6）。

二五、M34

M34位于墓地南区的东中部。

（一）墓葬形制

该墓为南北向长方形竖穴土坑墓，方向27°。墓口开于扰土层下，距现地表0.50米。墓口平面近长方形，南北长3.42米，东西宽2.20～2.30米。墓口略大于墓底，墓壁修整光滑，东、西两壁向下斜直略内收，南、北两壁上下垂直，墓底平坦。墓底南北长3.42米，东西宽2.02～2.12米，墓深1.84米。

墓底四周有熟土二层台，其中北侧台宽0.18米，东侧台宽0.12～0.22米，南侧台宽0.12米，西侧台宽0.14米，台高0.50米。

墓底中部有一正方形腰坑，长、宽均为0.28米，深0.22米，坑底放置有细小的动物骨骼。

墓内填以红褐色为主的花土，土质较硬，内含少量小料姜石块和小河卵石块。

（二）葬具与葬式

1. 葬具

墓内葬具腐朽严重，结构不清。从残存的灰白色或灰黑色木质朽痕判断，葬具为单椁单棺。

木椁位于墓底中部，椁室四壁紧贴二层台内壁，平面呈长方形，南北长3.12米，东西宽1.76米，高0.50米，壁板与挡板厚0.06米，盖板与底板厚度不详。

木棺位于椁室中部偏东，平面呈长方形，南北长2.20米，东西宽0.87米，壁板与挡板厚0.05米，棺高、盖板及底板厚度不详。

2. 葬式

棺内葬有墓主1人，骨骼腐朽严重，已呈黄褐色粉末状，仅能清理出人骨架大体轮廓。依其痕迹可知，为单人侧身直肢葬，头北足南，年龄、性别不详（图七五；彩版五，2）。

（三）随葬器物

随葬器物分别放置于椁室和内棺内。其中椁室北部放置铜鼎1件、铜匜1件和铜盘1件，东南角放置1串陶珠共计30颗；棺内放置石戈1件、组玉佩1组104件（颗）、长方形玉佩1件、玉玦2件、石贝1枚、玉口琀9件。

随葬器物共151件（颗）。依质地可分为铜、玉、陶和石四类。

1. 铜器

3件。有鼎、盘和匜三种。

鼎　1件。M34：1，窄折沿上斜，口微敛，斜方唇，附耳微外撇，附耳与口沿间各有一连接的小横梁，鼓腹较深，圜底，三矮蹄足，足内侧有一道竖向凹槽。口沿下饰一周C形窃曲纹，附耳内外侧饰重环纹，腹部饰两周垂鳞纹。器壁内侧铸有竖款铭文3行13字："易娟乍（作）宝鼎，子子孙孙永宝用享。"通高17.8、口径18.8、腹径18.4、腹深9.4厘米（图七六；彩版一三，1、2；图版一九，1、2）。

盘　1件。M34：3，口一侧残损较甚。窄折沿微上斜，斜方唇，口微敞，附耳向上微内收，浅弧腹，平底，喇叭形高圈足。口沿下饰有珠重环纹，附耳饰无珠重环纹，圈足饰两周凸弦纹。通高12.0、口径32.4、腹深6.0、圈足径25.6厘米（图七七；图版一九，3）。

匜　1件。M34：2，近直口，前有窄长管状流，后有龙形鋬手，上腹微鼓，下腹内收，底近平，下附四兽蹄形扁足。口沿下饰一周平目重环纹，腹部饰四周瓦垅纹，鋬手饰尖角重环纹，扁足正面上部饰卷云纹，下部阴刻兽爪。通高16.0、通长32.0、流口宽4.2、腹深8.6厘米（图七八；彩版一八，1；图版一九，4）。

2. 玉器

116件。有组玉佩、长方形佩、玦和口琀四种。

组玉佩　1组104件（颗）。为玉璜、坠与玛瑙管（珠）及料管（珠）组合佩饰。M34：9，由1件玉璜、1件圆形玉坠、1件红色竹节形玛瑙管、83颗红色玛瑙珠、1件浅蓝色扁料管、6颗浅蓝色圆形料管和10颗浅蓝色小圆形料珠单行相间串联而成（图七九；彩版二五，3）。

①璜　1件。M34：9-1，青玉，深冰青色，大部受沁呈黄白色。玉质细腻，微透明。器呈弧形。正、背面阴刻相同的尖尾双龙纹，龙首分别朝向璜的两端，张口，臣字目，龙身饰卷云

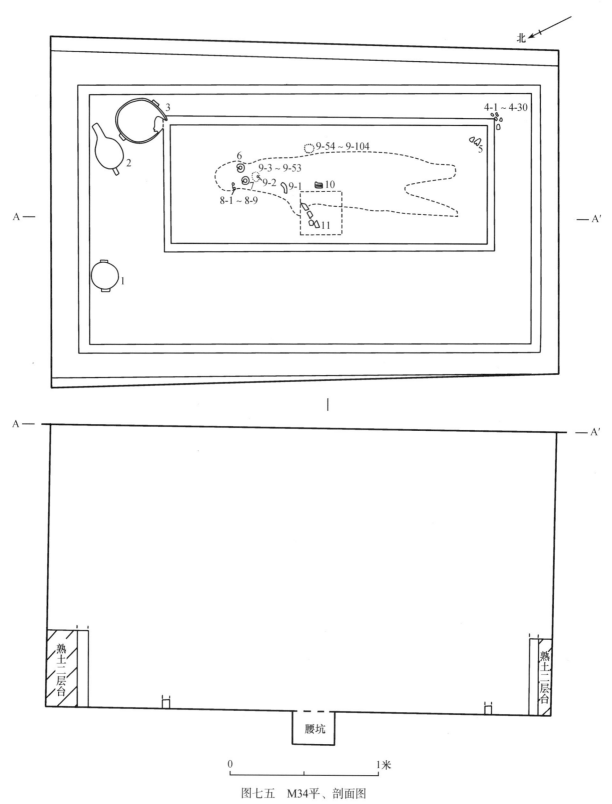

图七五　M34平、剖面图

1. 铜鼎　2. 铜匜　3. 铜盘　4-1～4-30. 陶珠　5. 石贝　6、7. 玉玦　8-1～8-9. 玉口琀　　9-1～9-104. 玉璜、坠与玛瑙管（珠）及
料管（珠）组合佩饰　10. 长方形玉佩　11. 石戈

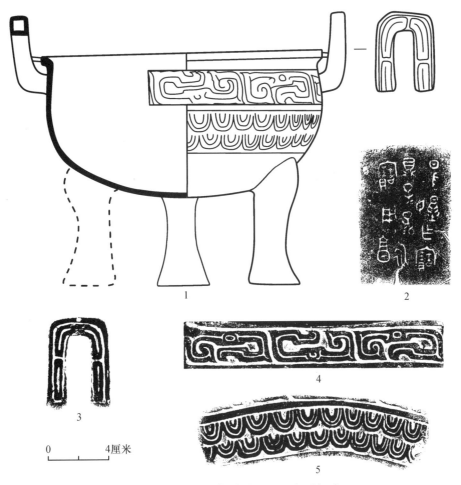

图七六　M34出土铜鼎（M34：1）及拓片

1.鼎　2.铭文拓片　3.耳部纹样拓片　4.沿下纹样拓片　5.腹部纹样拓片

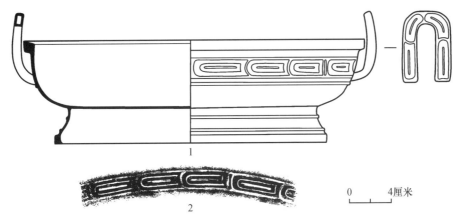

图七七　M34出土铜盘（M34：3）及拓片

1.盘　2.沿下纹样拓片

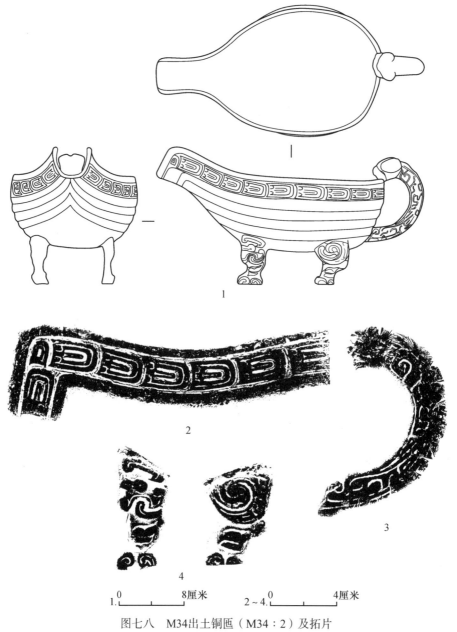

图七八　M34出土铜匜（M34：2）及拓片

1.匜　2.沿下纹样拓片　3.鋬部纹样拓片　4.蹄足纹样拓片

纹，斜尖形尾于璜的中部交错相叠。两端各有一圆形单面钻穿孔。通长5.9、宽1.1、厚0.3厘米（图八〇，1、2）。

②圆形坠　1件。M34：9-2，青玉，深冰青色，局部受沁呈黄白色。玉质细腻，微透明。扁圆体，正面鼓起，背面平，正面上端有一细小斜圆穿。直径1.2、厚0.7厘米。

③竹节形玛瑙管　1件。M34：9-66，红色，半透明。作竹节状，中部有一周鼓起的棱脊，断面呈圆形。长2.15、直径0.9厘米（图八〇，3）。

④玛瑙珠　83颗。皆为红色，半透明。均作圆形。高0.3~0.8、直径0.3~0.9厘米。标本M34：9-38，为最大者。高0.8、直径0.9厘米（图八〇，4）。标本M34：9-64，为最小者。高

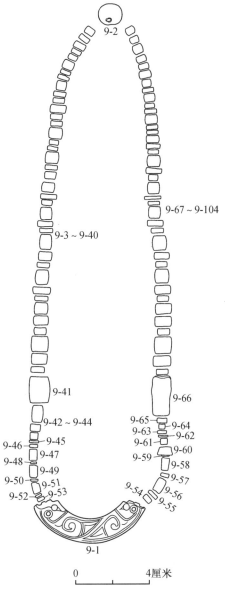

图七九 M34出土玉璜、坠与玛瑙管（珠）及料管（珠）组合佩饰（M34：9）复原图

9-1.玉璜 9-2.玉坠 9-3～9-40、9-42～9-44、9-53、9-54、9-64、9-65、9-67～9-104.玛瑙管（珠） 9-41、9-47、9-49、9-51、
9-56、9-58、9-60.料管 9-45、9-46、9-48、9-50、9-52、9-55、9-57、9-59、9-61～9-63.料珠 9-66.竹节形玛瑙管

0.3、直径0.9厘米。

⑤料管 7件。淡蓝色。分扁形管和圆形管两种。

A.扁形管 1件。M34：9-41，表面光滑，断面近椭圆形。长1.3、断面径1.0×0.4厘米（图八〇，5）。

B.圆形管 6件。均略残。细短管形，表面粗糙，长短不一。长0.5～0.8、直径0.25～0.4厘米。标本M34：9-51，长0.75、直径0.4厘米。

⑥料珠 11颗。形状相同，大小不一。皆为浅蓝色。圆形，两端有透穿孔。高0.2～0.3、直径0.25～0.4厘米。标本M34：9-46，高0.2、直径0.4厘米。

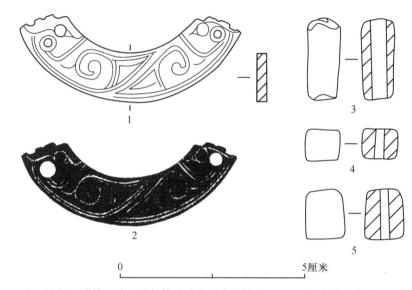

图八〇　M34出土玉璜、坠与玛瑙管（珠）及料管（珠）组合佩饰（M34：9）中的玉璜，玛瑙管、珠，料管及拓片
1. 玉璜（M34：9-1）　2. 玉璜（M34：9-1）纹样拓片　3. 竹节形玛瑙管（M34：9-66）　4. 玛瑙珠（M34：9-38）
5. 扁形料管（M34：9-41）

　　长方形佩　1件。M34：10，青玉，冰青色。玉质细腻，半透明。正面阴刻四条竖线，背面中部有一凹槽，上部有一对钻圆穿。长1.9、宽1.2、厚0.3厘米（图八一，3；彩版三七，2）。

　　玦　2件。玉质、玉色及形制、大小相同。白玉，乳白色，受沁处有黄白斑。玉质细腻，半透明。皆呈圆形扁平体，一侧有缺口，断面呈长方形。素面（彩版三七，3）。M34：6，外径4.0、内径1.2、厚0.4厘米（图八一，1）。M34：7，形状、大小与M34：6完全相同（图八一，2）。

　　口琀　9件。经整理，可分为海贝形、龟形、贝形、扇形、长方形和三角形六种（彩版三七，4）。

　　①海贝形口琀　1件。M34：8-1，青玉，冰青色。玉质细腻，半透明。仿海贝形，上端较尖，下端呈弧形，正面鼓起，背面稍平且有一道纵向浅凹槽，槽两侧有锯齿牙。长1.7、宽1.2、厚0.5厘米（图八一，4）。

　　②龟形口琀　1件。M34：8-2，青玉，豆青色，受沁处有黄褐斑。玉质较细，微透明。仿龟形，背部向上突起，腹部平。长1.2、宽1.0、厚0.6厘米（图八一，5）。

　　③贝形口琀　1件。M34：8-3，青玉，深冰青色，局部受沁呈黄灰色或黄白色。玉质细腻，微透明。似贝形，上端较窄且平齐，下端略呈弧形，断面呈长方形。长1.1、宽1.1、厚0.5厘米（图八一，6）。

　　④扇形口琀　1件。M34：8-4，青玉，深冰青色。玉质细腻，半透明。体呈半圆弧状，断面呈长方形。长1.2、宽0.5、厚0.25厘米（图八一，7）。

　　⑤长方形口琀　2件。形状基本相同，体近长方形，断面呈梯形。M34：8-5，青玉，深冰青色。玉质细腻，半透明。长1.2、宽0.7、厚0.35厘米（图八一，8）。M34：8-6，青白玉，青白色。玉质较细，微透明。长1.4、宽0.6、厚0.45厘米（图八一，9）。

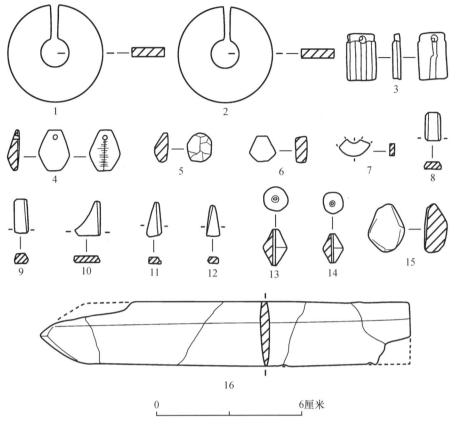

图八一 M34出土玉佩、玦、口琀，陶珠，石戈与贝

1、2. 玉玦（M34：6、M34：7） 3. 长方形玉佩（M34：10） 4. 海贝形玉口琀（M34：8-1） 5. 龟形玉口琀（M34：8-2）
6. 贝形玉口琀（M34：8-3） 7. 扇形玉口琀（M34：8-4） 8、9. 长方形玉口琀（M34：8-5、M34：8-6） 10~12. 三角形玉口琀
（M34：8-7、M34：8-8、M34：8-9） 13、14. 陶珠（M34：4-3、M34：4-13） 15. 石贝（M34：5） 16. 石戈（M34：11）

⑥三角形口琀 3件。皆为青玉，浅豆青色。玉质较细，微透明。体呈三角形，断面近长方形。M34：8-7，体较大。长1.4、宽1.1、厚0.3厘米（图八一，10）。M34：8-8，体较小。长1.4、宽0.6、厚0.3厘米（图八一，11）。M34：8-9，体较小。长1.3、宽0.6、厚0.3厘米（图八一，12）。

3. 陶器

1串30颗。为陶珠串饰。M34：4，出土于棺外东南角。由30颗陶珠单行串联而成（图版三三，6）。各颗形状相同，大小略有差异。皆为泥质灰黑陶，整体呈菱形，两端较尖，中部有凸起的外轮，中间有一穿孔，断面为圆形。标本M34：4-3，为较大者，长1.5、直径1.0厘米（图八一，13）。标本M34：4-13，为较小者，长1.2、直径0.9厘米（图八一，14）。

4. 石器

2件。有戈和贝两种。

戈　1件。M34：11，出土时已断为多块，锋与内略残。石英岩质，白色。锋呈等腰三角形，直援无脊，援与锋皆有钝刃，近末端处两侧有缺，以示内部。长方形直内。通长15.3厘米，援长13.6、宽2.6厘米，内长1.7、宽2.5厘米，厚0.35厘米（图八一，16）。

贝　1枚。标本M34：5，石英岩，白色。上端较尖，下端呈弧形，正面鼓起，背面平且中部纵向刻一道浅凹槽。长2.0、宽1.5、厚0.9厘米（图八一，15）。

二六、M35

M35位于墓地南区的北中部。

（一）墓葬形制

该墓为南北向长方形竖穴土坑墓，方向21°。墓口开于扰土层下，距现地表0.64米。墓口平面呈长方形，南北长3.54米，东西宽2.20～2.28米。墓壁上下垂直，平滑规整，墓底平坦。墓底长、宽与墓口尺寸相同，墓深2.14米。

墓底四周有较窄的熟土二层台，其中北侧台宽0.04～0.06米，东侧台宽0.12～0.24米，南侧台宽0.04米，西侧台宽0.60米，台残高0.34米。

墓内填以红褐色为主的花土，土质较硬，内含少量小料姜石块和小河卵石块。

（二）葬具与葬式

1. 葬具

墓内葬具腐朽严重，结构不清。从清理出的灰白色或灰黑色木质朽痕判断，葬具为单椁单棺。

木椁位于墓底中部，椁室四壁紧贴二层台内壁，平面呈长方形，南北长3.45米，东西宽2.04米，残高0.34米，壁板与挡板厚0.05米，盖板与底板厚度不详。

木棺位于椁室中部略偏东，平面近长方形，南北长2.20米，东西宽0.92米，残高0.30米，壁板与挡板厚0.04～0.06米，盖板与底板厚度不详。

2. 葬式

棺内葬有墓主1人，为侧身直肢葬，头北足南，骨骼腐朽严重，保存较差，性别与年龄不详。从墓内随葬的铜戈、铜盾钖等兵器看，墓主应为男性（图八二；彩版六，1）。

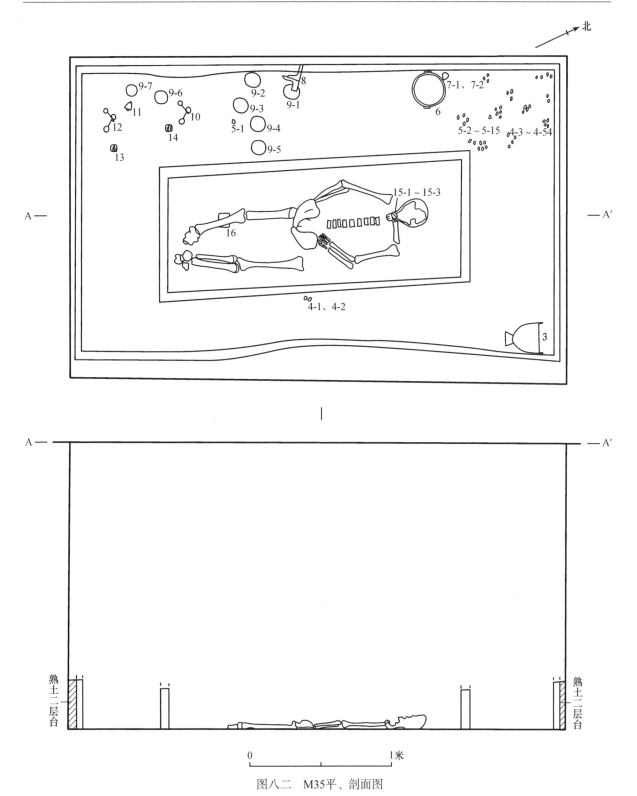

图八二　M35平、剖面图

3.铜鍍　4-1～4-54.石贝　5-1～5-15.陶珠　6.铜鼎　7-1、7-2.蛤蜊壳　8.铜戈　9-1～9-7.铜盾钖　10、12.铜衔　11.铜铃
13、14.铜辖首　15-1～15-3.石口琀　16.石块

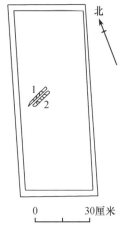

图八三　M35棺盖板上随葬器物
　　　　平面图
1. 石圭　2. 石戈

（三）随葬器物

随葬器物分别放置于棺盖板上、椁室及棺内。其中棺盖板上放置石戈1件、石圭1件（图八三）；椁室东北部放置铜镆1件，西北部放置石贝52枚、陶珠14颗、铜鼎1件、蛤蜊壳2件，西南部放置陶珠1颗、铜戈1件、铜盾钖7件、铜辖首2件、铜衔2件、铜铃1件，东部放置石贝2枚；棺内南部放置石块1件，墓主口内放置石口琀3件。

随葬器物共计92件（枚）。依质地可分为铜、石、陶和蛤蜊壳等四类。

1. 铜器

15件。有鼎、镆、戈、盾钖、辖首、衔和铃七种。

鼎　1件。M35：6，窄折沿上斜，尖圆唇，口微敛，方形立耳，鼓腹较深，圜底，三粗矮蹄足。沿下饰一周勾连S形无目窃曲纹，腹中部饰一条凸棱，下部饰一层垂鳞纹，蹄足上饰简易兽面纹。足内有范土，范缝较明显，一耳有修补痕迹。通高44.0、口径24.4、腹径24.0、腹深11.2厘米（图八四，1~3；彩版一四，1；图版一九，6）。

镆　1件。M35：3，圆唇外侈，敞口，环形立耳，耳上端有一乳钉饰，深弧腹，圜底，喇叭形圈足。腹上部饰一周细凸弦纹。底部有烟熏痕迹。通高26.4、口径22.0、腹深17.0、圈足径10.8厘米（图八四，4；彩版一九，1；图版一九，5）。

戈　1件。M35：8，锋呈等腰三角形，锐利，直援，中部有脊，胡较长，援、胡皆有刃，内、援之间有凸棱形阑，阑侧有三个长条形穿，上部一个为横向，下部两个为竖向，下阑较尖锐。近长方形直内，内中部有一长条形穿。通长23.4厘米，援长16.0、宽3.0厘米，内长7.4、宽3.5厘米，厚0.3厘米（图八五，1；彩版二〇，5；图版一八，6）。

盾钖　7件。因胎壁较薄且出土时腐蚀严重，多已破碎不堪，应为盾牌上的装饰物。形状基本相同，皆为圆形，正面中部隆起，背面相应凹陷，中部饰一周瓦垄纹。标本M35：9-1，部分边缘残损。外径7.0、高2.0、厚0.05厘米（图八五，2）。

辖首　2件。形制、大小相同。正面为兽面形，两侧有近方形对穿孔，背面呈马蹄形。M35：14，通长3.2、宽4.0、高3.4、穿孔边长0.7厘米（图八五，5、6；彩版二一，1；图版二〇，2）。M35：13，形制、大小与M35：14相同（图版二〇，1）。

衔　2件。形状、大小相同。皆由两段近"8"字形的连环钮套接而成，端环呈椭圆形。标本M35：10，通长22.7、端环直径4.3厘米（图八五，3；图版二〇，3）。

铃　1件。M35：11，上细下粗，平顶，上有半环钮，钮下顶面有一个小穿孔，铃腔内有一个槌状铃舌，一面凸起，一面为平面，舌上有一圆形穿孔，下口为内弧喇叭口，边缘向上弧

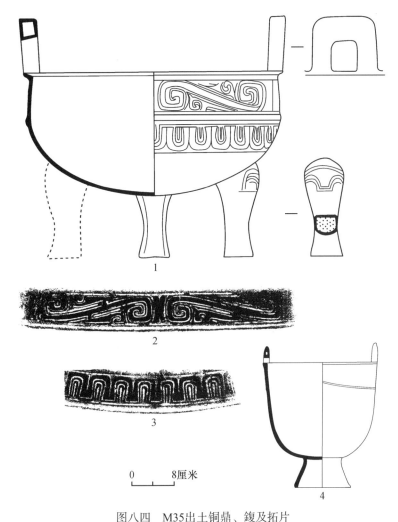

图八四 M35出土铜鼎、镈及拓片

1.鼎（M35：6） 2.鼎（M35：6）沿下纹样拓片 3.鼎（M35：6）腹部纹样拓片 4.镈（M35：3）

起。器身正面有两个相平行的细长条形穿孔，背面有一个细长条形穿孔，断面近椭圆形。通高4.0厘米，下口长径3.0、短径2.2厘米，铃舌长2.8厘米（图八五，4；图版二〇，4）。

2. 陶器

15颗。仅有珠一种。形状相同，大小不一。均为泥质灰黑陶，整体呈菱形，两端较尖，中部有凸起的外轮，中间有一穿孔，断面为圆形。标本M35：5-1，为较大者，长1.7、直径1.6厘米（图八六，3）。标本M35：5-2，为较小者，长1.0、直径1.4厘米（图八六，4）。

3. 石器

60件（枚）。有戈、圭、口琀、贝和石块五种。

戈 1件。M35：2，出土时中部断为2块。青石质，青灰色。锋呈等腰三角形，较尖锐，直援，无脊无刃，近末端处两侧有缺，以示内部。近长方形内。通长19.9厘米，援长17.6、宽

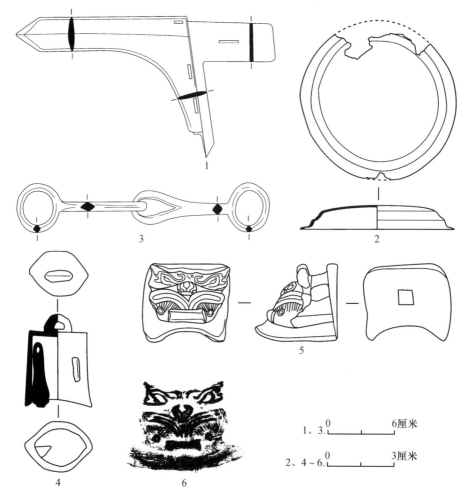

图八五　M35出土铜戈、盾锡、辖首、衔、铃及拓片
1. 戈（M35：8）　2. 盾锡（M35：9-1）　3. 衔（M35：10）　4. 铃（M35：11）　5. 辖首（M35：14）
6. 辖首（M35：14）纹样拓片

2.1厘米，内长2.3、宽2.1厘米，厚0.5厘米（图八六，1；彩版三一，2）。

　　圭　1件。M35：1，出土时已断为多块，且上部残缺。石灰岩质，较粗糙，白色，部分受沁呈黄白色或粉化。两边有微刃，正面有脊，背面平，底端中部有一个圆形对钻错位的圆穿。残长13.3、宽2.6、厚0.7、穿孔直径0.8厘米（图八六，2）。

　　口琀　3件。皆系旧器之残块。石质相同，青石质，青灰色。M35：15-1，断裂为4块。体呈不规则形，断面近长方形。残长2.7、残宽2.4、厚0.6厘米（图八六，5）。M35：15-2，近长方体，断面近长方形。残长1.8、残宽1.0、厚0.25厘米（图八六，6）。M35：15-3，体呈三角形，断面近长方形。残长1.5、残宽1.1、厚0.4厘米（图八六，7）。

　　贝　54枚。石英岩质，灰白色或白色。形制相同，大小略有差异。上端较尖，下端呈弧形，正面鼓起，背面平且中部纵向刻一道浅凹槽。标本M35：4-1，为较大者，长2.2、宽1.9、厚1.1厘米（图八六，8）。标本M35：4-2，为较小者，长1.7、宽1.5、厚1.0厘米（图八六，9）。标本M35：4-3，为较薄者，长2.2、宽1.6、厚0.5厘米（图八六，10）。

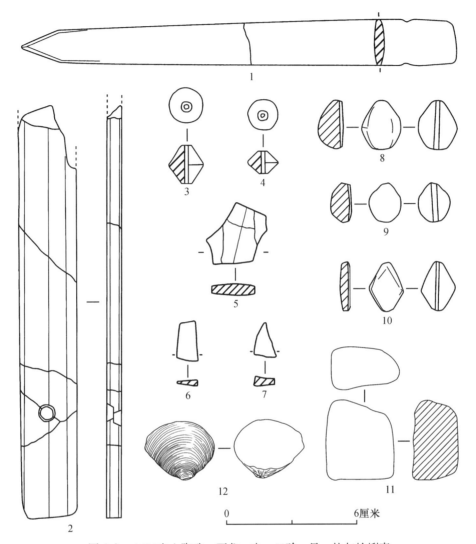

图八六 M35出土陶珠，石戈、圭、口玲、贝、块与蛤蜊壳

1. 石戈（M35：2） 2. 石圭（M35：1） 3、4. 陶珠（M35：5-1、M35：5-2） 5～7. 石口玲（M35：15-1、M35：15-2、M35：15-3） 8～10. 石贝（M35：4-1、M35：4-2、M35：4-3） 11. 石块（M35：16） 12. 蛤蜊壳（M35：7-1）

石块 1件。M35：16，黄褐色。近长条形，断面近长方形。长7.2、宽6.3、厚4.2厘米（图八六，11）。

4. 蛤蜊壳

2件。皆为白色。形状、大小基本相同。皆呈扇形，蒂部磨有小圆孔，可系穿。标本M35：7-1，略残。白色。长6.3、宽5.1厘米（图八六，12）。

二七、M36

M36位于墓地北区的西部。

（一）墓葬形制

该墓为南北向长方形竖穴土坑墓，方向20°。墓口开于扰土层下，距现地表0.60米。墓口平面呈长方形，南北长3.04米，东西宽1.76米。墓壁修整较光滑，上下垂直，墓底平坦。墓底长、宽与墓口尺寸相同，墓深2.34米。

墓底四周有熟土二层台，其中北侧台宽0.20米，东侧台宽0.04～0.10米，南侧台宽0.14米，西侧台宽0.08米，台高0.64米。

墓内填以红褐色为主的花土，土质较硬，内含少量小料姜石块和小河卵石块。

（二）葬具与葬式

1. 葬具

墓内葬具腐朽严重，结构不清。从残存的灰白色和灰黑色木质朽痕判断，葬具为单椁单棺。

木椁位于墓底中部，椁室四壁紧贴二层台内壁，北窄南宽，平面近长方形，南北长2.70米，东西宽1.58～1.66米，高0.64米，壁板、挡板与底板均厚0.04米，盖板厚度不详。

木棺位于椁室中部稍偏南，平面近长方形，南北长2.14米，东西宽0.86～0.94米，高0.54米，壁板与挡板厚0.06～0.08米，盖板和底板厚度不详。

2. 葬式

棺内葬有墓主1人，骨骼已腐朽成黄褐色粉末状。依骨骼痕迹可知，墓主为仰身直肢葬，头北足南，双手交叉置于腹上部，性别与年龄不详（图八七）。

（三）随葬器物

随葬器物放置于棺内西北角，仅有残石圭1件。

石圭　1件。M36：1，残存上端锋部。青石质，青灰色。锋呈等腰三角形，体较厚。残长1.9、宽1.3、厚0.8厘米（图八八）。

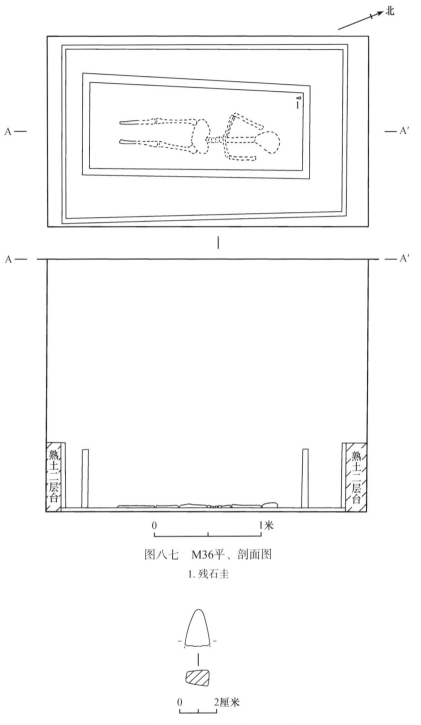

图八七 M36平、剖面图
1. 残石圭

图八八 M36出土石圭（M36：1）

二八、M37

M37位于墓地北区的西中部。

（一）墓葬形制

该墓为南北向长方形竖穴土坑墓，方向20°。墓口开于扰土层下，距现地表0.70米。墓口北端略宽，平面近长方形，南北长3.20米，东西宽1.76～1.88米。墓壁修整较光滑，上下垂直，墓底平坦。墓底长、宽与墓口尺寸相同，墓深2.35米。

墓底四周有熟土二层台，其中北侧台宽0.36米，东侧台宽0.10～0.17米，南侧台宽0.24米，西侧台宽0.14～0.20米，台残高0.44米。

墓内填以红褐色为主的花土，土质较疏松，内含少量小料姜石块和小河卵石块。

（二）葬具与葬式

1. 葬具

墓内葬具腐朽严重，结构不清。从残存的灰白色和灰黑色木质朽痕判断，葬具为单椁单棺。

木椁位于墓底中部，椁室四壁紧贴二层台内壁，北宽南窄，平面略呈梯形，南北长2.60米，东西宽1.40～1.64米，残高0.44米，椁板厚度不详。在椁室内西北角以及椁室外北部和东南角的二层台内均发现有较大的青石块，应为固定椁板所用。

木棺位于椁室中部，平面近长方形，南北长1.96米，东西宽0.70～0.82米，残高0.26米，壁板、挡板与底板均厚0.04米，盖板厚度不详。

2. 葬式

棺内葬有墓主1人，除股骨保存较好外，其余部位均已腐朽成黄褐色粉末状。墓主为仰身直肢葬，头北足南，面向上，双手交叉置于腹下部。经初步鉴定，墓主为男性，年龄约为40～45岁（图八九；图版三，4）。

（三）随葬器物

随葬器物均放置于棺内。其中墓主头部两侧各放置玉玦1件，口中放置玉口琀4件。

随葬器物共计6件。皆为玉器，有玦与口琀两种。

玦　　2件。玉质、玉色及形制、大小相同。白玉，乳白色。玉质细腻，半透明。皆作圆形

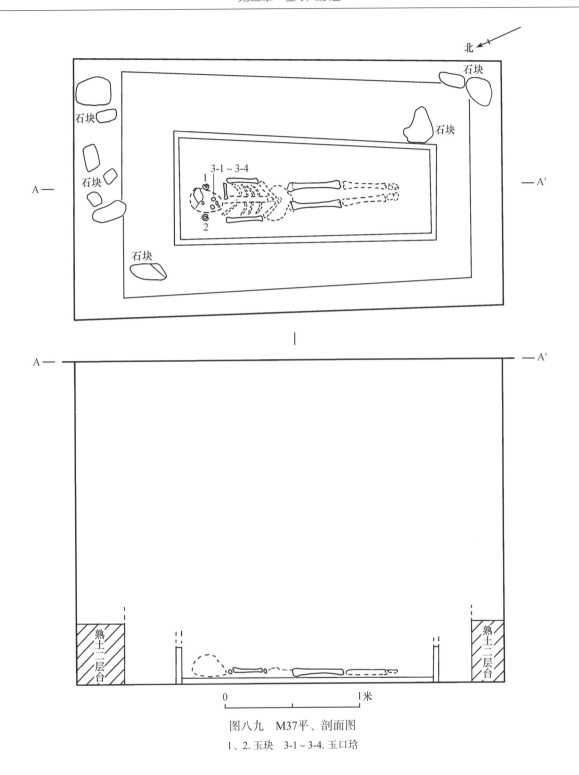

图八九 M37平、剖面图
1、2.玉玦 3-1～3-4.玉口琀

扁平体，一侧有缺口，断面呈长方形。素面（彩版三七，5）。M37：1，外径1.9、内径0.6、厚0.25厘米（图九〇，1）。M37：2，外径1.9、内径0.6、厚0.25厘米（图九〇，2）。

口琀 4件。经整理，可分为鸟形、龟形、圆角方形和残片等四种（彩版三八，1）。

①鸟形口琀 1件。M37：3-2，青玉，深冰青色。玉质细腻，半透明。片雕。简易鸟形，尖喙，长颈。断面呈梯形。长2.5、宽1.35、厚0.3厘米（图九〇，3）。

②龟形口琀　1件。M37：3-1，青白玉，青白色，受沁处有黑褐斑。玉质较细腻，微透明。圆雕。体似龟形，背部隆起，腹部略弧，两端各有一细小孔透穿于背面。龟背饰菱形回纹。长1.85、宽1.6、高0.95厘米（图九〇，4～6）。

③方形口琀　1件。M37：3-3，青白玉，青白色。玉质细腻，半透明。整体呈圆角方形，扁平体，断面近长方形。长1.9、宽1.85、厚0.2厘米（图九〇，7）。

④残片口琀　1件。M37：3-4，系旧玉之残器。青玉，冰青色，局部受沁呈黄褐色。玉质细腻，半透明。体呈梯形，一侧残留一半圆形单面对钻孔，断面近长方形。长2.0、宽1.8、厚0.4厘米（图九〇，8）。

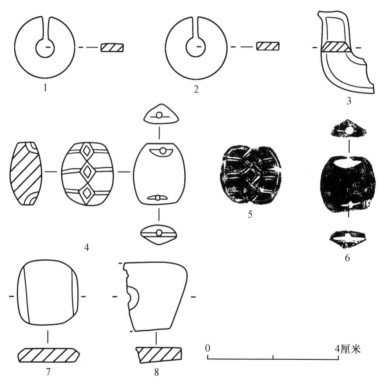

图九〇　M37出土玉玦与口琀及拓片

1、2.玦（M37：1、M37：2）　3.鸟形口琀（M37：3-2）　4.龟形口琀（M37：3-1）　5.龟形口琀（M37：3-1）正面纹样拓片　6.龟形口琀（M37：3-1）背面纹样拓片　7.方形口琀（M37：3-3）　8.残片口琀（M37：3-4）

二九、M38

M38位于墓地北区的西北部。

（一）墓葬形制

该墓为南北向长方形竖穴土坑墓，方向25°。墓口开于扰土层下，距现地表1.20米。墓口平面呈长方形，南北长3.90米，东西宽2.64～2.68米。墓壁修整较光滑，上下垂直，墓底平坦。

墓底长、宽与墓口尺寸相同，墓深2.66米。

墓底四周有熟土二层台，其中北侧台宽0.26米，东侧台宽0.28～0.30米，南侧台宽0.30米，西侧台宽0.24～0.30米，台高1.00米。

墓内填以红褐色为主的花土，土质较硬，内含少量小料姜石块。

（二）葬具与葬式

1. 葬具

墓内葬具腐朽严重，结构不清。从残留的灰白色和灰黑色木质朽痕判断，葬具为单椁单棺。

木椁位于墓底中部，椁室四壁紧贴二层台内壁，平面呈长方形，南北长3.34米，东西宽2.04～2.16米，高1.00米，壁板、挡板和底板均厚0.04米，盖板厚度不详。在椁室南端紧贴二层台的内壁上清理出7块椁挡板痕迹，宽度在0.13～0.15米之间。

木棺位于椁室中部，平面也呈长方形，南北长2.32米，东西宽1.04～1.08米，高0.70米，壁板和挡板均厚0.06米，盖板与底板厚度不详。

2. 葬式

棺内葬有墓主1人，骨骼保存较好。墓主为仰身直肢葬，头北足南，面向西，双手交叉置于腹部。经初步鉴定，墓主为女性，年龄约为18～20岁（图九一）。

（三）随葬器物

随葬器物分别放置于椁室、棺盖板上和棺内。其中椁室西北部放置石贝36枚；棺盖板上放置玉戈1件、石匕1件、石圭1件（图九二）；棺内墓主头部放置玉玦2件，口中放置玉口琀2件。

随葬器物共计43件。依质地可分为玉与石两类。

1. 玉器

5件。有戈、玦和口琀三种。

戈 1件。M38：2，出土时已断裂为4块。青玉，豆青色，全部受沁，局部呈灰白色。玉质较粗糙，不透明。等腰三角形锋，尖锐，直援，援两侧有双面钝刃，援本部有一双面钻圆穿，近末端处两侧有缺，以示内部。直内近长方形。通长24.0厘米，援长20.0、宽3.5厘米，内长4.0、宽3.7、厚0.4厘米（图九三，1；彩版三八，3）。

玦 2件。玉质、玉色及形制、大小相同。皆为白玉，乳白色。玉质细腻，半透明。均呈圆形扁平体，一侧有缺口，断面呈长方形。素面（彩版三八，2）。M38：5，外径1.8、内径

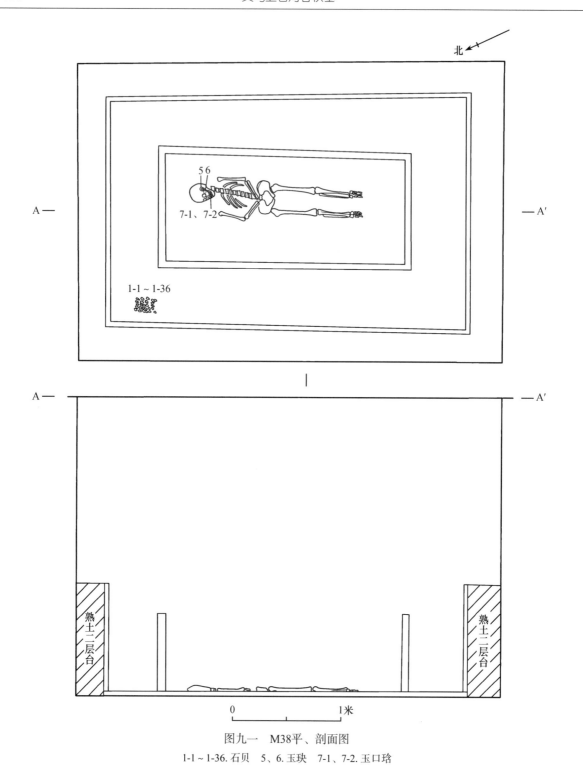

图九一　M38平、剖面图

1-1~1-36.石贝　5、6.玉玦　7-1、7-2.玉口琀

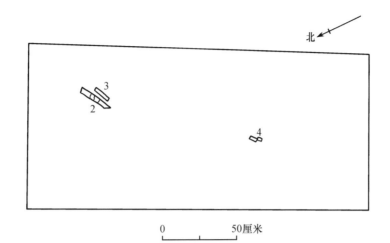

0　　　　　　　50厘米

图九二　M38棺盖板上随葬器物平面图

2.玉戈　3.石匕　4.石圭

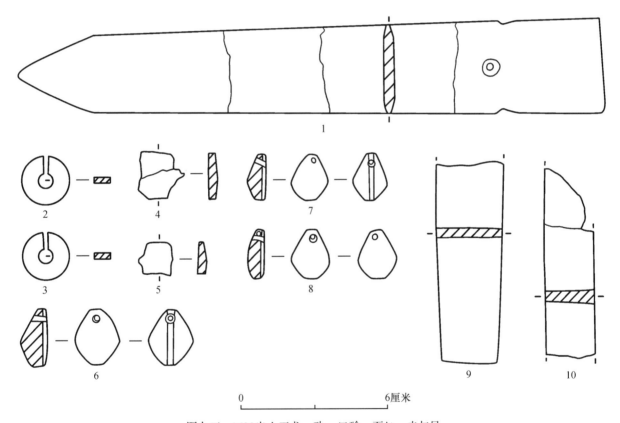

0　　　　　　　6厘米

图九三　M38出土玉戈、玦、口琀，石匕、圭与贝

1.玉戈（M38：2）　2、3.玉玦（M38：5、M38：6）　4、5.玉口琀（M38：7-1、M38：7-2）　6～8.石贝（M38：1-1、
M38：1-2、M38：1-3）　9.石匕（M38：3）　10.石圭（M38：4）

0.6、厚0.2厘米（图九三，2；彩版二八，1）。M38：6，外径1.8、内径0.6、厚0.2厘米（图九三，3）。

口琀　2件。均为旧玉器之残块。玉质、玉色相同。皆为青玉，深豆青色。玉质较细腻，微透明。M38：7-1，体呈不规则状，断面呈长方形。长1.9、宽1.8、厚0.35厘米（图九三，4）。M38：7-2，体呈不规则状，断面近长方形。长1.35、宽1.35、厚0.35厘米（图九三，5）。

2. 石器

38件。有匕、圭和贝三种。

匕　1件。M38：3，上端残缺。石英岩质，白色。体呈扁平长条状，上部稍宽，末端略窄，断面呈长方形。残长8.2、宽2.3～2.8、厚0.3厘米（图九三，9；彩版三八，4）。

圭　1件。M38：4，两端残缺。砂石质，灰白色。体呈扁平长条状，器身上、下基本等宽，一侧较薄，断面近梯形。残长7.6、宽2.0、厚0.5厘米（图九三，10）。

贝　36枚。形状、大小基本相同。石英岩质，灰白色或白色。上端有尖，下端略呈弧形，正面鼓起，背面平，大多数背面中部刻一道纵向浅凹槽，顶端均有一双面钻圆穿（彩版三八，5）。标本M38：1-1，形体较大，背面中部刻一道纵向浅凹槽。长2.3、宽1.85、厚1.1厘米（图九三，6）。标本M38：1-2，形体较小，背面中部刻一道纵向浅凹槽。长2.0、宽1.6、厚0.65厘米（图九三，7）。标本M38：1-3，形体较小。长1.85、宽1.5、厚0.7厘米（图九三，8）。

三〇、M39

M39位于墓地北区的西中部。

（一）墓葬形制

该墓为南北向长方形竖穴土坑墓，方向10°。墓口开于扰土层下，距现地表0.60米。墓口平面呈长方形，南北长3.80米，东西宽2.32米。墓壁修整较光滑，上下垂直，墓底平坦。墓底长、宽与墓口尺寸相同，墓深1.96米。

墓底四周有熟土二层台，其中北侧台宽0.20米，东侧台宽0.16米，南侧台宽0.22～0.24米，西侧台宽0.04～0.06米，台高0.66～0.68米。

墓内填以红褐色为主的花土，土质较硬，内含少量小料姜石块。

（二）葬具与葬式

1. 葬具

墓内葬具腐朽严重，结构不清。从残存的灰白色和灰黑色木质朽痕判断，葬具为单椁单棺。

木椁位于墓底中部，椁室四壁紧贴二层台内壁，平面呈长方形，南北长3.36～3.38米，东西宽2.10～2.12米，高0.66米，壁板、挡板与底板均厚0.04米，盖板厚度不详。

木棺位于椁室中部，平面呈长方形，南北长2.36米，东西宽1.00米，高0.58米，壁板与挡板厚0.06米，盖板和底板厚度不详。

2. 葬式

棺内葬有墓主1人，骨骼保存较好。墓主为仰身直肢葬，头北足南，面向上，右臂向内弯曲，双手置于腹部。经初步鉴定，墓主为女性，年龄约为35～40岁（图九四）。

（三）随葬器物

随葬器物分别放置于棺盖板上和棺内。其中棺盖板中部放置石戈1件（图九五）；棺内墓主头部两侧各放置玉玦1件。

随葬器物共计3件。依质地可分为玉和石两类。

1. 玉器

2件。仅有玦一种。玉质、玉色及形制、大小相同。皆为青玉，浅豆青色。玉质较细腻，微透明。均作圆形扁平体，一侧有缺口，断面呈长方形。素面（彩版三八，6）。M39：2，外径2.2、内径0.8、厚0.3厘米（图九六，1）。M39：3，外径2.2、内径0.8、厚0.3厘米（图九六，2）。

2. 石器

1件。为戈。M39：1，青石质，青灰色。两面微鼓，锋呈等腰三角形，直援，锋与援两侧有双面钝刃，援本部有一双面钻圆穿。长方形直内，援、内宽窄相差无几。通长31.6厘米，援长28.4、宽4.0厘米，内长3.2、宽3.9厘米，厚1.0厘米（图九六，3；彩版三九，1）。

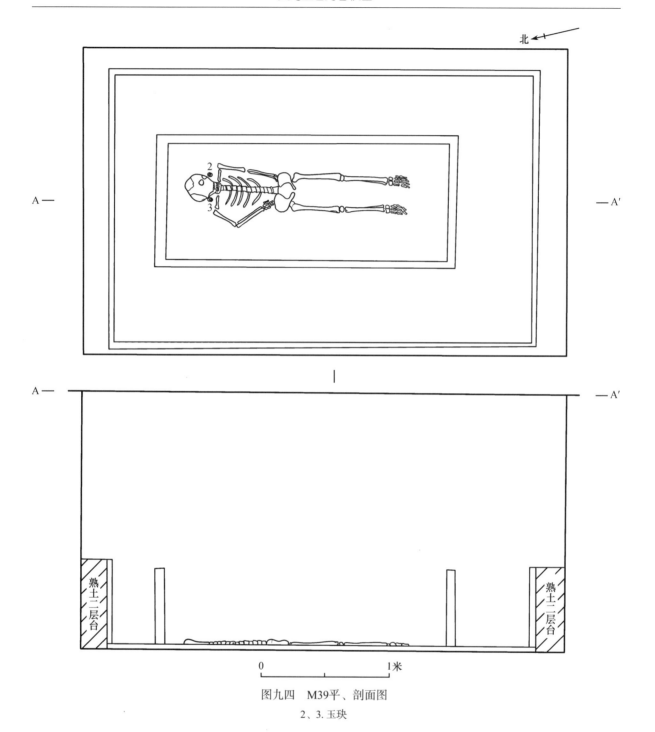

图九四　M39平、剖面图
2、3.玉玦

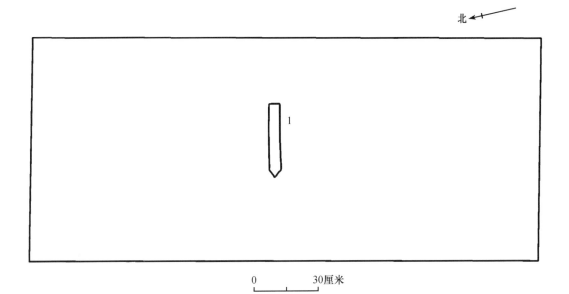

图九五　M39棺盖板上随葬器物平面图
1. 石戈

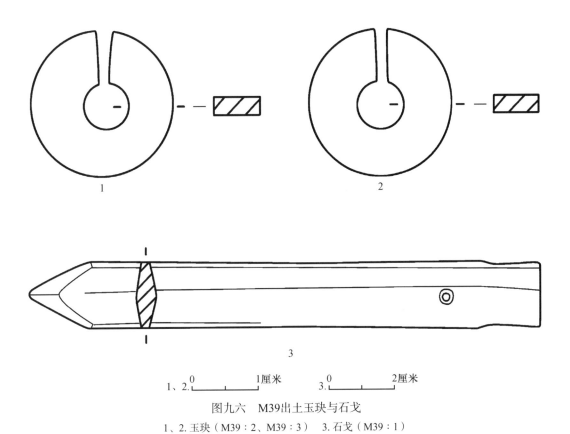

图九六　M39出土玉玦与石戈
1、2. 玉玦（M39：2、M39：3）　　3. 石戈（M39：1）

三一、M40

M40位于墓地北区的中部。

（一）墓葬形制

该墓为南北向竖穴土坑墓，方向20°。墓口开于扰土层下，距现地表0.61米。墓口北宽南窄，平面呈梯形，南北长3.30米，东西宽1.92～2.16米。墓底大于墓口，墓壁修整较光滑，自墓口向下斜直外张，墓底平坦。墓底东西长3.48～3.52米，南北宽2.06～2.34米，墓深2.86米。

墓底四周有熟土二层台，其中北侧台宽0.18米，东侧台宽0.12～0.34米，南侧台宽0.12米，西侧台宽0.17～0.26米，台高1.14米。

墓内填以红褐色为主的花土，土质较疏松，内含少量小料姜石块。

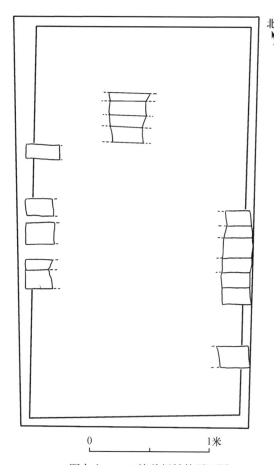

图九七　M40椁盖板结构平面图

（二）葬具与葬式

1. 葬具

墓内葬具腐朽严重，结构不清。从残存的灰白色和灰黑色木质朽痕判断，葬具为单椁重棺。

木椁位于墓底中部，椁室四壁紧贴二层台内壁，平面近长方形，南北长3.10米，东西宽1.70～1.78米，高1.14米，壁板、挡板与底板均厚0.04米，盖板厚度不详。

外棺位于椁室中部稍偏南，平面呈长方形，南北长2.62米，东西宽1.25米，残高0.38米，壁板、挡板与底板均厚0.06米，盖板厚度不详。

内棺位于外棺中部，平面也呈长方形，南北长2.16米，东西宽0.80～0.84米，残高0.26米，壁板、挡板与底板均厚0.04米，盖板厚度不详。

2. 葬式

内棺内葬有墓主1人，骨骼保存较好。墓主为仰身直肢葬，头北足南，面向东，双手交叉置于腹下部。经初步鉴定，墓主为男性，年龄约为45～50岁（图九七、图九八；图版四，1）。

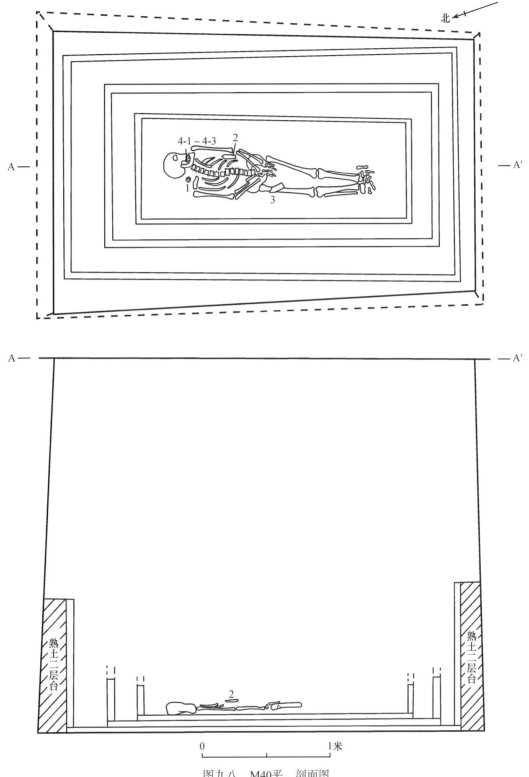

图九八　M40平、剖面图
1.玉玦　2、3.石圭　4-1～4-3.石口琀

（三）随葬器物

随葬器物均放置于内棺内。其中墓主头部右侧放置玉玦1件，左胸和右股骨上各放置石圭1件，口中放置石口琀3件。

随葬器物共计6件。依质地可分为玉和石两类。

1. 玉器

1件。为玦。M40：1，青白玉，青白色，大部受沁，局部呈土黄色。玉质较粗糙，微透明。作圆形扁平体，一侧有缺口，断面近方形。素面。外径1.6、内径0.8、厚0.6厘米（图九九，1；彩版三九，2）。

2. 石器

5件。有圭与口琀两种。

圭　2件。M40：2，出土时残损严重，仅存器身中段。砂石质，灰白色。作扁平长条状，器身上下基本等宽，正面有脊，一侧有双面钝刃。残长4、宽2、厚0.3厘米（图九九，2）。M40：3，出土时风化残损严重，已成颗粒状，无法修复。

口琀　3件。均为碎石块。石灰岩质，白色。M40：4-1，近方形。长1.5、宽1.5、厚0.7厘米（图九九，3）。M40：4-2，不规则形。长1.7、宽1.6、厚0.9厘米（图九九，4）。M40：4-3，不规则形。长1.6、宽1.5、厚0.7厘米（图九九，5）。

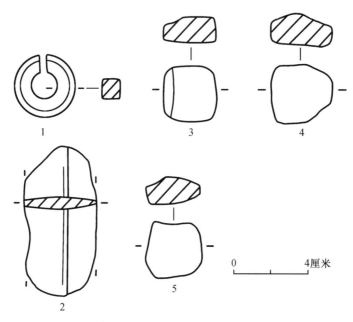

图九九　M40出土玉玦，石圭与口琀

1. 玉玦（M40：1）　2. 石圭（M40：2）　3 ~ 5. 石口琀（M40：4-1、M40：4-2、M40：4-3）

三二、M41

M41位于墓地北区的中部。

（一）墓葬形制

该墓为东西向长方形竖穴土坑墓，方向290°。墓口开于扰土层下，距现地表0.50米。墓口平面呈长方形，东西长3.30米，南北宽2.40米。墓壁光滑规整，上下垂直，墓底平坦。墓底长、宽与墓口尺寸相同。墓深2.36米。

墓底四周有熟土二层台，其中北侧台宽0.22米，东侧台宽0.32米，南侧台宽0.24米，西侧台宽0.10米，台高1.10米。

墓内填以红褐色为主的花土，土质较疏松，内含少量小料姜石块。

（二）葬具与葬式

1. 葬具

墓内葬具腐朽严重，结构不清。从残存的灰白色和灰黑色木质朽痕判断，葬具为单椁单棺。

木椁位于墓底中部稍偏南，椁室四壁紧贴二层台内壁，平面呈长方形，东西长2.88米，南北宽1.94米，高1.10米，椁板厚度不详。

木棺位于椁室中部略偏西南，平面呈长方形，东西长2.18米，南北宽1.02米，残高0.34米，壁板、挡板和底板均厚0.06米，盖板厚度不详。

2. 葬式

棺内葬有墓主1人，骨骼保存较好。墓主为仰身直肢葬，头西足东，面向北，双手交叉置于腹下部。经初步鉴定，墓主为男性，年龄为55岁左右（图一〇〇；图版四，2）。

（三）随葬器物

随葬器物均放置于棺内。其中墓主头部两侧各放置石玦1件，墓主口中放置石口琀1件。

随葬器物共3件。均为石器，有玦和口琀两种。

石玦　2件。石灰岩质，白色。形制、大小基本相同。皆作圆形扁平体，一侧有缺口，断面呈长方形。素面。M41：1，外径2.8、内径0.95、厚0.3厘米（图一〇一，2；彩版三九，3）。M41：2，出土时已断裂为2块。外径2.7、内径0.8、厚0.3厘米（图一〇一，3）。

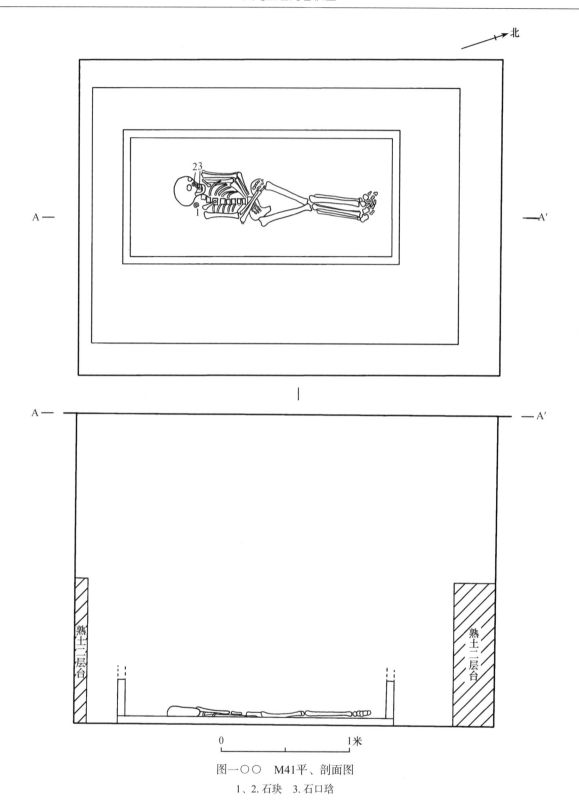

图一〇〇　M41平、剖面图

1、2. 石玦　3. 石口琀

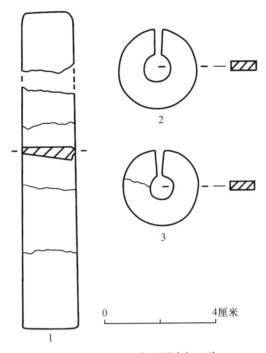

图一〇一　M41出土石玦与口琀

1. 口琀（M41：3）　2、3. 玦（M41：1、M41：2）

石口琀　1件。M41：3，出土时已断裂为5块，且上端中部有残缺。经整理后拼对粘接为一件石匕。青石质，青灰色。体作扁平长条状，上端略窄，下端稍宽，一侧较厚，另一侧较薄。高11.2、上端宽1.8、下端宽2、厚0.2～0.4厘米（图一〇一，1）。

三三、M42

M42位于墓地北区的东中部。该墓的西端下部被一现代窖穴完全打破，窖穴底部远深于墓底。

（一）墓葬形制

该墓为东西向长方形竖穴土坑墓，方向300°。墓口开于扰土层下，距现地表0.60米。墓口西宽东窄，平面近长方形，东西长2.54米，南北宽1.08～1.20米。墓壁光滑规整，上下垂直，墓底平坦。墓底长、宽与墓口尺寸相同，墓深2.24～2.28米。

墓内填以红褐色为主的花土，土质较硬，内含少量小料姜石块和小河卵石块。

（二）葬具与葬式

1. 葬具

墓内葬具腐朽严重，结构不清。从残存的灰黑色木质朽痕判断，葬具为单棺。

木棺位于墓底中部略偏南，西端被现代窖穴打破。木棺平面呈长方形，东西残长1.50米，南北宽0.68米，残高0.12米，壁板、挡板与底板均厚0.06米，盖底厚度不详。

2. 葬式

因该墓被扰动，仅在棺西端外的现代窖穴内发现几根散乱人骨，故墓主葬式、性别和年龄不详（图一○二）。

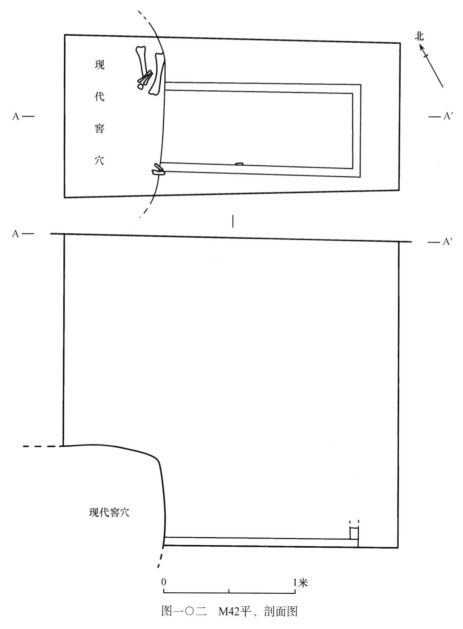

图一○二　M42平、剖面图

（三）随葬器物

无。

三四、M43

M43位于墓地北区的中部略偏南。

（一）墓葬形制

该墓为南北向长方形竖穴土坑墓，方向10°。墓口开于扰土层下，距现地表0.40米。墓口平面呈长方形，南北长3.60米，东西宽2.30～2.40米。墓壁加工规整，上下垂直，墓底平坦。墓底长、宽与墓口尺寸相同，墓深2.80米。

墓底四周有熟土二层台，其中北侧台宽0.20～0.30米，东侧台宽0.10～0.12米，南侧台宽0.14～0.20米，西侧台宽0.10～0.16米，台高0.72米。

墓内填以红褐色为主的花土，土质较硬，内含少量料姜石块。

（二）葬具与葬式

1. 葬具

墓内葬具腐朽严重，结构不明。从灰黑色木质朽痕判断，葬具应为单椁重棺。

木椁位于墓底中部，椁室四壁紧贴二层台内壁，平面近长方形。南北长3.20米，东西宽2.08～2.18米，高0.66～0.72米，壁板与挡板厚0.04米，盖板与底板厚度不详。

外棺位于椁室中部，平面呈长方形，南北长2.20米，东西宽0.92～0.96米，残高0.40米，壁板与挡板厚0.06～0.10米，盖板与底板厚度不详。

内棺位于外棺中部，平面也呈长方形，南北长2米，东西宽0.84米，残高0.36米，壁板与挡板厚0.06～0.10米，盖板与底板厚度不详。

2. 葬式

内棺内葬有墓主1人，骨骼保存较差。墓主为仰身直肢葬，头北足南，腿部略弯曲。经初步鉴定，墓主为女性，年龄不详（图一○三）。

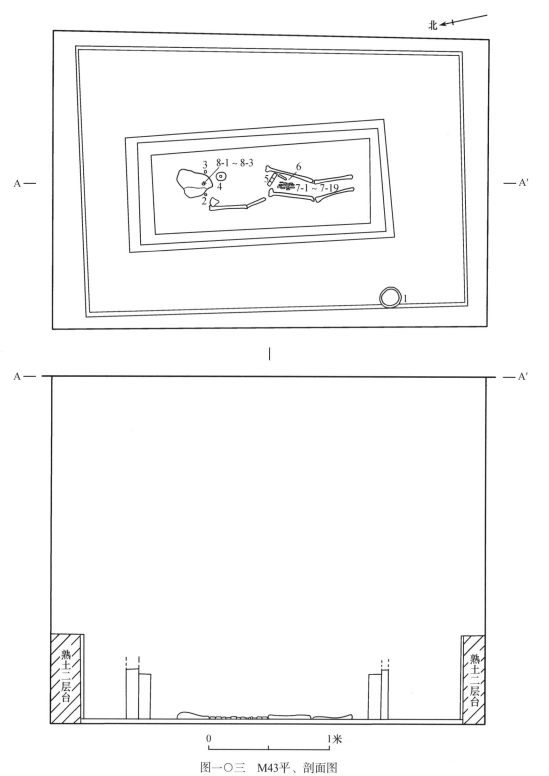

图一〇三　M43平、剖面图

1.陶鬲　2、3.蚌玦　4.玉璧　5.石匕　6.玉戈　7-1～7-19.骨坠饰　8-1～8-3.玉口琀

（三）随葬器物

随葬器物分别放置于椁室和内棺内。其中椁室西南部放置陶鬲1件；内棺内放置玉璧1件、玉戈1件、石匕1件、蚌玦2件、玉口琀3件、骨坠饰1组19枚。

随葬器物共计28件（枚）。依质地可分为玉、陶、石、蚌和骨五类。

1. 玉器

5件。有戈、璧和口琀三种。

戈　1件。M43：6，援前半部残缺。墨玉，墨绿色。直援，有脊，两侧边有锐刃，近末端处两侧有缺，以示内部。近长方形内。残长5.7厘米，内长3.7、宽1.6厘米，厚0.3厘米（图一〇四，1；彩版三九，4）。

璧　1件。M43：4，青玉，冰青色，局部受沁呈黄白色或有黄褐斑。玉质较细腻，微透明。作圆形扁平体，边缘有一个细圆穿，断面呈长方形。正、背面纹样相同，皆饰一衔尾龙纹，龙张口，圆目，尖尾。外径5.6、内径1.2、厚0.3厘米（图一〇四，2、3；彩版二六，3）。

口琀　3件。形状相同，大小不一。皆为玦形，作圆形扁平体，一侧有缺口，断面长方形。素面（彩版四〇，1）。M43：8-1，青白玉，青白色，局部受沁有黄白斑。玉质较细腻，微透明。外径2.3、内径0.8、厚0.3厘米（图一〇四，4）。M43：8-2，青玉，冰青色。玉质细腻，半透明。外径1.7、内径0.5、厚0.25厘米（图一〇四，5）。M43：8-3，青玉，冰青色。玉质细腻，半透明。一侧切割有小缺口。外径1.7、内径0.5、厚0.25厘米（图一〇四，6）。

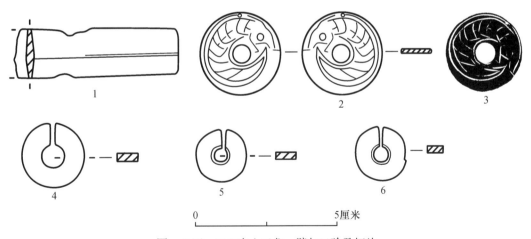

图一〇四　M43出土玉戈、璧与口琀及拓片

1.戈（M43：6）　2.璧（M43：4）　3.璧（M43：4）纹样拓片　4~6.口琀（M43：8-1、M43：8-2、M43：8-3）

2. 陶器

1件。为陶鬲。M43：1，夹砂灰黑陶。宽折沿上斜，尖圆唇，侈口，短束颈，鼓腹，瘪裆，空袋足，柱状足微外撇。通体饰特粗绳纹。通高12.5、口径16.6、腹径16.4、腹深9.2厘米（图一〇五，1；图版三四，1）。

3. 石器

1件。为匕。M43：5，出土时已断裂3块。石英岩质，白色。作扁长条状，两端平齐，上端略宽，下端稍窄，正面微鼓，断面近长方形。长13.1、上端宽2.1、下端宽2.5、厚0.4厘米（图一〇五，2；彩版四〇，2）。

4. 蚌器

2件。仅有玦一种。风化残损严重。形制、大小相同。均为蚌壳磨制而成，白色。皆为圆形扁平体，一侧有缺口，断面呈长方形。标本M43：2，外径2.3、内径0.6、厚0.3厘米（图一〇五，3）。标本M43：3，外径2.3、内径0.6、厚0.3厘米（图一〇五，4）。

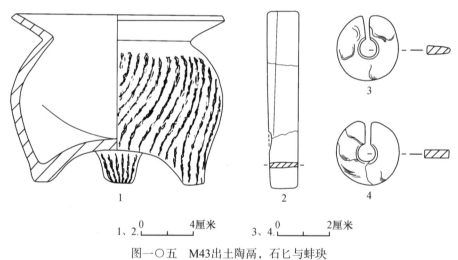

1、2 ⊢———4厘米　　3、4 ⊢——2厘米

图一〇五　M43出土陶鬲，石匕与蚌玦

1.陶鬲（M43：1）　2.石匕（M43：5）　3、4.蚌玦（M43：2、M43：3）

5. 骨器

1组19枚。为坠饰。M43：7，由19枚扁薄的细长条形骨片按顺序整齐地排列成一组四行（图一〇六，1）。各骨片的宽度与厚度基本相同，分别为0.9与0.15厘米；长度则不尽一致，在0.8～6.4厘米之间。正、背面磨制光滑，表面刻有2～3道相平行的细横线或细纵线。标本M43：7-3，正面竖刻2道细线。长6.5、宽0.9、厚0.15厘米（图一〇六，2）。标本M43：7-10，正面竖刻2道细线。长4.8、宽0.9、厚0.15厘米（图一〇六，3）。标本M43：7-11，正面横刻3道细线。长5.2、宽0.75、厚0.15厘米（图一〇六，4）。标本M43：7-14，正面横刻2道细线。

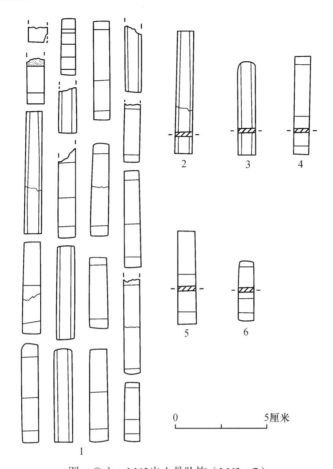

图一〇六 M43出土骨坠饰（M43：7）

1～6.骨坠饰（M43：7、M43：7-3、M43：7-10、M43：7-11、M43：7-14、M43：7-19）

长4.9、宽1、厚0.15厘米（图一〇六，5）。标本M43：7-19，正面横刻3道细线。长3、宽0.8、厚0.15厘米（图一〇六，6）。

三五、M44

M44位于墓地北区的东中部。

（一）墓葬形制

该墓为东西向长方形竖穴土坑墓，方向112°。墓口开口于扰土层下，距现地表0.63米。墓口平面近长方形，东西长2.24米，南北宽1.24～1.32米。墓壁光滑规整，上下垂直，墓底平坦。墓底长、宽与墓口尺寸相同。墓深1.14米。

墓内填以红褐色为主的花土，土质较疏松，内含少量小料姜石块。

（二）葬具与葬式

1. 葬具

墓内葬具腐朽严重，结构不清。从残存的灰黑色木质朽痕判断，葬具为单棺。

木棺位于墓底中部略偏南，平面呈长方形，东西长1.88米，南北宽0.72米，残高0.36米，壁板与挡板厚0.04米，盖板和底板厚度不详。

2. 葬式

棺内葬有墓主1人，骨骼保存较好。墓主为侧身屈肢葬，头东足西，面向南，双手交叉置于腹下部。经初步鉴定，墓主为男性，年龄为45岁左右（图一〇七；图版四，3）。

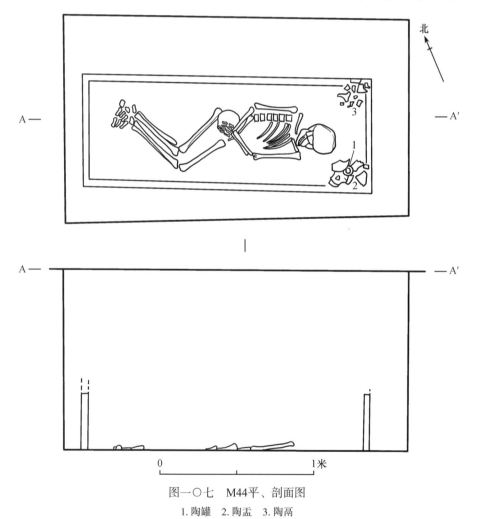

图一〇七　M44平、剖面图

1. 陶罐　2. 陶盂　3. 陶鬲

（三）随葬器物

随葬器物均放置于棺盖板上。其中东北角放置陶鬲1件，东南角放置陶罐1件、陶盂1件。

随葬器物共计3件。均为陶器，有鬲、罐和盂三种。

陶鬲　1件。M44：3，夹砂灰褐陶。宽折沿上斜，方唇，侈口，束颈，鼓腹，腹部与足相对处各有一个竖向扉棱，瘪裆较高，空袋足，三蹄足外撇。口沿内外各饰一周凹弦纹，通体饰中绳纹。通高15.3、口径17、腹径17.4、腹深10厘米（图一〇八，1；图版三四，2）。

陶罐　1件。M44：1，器口部烧流。泥质灰陶。卷沿上斜，圆唇，侈口，短束颈，鼓肩，斜弧腹内收，平底微内凹。高6.7、口径8、腹径8、底径6.5厘米（图一〇八，2；图版三四，3）。

陶盂　1件。M44：2，泥质灰陶。宽折沿上斜，圆唇，侈口，鼓肩，弧腹，斜弧腹内收，近底部外扩，平底。口沿内外各有一周凹弦纹，肩部饰有数周瓦垅纹，腹下部饰粗绳纹。高11.7、口径18.6、腹径16.8、底径10.3厘米（图一〇八，3；图版三四，4）。

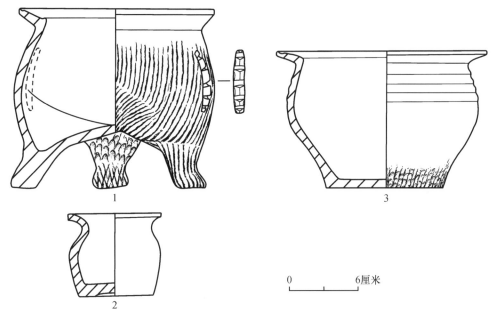

图一〇八　M44出土陶鬲、罐与盂
1.鬲（M44：3）　2.罐（M44：1）　3.盂（M44：2）

三六、M45

M45位于墓地北区的东中部。该墓的中下部被一不规则形现代窖穴打破，窖穴底部南北长2.40米，东西宽1.80米，窖穴高1.16米，比墓底深0.16米。

（一）墓葬形制

该墓为东西向长方形竖穴土坑墓，方向114°。墓口开于扰土层下，距现地表0.50米。墓口平面呈长方形，东西长3.60米，南北宽1.96～2米。墓壁光滑规整，上下垂直，墓底平坦。墓底长、宽与墓口尺寸相同。墓深3.20米。

墓底四周有熟土二层台，其中北侧台宽0.08～0.10米，东侧台宽0.50米，南侧台宽0.08米，西侧台宽0.40米，台高1.20米。值得注意的是，在二层台台面的四角分别放置数量和大小不等的河卵石块，用途不详。

墓内填以红褐色为主的花土，土质较疏松，内含少量小料姜石块。

（二）葬具与葬式

1. 葬具

墓内葬具腐朽严重，结构不清。从残存的灰黑色木质朽痕判断，葬具为单椁单棺。

木椁位于墓底中部，椁室四壁紧贴二层台内壁，中部被现代窖穴打破。木椁平面呈长方形，东西长2.70米，南北宽1.80～1.82米，高1.20米，椁板厚度不详。

木棺位于椁室中部略偏北，绝大部分被现代窖穴打破。木棺平面亦呈长方形，东西长2.20米，南北宽0.96米，残高0.18米，壁板和挡板均厚0.06米，盖板与底板厚度不详。

2. 葬式

因该墓被现代窖穴严重打破，棺内人骨已无存，故葬式不详（图一〇九；图版四，4）。

（三）随葬器物

随葬器物放置于椁室东北角，仅有陶鬲1件。

陶鬲　1件。M45：1，夹砂灰黑陶。宽折沿较平，斜方唇，侈口，短束颈，鼓腹，腹部与足相对处各有一个竖向扉棱，瘪裆较高，空袋足内收。口沿内外各饰一周凹弦纹，颈下及腹部各饰两周凹弦纹，肩部及以下饰粗绳纹。通高12.2、口径16.3、腹径16.5、腹深7.2厘米（图一一〇；图版三四，5）。

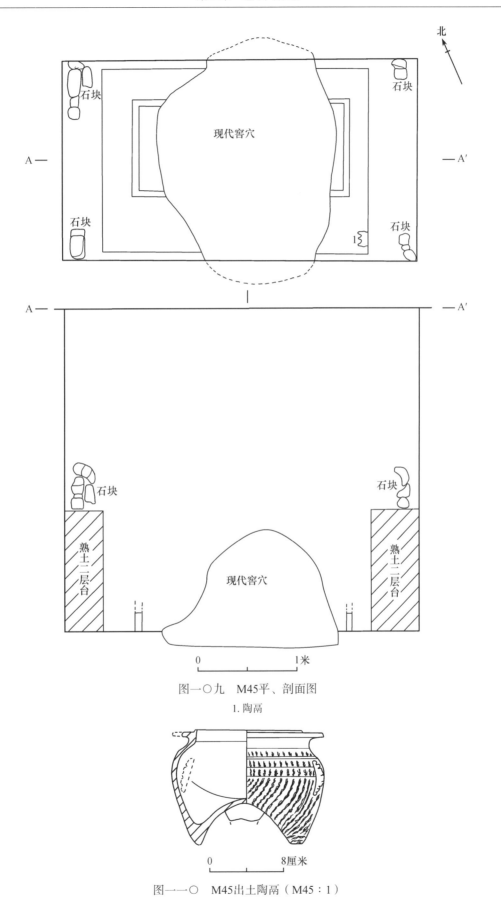

图一〇九 M45平、剖面图
1.陶鬲

图一一〇 M45出土陶鬲（M45：1）

三七、M46

M46位于墓地北区的东部。该墓的东部被汉墓的墓道完全打破，墓道深度远超于M46墓底。

（一）墓葬形制

该墓为南北向长方形竖穴土坑墓，方向22°。墓口开于扰土层下，距现地表1.10米。现存墓口平面呈梯形，南北长3.38米，东西残宽1.52～1.78米。墓壁光滑规整，上下垂直，墓底南高北低，略呈斜坡状。墓底长、宽与墓口尺寸相同。墓深1～1.18米。

墓底北端有熟土二层台，宽0.54米，残高0.54～0.58米。

墓内填以红褐色为主的花土，土质较硬，内含少量小料姜石块和小河卵石块。

（二）葬具与葬式

1. 葬具

墓内葬具腐朽严重，结构不清。从残存的灰白色和灰黑色木质朽痕判断，葬具为单椁单棺。

木椁位于墓底中部偏南，椁室东部被汉墓的墓道完全打破，北壁紧贴二层台内壁，西、南两壁紧贴墓圹。木椁现存平面呈梯形，南北长2.82米，东西残宽1.52～1.74米，残高0.38～0.52米，壁板与挡板均厚0.04米，盖板和底板厚度不详。

木棺位于椁室中部，平面近长方形，南北长2.16米，东西宽0.94～1.02米，残高0.17米，壁板与挡板均厚0.06～0.08米，盖板和底板厚度不详。

2. 葬式

棺内葬有墓主1人，骨骼保存较好。墓主为仰身直肢葬，头北足南，面向西，双手置于腹下部。经初步鉴定，墓主为男性，年龄为40岁左右（图一一一）。

（三）随葬器物

随葬器物分别放置于椁室和棺内。其中椁室东中部放置陶鬲1件；棺内墓主左肱骨东侧放置石块1件，头部右侧和头下各放置玉玦1件，口中放置石口琀2件。

随葬器物共计6件。依质地可分为陶、玉和石三类。

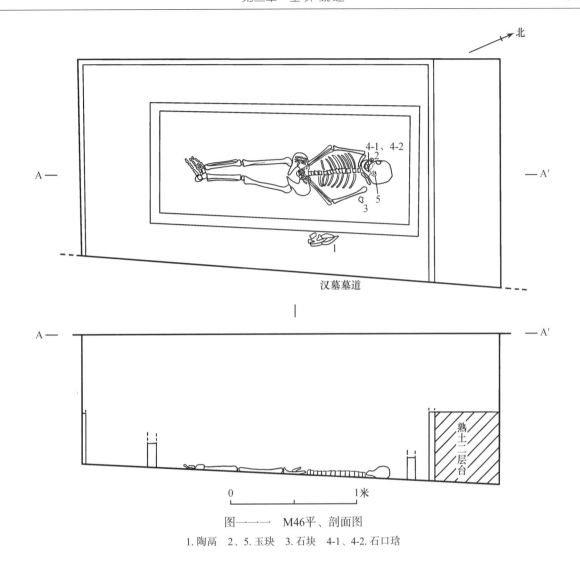

图一一一　M46平、剖面图

1. 陶鬲　2、5. 玉玦　3. 石块　4-1、4-2. 石口琀

1. 陶器

1件。为鬲。M46∶1，夹砂灰褐陶。宽折沿微上斜，斜方唇，侈口，短束颈，鼓腹，瘪裆较高，空袋足，实足根内收。通体饰中绳纹。通高12.5、口径18.4、腹径17.0、腹深7.6厘米（图一一二，1；图版三四，6）。

2. 玉器

2件。均为玦。玉质、玉色及形制、大小相同。皆为白玉，乳白色，局部受沁呈黄白色且有深浅不一的麻点。玉质较细腻，半透明。均为圆形扁平体，一侧有缺口，断面呈长方形。素面（彩版四〇，3）。M46∶2，外径3.2、内径1、厚0.3厘米（图一一二，2）。M46∶5，外径3.2、内径1、厚0.3厘米（图一一二，3）。

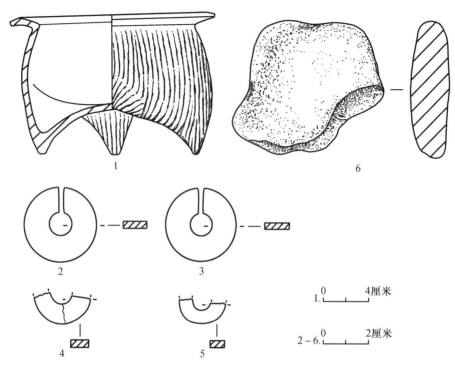

图一一二　M46出土陶鬲，玉玦，石块与口琀

1.陶鬲（M46∶1）　　2、3.玉玦（M46∶2、M46∶5）　　4、5.石口琀（M46∶4-1、M46∶4-2）　　6.石块（M46∶3）

3. 石器

3件。有口琀和石块两种。

口琀　2件。均系旧石之残器。形状基本相同，皆为扇形扁平体，断面呈长方形。M46∶4-1，断为2块。青石质，青灰色。长2.4、宽0.8、厚0.3厘米（图一一二，4）。M46∶4-2，石灰岩质，灰白色。长2、宽0.5、厚0.3厘米（图一一二，5）。

石块　1件。M46∶3，砂石质，褐色。体呈不规则状，断面近长方形。长6.6、宽5.8、厚1.65厘米（图一一二，6）。

三八、M47

M47位于墓地北区的东部。

（一）墓葬形制

该墓为东西向长方形竖穴土坑墓，方向115°。墓口开于扰土层下，距现地表0.54米。墓口东窄西宽，平面略呈长方形，东西长2.92米，南北宽1.50～1.62米。墓底略小于墓口，西壁上下垂直，其他三壁则斜直稍内收，墓底平坦。墓底东西长2.88米，南北宽1.44～1.46米，墓深1.76米。

墓底四周有熟土二层台，其中北侧台宽0.12～0.16米，东侧台宽0.22～0.26米，南侧台宽0.10～0.14米，西侧台宽0.24米，台残高0.40米。

墓内填以红褐色为主的花土，土质较硬，内含少量小料姜石块和小河卵石块。

（二）葬具与葬式

1. 葬具

墓内葬具腐朽严重，结构不清。从残存的灰黑色木质朽痕判断，葬具为单椁单棺。

木椁位于墓底中部，椁室四壁紧贴二层台内壁，平面呈长方形，东西长2.40米，南北宽1.18～1.20米，残高0.40米，壁板与挡板均厚0.04米，盖板和底板厚度不详。

木棺位于椁室中部略偏南，平面亦呈长方形，东西长1.98米，南北宽0.70～0.75米，残高0.38米，壁板与挡板均厚0.04～0.05米，盖板和底板厚度不详。

2. 葬式

棺内葬有墓主1人，骨骼保存很好。墓主为仰身直肢葬，头东足西，面向南，双手交叉置于腹下部。经初步鉴定，墓主为女性，年龄为50～55岁（图一一三；图版五，1）。

（三）随葬器物

随葬器物均放置于棺内。其中墓主头部两侧各放置玉玦1件，颈部放置玛瑙管与珠组合项饰1组101件（颗）、兽面纹玉佩1件，口中则放置玉口琀6件。

随葬器物共110件（颗）。依质地可分为玉与玛瑙两类。

1. 玉器

9件。有佩、玦和口琀三种。

兽面纹佩　1件。M47：2，青玉，豆青色，局部受沁呈黑褐色或有黄白斑。玉质细腻，微透明。片雕。整体呈倒梯形，正面略鼓，背面平，中部有一双面钻圆穿。正面饰兽面纹，犄角向内弯曲，倒"八"字形眉，梭形目，阔鼻。高2.1、上宽2、下宽1.7、厚0.8厘米（图一一四，1、2；彩版二七，1）。

玦　2件。玉质、玉色及形制、大小相同。皆为青玉，豆青色，局部受沁有黑褐斑。玉质较细腻，不透明。均为圆形扁平体，一侧有缺口，断面呈长方形。素面（彩版四〇，4）。M47：3，外径2.2、内径0.6、厚0.25厘米（图一一四，3）。M47：4，外径2.2、内径0.6、厚0.25厘米（图一一四，4）。

口琀　6件。均系旧玉之残器。标本M47：5-1，青白玉，青白色。玉质细腻，半透明。体

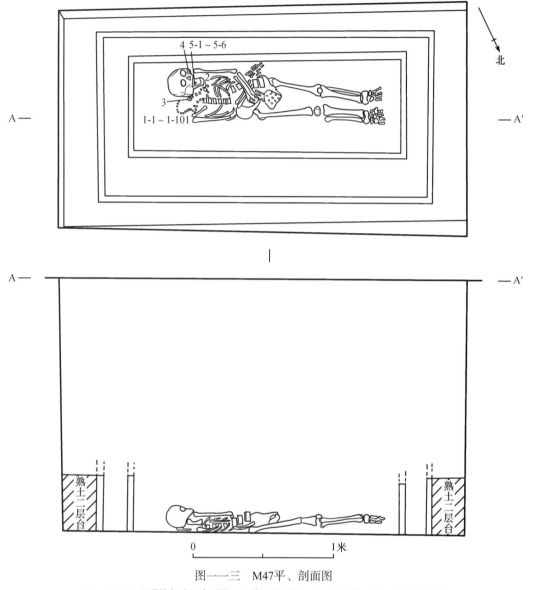

图一一三　M47平、剖面图

1-1～1-101.玛瑙管与珠组合项饰　2.兽面纹玉佩　3、4.玉玦　5-1～5-6.玉口琀

呈扇形，断面呈长方形。正面保留有旧器的龙首纹样。长1.9、宽1.2、厚0.2厘米（图一一四，5、6）。M47：5-2，青玉，浅冰青色，局部受沁呈黄白色。玉质细腻，微透明。体呈不规则形。长1.3、宽1.1、厚0.5厘米（图一一四，7）。M47：5-3，白玉，乳白色。玉质细腻，半透明。体呈不规则形。高0.5、长1.0、宽0.8厘米（图一一四，8）。M47：5-4，白玉，乳白色。玉质细腻，半透明。体呈不规则形。高0.4、长0.9、宽0.8厘米（图一一四，9）。M47：5-5，白玉，乳白色。玉质细腻，半透明。体近梯形。高0.4、长0.8、宽0.5厘米（图一一四，10）。M47：5-6，青白玉，青白色。玉质细腻，半透明。体呈锥台体，断面呈椭圆形。高0.7、底端长径0.5、底端短径0.4厘米（图一一四，11）。

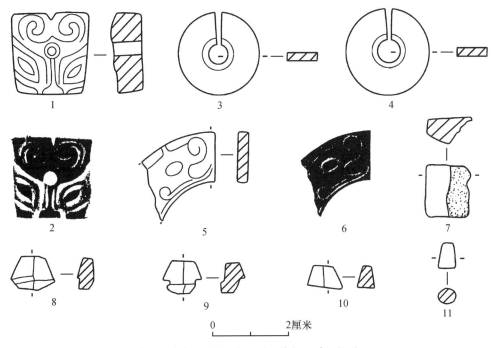

图一一四　M47出土玉佩、玦与口琀及拓片

1.兽面纹佩（M47∶2）　2.兽面纹佩（M47∶2）纹样拓片　3、4.玦（M47∶3、M47∶4）　5、7～11.口琀（M47∶5-1、M47∶5-2、M47∶5-3、M47∶5-4、M47∶5-5、M47∶5-6）　6.口琀（M47∶5-1）纹样拓片

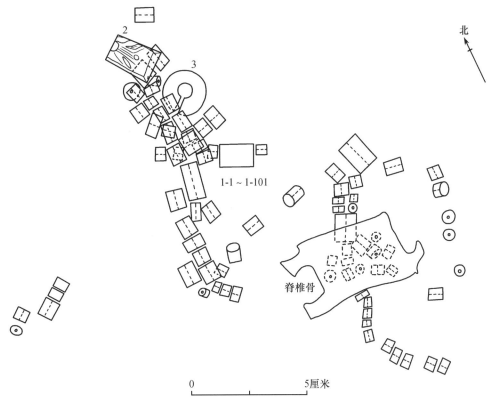

图一一五　M47出土玛瑙管与珠组合项饰（M47∶1）情况

1-1～1-101.玛瑙管与珠组合项饰（M47∶1）　2.玉玦（M47∶3）　3.兽面纹玉佩（M47∶2）

2. 玛瑙器

1组101件（颗）。为玛瑙管与珠组合项饰（图一一五）。M47：1，由3件浅黄色玛瑙管、34颗红色玛瑙珠、36颗橘黄色玛瑙珠及28颗黄色玛瑙珠单行相间串联而成，展开时总长约66厘米（图一一六，1；彩版二五，4）。

①玛瑙管　3件。浅黄色，半透明。形状相同，大小略异。均作圆柱状。M47：1-51，体较长。长1.7、直径0.9厘米（图一一六，2）。M47：1-49，体较短。长1.3、直径0.9厘米（图

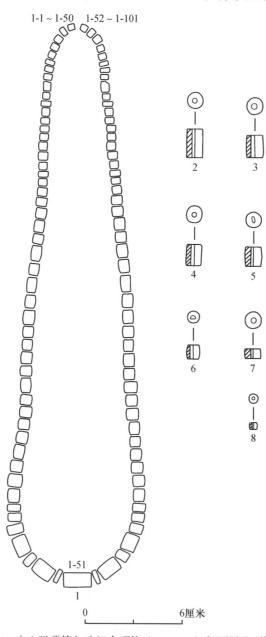

图一一六　M47出土玛瑙管与珠组合项饰（M47：1）复原图及项饰中的管与珠

1-1～1-101. 管与珠组合项饰（M47：1）复原图　2～4. 管（M47：1-51、M47：1-49、M47：1-53）　5～8. 珠（M47：1-55、M47：1-47、M47：1-35、M47：1-94）

一一六，3）。M47：1-53，体较短。长1.2、直径0.95厘米（图一一六，4）。

②玛瑙珠 98颗。皆作短圆管状，长短、粗细不一。其中有红色玛瑙珠34颗，橘黄色玛瑙珠36颗，黄色玛瑙珠28颗。皆为红色，半透明。珠子长0.3~1.1厘米，直径0.4~0.9厘米。标本M47：1-55，为最大者。长1.1、直径0.85厘米（图一一六，5）。标本M47：1-47，体较大。长0.8、直径0.65厘米（图一一六，6）。标本M47：1-35，体较短。长0.5、直径0.9厘米（图一一六，7）。标本M47：1-94，体较小。长0.35、直径0.45厘米（图一一六，8）。

三九、M48

M48位于墓地北区的中部。

（一）墓葬形制

该墓为南北向长方形竖穴土坑墓，方向17°。墓口开于扰土层下，距现地表0.50米。墓口平面呈长方形，南北长3.68米，东西宽1.92~1.96米。墓壁加工规整，上下基本垂直，墓底平坦。墓底长、宽与墓口尺寸相同，墓深2.46米。

墓底四周有熟土二层台，其中北侧台宽0.08~0.14米，东侧台宽0.06~0.08米，南侧台宽0.32米，西侧台宽0.08~0.14米，台高0.72米。

墓内填以红褐色为主的花土，略经夯打，较硬，夯层与夯窝不明显，内含少量料姜石块和河卵石块。

（二）葬具与葬式

1. 葬具

墓内葬具腐朽严重，结构不清。从残存的灰白色或灰黑色木质朽痕判断，葬具为单椁重棺。

木椁位于墓底中部，椁室四壁紧贴二层台内壁，平面近长方形，南北长3.24米，东西宽1.66~1.74米，高0.72米，壁板与挡板厚0.06~0.08米，底板厚0.03米。椁盖板是由长1.70~1.76、宽0.16~0.18米的薄木板呈东西横向平铺于二层台上，盖板厚度不详。

外棺位于椁室中部，平面呈长方形，南北长2.34米，东西宽0.92~1.02米，残高0.58米，壁板与挡板厚0.06米，盖厚0.04~0.06米，底板厚度不详。

内棺位于外棺中部，平面近长方形，南北长2.00米，东西宽0.44~0.56米，残高0.16米，壁板与挡板厚0.04米，底板厚0.06米，盖板厚度不详。

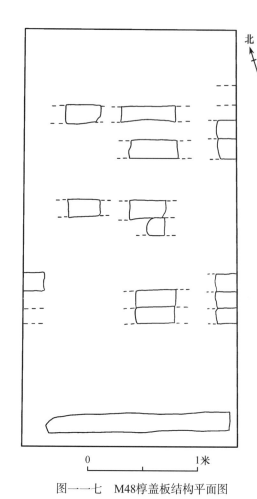

图一一七　M48椁盖板结构平面图

2. 葬式

内棺内葬有墓主1人，骨骼保存较差。墓主为仰身直肢葬，头北足南，身下铺有朱砂。经初步鉴定，墓主为男性，年龄为40岁左右（图一一七、一一八；彩版六，2）。

（三）随葬器物

随葬器物分别放置于椁室和内棺内。其中椁室北部放置铜鼎1件、铜辖2件、石戈1件、骨小腰1件、铜镞3件，南部放置陶鬲1件；内棺内墓主口中放置石口琀1件。

随葬器物共计10件。依质地可分为铜、陶、石和骨四类。

1. 铜器

6件。有鼎、辖、镞三种。

鼎　1件。M48：1，出土时器身略残损。窄折沿上斜，方唇，口微敛，直立耳，鼓腹略偏下，腹较深，圜底，三蹄足下端较大、较高。口沿下饰一周重环纹，腹部饰一周波曲纹，两种纹样之间界以一周凸弦纹。通高24.0、口径22.0、腹径20.8、腹深9.2厘米（图一一九；图版二〇，5）。

镞　3件。形制基本相同，皆为双翼镞。尖锋，双翼有锐刃，铤呈圆锥形（图版二〇，6）。依双翼的形状，可分为双翼内收形与双翼外张形镞两种。

①双翼外张形镞　2件。双翼稍微远离镞身。M48：5-1，一翼残损。镞通长4.85、双翼宽1.8、铤长1.7厘米（图一二〇，1）。M48：5-2，一翼残损。镞通长4.8、双翼宽1.6、铤长1.6厘米（图一二〇，2）。

②双翼内收形镞　1件。双翼贴近镞身。M48：5-3，镞通长4.8、双翼宽1.2、铤长1.8厘米（图一二〇，3）。

辖　2件。形制、大小基本相同。辖首正面呈二级台阶状，体宽长，两侧面有对穿孔；辖键呈扁长条形，末端为斜边（图版二一，1）。M48：2-1，通长10.2厘米，辖键长7.4、宽1.75、厚0.8厘米（图一二〇，4）。M48：2-2，通长10.2厘米，辖键长7.4、宽1.75、厚0.8厘米（图一二〇，5）。

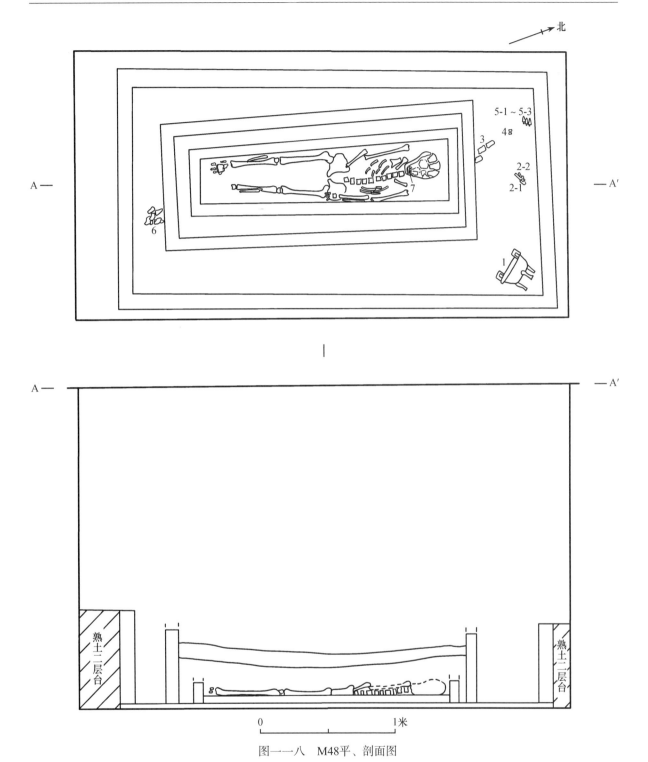

图一一八 M48平、剖面图

1.铜鼎 2-1、2-2.铜辖 3.石戈 4.骨小腰 5-1~5-3.铜镞 6.陶鬲 7.石口珞

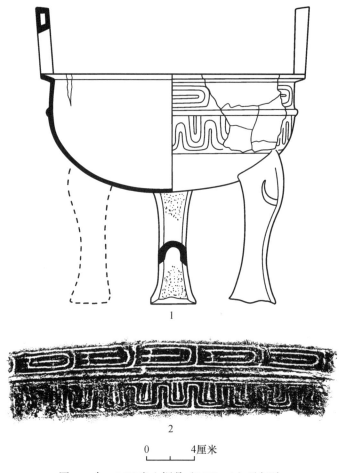

图一一九　M48出土铜鼎（M48：1）及拓片
1. 鼎（M48：1）　2. 鼎（M48：1）沿下及腹部纹样拓片

2. 陶器

1件。为陶鬲。M48：6，出土时略残损，已修复。夹砂灰黑陶。宽折沿近平，斜方唇，侈口，短束颈，鼓腹，瘪裆，空袋足内收。口沿内外各饰一周凹弦纹，通体饰粗绳纹。通高13.0、口径15.8、腹径16.4、腹深8.4厘米（图一二一，1；图版三五，1）。

3. 石器

2件。有戈和口玲两种。

戈　1件。M48：3，出土时锋部和援部略残。青石质，青灰色。锋呈三角形，直援，有脊，援两侧有钝刃。长方形直内略宽于援，援本中部有一双面钻圆穿。通长21.6厘米，援长16.5、宽4厘米，内长5.1、宽4.2厘米，厚0.35厘米（图一二一，2；彩版四一，1）。

口玲　1件。M48：7，残甚。石灰岩质，白色。圆形，断面呈长方形。外径3.2、内径1.0、厚0.4厘米（图一二一，3）。

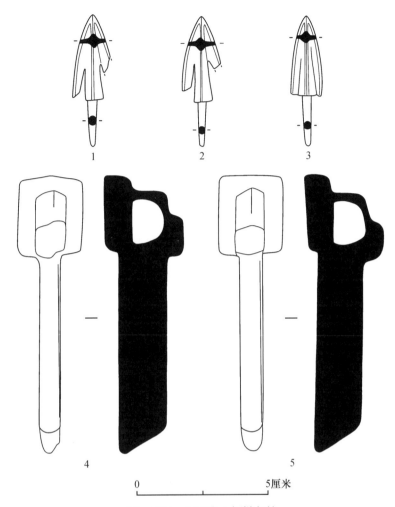

图一二〇 M48出土铜镞与辖

1、2. 双翼外张形镞（M48：5-1、M48：5-2） 3. 双翼内收形镞（M48：5-3） 4、5. 辖（M48：2-1、M48：2-2）

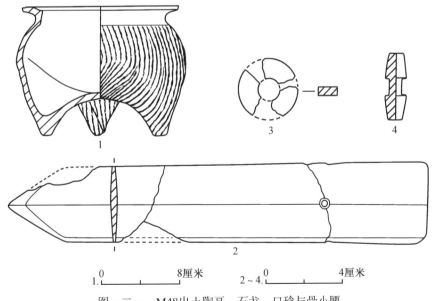

图一二一 M48出土陶鬲，石戈、口琀与骨小腰

1. 陶鬲（M48：6） 2. 石戈（M48：3） 3. 石口琀（M48：7） 4. 骨小腰（M48：4）

4. 骨器

1件。为小腰。M48：4，器身中段细两端粗，两端呈束腰竹节形，中段为细圆柱状，断面呈椭圆形。长3.4、两端直径0.6厘米（图一二一，4；彩版三二，1）。

四〇、M49

M49位于墓地北区的东部。

（一）墓葬形制

该墓为南北向长方形竖穴土坑墓，方向10°。墓口开于扰土层下，距现地表0.65米。墓口北端略窄，平面近长方形，南北长2.66米，东西宽1.50～1.60米。墓壁修整光滑，上下垂直，墓底平坦。墓底长、宽与墓口尺寸相同，墓深2.42米。

墓底四周有熟土二层台，其中北侧台宽0.19米，东侧台宽0.20米，南侧台宽0.14米，西侧台宽0.10～0.14米，台高0.82米。

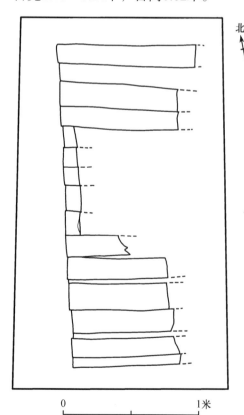

墓内填以红褐色为主的花土，土质较疏松，内含少量小料姜石块和小河卵石块。

（二）葬具与葬式

1. 葬具

墓内葬具腐朽严重，结构不清。从残存的灰白色木质朽痕判断，葬具为单椁单棺。

木椁位于墓底中部，椁室四壁紧贴二层台内壁，平面呈长方形，南北长2.34米，东西宽1.23米，高0.82米，壁板与挡板均厚0.04米，盖板和底板厚度不详。从清理情况看，椁盖板是用15块宽0.06～0.20米的薄木板东西横向平铺于二层台上。

木棺位于椁室中部，平面近长方形，南北长1.86米，东西宽0.6～0.64米，残高0.34米，壁板与挡板均厚0.04～0.06米，盖板和底板厚度不详。

0　　　　　　　　　　1米

图一二二　M49椁盖板结构平面图

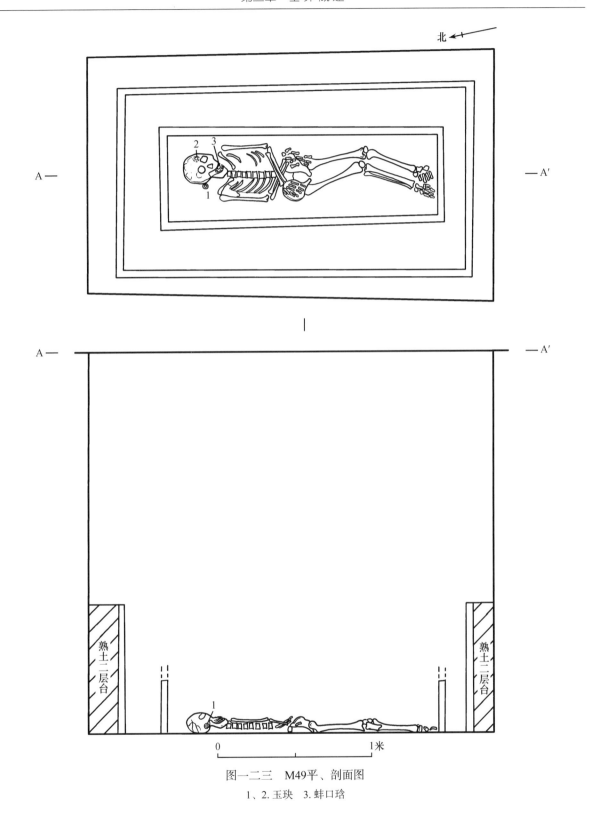

图一二三 M49平、剖面图

1、2.玉玦 3.蚌口琀

2. 葬式

棺内葬有墓主1人，骨骼保存较好。墓主为仰身屈肢葬，头北足南，面向上，双手交叉置于腹下部。经初步鉴定，墓主为女性，年龄为35岁左右（图一二二、图一二三；图版五，2）。

（三）随葬器物

随葬器物均放置于棺内。其中墓主头部两侧各放置玉玦1件，口中放置蚌口琀1件。

随葬器物共计3件。依质地可分为玉与蚌两类。

1. 玉器

2件。均为玦。玉质、玉色及形制、大小相同。青白玉，青白色，局部受沁有黄白斑。玉质细腻，半透明。皆作圆形扁平体，一侧有缺口，断面呈长方形。素面（彩版四一，2）。M49：1，出土时已断裂成2块。外径2.7、内径0.8、厚0.35厘米（图一二四，1）。M49：2，外径2.6、内径0.8、厚0.35厘米（图一二四，2）。

2. 蚌器

1件。为口琀。M49：3，残甚，且断裂为3块。系蚌壳磨制而成，白色。形状呈不规则形。残长6.5、宽2.0厘米（图一二四，3）。

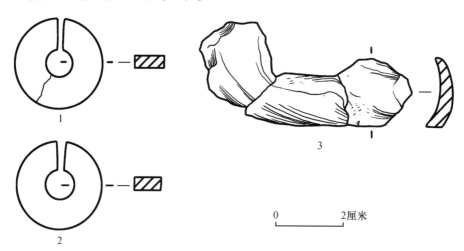

0   2厘米

图一二四　M49出土玉玦与蚌口琀

1、2. 玉玦（M49：1、M49：2）　　3. 蚌口琀（M49：3）

四一、M50

M50位于墓地北区的东部。

（一）墓葬形制

该墓为南北向长方形竖穴土坑墓，方向28°。墓口开口于扰土层下，距现地表0.78米。墓口平面呈长方形，南北长2.90米，东西宽1.44米。墓壁光滑规整，上下垂直，墓底平坦。墓底长、宽与墓口尺寸相同。墓深1.54米。

墓底四周有熟土二层台，其中北侧台宽0.23米，东侧台宽0.08～0.22米，南侧台宽0.30米，西侧台宽0.18～0.26米，台残高0.42米。

墓内填以红褐色为主的花土，土质较疏松，内含少量小料姜石块和小河卵石块。

（二）葬具与葬式

1. 葬具

墓内葬具腐朽严重，结构不清。从残存的灰白色和灰黑色木质朽痕判断，葬具为单椁单棺。

木椁位于墓底中部，椁室四壁紧贴二层台内壁，平面近长方形，南北长2.38米，东西宽1.02～1.08米，残高0.42米，壁板与挡板均厚0.04米，盖板和底板厚度不详。

木棺位于椁室中部，平面近长方形，南北长1.82～1.92米，东西宽0.70～0.74米，残高0.12米，壁板与挡板均厚0.06～0.08米，盖板和底板厚度不详。

2. 葬式

棺内葬有墓主1人，骨骼保存较好。墓主为仰身屈肢葬，头北足南，面向上，双手交叉置于腹下部。经初步鉴定，墓主为男性，年龄为40岁左右（图一二五）。

（三）随葬器物

随葬器物均放置于棺内墓主口中，仅有水晶口琀3件。

口琀　3件。水晶石质，透明度高。形状、大小不一。皆呈不规则形。M50：1-1，长2.4、宽1.2厘米（图一二六，1）。M50：1-2，长2.0、宽1.3厘米（图一二六，2）。M50：1-3，长2.1、宽1.4厘米（图一二六，3）。

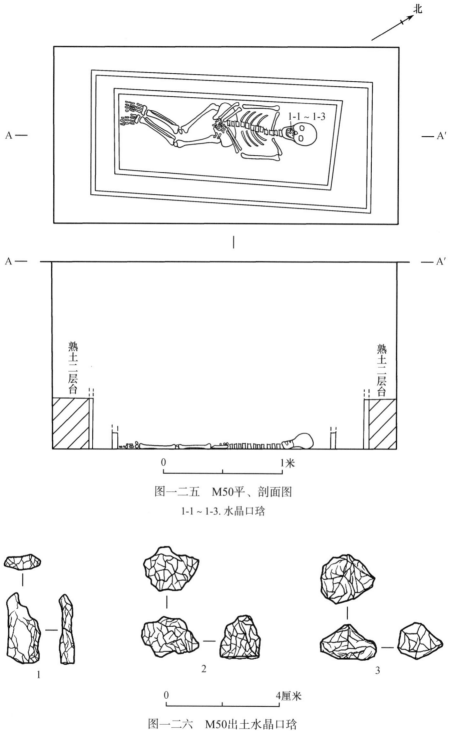

图一二五　M50平、剖面图
1-1 ~ 1-3. 水晶口琀

图一二六　M50出土水晶口琀
1. M50：1-1　2. M50：1-2　3. M50：1-3

四二、M51

M51位于墓地东北区的西部。

（一）墓葬形制

该墓为南北向长方形竖穴土坑墓，方向14°。墓口开于扰土层下，距现地表0.55米。墓口平面呈长方形，南北长2.50米，东西宽1.36米。墓壁光滑规整，上下垂直，墓底平坦。墓底长、宽与墓口尺寸相同。墓深1.90米。

墓底四周有熟土二层台，其中北侧台宽0.14米，东侧台宽0.20～0.32米，南侧台宽0.04米，西侧台宽0.18米，台残高0.32米。

墓内填以红褐色为主的花土，略经夯打，土质较硬，夯窝与夯层不明显，内含少量小料姜石块。

（二）葬具与葬式

1. 葬具

墓内葬具腐朽严重，结构不清。从残存的灰黑色木质朽痕判断，葬具为单椁单棺。

木椁位于墓底中部，椁室四壁紧贴二层台内壁，平面近长方形，南北长2.32米，东西宽0.86～0.98米，残高0.32米，盖板与底板厚0.03～0.04米，壁板和挡板厚度不详。

木棺位于椁室中部，平面近长方形，南北长2.03米，东西宽0.68～0.72米，残高0.14米，壁板与挡板均厚0.04～0.05米，盖板和底板厚度不详。

2. 葬式

棺内葬有墓主1人，骨骼保存较好。墓主为仰身直肢葬，头北足南，面向上，双手置于腹下部。经初步鉴定，墓主为女性，年龄约为45～50岁（图一二七；图版五，3）。

（三）随葬器物

随葬器物均放置于棺内。其中墓主左肱骨东侧放置骨圭2件，头部两侧各放置玉玦1件，口中放置水晶口琀2件。

随葬器物共计6件。依质地可分为玉、水晶和骨三类。

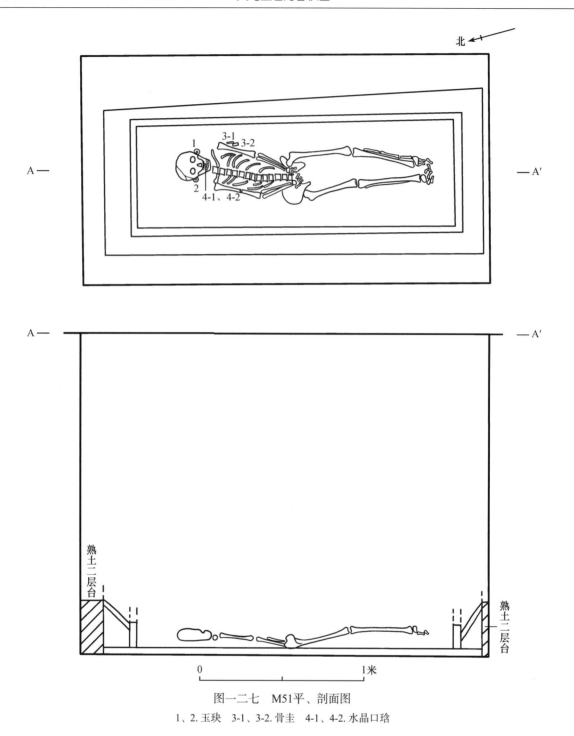

图一二七　M51平、剖面图

1、2. 玉玦　3-1、3-2. 骨圭　4-1、4-2. 水晶口琀

1. 玉器

2件。均为玦。玉质、玉色及形制、大小相同。青玉，深冰青色，局部受沁有黄白斑。玉质细腻，半透明。皆作圆形扁平体，一侧有缺口，断面呈长方形。素面（彩版四一，3）。M51：1，外径2.2、内径0.75、厚0.25厘米（图一二八，1）。M51：2，外径2.2、内径0.75、厚0.25厘米（图一二八，2）。

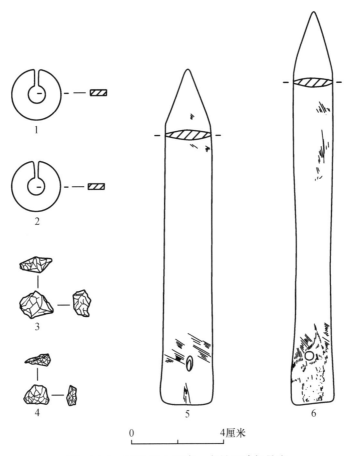

图一二八 M51出土玉玦，水晶口琀与骨圭

1、2.玉玦（M51：1、M51：2） 3、4.水晶口琀（M51：4-1、M51：4-2） 5、6.骨圭（M51：3-2、M51：3-1）

2. 水晶

2件。均为口琀。水晶石质，透明度高。形状、大小不一。皆呈不规则形（彩版四一，4）。M51：4-1，形体较大。长1.4、宽1.2厘米（图一二八，3）。M51：4-2，形体较小。长1.1、宽0.8厘米（图一二八，4）。

3. 骨器

2件。均为圭。系用兽骨磨制而成，呈黄白色。皆作扁平长条状。器身正、背面微鼓，上端有等腰三角形锋，两侧边与锋边有钝刃，近末端中部有穿孔。M51：3-1，器身中部略窄，近末端中部穿孔呈圆形。长16.8、宽1.8、厚0.3厘米（图一二八，6；彩版三一，5；图版六〇，4）。M51：3-2，器身上下等宽，近末端中部穿孔呈椭圆形。长14.4、宽2.3、厚0.35厘米（图一二八，5；彩版三一，6）。

四三、M52

M52位于墓地东北区的西部。

（一）墓葬形制

该墓为南北向长方形竖穴土坑墓，方向14°。墓口开于扰土层下，距现地表0.80米。墓口平面呈长方形，南北长2.90米，东西宽1.40米。墓底略大于墓口，墓壁修整较光滑，南、北两壁上下垂直，东、西两壁向下斜直外张，墓底平坦。墓底南北长2.90米，东西宽1.56米，墓深2.52米。

墓底四周有熟土二层台，其中北侧台宽0.24米，东侧台宽0.18米，南侧台宽0.20米，西侧台宽0.16~0.20米，台残高0.48米。

墓内填以红褐色为主的花土，土质较疏松，内含少量小料姜石块。

（二）葬具与葬式

1. 葬具

墓内葬具腐朽严重，结构不清。从残存的灰黑色木质朽痕判断，葬具为单椁单棺。

木椁位于墓底中部，椁室四壁紧贴二层台内壁，平面呈长方形，南北长2.46米，东西宽1.14~1.16米，残高0.48米，椁板厚度不详。

木棺位于椁室中部，平面也呈长方形，南北长2.06米，东西宽0.68米，残高0.22米，壁板与挡板均厚0.04米，盖板和底板厚度不详。

2. 葬式

棺内葬有墓主1人，骨骼保存尚好。墓主为仰身直肢葬，头北足南，面向西，双手置于腹下部。经初步鉴定，墓主为男性，年龄约为35~40岁（图一二九）。

（三）随葬器物

随葬器物分别放置于椁室和棺内。其中椁室东南部放置蛤蜊壳2件；棺内墓主口中放置石口琀8件。

随葬器物共计10件。依质地可分为石与蛤蜊壳两类。

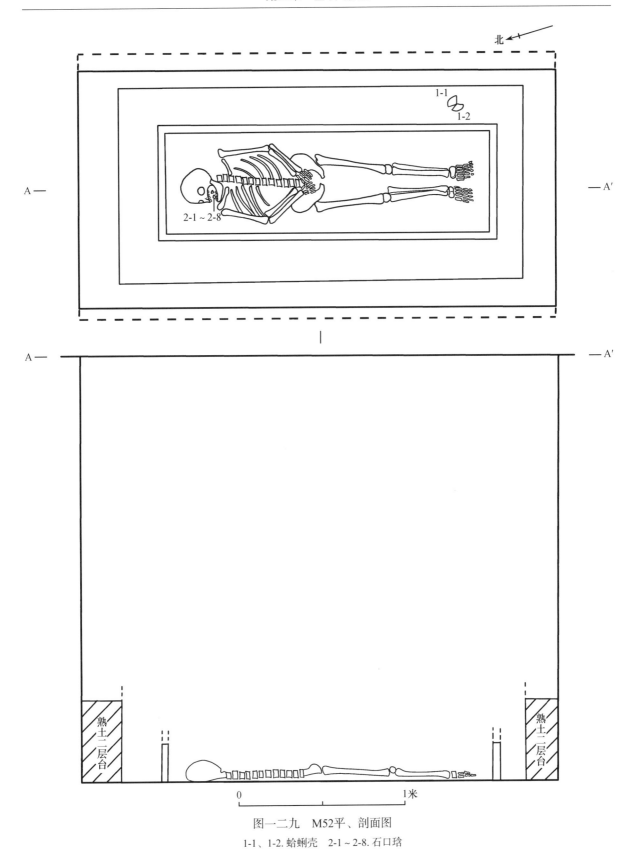

图一二九 M52平、剖面图

1-1、1-2.蛤蜊壳 2-1~2-8.石口琀

1. 石器

8件。均为口珍。皆为碎石块。绿石英岩质，青绿色。形状均呈不规则形，大小不一。标本M52：2-1，为最大者。长2.5、宽1.8、厚0.5厘米（图一三〇，1）。标本M52：2-2，体较大。长1.75、宽1.5、厚0.6厘米（图一三〇，2）。标本M52：2-3，为最小者。长1.0、宽0.9、厚0.5厘米（图一三〇，3）。

2. 蛤蜊壳

2件。皆为白色。形状相似，大小不一。皆为扇形，蒂部磨有小圆孔，可系穿。M52：1-1，略残。长5.6、宽5.1厘米（图一三〇，4）。M52：1-2，残甚。长6.0、宽4.9厘米（图一三〇，5）。

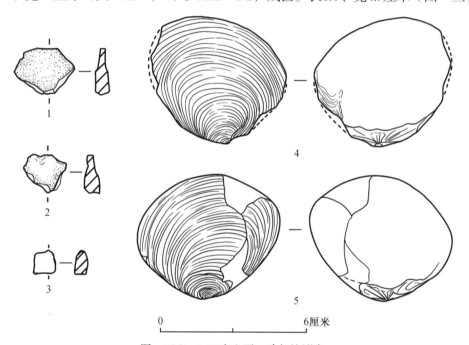

图一三〇　M52出土石口珍与蛤蜊壳

1~3.石口珍（M52：2-1、M52：2-2、M52：2-3）　4、5.蛤蜊壳（M52：1-1、M52：1-2）

四四、M53

M53位于墓地东北区的西部。

（一）墓葬形制

该墓为东西向长方形竖穴土坑墓，方向121°。墓口开于扰土层下，距现地表0.70米。墓口平面呈长方形，东西长2.30米，南北宽1.40米。墓壁修整光滑，上下垂直，墓底平坦。墓底长、宽与墓口尺寸相同，墓深1米。

墓内填以红褐色为主的花土，土质较硬，内含少量小料姜石块和小河卵石块。

（二）葬具与葬式

1. 葬具

墓内葬具腐朽严重，结构不明。从残存的灰白色和灰黑色木质痕迹可判断，葬具为单棺。

木棺位于墓底中部，西端稍微变形，平面近长方形，东西长1.84～1.90米，南北宽0.64～0.70米，残高0.32米，壁板与挡板厚0.06米，盖板与底板厚度不详。

2. 葬式

棺内葬有墓主1人，骨骼保存尚好。墓主为仰身直肢葬，头东足西，面向上，双手交叉置于腹下部。经初步鉴定，墓主为女性，年龄为40岁左右（图一三一）。

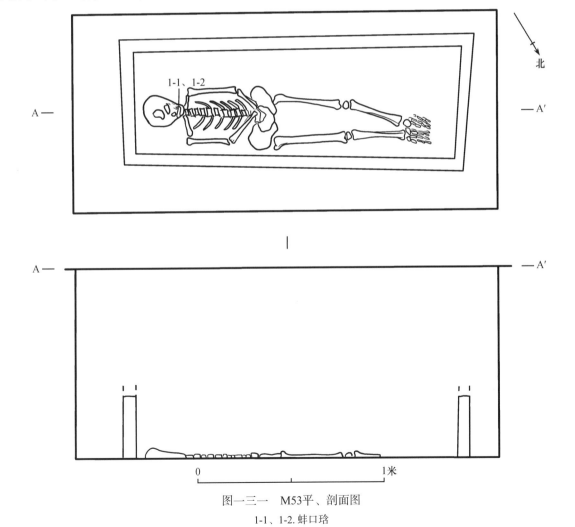

图一三一　M53平、剖面图

1-1、1-2. 蚌口琀

（三）随葬器物

随葬器物均放置于棺内墓主口中，仅有蚌口琀2件。

蚌口琀 2件。均系蚌壳磨制而成，白色。形制相同，大小略有差异。皆作珧形扁平体，一侧有缺口，断面呈长方形。M53：1-1，略残。外径2.6、内径1.0、厚0.3厘米（图一三二，1）。M53：1-2，残甚。外径2.4、内径0.6、厚0.2厘米（图一三二，2）。

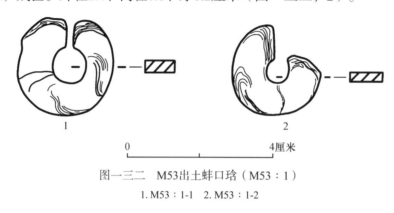

图一三二 M53出土蚌口琀（M53：1）
1. M53：1-1 2. M53：1-2

四五、M54

M54位于墓地东北区的西部。

（一）墓葬形制

该墓为南北向近长方形竖穴土坑墓，方向15°。墓口开口于扰土层下，距现地表0.68米。墓口平面呈长方形，南北长2.96米，东西宽1.68～1.84米。墓底大于墓口，墓壁修整较光滑，四壁皆向下斜直外张，墓底平坦。墓底南北长3.12米，东西宽1.92～2.05米，墓深3.06米。

墓底四周有熟土二层台，其中北侧台宽0.12米，东侧台宽0.11米，南侧台宽0.10米，西侧台宽0.13米，台残高0.46米。

墓内填以红褐色为主的花土，土质较疏松，内含少量小料姜石块。

（二）葬具与葬式

1. 葬具

墓内葬具腐朽严重，结构不清。从残存的灰白色和灰黑色木质朽痕判断，葬具为单椁单棺。

木椁位于墓底中部，椁室四壁紧贴二层台内壁，平面近长方形，南北长2.88米，东西宽

1.62～1.72米，残高0.46米，椁板厚度不详。

木棺位于椁室中部，平面近长方形，南北长2.08米，东西宽0.80米，残高0.30米，壁板与挡板均厚0.04米，盖板和底板厚度不详。

2. 葬式

棺内葬有墓主1人，骨骼保存较差。墓主为仰身直肢葬，头北足南，面向上，双手置于腹下部。经初步鉴定，墓主为男性，年龄为30岁左右（图一三三）。

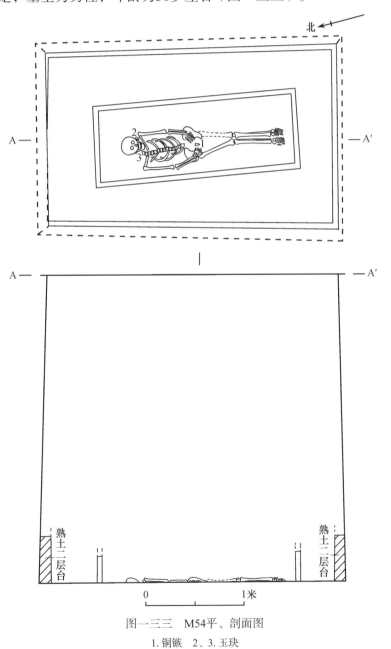

图一三三　M54平、剖面图

1. 铜镞　2、3. 玉玦

（三）随葬器物

随葬器物均放置于棺内。其中墓主盆骨处放置铜镞1件，头部两侧各放置玉玦1件。随葬器物共计3件。依质地可分为铜和玉两类。

1. 铜器

1件。为三棱锥形镞。M54：1，镞身由两部分组成，上部为三棱锥形锋，下部为短圆銎体。通长2.8、銎孔直径0.7厘米（图一三四，1；图版二一，2）。

2. 玉器

2件。均为玦。玉质、玉色及形制、大小相同。皆为青玉，浅冰青色。玉质较细腻，半透明。均作圆形扁平体，一侧有缺口，断面呈长方形。素面（彩版四一，5）。M54：2，局部受沁有黄褐斑。外径1.5、内径0.7、厚0.3厘米（图一三四，2）。M54：3，残存一半。外径1.5、内径0.7、厚0.3厘米（图一三四，3）。

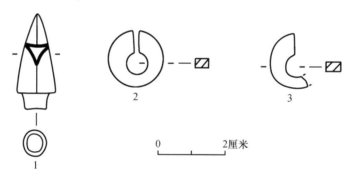

图一三四　M54出土铜镞与玉玦

1. 铜镞（M54：1）　2、3. 玉玦（M54：2、M54：3）

四六、M55

M55位于墓地东北区的西部。

（一）墓葬形制

该墓为南北向长方形竖穴土坑墓，方向15°。墓口开口于扰土层下，距现地表0.60米。墓口北端比南端略宽，平面近长方形，南北长2.90米，东西宽1.80～1.92米。墓壁较光滑规整，上下垂直，墓底平坦。墓底长、宽与墓口尺寸相同，墓深1.96米。

墓底四周有熟土二层台，其中北侧台宽0.18～0.20米，东侧台宽0.20～0.30米，南侧台宽0.24米，西侧台宽0.36～0.42米，台残高0.46米。

墓内填以红褐色为主的花土，略经夯打，较硬，夯窝与夯层不明显，内含少量小料姜石块和小河卵石块。

（二）葬具与葬式

1. 葬具

墓内葬具腐朽严重，结构不清。从残存的灰黑色木质朽痕判断，葬具为单椁单棺。

木椁位于墓底中部，椁室四壁紧贴二层台内壁。木椁北宽南窄，平面呈梯形，南北长2.47米，东西宽1.12～1.28米，残高0.46米，壁板与挡板均厚0.04米，盖板和底板厚度不详。

木棺位于椁室中部，平面略呈长方形，南北长1.87米，东西宽0.60～0.68米，残高0.22米，壁板与挡板均厚0.06米，盖板和底板厚度不详。

2. 葬式

棺内葬有墓主1人，骨骼保存较好。墓主为仰身直肢葬，头北足南，面向东，双手交叉置于腹下部。经初步鉴定，墓主为女性，年龄为50岁左右（图一三五；图版五，4）。

（三）随葬器物

随葬器物分别放置于椁室、棺盖板上和棺内。其中椁室西南角放置陶鬲1件；棺盖板上放置蚌圭1件（图一三六）；棺内墓主头部右侧放置石块1件，口中放置蚌口琀3件。

随葬器物共计6件。依质地可分为陶、石和蚌三类。

1. 陶器

1件。为鬲。M55：1，夹砂灰黑陶。宽折沿上斜，斜方唇，侈口，短束颈，鼓腹，腹上部与足相对处各有一道竖向大扉棱，瘪裆，袋足中空，足根微外撇。通体饰中绳纹。通高13、口径13.6、腹径14.2、腹深8.6厘米（图一三七，1；彩版二二，3；图版三五，2）。

2. 石器

1件。为玦。M55：3，出土时已断裂为2块。石灰岩质，白色，表面腐蚀严重，较粗糙。作圆形扁平体，一侧有缺口，断面呈长方形。外径2.0、内径0.8、厚0.35厘米（图一三七，2；彩版四二，1）。

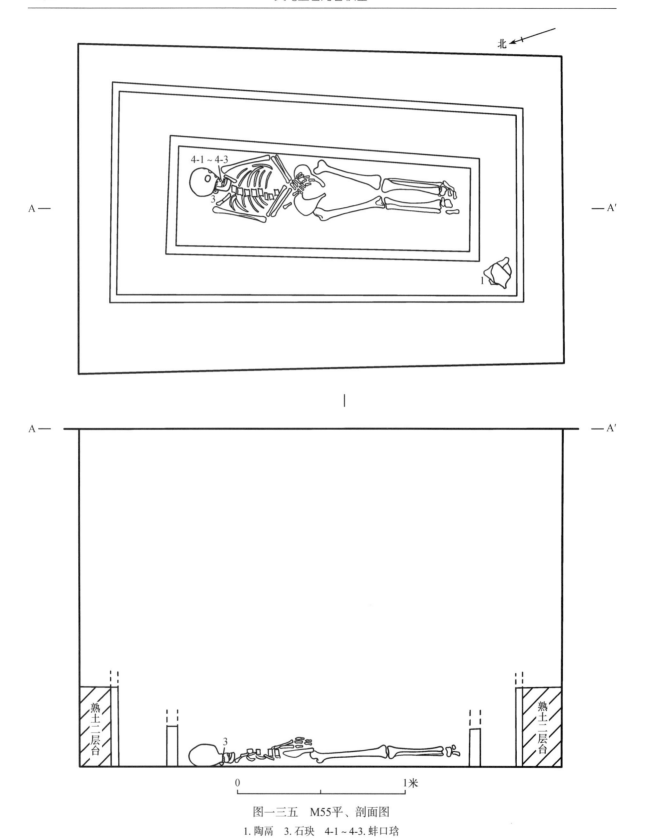

图一三五　M55平、剖面图

1. 陶鬲　3. 石玦　4-1 ~ 4-3. 蚌口琀

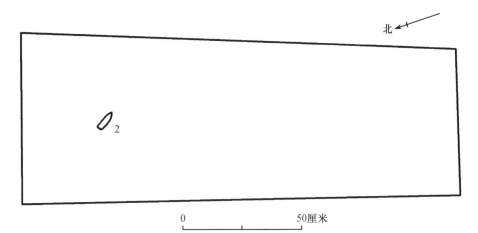

图一三六　M55棺盖板上随葬器物平面图
2. 蚌圭

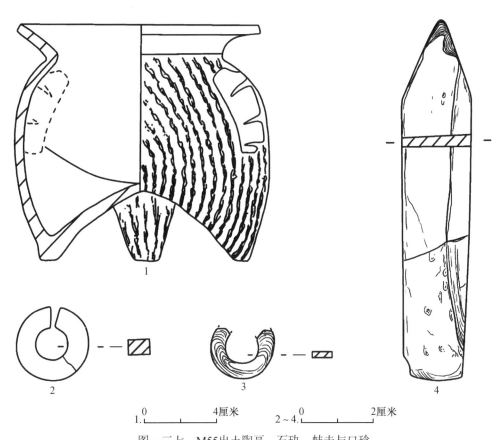

图一三七　M55出土陶鬲，石块，蚌圭与口琀

1. 陶鬲（M55：1）　2. 石块（M55：3）　3. 蚌口琀（M55：4-1）　4. 蚌圭（M55：2）

3. 蚌器

4件。有圭和口玲两种。

圭　1件。M55：2，略残。系用蚌壳磨制而成，白色。作扁长条状，上端有等腰三角形锋，上端略宽于下端，末端为弧形，断面近长方形。长9.7、宽1.9、厚0.3厘米（图一三七，4；彩版三二，5）。

口玲　3件。皆系用蚌壳磨制而成，白色。除标本M55：4-1保存较好外，其余2件均风化腐蚀，呈粉末状，无法修复。M55：4-1，呈半圆环状。直径1.8、孔径1.1、厚0.2厘米（图一三七，3）。

四七、M56

M56位于墓地东北区的西部。

（一）墓葬形制

该墓为南北向竖穴土坑墓，方向12°。墓口开于扰土层下，距现地表0.60米。墓口南宽北窄，平面呈梯形，南北长2.10米，东西宽0.82～1.04米。墓壁修整光滑，上下基本垂直，墓底平坦。墓底长、宽与墓口尺寸相同，墓深0.40～0.46米。

墓内填以红褐色为主的花土，略经夯打，土质较硬，夯窝与夯层不明显，内含少量小料姜石块和小河卵石块。

（二）葬具与葬式

1. 葬具

墓内葬具腐朽严重，结构不清。从残存的灰白色或灰黑色木质朽痕可知，葬具为单棺。

木棺位于墓圹中部略偏东，平面呈长方形，南北长1.78米，东西宽0.50～0.52米，棺高和棺板厚度不详。

2. 葬式

棺内葬有墓主1人，骨骼腐朽，保存较差。墓主为仰身直肢葬，头偏东北，足向南，双手交叉置于腹下部。经初步鉴定，墓主为女性，年龄为45岁左右（图一三八）。

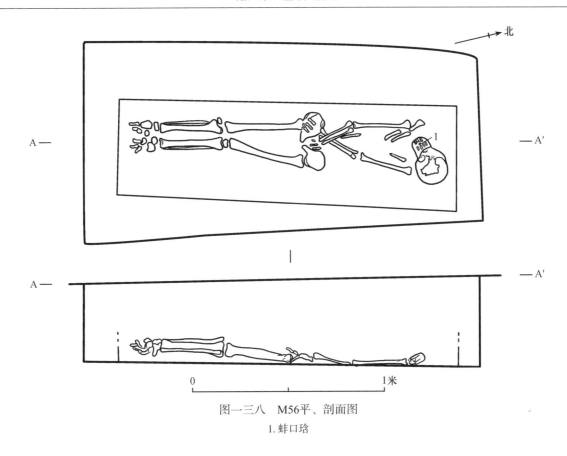

图一三八　M56平、剖面图
1.蚌口琀

（三）随葬器物

随葬器物放置于棺内墓主口中，仅有蚌口琀1件。

蚌口琀　1件。标本M56：1，系用蚌壳磨制而成，白色。体呈三角形，断面近长方形。长2.9、宽1.4、厚0.5厘米（图一三九）。

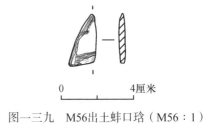

图一三九　M56出土蚌口琀（M56：1）

四八、M57

M57位于墓地东北区的西部。

（一）墓葬形制

该墓为东西向长方形竖穴土坑墓，方向288°。墓口开于扰土层下，距现地表0.60米。墓口平面呈长方形，东西长2.08米，南北宽0.80米。墓壁修整光滑，上下垂直，墓底平坦。墓底长、宽与墓口尺寸相同，墓深0.28米。

墓内填以红褐色为主的花土，土质较硬，内含少量小料姜石块和小河卵石块。

（二）葬具与葬式

1. 葬具

墓内葬具腐朽严重，结构不清。从残存的灰白色木质朽痕可知，葬具为单棺。

木棺位于墓底中部，平面呈长方形，东西长1.87米，南北宽0.54米，残高0.06～0.12米，壁板与挡板厚0.03米，盖板与底板厚度不详。

2. 葬式

棺内葬有墓主1人，骨骼腐朽，保存较差。墓主为仰身直肢葬，头西足东，面向北，双臂弯曲成直角置于腹部。经初步鉴定，墓主为男性，年龄为42岁左右（图一四〇）。

（三）随葬器物

无。

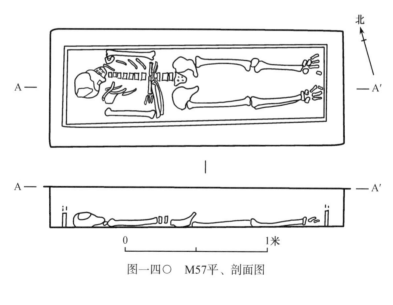

图一四〇　M57平、剖面图

四九、M58

M58位于墓地东北区的西部。

（一）墓葬形制

该墓为南北向长方形竖穴土坑墓，方向20°。墓口开于扰土层下，距现地表0.80米。墓口北窄南宽，平面近长方形，南北长2.08米，东西宽0.94~1.06米。墓壁修整光滑，上下垂直，墓底平坦。墓底长、宽与墓口尺寸相同，墓深0.37米。

墓内填以红褐色为主的花土，土质较疏松，内含少量小料姜石块和小河卵石块。

（二）葬具与葬式

1. 葬具

墓内葬具腐朽严重，结构不明。从残存的灰白色和灰黑色木质痕迹可判断，葬具为单棺。木棺位于墓底中部，平面呈长方形，南北长1.74米，东西宽0.44米，壁板与挡板厚0.02~0.04米，棺高和盖板、底板厚度不详。

2. 葬式

棺内葬有墓主1人，骨骼保存较差。墓主为仰身直肢葬，头北足南，面向上，双手置于腹下部。经初步鉴定，墓主为女性，年龄为36岁左右（图一四一；图版六，1）。

（三）随葬器物

随葬器物放置于墓底和棺内。其中墓底东北角放置陶鬲1件；棺内墓主口中放置石口琀2件。

随葬器物共计3件。依质地可分为陶与石两类。

1. 陶器

1件。为鬲。M58：1，夹砂灰陶。器体较高，宽折沿微上斜，圆唇，侈口，短束颈，鼓腹，平弧裆较低，袋足中空，实足根微外撇。口沿内外各饰一周凹弦纹，通体饰中绳纹，腹中部有一道抹痕。通高16.4、口径15.2、腹径16.8、腹深13.0厘米（图一四二，1；彩版二二，4；图版三五，3）。

2. 石器

2件。均为口琀。系石器之残块。M58：2-1，石灰岩质，白色，表面腐蚀严重，有浅凹坑与麻点。半圆形扁平体，断面呈长方形。外径3.0、内径0.8、厚0.3厘米（图一四二，2）。M58：2-2，石灰岩质，灰白色，器表大部已腐蚀成白色粉末状。近半圆形扁平体，断面呈长方形。长2.8、宽0.9、厚0.2厘米（图一四二，3）。

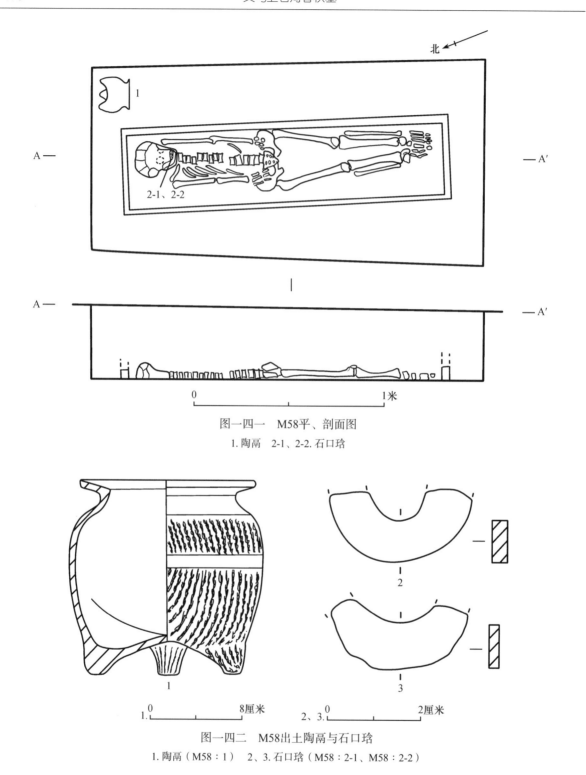

图一四一　M58平、剖面图
1.陶鬲　2-1、2-2.石口琀

图一四二　M58出土陶鬲与石口琀
1.陶鬲（M58：1）　2、3.石口琀（M58：2-1、M58：2-2）

五〇、M59

M59位于墓地东北区的西南部。

（一）墓葬形制

该墓为东西向长方形竖穴土坑墓，方向110°。墓口开于扰土层下，距现地表0.54米。墓口平面呈长方形，东西长2.42米，南北宽1.20～1.28米。墓底大于墓口，墓壁加工较规整，自墓口向下斜直外张，墓底平坦。墓底南北长2.84～2.94米，东西宽1.64米，墓深2.90米。

墓底四周有熟土二层台，其中北侧台宽0.08米，东侧台宽0.13米，南侧台宽0.10米，西侧台宽0.14米，台高0.78米。

墓底中部设有一腰坑，坑口平面呈长方形，直壁，平底。坑口东西长0.30米，南北宽0.18米，坑深0.16米。腰坑内放有零星小兽骨。

墓内填以红褐色为主的花土，土质较疏松，内含少量小料姜石块。

（二）葬具与葬式

1. 葬具

墓内葬具腐朽严重，结构不清。从残存的灰白色木质朽痕判断，葬具为单椁单棺。

木椁位于墓底中部，椁室四壁紧贴二层台内壁，平面呈长方形，东西长2.56米，南北宽1.45米，高0.74米，壁板与挡板厚0.04米，盖板与底板厚度不详。椁盖板是用宽约0.15～0.20米的薄木板呈南北横向平铺于二层台上；椁壁板和挡板则用宽约0.20米的木板相围而成。

木棺位于椁室中部略偏西北，平面亦呈长方形，东西长1.88米，南北宽0.78米，残高0.18米，壁板与挡板厚0.04米，盖板与底板厚度不详。棺盖板是用宽约0.10～0.15米的薄木板呈东西纵向拼接而成，底板情况不详。

2. 葬式

棺内葬有墓主1人，骨骼保存较好。墓主为仰身直肢葬，头东足西，面朝北，双手交叉置于右侧盆骨上。经初步鉴定，墓主为男性，年龄为40岁左右（图一四三；图版六，2）。

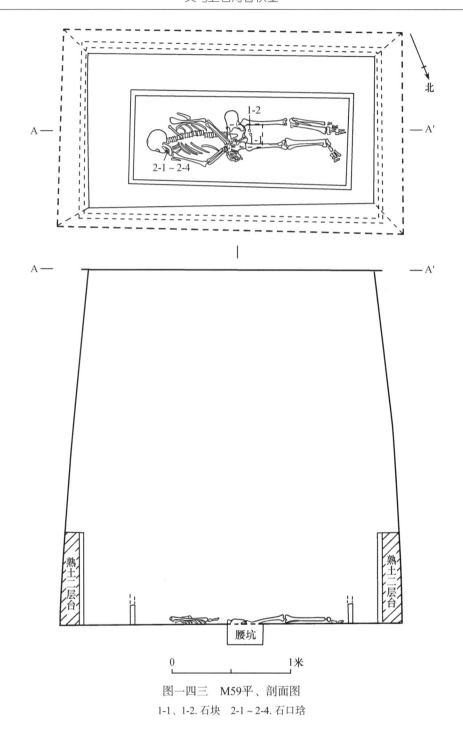

图一四三　M59平、剖面图
1-1、1-2.石块　2-1～2-4.石口琀

（三）随葬器物

随葬器物均放置于棺内。其中墓主两股骨之间放置石块2件，墓主口中放置石口琀4件。随葬器物共计6件。均为石器。有口琀与石块两种。

1. 口琀

4件。皆为石英岩质，白色或灰白色。器表粗糙，形状不规则，大小各异。M59：2-1，白色。长2.6、宽1.6、高0.8厘米（图一四四，1）。M59：2-2，灰白色。长1.9、宽1.6、高1.3厘米（图一四四，2）。M59：2-3，灰白色。长1.85、宽1.5、高0.7厘米（图一四四，3）。M59：2-4，灰白色。长1.9、宽1.0、高0.4厘米（图一四四，4）。

2. 石块

2件。M59：1-1，河卵石，灰黄色。体呈椭圆形，正面略鼓，背面平，断面亦近椭圆形。长径2.5、短径2.2、厚0.9厘米（图一四四，5）。M59：1-2，石英岩质，白色。整体似水滴状，断面呈椭圆形。长1.4、宽1.3、厚0.5厘米（图一四四，6）。

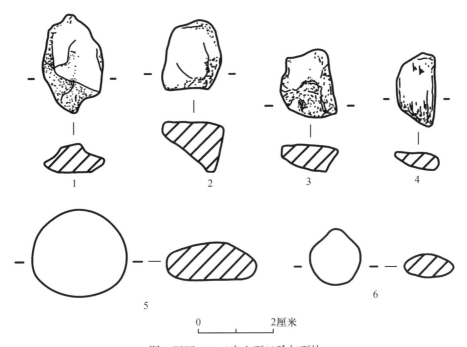

图一四四　M59出土石口琀与石块

1~4. 口琀（M59：2-1、M59：2-2、M59：2-3、M59：2-4）　5、6. 石块（M59：1-1、M59：1-2）

五一、M60

M60位于墓地东北区的中部。

（一）墓葬形制

该墓为东西向长方形竖穴土坑墓，方向120°。墓口开于扰土层下，距现地表0.52米。墓口平面呈长方形，东西长2.60米，南北宽1.30米。墓壁上下垂直，加工光滑规整，墓底平坦。墓底长、宽与墓口尺寸相同，墓深1.90米。

墓底四周有熟土二层台，其中北侧台宽0.14米，东侧台宽0.16米，南侧台宽0.18米，西侧台宽0.14米，台高0.50米。在墓底南、北侧二层台内发现有较大的河卵石块，应为固定椁壁板或挡板之用。

墓内填以红褐色为主的花土，土质较疏松，内含少量小料姜石块和小河卵石块。

（二）葬具与葬式

1. 葬具

墓内葬具腐朽严重，结构不明。从残存的灰白色和灰黑色木质痕迹可判断，葬具为单椁。

木椁位于墓底中部，椁室四壁紧贴二层台内壁，平面呈长方形，东西长2.30米，南北宽0.98米，残高0.50米，椁板厚度不详。

2. 葬式

椁室内葬有墓主1人，骨骼保存尚好。墓主为仰身直肢葬，头东足西，面向上，双手交叉置于腹下部。经初步鉴定，墓主为男性，年龄为50岁左右（图一四五）。

（三）随葬器物

随葬器物均放置于椁室内。其中墓主口中放置石口琀7件，墓主颈部放置小石块1件。

随葬器物共计8件。均为石器。有口琀与石块两种。

口琀　7件。均系石器之废料，有切割和打磨痕迹。石质较粗，灰白色。M60∶1-1，体呈菱形，断面呈平行四边形。长1.7、宽1.4、厚0.5厘米（图一四六，1）。M60∶1-2，体呈菱形，断面呈平行四边形。长1.3、宽1.3、厚0.8厘米（图一四六，2）。M60∶1-3，体呈菱形，

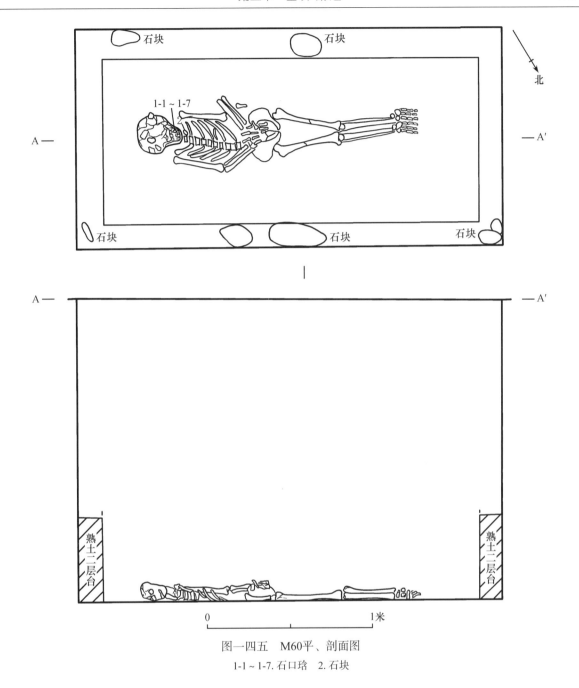

图一四五 M60平、剖面图

1-1～1-7. 石口琀 2. 石块

断面呈平行四边形。长1.0、宽0.9、厚0.65厘米（图一四六，3）。M60：1-4，体呈近五边形，断面呈平行四边形。长1.4、宽1.3、厚0.4厘米（图一四六，4）。M60：1-5，体呈扁长条形，断面呈平行四边形。长1.5、宽0.9、厚0.4厘米（图一四六，5）。M60：1-6，体呈扁长条形，断面呈平行四边形。长1.6、宽0.6、厚0.35厘米（图一四六，6）。M60：1-7，体呈扁长条形，断面呈平行四边形。长1.3、宽0.8、厚0.4厘米（图一四六，7）。

石块 1件。M60：2，河卵石，灰白色。扁椭圆体，断面亦呈椭圆形。长径2.1、短径1.9、厚0.8厘米（图一四六，8）。

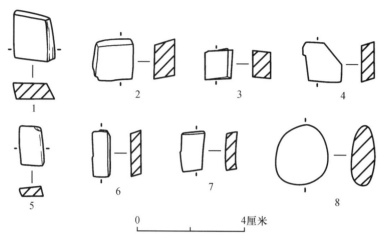

图一四六　M60出土石口琀与石块

1~7. 口琀（M60：1-1、M60：1-2、M60：1-3、M60：1-4、M60：1-5、M60：1-6、M60：1-7）　8. 石块（M60：2）

五二、M61

M61位于墓地东北区的中部偏西。

（一）墓葬形制

该墓为东西向长方形竖穴土坑墓，方向298°。墓口开于扰土层下，距现地表0.80米。墓口西高东低，平面近长方形，东西长2.52米，南北宽1.14~1.24米。墓壁光滑规整，上下垂直，墓底较平坦。墓底与墓口大小相同，墓深0.66~0.72米。

墓底中部有一个腰坑，平面呈长方形，直壁，平底。东西长0.42米，南北宽0.24米，深0.18米。腰坑内放有幼狗1只。

墓内填以红褐色为主的花土，略经夯打，土质较硬，夯窝与夯层不明显，内含较多小料姜石块。

值得注意的是，在接近墓底的四周填土中放置许多较大的河卵石块，用途不详。

（二）葬具与葬式

1. 葬具

墓内葬具腐朽严重，结构不明。从残存的灰白色和灰黑色木质痕迹可判断，葬具为单棺。

木棺位于墓底中部稍偏西北，平面近长方形，东西长1.92米，南北宽0.68~0.78米，壁板与挡板厚约0.04米，棺高与盖板、底板厚度不详。

2. 葬式

棺内葬有墓主1人，骨骼保存较差。墓主为侧身葬，头西足东，面向南，双手交叉置于腹部，左腿伸直，右腿弯曲。经初步鉴定，墓主为男性，年龄为50岁左右（图一四七；图版六，3）。

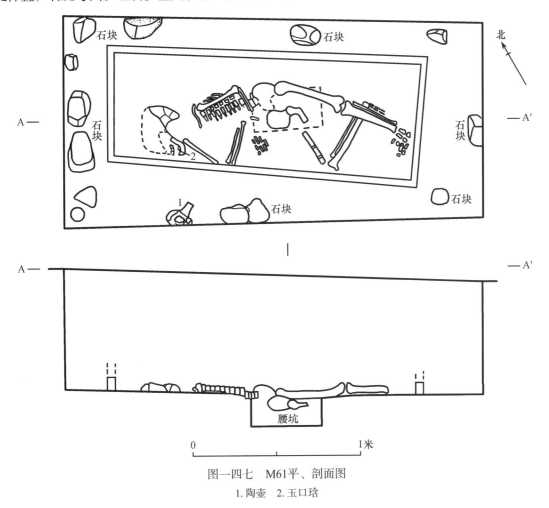

图一四七　M61平、剖面图
1. 陶壶　2. 玉口琀

（三）随葬器物

随葬器物分别放置于墓底和棺内。其中墓底西南部放置陶壶1件；棺内墓主口内放置玉口琀1件。

随葬器物共计2件。依质地可分为陶与玉两类。

1. 陶器

1件。为壶。M61：1，泥质灰褐陶。直口，细高领，斜肩，肩部两侧有对称的桥状半环形系，鼓腹，平底。颈部饰六周凹弦纹，下腹部饰模糊不清的粗绳纹。高22.4、口径5.2、腹径16.2、底径10.2厘米（图一四八，1；图版三五，4）。

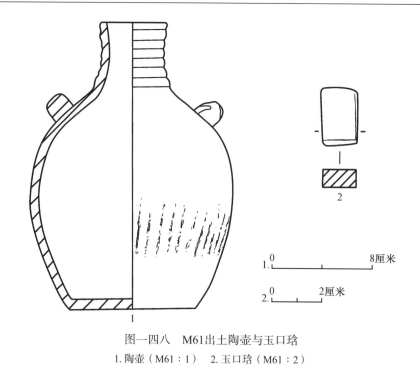

图一四八　M61出土陶壶与玉口琀

1. 陶壶（M61：1）　2. 玉口琀（M61：2）

2. 玉器

　　1件。为口琀。M61：2，青白玉，青白色，局部受沁有黄白斑。玉质较细腻，微透明。长方形扁平体，断面呈长方形。长2.3、宽1.5、厚0.65厘米（图一四八，2；彩版四二，2）。

五三、M62

　　M62位于墓地东北区的中部。

（一）墓葬形制

　　该墓为东西向长方形竖穴土坑墓，方向300°。墓口开于扰土层下，距现地表0.80米。墓口西部稍高，平面呈长方形，东西长2.30米，南北宽1.10～1.14米。墓底略大于墓口，墓壁较光滑，南壁陡直，北、东、西三壁自墓口向下斜直略外张，墓底中部较低，四周较高。墓底东西长2.36米，南北宽1.16～1.22米，墓深1.32～1.44米。

　　墓底四周有熟土二层台，其中北侧台宽0.04～0.16米，东侧台宽0.10～0.14米，南侧台宽0.02～0.10米，西侧台宽0.02～0.10米，台残高0.14米。

　　墓底中北部设有一腰坑，坑口平面呈长方形，直壁，平底。坑口东西长0.32米，南北宽0.22米，坑深0.14米。坑内放置幼狗1只。

　　墓内填以红褐色为主的花土，略经夯打，土质较硬，夯窝与夯层不明显，内含少量小河卵石块。

（二）葬具与葬式

1. 葬具

墓内葬具腐朽严重，结构不完全清楚。从残存的灰黑色木质朽痕判断，葬具为单椁。

木椁位于墓底中部，椁室四壁紧贴二层台内壁，平面呈长方形，东西长2.14米，南北宽1.02米，残高0.14米，椁板厚度不详。

2. 葬式

椁室底南部葬有墓主1人，骨骼保存较差。墓主为侧身屈肢葬，头西足东，面朝南，双手交叉置于腹部右侧。经初步鉴定，墓主为男性，年龄为55岁左右（图一四九）。

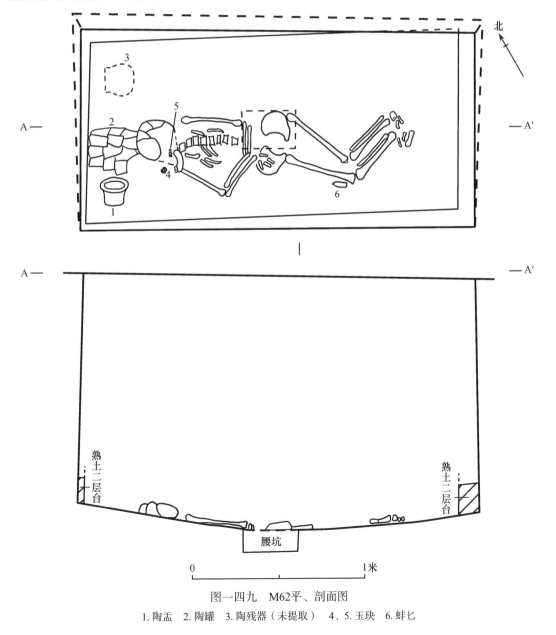

图一四九　M62平、剖面图

1.陶盂　2.陶罐　3.陶残器（未提取）　4、5.玉玦　6.蚌匕

（三）随葬器物

随葬器物均放置于椁室内。其中椁室西部放置陶盂1件、陶罐1件、陶残器1件（近泥质，未提取），东南部放置蚌匕1件，墓主头部两侧各放置玉玦1件。

随葬器物共计6件。依质地可分为陶、玉与蚌三类。

1. 陶器

3件。有罐、盂和残器三种。

罐　1件。M62：2，残甚，已修复。泥质灰陶。方唇，侈口，颈微束，折肩，弧腹向下内收，平底。高12.4、口径8.4、腹径13.4、底径7.4厘米（图一五○，1；图版三五，5）。

盂　1件。M62：1，泥质灰陶。制作粗糙。宽折沿上斜，圆唇，侈口，鼓肩略靠下，斜弧腹内收，平底。腹上部有一周抹痕，腹中部饰中绳纹。高8.7、口径14.6、腹径12.3、底径8.7厘米（图一五○，2；图版三五，6）。

残器　1件。M62：3，器型不详。泥质，未经烧制，无法提取。

2. 玉器

2件。均为玦。玉质、玉色及形制、大小相同。皆为青玉，豆青色。玉质细腻，微透明。均为圆形扁平体，一侧有缺口，断面呈长方形。素面（彩版四二，3）。M62：4，出土时断裂成2块。局部受沁有黄白斑。外径2.1、内径0.6、厚0.2厘米（图一五○，3）。M62：5，出土时已断裂成3块，且有残缺。局部受沁呈黄褐色或有黄白斑。外径2.1、内径0.6、厚0.2厘米（图一五○，4）。

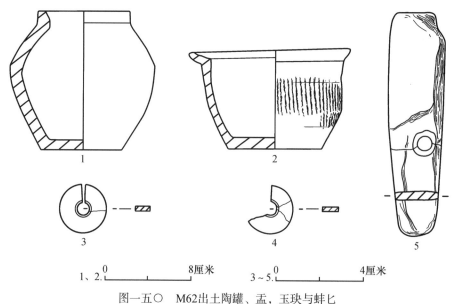

图一五○　M62出土陶罐、盂，玉玦与蚌匕

1.陶罐（M62：2）　2.陶盂（M62：1）　3、4.玉玦（M62：4、M62：5）　5.蚌匕（M62：6）

3. 蚌器

1件。为匕。M62:6，系蚌壳磨制而成。作扁平长条状，上端略宽，下端稍窄，中部偏一侧有一双面钻圆孔，断面近长方形。长9.8、宽2.5、厚0.4、穿孔径0.6厘米（图一五〇，5）。

五四、M63

M63位于墓地东北区的中部。

（一）墓葬形制

该墓为南北向长方形竖穴土坑墓，方向30°。墓口开于扰土层下，距现地表0.60米。墓口北宽南窄，平面略呈长方形，南北长3.50米，东西宽1.96～2.13米。墓底略大于墓口，墓壁修整较光滑，自墓口向下斜直外张，墓底平坦。墓底南北长3.60米，东西宽2.18～2.34米，墓深2.24米。

墓底四周有熟土二层台，其中北侧台宽0.24～0.26米，东侧台宽0.18～0.32米，南侧台宽0.32米，西侧台宽0.14～0.16米，台残高0.62米。

墓底中部设一腰坑，坑口平面呈长方形，直壁，平底。坑口南北长0.41米，东西宽0.27米，坑深0.24米。坑内放有零星小兽骨。

墓内填以红褐色为主的花土，上部填土较疏松，下部填土较硬，内含少量小料姜石块。

（二）葬具与葬式

1. 葬具

墓内葬具腐朽严重，结构不清。从残存的灰白色木质朽痕判断，葬具为单椁单棺。

木椁位于墓底中部，椁室四壁紧贴二层台内壁，平面呈长方形，南北长2.96～3.00米，东西宽1.78～1.82米，残高0.62米，壁板与挡板厚0.03～0.06米，盖板与底板厚度不详。

木棺位于椁室中部，平面近长方形，南北长2.10～2.17米，东西宽0.80～0.90米，残高0.08米，壁板与挡板厚0.04米，盖板与底板厚度不详。

2. 葬式

棺内葬有墓主1人，骨骼保存很差，部分骨骼已腐朽成粉末状。墓主为仰身直肢葬，头北足南，面朝西。经初步鉴定，墓主为女性，年龄为50岁左右（图一五一；图版六，4）。

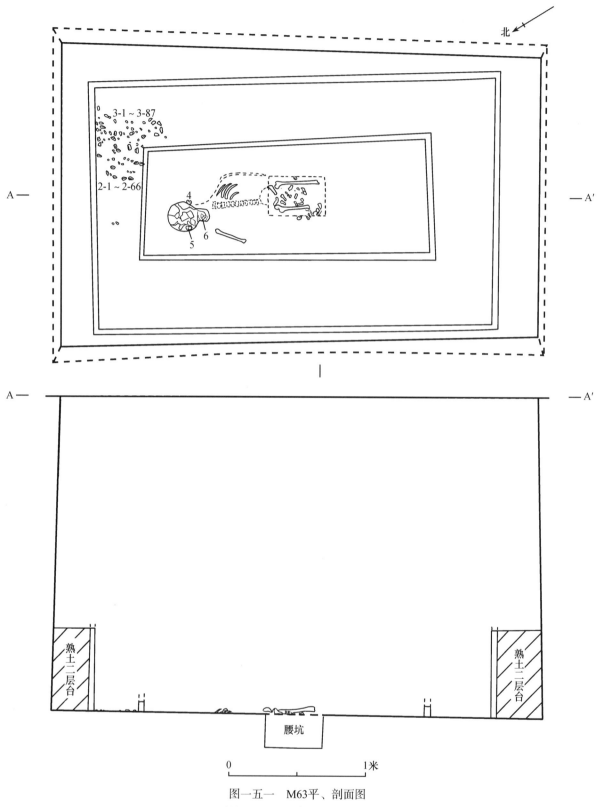

图一五一　M63平、剖面图

2-1～2-66.石贝　3-1～3-87.陶珠　4、5.玉玦　6.玉口琀

（三）随葬器物

随葬器物分别放置于椁室、棺盖板上和棺内。其中棺盖板上放置石戈1件（图一五二）；椁室东北部放置石贝66枚、陶珠87颗；棺内墓主头部两侧各放置玉玦1件，口内放置玉口琀2件。

随葬器物共158件（颗）。依质地可分为玉、陶和石三类。

1. 玉器

4件。有玦与口琀两种。

玦　2件。玉质、玉色及形状、大小基本相同。皆为白玉，乳白色，局部受沁有黄褐斑。玉质细腻，半透明。均为圆形扁平体，一侧有缺口，断面呈长方形。正面饰两周凹弦纹（彩版四二，4）。M63：4，外径2.2、内径0.65、厚0.3厘米（图一五三，1、2；彩版二八，2）。M63：5，外径2.2、内径0.65、厚0.35厘米（图一五三，3、4）。

口琀　2件。皆系旧玉之残器。M63：6-1，出土时已断裂为3块。青玉，冰青色，受沁处有黄白斑。玉质细腻，半透明。半圆环形扁平体，断面呈长方形。外径4.5、内径1.9、厚0.3厘米（图一五三，5；彩版四二，5）。M63：6-2，出土时已断裂5块，且有残缺。青白玉，青白色，局部受沁呈黄白或黑褐色。玉质细腻，微透明。马蹄形，正面微鼓，背面平齐，断面近长方形，背面上、下两端各有两个斜向小穿孔。表面饰两组凹弦纹。长3.8、宽2.5、厚0.3厘米（图一五三，6、7；彩版四二，6）。

2. 陶器

87颗。均为珠。形状基本相同，大小不一。均为泥质灰黑陶，菱形，两端较尖，中部有凸起的外轮，中间有一纵向贯穿孔，断面为圆形（图版三六，1）。标本M63：3-1，为最大者，体瘦长。长1.75、直径1.55厘米（图一五四，1）。标本M63：3-2，体较大，瘦长。长1.4、直径1.6厘米（图一五四，2）。标本M63：3-3，体较大，短胖。长1.4、直径1.5厘米（图一五四，3）。标本M63：3-4，体较小，短胖。长1.1、直径1.0厘米（图一五四，4）。标本M63：3-5，为最小者，短胖。长1.0、直径1.0厘米（图一五四，5）。

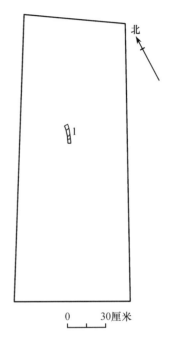

图一五二　M63棺盖板上随葬器物
平面图
1. 石戈

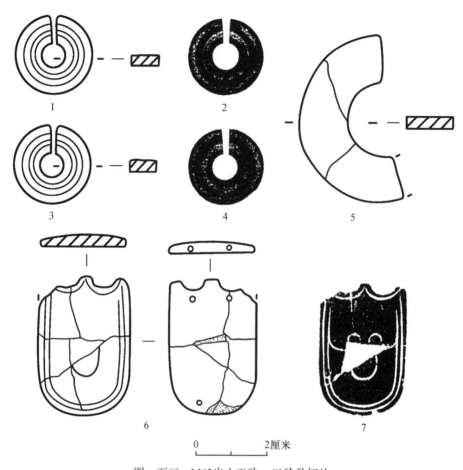

图一五三　M63出土玉玦、口琀及拓片

1、3.玦（M63：4、M63：5）　　2、4.玦（M63：4、M63：5）纹样拓片　5、6.口琀（M63：6-1、M63：6-2）
7.口琀（M63：6-2）正面纹样拓片

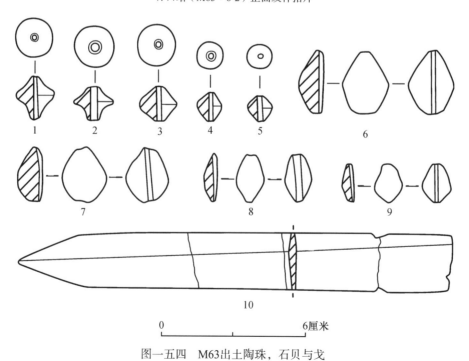

图一五四　M63出土陶珠，石贝与戈

1～5.陶珠（M63：3-1、M63：3-2、M63：3-3、M63：3-4、M63：3-5）　　6～9.石贝（M63：2-1、M63：2-2、M63：2-3、
M63：2-4）　10.石戈（M63：1）

3. 石器

67件。有戈与贝两种。

戈　1件。M63：1，出土时断为4块。青石质，青灰色。锋呈三角形，直援，有脊，援两侧有钝刃，近末端处两侧有缺，以示内部。近长方形内。通长18.1厘米，援长15.0、宽2.2厘米，内长3.1、宽2.3厘米，厚0.3厘米（图一五四，10；彩版四三，1）。

贝　66枚。石英岩或石灰岩质，呈白色或灰白色。形制相同，大小略有差异。上端尖，下端呈弧形，正面鼓起，背面平且中部纵向刻一道浅凹槽。标本M63：2-1，石英岩质，体最大。长2.5、宽1.8、厚1.0厘米（图一五四，6）。标本M63：2-2，石英岩质，体较大。长2.3、宽1.85、厚1.0厘米（图一五四，7）。标本M63：2-3，石英岩质，体较小。长1.9、宽1.1、厚0.55厘米（图一五四，8）。标本M63：2-4，石灰岩质，体最小。长1.5、宽1.2、厚0.5厘米（图一五四，9）。

五五、M64

M64位于墓地东北区的中部。

（一）墓葬形制

该墓为东西向长方形竖穴土坑墓，方向100°。墓口开于扰土层下，距现地表0.40米。墓口平面呈长方形，东西长2.16米，南北宽1米。墓底略大于墓口，墓壁修整较光滑，四壁自墓口向下斜直略外张，墓底平坦。墓底东西长2.30米，南北宽1.24米，墓深2.02米。

墓内填以红褐色为主的花土，土质较疏松，内含少量小料姜石块。

（二）葬具与葬式

1. 葬具

墓内葬具已腐朽成灰黑色木质痕迹，结构不明。从残存的木质朽痕可判断，葬具为单棺。

木棺位于墓底中部稍偏西，平面呈长方形，东西长1.90米，南北宽0.54米，棺高与棺板厚度不详。

2. 葬式

　　棺内葬有墓主1人，骨骼保存较好。墓主为仰身直肢葬，头东足西，面向北，双手交叉置于盆骨右侧。经初步鉴定，墓主为男性，年龄为30~35岁（图一五五）。

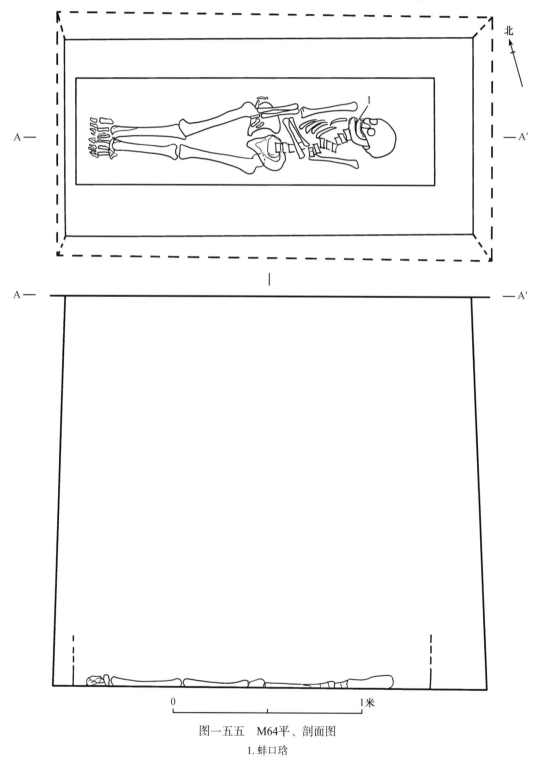

图一五五　M64平、剖面图

1. 蚌口琀

（三）随葬器物

随葬器物放置于棺内墓主口中，仅有蚌口琀1件。

口琀　1件。M64：1，系蚌器之残片。白色。因风化腐蚀严重，已成粉末，无法修复。

五六、M65

M65位于墓地东北区的中部。

（一）墓葬形制

该墓为南北向长方形竖穴土坑墓，方向20°。墓口开于扰土层下，距现地表0.65米。墓口平面呈长方形，南北长3.36米，东西宽2.00米。墓底略大于墓口，墓壁修整较光滑，四壁自墓口向下斜直稍外张，墓底平坦。墓底南北长3.70米，东西宽2.28～2.32米，墓深3.86米。

墓底四周有熟土二层台，其中北侧台宽0.14～0.18米，东侧台宽0.03～0.04米，南侧台宽0.12～0.16米，西侧台宽0.18～0.24米，台高0.94米。

墓底中部有一腰坑，坑口平面近圆形，圜底。坑口直径0.44米，坑深0.20米。

墓内填以红褐色为主的花土，土质较疏松，内含少量小料姜石块和小河卵石块。

（二）葬具与葬式

1. 葬具

墓内葬具腐朽严重，结构不明。从灰白色或灰黑色木质痕迹判断，葬具为单椁单棺。

木椁位于墓底中部略偏东，椁室四壁紧贴二层台内壁，平面近长方形，南北长3.32米，东西宽1.84～1.96米，高0.94米，椁板厚度不详。在椁室西中部放置石块4块，推测应为支撑椁壁板所用。

木棺位于椁室中部略偏西，平面呈长方形，南北长2.02米，东西宽0.94米，残高0.24米，壁板与挡板厚0.04米，盖板与底板厚度不详。

2. 葬式

棺内葬有墓主1人，骨骼保存较差。墓主为仰身直肢葬，头北足南。经初步鉴定，墓主为女性，年龄为40岁左右（图一五六；图版七，1）。

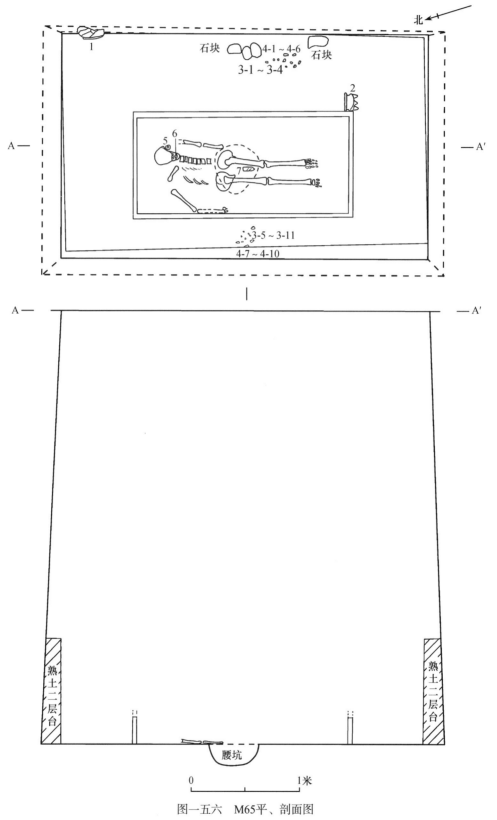

图一五六　M65平、剖面图

1.陶盂　2.陶鬲　3-1～3-11.陶珠　4-1～4-10.石贝　5.玉玦　6.玉口琀　7.石圭

（三）随葬器物

随葬器物分别放置于椁室和棺内。其中椁室东北角放置陶盂1件，东部放置陶鬲1件、陶珠4颗、石贝6枚，西部放置陶珠7颗和石贝4枚；棺内墓主头部东侧放置玉玦1件，口内放置玉口琀1件，两腿之间放置石圭1件。

随葬器物共26件（枚）。依质地可分为陶、玉和石三类。

1. 陶器

13件（枚）。有鬲、盂和珠三种。

鬲　1件。M65：2，夹砂灰褐陶。宽折沿微上斜，圆唇，侈口，短束颈，鼓腹，腹上部与三足相对处各有一个扉棱，瘪裆，空袋足，柱状足微外撇。口沿内外各饰一周凹弦纹，通体饰中绳纹。通高13.4、口径16.4、腹径15.4、腹深9.0厘米（图一五七，1；图版三六，2）。

盂　1件。M65：1，残存部分口沿及肩部。泥质灰陶。宽斜折沿，圆唇，侈口，圆肩微外鼓。口沿表面饰两周细凹弦纹，肩部饰一周瓦垅纹。残高11.0、残长24.6厘米（图一五七，2）。

珠　11颗。形状基本相同，大小不一。均为泥质灰黑陶。菱形，两端较尖，中部有凸起尖锐的外轮，中间有一竖向贯穿孔，断面为圆形。标本M65：3-1，为较大者，体瘦长。长1.7、直径1.3厘米（图一五七，3）。标本M65：3-2，为较小者，体短胖。长1.2、直径1.2厘米（图一五七，4）。

2. 玉器

2件。有玦与口琀两种。

玦　1件。M65：5，青白玉，青白色，局部受沁有黄白斑。玉质细腻，半透明。呈圆形扁

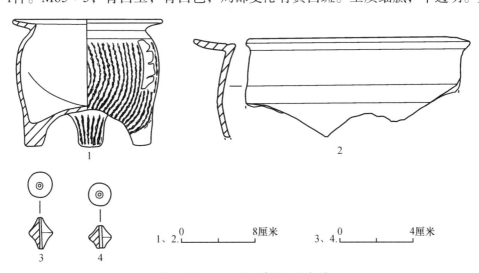

1、2 ⊢0————————8厘米　　3、4 ⊢0————————4厘米

图一五七　M65出土陶鬲、盂与珠

1.鬲（M65：2）　2.盂（M65：1）　3、4.珠（M65：3-1、M65：3-2）

平体，一侧有缺口，断面呈长方形。素面。外径3.4、内径1.0、厚0.3厘米（图一五八，1；彩版二八，3）。

口琀　1件。M65：6，出土时破裂为3块，且有残缺。青白玉，青白色。玉质细腻，半透明。作玦形，圆形扁平体，一侧有缺口，断面呈长方形。外径3.1、内径1.1、厚0.2厘米（图一五八，2）。

3. 石器

11件。有圭和贝两种。

圭　1件。M65：7，出土时已断裂为十数块，且上端残缺。青灰石，青灰色。器身呈扁长条状，上下基本等宽。正面微鼓，有脊，背面平。残长15.1、宽2.8、厚0.3厘米（图一五八，3）。

贝　10枚。石灰岩质，白色，因受沁表面较为粗糙。形制相同，大小略有差异。上端尖，下端呈弧形，正面鼓起，背面平且中部纵向刻一道浅凹槽。标本M65：4-1，为最大者。长2.6、宽1.9、厚0.8厘米（图一五八，4）。标本M65：4-2，体较大。长2.1、宽1.7、厚0.7厘米（图一五八，5）。标本M65：4-3，为最小者。长1.85、宽1.5、厚0.8厘米（图一五八，6）。

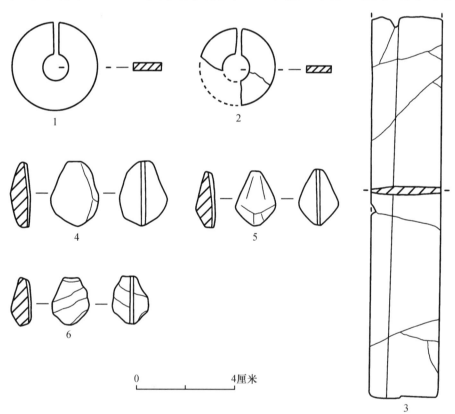

0　　　　　　　4厘米

图一五八　M65出土玉玦、口琀，石圭与贝

1. 玉玦（M65：5）　2. 玉口琀（M65：6）　3. 石圭（M65：7）　4~6. 石贝（M65：4-1、M65：4-2、M65：4-3）

五七、M66

M66位于墓地东北区的西部。

（一）墓葬形制

该墓为南北向长方形竖穴土坑墓，方向15°。墓口开于扰土层下，距现地表0.50米。墓口平面呈长方形，南北长3.80米，东西宽2.30米。墓壁加工规整，上下基本垂直，墓底平坦。墓底长、宽与墓口尺寸基本相同，墓深3.00米。

墓底四周有熟土二层台，其中北侧台宽0.24米，东侧台宽0.10米，南侧台宽0.22米，西侧台宽0.14米，台高0.52米。

墓内填以红褐色为主的花土，土质较硬，内含少量小料姜石块。

（二）葬具与葬式

1. 葬具

墓内葬具腐朽严重，结构不清。从灰白色或灰黑色木质朽痕判断，葬具应为单椁单棺。

木椁位于墓室中部，椁室四壁紧贴二层台内壁，平面近长方形。南北长3.32米，东西宽2.06～2.10米，残高0.48米，壁板与挡板厚0.04米，盖板与底板厚度不详。

木棺位于椁室中部，平面近长方形，南北长2.20米，东西宽0.90～0.94米，残高0.20米，壁板与挡板厚0.06米，盖板与底板厚度不详。

2. 葬式

棺内葬有墓主1人，骨骼保存很差。墓主为仰身直肢葬，头北足南。年龄和性别不详（图一五九；彩版七，1）。

（三）随葬器物

随葬器物分别出土于墓内填土中、椁室及内棺内。其中墓内填土中出土残铜戈1件、铜镞10件；椁室东南部放置铜鼎1件、铜簋2件、铜盘1件、铜盉1件，西部放置陶珠39颗、石贝58枚；棺内墓主头部放置玉玦2件。

随葬器物共计115件（枚）。依质地可分为铜、玉、陶和石四类。

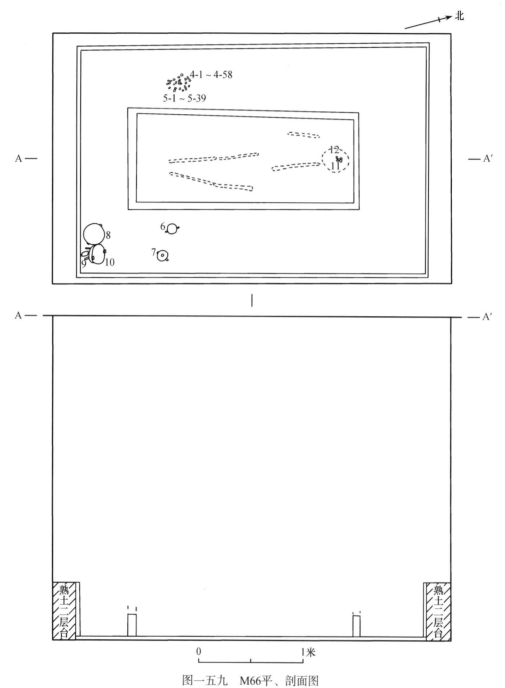

图一五九　M66平、剖面图

4-1~4-58.石贝　5-1~5-39.陶珠　6、7.铜簋　8.铜盘　9.铜盉　10.铜鼎　11、12.玉玦

1. 铜器

16件。有鼎、簋、盘、盉、戈、镞六种。

鼎　1件。M66：10，窄折沿上斜，方唇，口微敛，直立耳，鼓腹内收，腹较深，圜底，矮蹄足下部肥大，内侧有一竖向凹槽。通高14.8、口径16.4、腹径15.2、腹深7.0厘米（图一六○，1；图版二一，3）。

簋　2件。形制相同，大小略有差异。器型小，盖与器浑铸，制作极粗糙。顶部有圆形捉手，鼓腹，腹两侧有对称的半环形耳，无底中空，喇叭形圈足下附三矮支足。腹腔内有范土。M66：6，器底残。通高9.2、腹径12.8厘米（图一六〇，2；图版二一，4）。M66：7，一侧半环形耳略残，二支足残缺。通高8.0、腹径12.3厘米（图一六〇，3；图版二一，5）。

　　盘　1件。M66：8，窄折沿上斜，方唇，口微敞，附耳较直，弧腹较深，底近平，喇叭形圈足，下附三矮支足。通高9.6、口径18.5、腹深4.4、圈足径10.4厘米（图一六〇，4；图版二一，6）。

　　盉　1件。M66：9，出土时一支足残缺。整体浑铸，造型粗糙。整体呈椭圆扁鼓形，顶部有方锥形盖，一侧有扁体无孔实心流，曲而上扬，另一侧为斜三角形鋬手，无底中空，下有四简易蹄足。腹腔内有范土。通高10.1、通长12厘米，腹腔长径8.2、短径6.3、腔体厚3.4厘米（图一六〇，5；图版二二，3）。

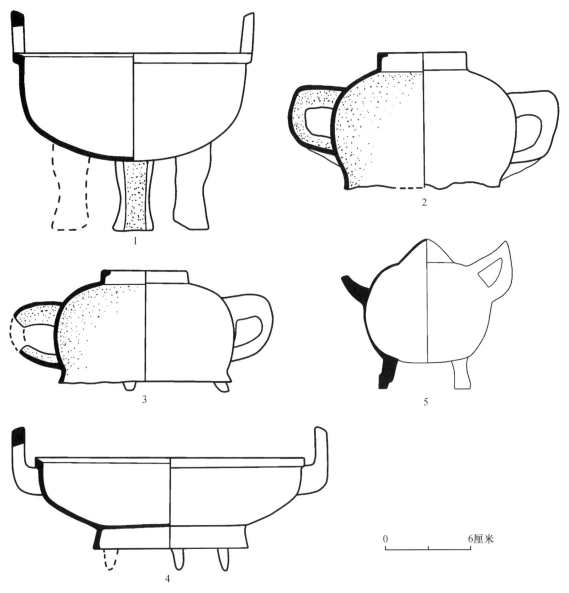

0　　　　　　6厘米

图一六〇　M66出土铜鼎、簋、盘与盉

1. 鼎（M66：10）　　2、3. 簋（M66：6、M66：7）　　4. 盘（M66：8）　　5. 盉（M66：9）

戈　1件。M66:1，残存内部。内呈长方形，中部有一梯形穿孔。长6.4、宽3.5、厚0.35厘米（图一六一，1）。

镞　10件。在填土中分两处放置，每处各5件。形制相同，长短不一。皆呈三棱锥形锋，圆柱形铤。标本M66:3-1，镞长10.8厘米，铤长7.4、直径0.4厘米（图一六〇，2；图版二二，2）。标本M66:2-1，铤外残存苇秆痕迹。镞长6.6厘米，铤长5.3、直径0.5厘米（图一六一，3；图版二二，1）。标本M66:2-2，镞长5.6厘米，铤长3.6、直径0.4厘米（图一六〇，4；图版二二，1）。标本M66:2-3，铤外残存苇秆痕迹。镞长5.2厘米，铤长3、直径0.3厘米（图一六一，5；图版二二，1）。

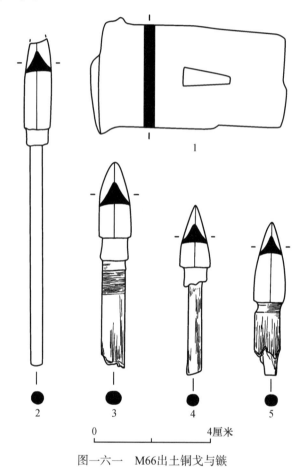

图一六一　M66出土铜戈与镞

1. 戈（M66:1）　2～5. 镞（M66:3-1、M66:2-1、M66:2-2、M66:2-3）

2. 玉器

2件。均为玦。玉质、玉色及形状、大小相同。皆为青玉，冰青色，大部受沁呈黄白色。均为圆形扁平体，一侧有缺口，断面呈长方形。素面（彩版四三，2）。M66:11，出土时已断裂成3块。外径2.55、内径0.8、厚0.4厘米（图一六二，1）。M66:12，出土时断裂成2块。外径2.55、内径0.8、厚0.4厘米（图一六二，2）。

3. 陶器

39颗。均为珠。形状基本相同，大小有别。皆为泥质灰黑陶，菱形，两端较尖，中部有凸起尖锐的外轮，中间有一细圆穿，断面为圆形。标本M66：5-1，较瘦长。长2、外轮直径1.25厘米（图一六二，3）。标本M66：5-2，较瘦长。长1.95、外轮直径1.2厘米（图一六二，4）。标本M66：5-3，较瘦长。长1.6、外轮直径1.0厘米（图一六二，5）。标本M66：5-4，较短胖。长1.65、外轮直径1.4厘米（图一六二，6）。

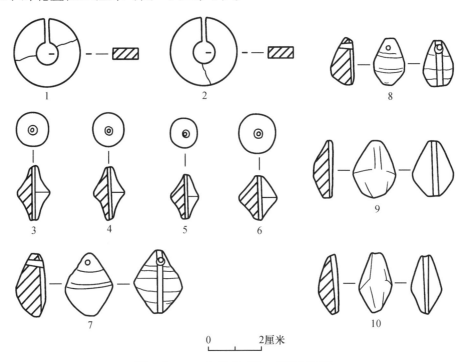

图一六二　M66出土玉玦，陶珠与石贝

1、2. 玉玦（M66：11、M66：12）　　3~6. 陶珠（M66：5-1、M66：5-2、M66：5-3、M66：5-4）　　7~10. 石贝（M66：4-1、M66：4-2、M66：4-3、M66：4-4）

4. 石器

58枚。均为贝。形制基本相同。石英岩质，白色。皆仿贝形，前端较尖，正面上鼓，背面有竖向凹槽，大多数尖部有圆形小穿孔。标本M66：4-1，体较大，尖部有圆形小穿孔。长2.3、宽1.7、厚1.1厘米（图一六二，7）。标本M66：4-2，体较小，尖部有圆形小穿孔。长1.7、宽1.2、厚0.9厘米（图一六二，8）。标本M66：4-3，体较大，尖部无穿孔。长2.1、宽1.6、厚0.7厘米（图一六二，9）。标本M66：4-4，体较大，尖部无穿孔。长2.2、宽1.2、厚0.7厘米（图一六二，10）。

五八、M67

M67位于墓地东北区的中部。

（一）墓葬形制

该墓为南北向长方形竖穴土坑墓，方向40°。墓口开于扰土层下，距现地表0.64米。墓口平面呈长方形，南北长3.70米，东西宽2.16～2.20米。墓底略大于墓口，墓壁加工较规整，四壁自墓口向下斜直外张，墓底平坦。墓底南北长3.96米，东西宽2.48～2.52米，墓深3.40米。

墓底四周有熟土二层台，其中北侧台宽0.29～0.40米，东侧台宽0.12～0.20米，南侧台宽0.30米，西侧台宽0.24～0.28米，台高0.84米。

墓内填以红褐色为主的花土，上部填土较疏松，下部填土略经夯打，较硬，夯层与夯窝不明显，内含少量小料姜石块和小河卵石块。

（二）葬具与葬式

1. 葬具

墓内葬具腐朽严重，结构不清。从灰白色木质朽痕判断，葬具为单椁重棺。

木椁位于墓底中部，椁室四壁紧贴二层台内壁，平面近长方形，南北长3.24～3.36米，东西宽2.00～2.12米，高0.84米，壁板与挡板厚0.04米，盖板与底板厚度不详。

外棺位于椁室中部，平面近长方形，南北长2.40米，东西宽1.12米，残高0.44米，壁板与挡板厚0.06米，盖板与底板厚度不详。

内棺位于外棺中部，平面近长方形，南北长2.14米，东西宽0.78～0.84米，残高0.20米，壁板与挡板厚0.04米，盖板与底板厚度不详。

2. 葬式

内棺内葬有墓主1人，骨骼保存较差。墓主为仰身直肢葬，头北足南，双手置于腹下部。经初步鉴定，墓主为成年女性（图一六三；彩版七，2）。

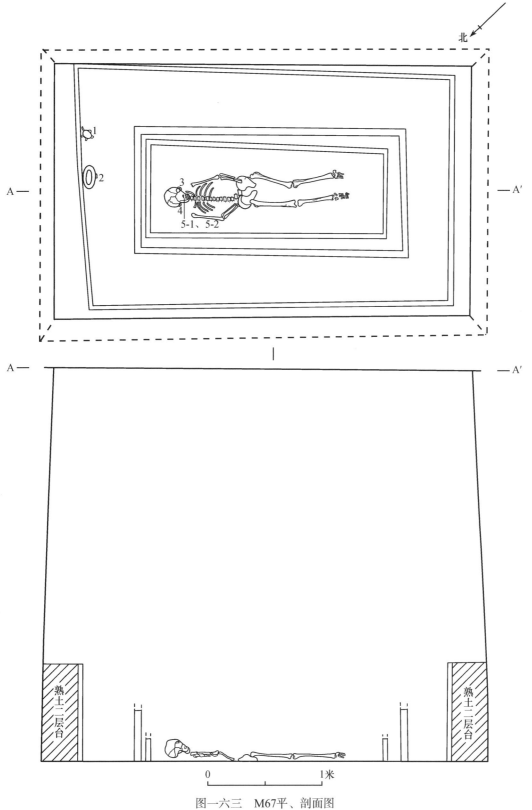

图一六三　M67平、剖面图

1. 铜盉　2. 铜盘　3、4. 玉玦　5-1、5-2. 玉口琀

（三）随葬器物

随葬器物分别放置于椁室和内棺内。其中椁室北部放置铜盘1件、铜盉1件；内棺内墓主头部两侧各放置玉玦1件，口内放置玉口琀2件。

随葬器物共计6件。依质地可分为铜和玉两类。

1. 铜器

2件。有盘与盉两种。

盘　1件。M67：2，窄折沿微上斜，方唇，敞口，立耳微外侈，浅弧腹内收，底近平，矮圈足下附三支足。素面。通高7.0、口径21.8、腹深2.4厘米（图一六四，1；图版二二，4）。

盉　1件。M67：1，出土时一支足残缺。器与盖浑铸，造型粗糙。整体呈椭圆扁鼓形，顶部有方锥形盖，一侧有扁体无孔实心流，曲而上扬，另一侧为斜三角形鋬，短束颈，无底中空，下有四简易蹄足。腹腔内有范土。通高10.1、通长14.2厘米，腹腔长径8.1、短径5.6、腔体厚3.3厘米（图一六四，2；图版二二，5）。

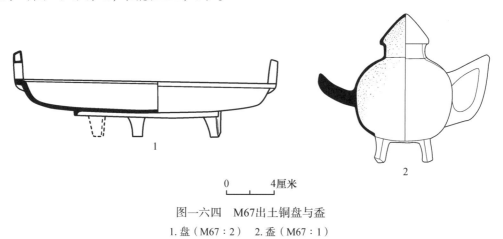

0　　　　4厘米

图一六四　M67出土铜盘与盉
1. 盘（M67：2）　2. 盉（M67：1）

2. 玉器

4件。有玦与口琀两种。

玦　2件。形制相同，大小各异。皆作圆形扁平体，一侧有缺口，断面呈长方形。素面（彩版四三，3）。M67：3，青玉，浅冰青色，受沁处有黄褐色斑点。玉质细腻，半透明。外径4.7、内径1.6、厚0.25厘米（图一六五，1；彩版二八，4）。M67：4，青玉，深冰青色，局部受沁处有黄褐斑。玉质细腻，微透明。外径4.2、内径1.4、厚0.3厘米（图一六五，2；彩版二八，5）。

口琀　2件。玉质、玉色相同，形状、大小不一。皆为青玉，深冰青色。玉质细腻，微透明（彩版四三，4）。M67：5-1，长扁平体，作曲尺形。上有折角，下为直边，断面呈长方形。长2.9、宽0.9、厚0.4厘米（图一六五，3）。M67：5-2，系旧玉之残器。近扇形，断面呈长方形。高1.0、残长3.4、宽0.7厘米（图一六五，4）。

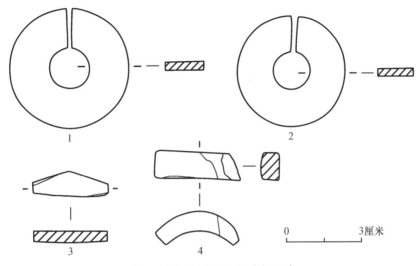

图一六五 M67出土玉玦与口琀

1、2. 玦（M67：3、M67：4） 3、4. 口琀（M67：5-1、M67：5-2）

五九、M68

M68位于墓地东北区的中部。

（一）墓葬形制

该墓为南北向长方形竖穴土坑墓，方向20°。墓口开于扰土层下，距现地表0.80米。墓口北宽南窄，平面近长方形，南北长3.44米，东西宽1.88～1.96米。墓底略大于墓口，墓壁修整较光滑，四壁自墓口向下斜直外张，墓底平坦。墓底南北长3.58米，东西宽1.96～2.04米，墓深2.94～3.04米。

墓底四周有熟土二层台，其中北侧台宽0.16～0.18米，东侧台宽0.08～0.10米，南侧台宽0.22～0.26米，西侧台宽0.12～0.16米，台高0.70～0.78米。

墓内填以红褐色为主的花土，略经夯打，土质较硬，夯层与夯窝不明显，内含少量小料姜石块和小河卵石块。

（二）葬具与葬式

1. 葬具

墓内葬具腐朽严重，结构不明。从残存的灰黑色木质朽痕可以判断，葬具为单椁单棺。

木椁位于墓底中部，椁室四壁紧贴二层台内壁。椁室北宽南窄，平面近长方形，南北长3.14～3.20米，东西宽1.70～1.94米，高0.70～0.78米，椁板厚度不详。

木棺位于椁室中部，平面呈长方形，南北长2.20米，东西宽0.74米，残高0.46米，壁板与挡板厚0.06米，盖板与底板厚度不详。

2. 葬式

棺内葬有墓主1人，骨骼保存很差，大部分骨骼已腐朽成黄褐色粉末，且被压成扁平状。仍可看出墓主为仰身直肢葬，头北足南。性别与年龄不详（图一六六；图版七，2）。

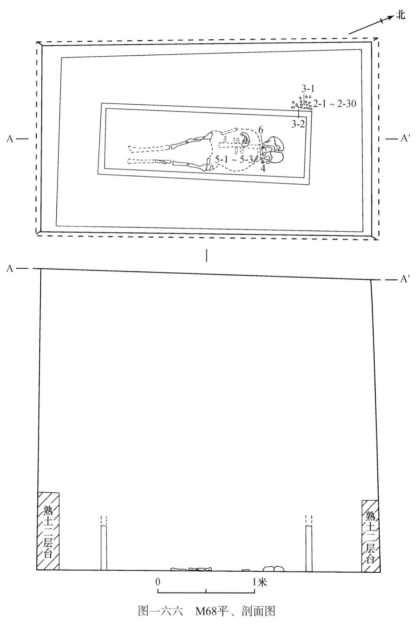

图一六六　M68平、剖面图

2-1~2-30. 石贝　3-1、3-2. 陶珠　4、6. 玉玦　5-1~5-3. 玉口琀

（三）随葬器物

随葬器物分别放置于椁室、棺盖板上和棺内。其中椁室西北部放置石贝30枚、陶珠2颗；棺盖板上放置石圭1件（图一六七）；棺内墓主头部两侧各放置玉玦1件，口内放置玉口琀3件。

随葬器物共38件（枚）。依质地可分为玉、陶和石三类。

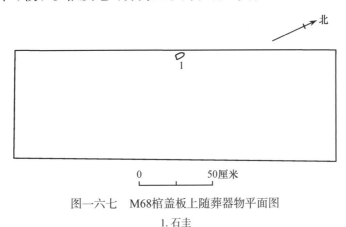

图一六七 M68棺盖板上随葬器物平面图
1. 石圭

1. 玉器

5件。有玦和口琀两种。

玦 2件。玉质、玉色及形制相同，大小略有差异。皆为青白玉，青白色，局部受沁有黄白斑。玉质细腻，半透明。均为圆形扁平体，一侧有缺口，断面呈长方形。素面（彩版四三，5）。M68：4，外径2.1、内径0.65、厚0.3厘米（图一六八，1）。M68：6，外径2.35、内径0.8、厚0.35厘米（图一六八，2）。

口琀 3件。均系旧玉之残器（彩版四四，1）。M68：5-1，青玉，深冰青色，局部受沁呈黄褐色。玉质细腻，微透明。似鱼尾形，断面近长方形。残长1.6、宽1.9、厚0.35厘米（图一六八，3）。M68：5-2，白玉，乳白色。玉质细腻，半透明。体呈不规则形，断面亦呈不规则形。残长2.1、宽1.9、厚0.65厘米（图一六八，4）。M68：5-3，白玉，乳白色。玉质细腻，半透明。体呈不规则形，断面近长方形。残长1.8、残宽1.9、厚0.6厘米（图一六八，5）。

2. 陶器

2枚。均为珠。形状基本相同，大小不一。皆为泥质灰黑陶。菱形，两端较尖，中部有凸起的尖锐外轮，中间有一纵向贯穿孔，断面为圆形。M68：3-1，较瘦长。长1.6、直径1.35厘米（图一六八，6）。M68：3-2，较短胖。长1.3、直径1.5厘米（图一六八，7）。

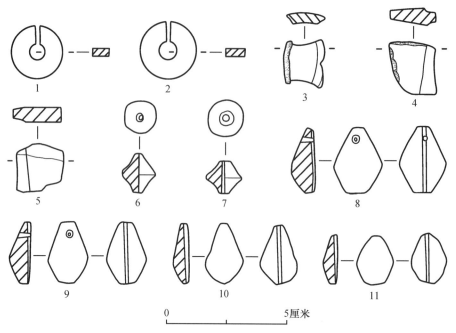

图一六八　M68出土玉玦、口琀，陶珠与石贝

1、2. 玉玦（M68：4、M68：6）　3～5. 玉口琀（M68：5-1、M68：5-2、M68：5-3）　6、7. 陶珠（M68：3-1、M68：3-2）
8～11. 石贝（M68：2-1、M68：2-2、M68：2-3、M68：2-4）

3. 石器

31件（枚）。有圭与贝两种。

圭　1件。M68：1，出土于棺盖板上。砂岩质，白色。风化侵蚀严重，已呈粉末状，无法修复。

贝　30枚。石质较细，白色。形制相同，大小略有差异。上端尖，下端呈弧形，正面鼓起，背面平且中部纵向刻一道浅凹槽，个别的在尖部钻有一小圆穿。标本M68：2-1，体较大，尖部钻有一小圆穿。长2.6、宽1.9、厚0.9厘米（图一六八，8）。标本M68：2-2，体较大，尖部钻有一小圆穿。长2.5、宽1.6、厚0.9厘米（图一六八，9）。标本M68：2-3，体较小。长2.5、宽1.55、厚0.6厘米（图一六八，10）。标本M68：2-4，体较小。长1.95、宽1.4、厚0.6厘米（图一六八，11）。

六〇、M69

M69位于墓地东北区的北部。

（一）墓葬形制

该墓为南北向长方形竖穴土坑墓，方向25°。墓口开于扰土层下，距现地表0.80米。墓口平面呈长方形，南北长2.48米，东西宽1.36米。墓壁光滑规整，上下垂直，墓底平坦。墓底长、宽与墓口尺寸相同，墓深1.58米。

墓底四周有熟土二层台，其中北侧台宽0.20米，东侧台宽0.18～0.22米，南侧台宽0.18米，西侧台宽0.16～0.22米，台残高0.32米。

墓内填以红褐色为主的花土，土质较硬，内含少量小料姜石块和小河卵石块。

（二）葬具与葬式

1. 葬具

墓内葬具腐朽严重，结构不清。从残存的灰白色木质朽痕判断，葬具为单椁单棺。

木椁位于墓底中部，椁室四壁紧贴二层台内壁，平面呈长方形，南北长2.10米，东西宽0.96～0.98米，残高0.32米，盖板、壁板和挡板均厚0.02米，底板厚0.04米。

木棺位于椁室中部，平面也呈长方形，南北长1.86米，东西宽0.68米，残高0.10米，壁板与挡板均厚0.04米，盖板和底板厚度不详。

2. 葬式

棺内葬有墓主1人，骨骼保存尚好。墓主为仰身直肢葬，头北足南，面向西，双手交叉置于腹右下部。经初步鉴定，墓主为女性，年龄为50岁左右（图一六九）。

（三）随葬器物

随葬器物均放置于棺内。其中墓主头上和头下各放置玉玦1件，口中放置玉口琀1件。

随葬器物共计3件。均为玉器，有玦与口琀两种。

玦　2件。玉质、玉色及形制相同，大小略有差异。皆为青玉，豆青色，局部受沁有黄白斑。玉质较细腻，半透明。均为圆形扁平体，一侧有缺口，断面呈长方形。素面（彩版四四，

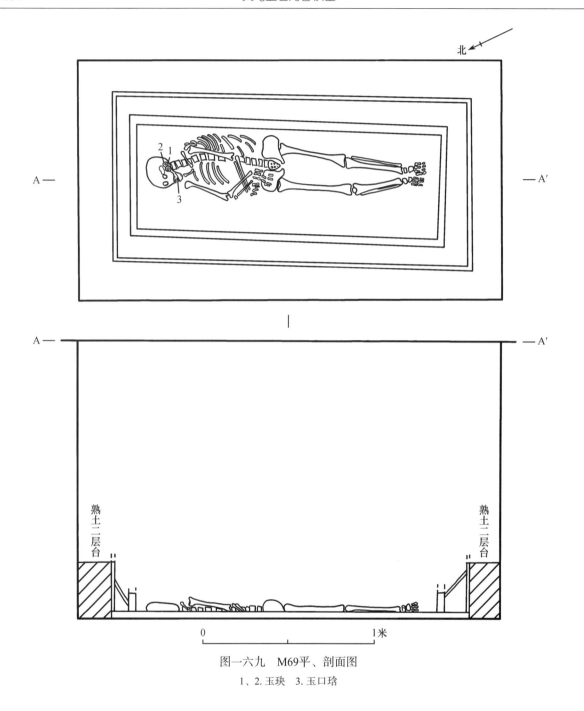

图一六九　M69平、剖面图
1、2.玉玦　3.玉口琀

2）。M69：1，外径2.3、内径0.8、厚0.3厘米（图一七〇，1）。M69：2，外径2.25、内径0.8、厚0.35厘米（图一七〇，2）。

　　口琀　1件。M69：3，出土时已断裂为3块，且略有残缺。青玉，豆青色，局部受沁有黄白斑。玉质较细腻，半透明。块形扁平体，一侧有缺口，断面呈长方形。外径2.8、内径0.9、厚0.4厘米（图一七〇，3）。

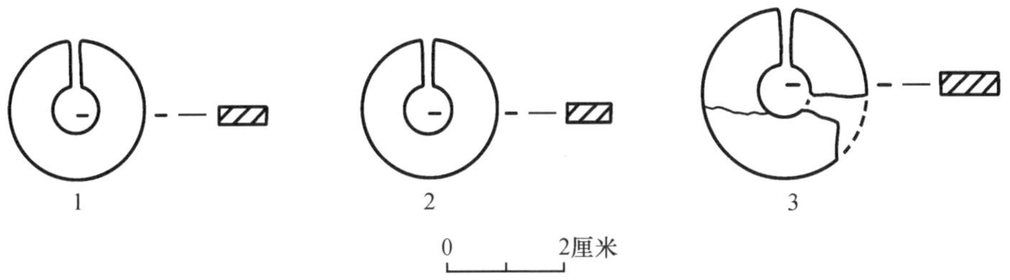

图一七〇 M69出土玉玦与口琀

1、2.玦（M69：1、M69：2） 3.口琀（M69：3）

六一、M70

M70位于墓地东北区的中部偏北。

（一）墓葬形制

该墓为东西向长方形竖穴土坑墓，方向285°。墓口开于扰土层下，距现地表0.75米。墓口西端略高，平面呈长方形，东西长2.30米，南北宽1.10米。墓壁较规整光滑，上下垂直，墓底平坦。墓底长、宽与墓口尺寸相同，墓深0.90～0.94米。

在西壁中部距墓底高1.14米处有一小壁龛，平面呈半圆形，口宽0.28米，进深0.22米，残高0.20米。

墓底四周有熟土二层台，其中北侧台宽0.14米，东侧台宽0.16米，南侧台宽0.14米，西侧台宽0.12米，台残高0.26米。

墓内填以红褐色为主的花土，土质较疏松，内含少量小料姜石块。

（二）葬具与葬式

1. 葬具

墓内葬具腐朽严重，结构不清。从残存的灰白色木质朽痕判断，葬具为单椁。

木椁位于墓底中部，椁室四壁紧贴二层台内壁，平面呈长方形，东西长2.00米，南北宽0.80～0.84米，残高0.26米，椁板厚度不详。

2. 葬式

椁室底中部葬有墓主1人，骨骼保存尚好。墓主为侧身屈肢葬，头西足东，面向南，双手交叉置于腹下部右侧。经初步鉴定，墓主为男性，年龄为40岁左右（图一七一；图版七，3）。

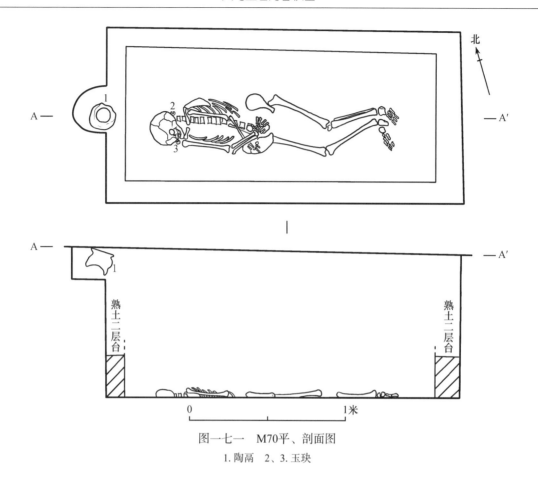

图一七一　M70平、剖面图
1.陶鬲　2、3.玉玦

（三）随葬器物

随葬器物分别放置于壁龛内和椁室内墓主头部两侧。其中壁龛内放置陶鬲1件；椁室内墓主头部两侧各放置玉玦1件。

随葬器物共计3件。依质地可分为陶和玉两类。

1. 陶器

1件。为鬲。M70：1，夹砂灰褐陶。宽折沿上斜，方唇，侈口，近口部较平，短束颈，鼓腹，断面近三角形，瘪裆较高，袋足中空，实足根微外撇。通体饰中绳纹，上下腹及袋足绳纹均有交错。通高11.7、口径14.2、腹径14.2、腹深8.6厘米（图一七二，1；图版三六，3）。

2. 玉器

2件。均为玦。玉质、玉色及形状、大小基本相同。皆为青玉，深豆青色，局部受沁有黄白斑。玉质细腻，微透明。均作圆形扁平体，正面微鼓，一侧有缺口，断面近长方形。素面（彩版四四，3）。M70：2，出土时已断裂成3块。外径2.0、内径0.7、厚0.3厘米（图一七二，2）。M70：3，出土时已断裂成3块。外径2.0、内径0.7、厚0.3厘米（图一七二，3）。

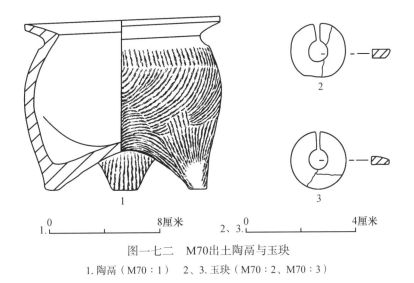

图一七二　M70出土陶鬲与玉玦
1.陶鬲（M70：1）　2、3.玉玦（M70：2、M70：3）

六二、M71

M71位于墓地东北区的中部偏北。

（一）墓葬形制

该墓为东西向长方形竖穴土坑墓，方向288°。墓口开于扰土层下，距现地表0.66米。墓口平面呈长方形，东西长2.28米，南北宽1.14米。墓壁光滑规整，上下垂直，墓底平坦。墓底长、宽与墓口尺寸相同，墓深1.46米。

墓内填以红褐色为主的花土，土质较疏松，内含少量小料姜石块和小河卵石块。

（二）葬具与葬式

1. 葬具

墓内葬具腐朽严重，结构不明。从残存的灰白色或灰黑色木质痕迹可知，葬具为单棺。

木棺位于墓底中部，东端略宽于西端，平面呈梯形，东西长1.86米，南北宽0.59～0.74米，残高0.24～0.30米，壁板与挡板厚0.04米，盖板与底板厚度不详。

2. 葬式

棺内葬有墓主1人，骨骼保存较好。墓主为仰身直肢葬，头西足东，双手交叉置于腹下部。经初步鉴定，墓主为女性，年龄为50岁左右（图一七三）。

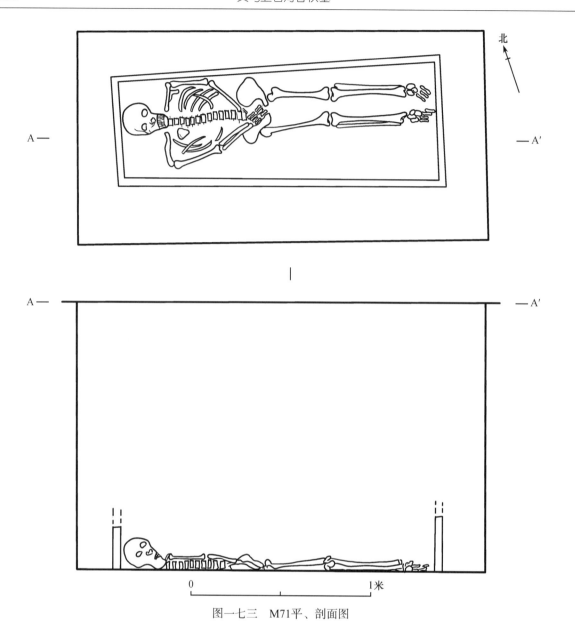

图一七三　M71平、剖面图

（三）随葬器物

无。

六三、M72

M72位于墓地东北区的北部。

（一）墓葬形制

该墓为南北向长方形竖穴土坑墓，方向18°。墓口开于扰土层下，距现地表0.80米。墓口平面近长方形，东西长2.30米，南北宽1.08～1.14米。墓壁加工较规整，上下垂直，墓底平坦。墓底长、宽与墓口尺寸相同，墓深1米。

墓底四周有较窄的熟土二层台，其中北侧台宽0.08米，东侧台宽0.06～0.08米，南侧台宽0.08米，西侧台宽0.04米，台残高0.06米。

墓内填以红褐色为主的花土，土质较疏松，内含少量小料姜石块和小河卵石块。

（二）葬具与葬式

1. 葬具

墓内葬具腐朽严重，结构不明。从残存的灰白色木质痕迹判断，葬具为单椁单棺。

木椁位于墓底中部，椁室四壁紧贴二层台内壁，平面近长方形，南北长2.14米，东西宽0.98～1.04米，残高0.06米，壁板与挡板厚0.04米，盖板与底板厚度不详。

木棺位于椁室中部，平面近长方形，南北长1.90米，东西宽0.78～0.84米，残高0.06米，壁板与挡板厚0.04米，盖板与底板厚度不详。

2. 葬式

棺内葬有墓主1人，骨骼保存尚好。墓主为仰身直肢葬，头北足南，面部略向西，双手交叉置于右侧盆骨上。经初步鉴定，墓主为男性，年龄为30～35岁（图一七四）。

（三）随葬器物

无。

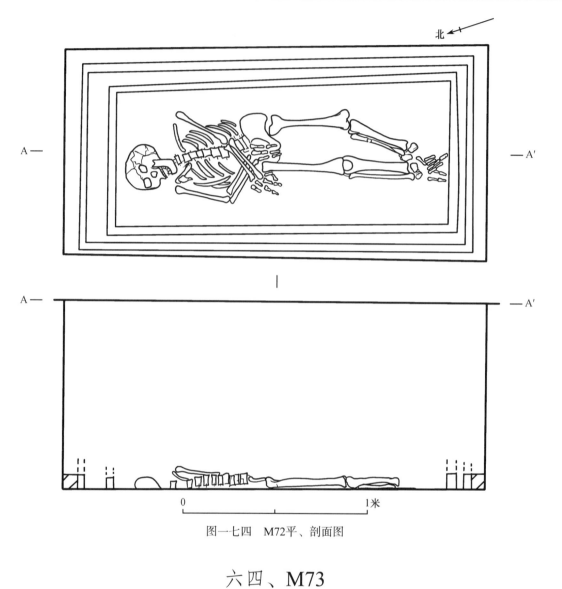

图一七四　M72平、剖面图

六四、M73

M73位于墓地东北区的北部。

（一）墓葬形制

该墓为东西向长方形竖穴土坑墓，方向290°。墓口开于扰土层下，距现地表0.75米。墓口平面呈长方形，东西长2.74米，南北宽1.48～1.53米。墓壁光滑规整，上下垂直，墓底平坦。墓底长、宽与墓口尺寸相同，墓深0.96米。

墓内填以红褐色为主的花土，土质较疏松，内含少量小料姜石块。

（二）葬具与葬式

1. 葬具

墓内葬具腐朽严重，结构不清。从灰白色木质朽痕判断，葬具为单棺。

木棺位于墓底中部偏西，西端稍宽，东端略窄，平面呈梯形，东西长2.40米，南北宽0.90~1.00米，残高0.12米，壁板与挡板厚0.06米，盖板与底板厚度不详。

2. 葬式

棺内葬有墓主1人，骨骼保存一般。墓主为仰身屈肢葬，头西足东，面向南，双手交叉置于腹下部，双腿微屈。经初步鉴定，墓主年龄为45岁左右，性别不详（图一七五；图版七，4）。

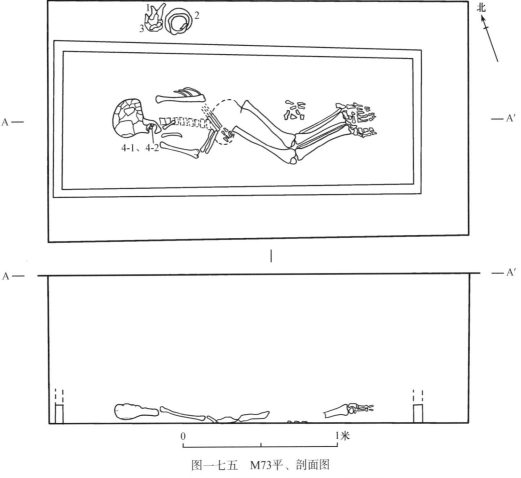

图一七五　M73平、剖面图

1.陶鬲　2.陶盂　3.陶罐　4-1.玉口琀　4-2.玛瑙口琀

（三）随葬器物

随葬器物分别放置于墓底西北部和棺内。其中墓底西北部放置陶鬲1件、陶盂1件、陶罐1件；棺内墓主口中放置玉口琀和玛瑙口琀各1件。

随葬器物共计5件。依质地可分为陶、玉和玛瑙三类。

1. 陶器

3件。有鬲、罐与盂三种。

鬲　1件。M73：1，出土时残甚，已修复。夹砂灰褐陶。宽折沿上斜，尖圆唇，侈口，近口部较平，短束颈，鼓腹，瘪裆较高，空袋足，实足根微外撇。口沿内外各饰一周凹弦纹，通体饰中绳纹。通高11.6、口径11.2、腹径13.4、腹深7厘米（图一七六，1；图版三六，4）。

罐　1件。M73：3，泥质灰陶。宽卷沿外侈，圆唇，侈口，束颈，折肩，弧腹内收，平底。高11.2、口径11.8、腹径12、底径7.8厘米（图一七六，2；图版三六，5）。

盂　1件。M73：2，泥质灰陶。宽折沿上斜，圆唇，侈口，折肩，斜弧腹内收，平底。素面。高9.6、口径14.6、腹径14.4、底径7.2厘米（图一七六，3；图版三六，6）。

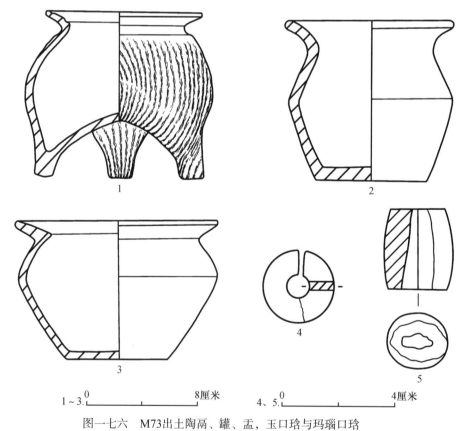

图一七六　M73出土陶鬲、罐、盂，玉口琀与玛瑙口琀

1.陶鬲（M73：1）　2.陶罐（M73：3）　3.陶盂（M73：2）　4.玉口琀（M73：4-1）　5.玛瑙口琀（M73：4-2）

2. 玉器

1件。为口琀。M73：4-1，出土时已断裂为2块。青白玉，青白色，全部受沁呈黄白色或黄褐色。玉质较粗糙，不透明。玦形扁平体，一侧有缺口，断面呈长方形。外径2.5、内径0.8、厚0.3厘米（图一七六，4；彩版四四，4）。

3. 玛瑙器

1件。为口琀。M73：4-2，残破，已黏合。玛瑙质，红色。整体作上细下粗的短圆管状，断面呈椭圆形。长2.9厘米，上端面长径1.9、短径1.7厘米，下端面长径2.2、短径1.9厘米，孔径1.0厘米×0.5厘米（图一七六，5；彩版四四，5）。

六五、M74

M74位于墓地东北区的中部。

（一）墓葬形制

该墓为南北向长方形竖穴土坑墓，方向13°。墓口开于扰土层下，距现地表0.50米。墓口平面呈长方形，南北长3.62米，东西宽2.16米。墓底大于墓口，墓壁修整较光滑，自墓口向下斜直外张，墓底平坦。墓底南北长3.92米，东西宽2.46~2.52米，墓深3.32~3.36米。

墓底四周有熟土二层台，其中北侧台宽0.08~0.24米，东侧台宽0.20米，南侧台宽0.22~0.34米，西侧台宽0.14~0.32米，台高0.82米。

墓底中部偏东设有一腰坑，坑口平面呈长方形，直壁，平底。坑口南北长0.32米，东西宽0.24米，坑深0.20米。坑内放有少量小兽骨。

墓内填以红褐色为主的五花土，略经夯打，较硬，夯窝与夯层不明显，内含少量小料姜石块。

（二）葬具与葬式

1. 葬具

墓内葬具腐朽严重，结构不清。从残存的灰白色木质朽痕判断，葬具为单椁重棺。

木椁位于墓底中部，椁室四壁紧贴二层台内壁，平面近长方形，南北长3.42~3.58米，东西宽1.96~2.14米，高0.82米，椁板厚度不详。

外棺位于椁室底中部，平面近长方形，南北长2.71米，东西宽1.34～1.40米，残高0.44米，壁板与挡板厚0.06米，盖板与底板厚度不详。

内棺位于外棺中部略偏西，平面近长方形，南北长2.06～2.10米，东西宽0.72～0.80米，残高0.32米，壁板与挡板厚约0.04～0.06米，盖板与底板厚度不详。

2. 葬式

内棺内葬有墓主1人，骨骼保存尚好。墓主为仰身直肢葬，头北足南，面朝东，双手交叉置于腹下部。经初步鉴定，墓主为男性，年龄为47岁左右（图一七七；图版八，1）。

（三）随葬器物

随葬器物分别放置于外棺盖板上、椁室和内棺内。其中外棺盖板上放置石匕1件、石圭1件（图一七八）；椁室北部放置陶鬲1件、石贝82枚、陶珠170颗，椁室西部零星放置石贝5枚；内棺内墓主口中放置玉口琀6件。

随葬器物共266件（颗）。依质地可分为陶、玉和石三类。

1. 陶器

171件（颗）。有鬲和珠两种。

鬲　1件。M74：5，夹砂灰褐陶。宽折沿微上斜，斜方唇，侈口，短束颈，鼓腹，腹上部与三足相对处各有一个扉棱，瘪裆较高，袋足中空，实足根微外撇。口沿内外各饰一周凹弦纹，通体饰粗绳纹。通高10.2、口径15.4、腹径13.6、腹深6.6厘米（图一七九，1；图版三七，1）。

珠　170颗。形状基本相同，大小不一。均为泥质灰黑陶。菱形，两端较尖，中部有凸起的尖锐外轮，中间有一纵向穿孔，断面为圆形。标本M74：4-1，体形瘦长。长1.8、直径1.9厘米（图一七九，2）。标本M74：4-2，体形短胖。长1.5、直径1.55厘米（图一七九，3）。标本M74：4-3，体较小。长1.3、直径1.1厘米（图一七九，4）。标本M74：4-4，体较小。长1.1、直径1.2厘米（图一七九，5）。

2. 玉器

6件。均为口琀。均系旧玉之残器。形状、大小不一。M74：6-1，青玉，全部受沁呈棕褐色。玉质细腻，微透明。体呈弧形，断面近长方形。长3.4、宽0.8、厚0.4厘米（图一七九，6）。M74：6-2，青玉，全部受沁呈棕褐色和黄白色。玉质细腻，微透明。体呈三角形，断面亦呈三角形。高1.3、底边宽2.55、厚0.2厘米（图一七九，7）。M74：6-3，青玉，全部受沁呈棕褐色。玉质细腻，微透明。体呈长方形，断面亦呈长方形。长1.3、宽1.1、厚0.15厘米

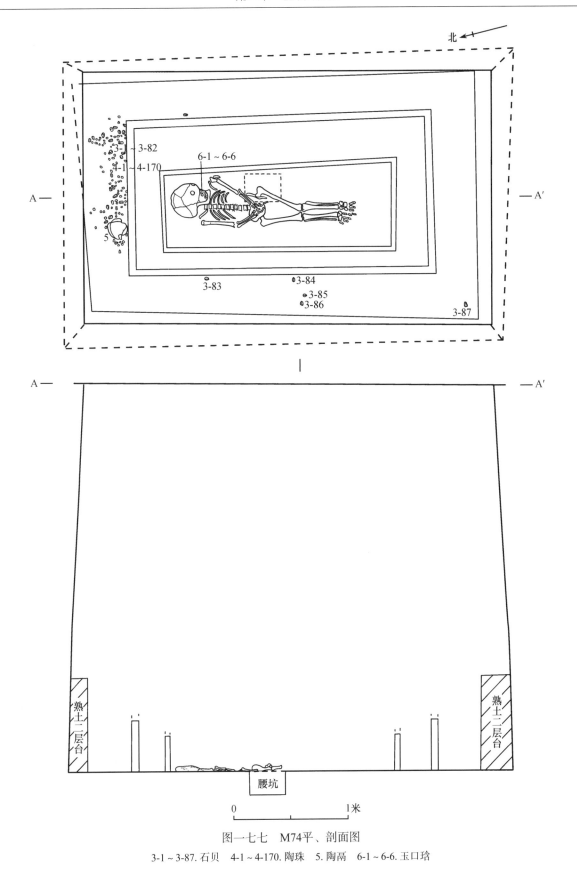

图一七七 M74平、剖面图

3-1～3-87.石贝 4-1～4-170.陶珠 5.陶鬲 6-1～6-6.玉口琀

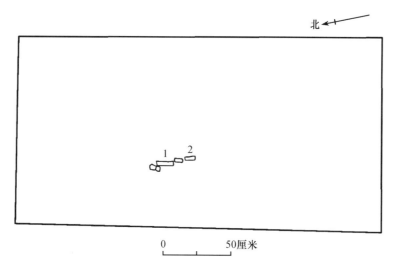

图一七八　M74外棺盖板上随葬器物平面图
1.石匕　2.石圭

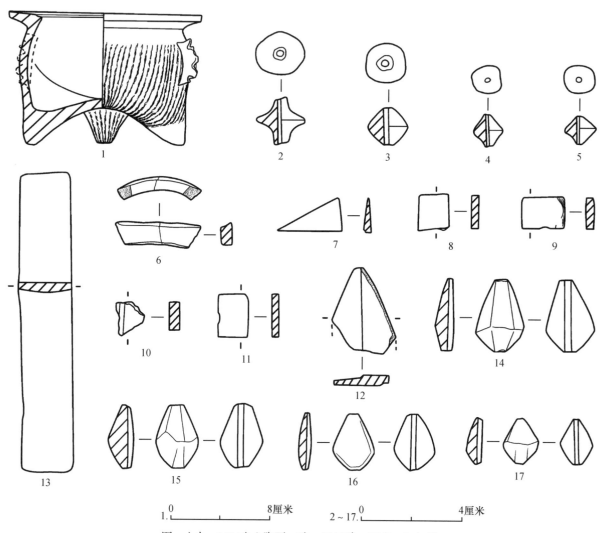

图一七九　M74出土陶鬲、珠，玉口琀，石圭、匕与贝

1.陶鬲（M74：5）　2~5.陶珠（M74：4-1、M74：4-2、M74：4-3、M74：4-4）　6~11.玉口琀（M74：6-1、M74：6-2、M74：6-3、M74：6-4、M74：6-5、M74：6-6）　12.石圭（M74：2）　13.石匕（M74：1）　14~17.石贝（M74：3-1、M74：3-3、M74：3-2、M74：3-4）

（图一七九，8）。M74：6-4，青玉，深冰青色。玉质细腻，微透明。体呈长方形，断面呈长方形。长1.6、宽1.1、厚0.2厘米（图一七九，9）。M74：6-5，青白玉，青白色，局部受沁有黄褐斑。玉质细腻，微透明。体呈不规则形，断面呈长方形。长1.2、宽1.0、厚0.4厘米（图一七九，10）。M74：6-6，白玉，乳白色，局部受沁有黄褐斑。玉质细腻，微透明。体近正方形，断面呈长方形。长0.6、宽0.5、厚0.4厘米（图一七九，11）。

3. 石器

89件（枚）。有匕、圭与贝三种。

匕 1件。M74：1，出土时断裂为2块。石英岩质，白色。整体作扁长条状，上下等宽，正面微鼓，背面平。长11.6、宽2.0、厚0.4厘米（图一七九，13；彩版三一，3）。

圭 1件。M74：2，仅存锋部。青石质，青灰色。残长3.3、宽2.5、厚0.4厘米（图一七九，12）。

贝 87枚。石英岩质，白色。形制相同，大小略有差异。上端有尖，上部正中有一单钻小孔，下端呈弧形，正面鼓起，背面平且中部纵向刻一道浅凹槽（彩版四四，6）。标本M74：3-1，为最大者。长2.8、宽1.9、厚0.7厘米（图一七九，14）。标本M74：3-2，体较大。长2.4、宽1.7、厚1.0厘米（图一七九，16）。标本M74：3-3，体较小。长2.2、宽1.6、厚0.5厘米（图一七九，15）。标本M74：3-4，为最小者。长1.7、宽1.3、厚0.6厘米（图一七九，17）。

六六、M75

M75位于墓地东北区的中部。

（一）墓葬形制

该墓为南北向长方形竖穴土坑墓，方向26°。墓口开于扰土层下，距现地表0.40米。墓口平面呈长方形，南北长2.50米，东西宽1.32米。墓底略大于墓口，墓壁修整较光滑，东、南两壁上下垂直，北、西两壁向下斜直稍外张，墓底平坦。墓底南北长2.58米，东西宽1.36～1.39米。墓深1.84～1.88米。

墓底四周有熟土二层台，其中北侧台宽0.04米，东侧台宽0.08～0.16米，南侧台宽0.14米，西侧台宽0.10～0.14米，台残高0.48米。

墓内填以红褐色为主的花土，土质较疏松，内含少量小料姜石块。

（二）葬具与葬式

1. 葬具

墓内葬具腐朽严重，结构不明。从残存的灰白色木质痕迹可判断，葬具为单椁单棺。

木椁位于墓底中部，椁室四壁紧贴二层台内壁，平面呈长方形，南北长2.40米，东西宽1.12米，残高0.48米，椁板厚度不详。

木棺位于椁室中部略偏北，平面呈长方形，南北长1.96米，东西宽0.62～0.64米，残高0.26米，壁板与挡板厚0.03～0.05米，盖板与底板厚度不详。

2. 葬式

棺内葬有墓主1人，骨骼保存较差。墓主为仰身直肢葬，头北足南，双臂及肋骨已腐朽成粉末状。经初步鉴定，墓主为女性，年龄为35岁左右（图一八〇；图版八，2）。

（三）随葬器物

随葬器物分别放置于椁室和棺内。其中椁室西北角放置陶鬲1件；棺内墓主腹部放置石圭1件。

随葬器物共计2件。依质地可分为陶和石两类。

1. 陶器

1件。为鬲。M75：1，出土时残甚，已修复。夹砂灰陶。宽折沿微上斜，短束颈，腹部略鼓，腹上部与三足相对处各有一个扉棱，瘪裆，空袋足，实足根微内收。口沿内外各饰一周凹弦纹，通体饰粗绳纹。通高10.2、口径15.1、腹径13.0、腹深7.0厘米（图一八一，1；图版三七，2）。

2. 石器

1件。为圭。M75：2，出土时已断裂为4块。青石质，青灰色。器身作扁长条状，上下基本等宽。上端有等腰三角形锋，正面略鼓，两侧边与锋边有薄刃，器身下部正中有一单面钻圆穿。高18.1、宽2.4、厚0.3厘米（图一八一，2；彩版三一，4）。

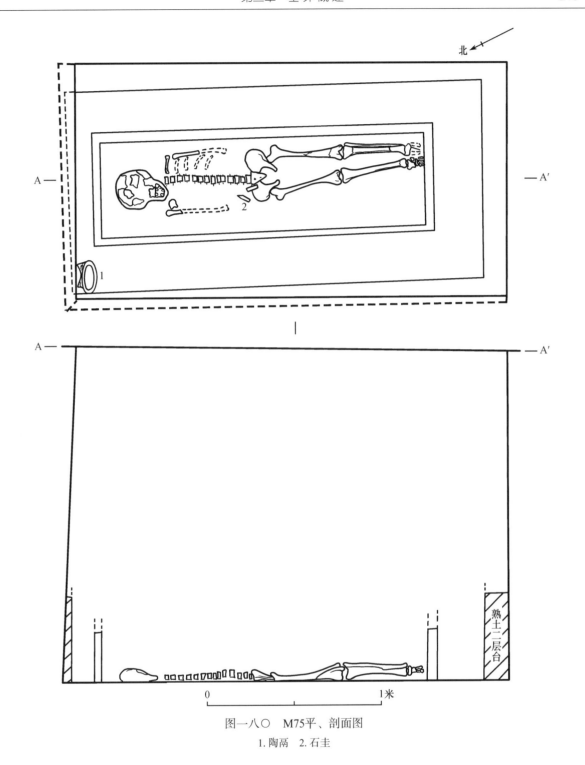

图一八〇 M75平、剖面图
1.陶鬲 2.石圭

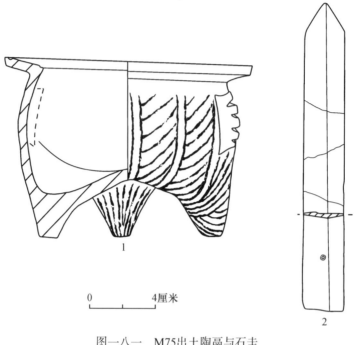

图一八一　M75出土陶鬲与石圭
1.陶鬲（M75：1）　2.石圭（M75：2）

六七、M76

M76位于墓地东北区的中部。

（一）墓葬形制

该墓为东西向长方形竖穴土坑墓，方向110°。墓口开于扰土层下，距现地表0.72米。墓口东端略宽，平面近长方形，东西长2.50米，南北宽1.08～1.14米。墓壁较规整光滑，上下垂直，墓底平坦。墓底长、宽与墓口尺寸相同，墓深1.90米。

墓底四周有熟土二层台，其中北侧台宽0.08～0.12米，东侧台宽0.30米，南侧台宽0.20米，西侧台宽0.10米，台残高0.36米。

墓内填以红褐色为主的花土，土质较疏松，内含少量小料姜石块。

（二）葬具与葬式

1. 葬具

墓内葬具腐朽严重，结构不清。从残存的灰白色木质朽痕判断，葬具为单椁。

木椁位于墓底中部偏北，椁室四壁紧贴二层台内壁，平面呈长方形，东西长2.10米，南北宽0.78米，残高0.36米，椁板厚度不详。在椁室外东北角、西北角和南中部的二层台上发现有许多较大的河卵石块，应为固定椁壁板或挡板所用。

2. 葬式

椁室底中部葬有墓主1人，骨骼保存较好。墓主为仰身屈肢葬，头东足西，面向南，双手交叉置于腹下部。经初步鉴定，墓主为女性，年龄为55岁左右（图一八二；图版八，3）。

（三）随葬器物

随葬器物分别放置于墓内二层台上及椁室内墓主头部附近。其中墓内东南角二层台上放置陶鬲1件，东北角二层台上放置陶盂1件、陶罐1件；椁室内墓主头部两侧各放置玉玦1件。

随葬器物共计5件。依质地可分为陶和玉两类。

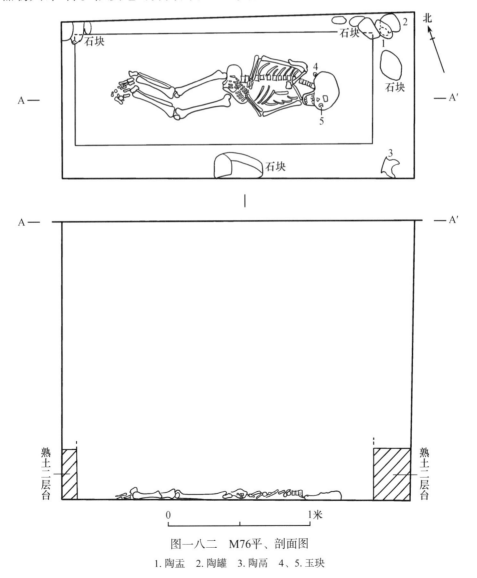

图一八二 M76平、剖面图

1.陶盂 2.陶罐 3.陶鬲 4、5.玉玦

1. 陶器

3件。有鬲、罐和盂三种。

鬲　1件。M76：3，夹砂灰褐陶。宽折沿上斜，圆唇，侈口，短束颈，鼓腹，断面作三角形，平裆，袋足中空，柱状足较粗，足根微外撇。通体饰粗绳纹，腹上部有一周抹痕。通高12.2、口径14.2、腹径14.6、腹深8.4厘米（图一八三，1；彩版二三，1；图版三七，4）。

罐　1件。M76：2，夹砂灰褐陶。卷沿上斜，尖圆唇，侈口，短束颈，鼓肩，斜弧腹内收，平底。高11.4、口径9.2、腹径11.0、底径7.6厘米（图一八三，2；图版三七，3）。

盂　1件。M76：1，泥质灰陶。口沿微卷，圆唇，侈口，鼓肩，斜弧腹内收，平底。通体饰模糊不清的中绳纹，底部饰中绳纹。高11.3、口径17.9、腹径16.0、底径8.8厘米（图一八三，3、4；彩版二三，3；图版三七，5）。

2. 玉器

2件。均为玦。玉质、玉色及形状、大小基本相同。皆为青玉，深豆青色，局部受沁有黄白斑。均为圆形扁平体，一侧有缺口，断面呈长方形。素面（彩版四五，1）。M76：4，出土时已断裂为2块。外径2.7、内径0.9、厚0.25厘米（图一八三，5）。M76：5，出土时已断裂为2块。外径2.7、内径0.9、厚0.3厘米（图一八三，6）。

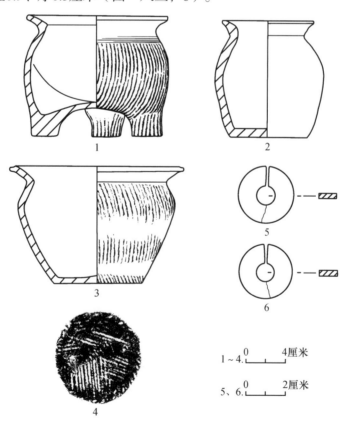

1 2 3 4 5 6

1~4. ⊢—0——4厘米

5、6. ⊢—0——2厘米

图一八三　M76出土陶鬲、罐、盂与玉玦及拓片

1. 陶鬲（M76：3）　2. 陶罐（M76：2）　3. 陶盂（M76：1）　4. 陶盂（M76：1）底部纹样拓片　5、6. 玉玦（M76：4、M76：5）

六八、M77

M77位于墓地东北区的中部。

（一）墓葬形制

该墓为南北向长方形竖穴土坑墓，方向12°。墓口开于扰土层下，距现地表0.80米。墓口北窄南宽，平面近长方形，南北长3.90米，东西宽2.52～2.68米。墓底略大于墓口，墓壁自墓口向下斜直外张。在西壁距墓口深2.44米处留有一级生土台阶，台阶宽0.14～0.28米。墓壁加工较规整，墓底平坦。墓底南北长3.88米，东西宽2.44～2.56米，墓深3.90米。

墓底的北、东、西三面有熟土二层台，南面则留有生土二层台。其中北侧台宽0.24米，东侧台宽0.24～0.30米，南侧台宽0.09～0.12米，西侧台宽0.18米，台高0.86米。

墓内填以红褐色为主的花土，略经夯打，较硬，夯窝与夯层不明显，内含少量小料姜石块。

（二）葬具与葬式

1. 葬具

墓内葬具腐朽严重，结构不清。从灰白色和灰黑色木质朽痕判断，葬具为单椁重棺。

木椁位于墓底中部，椁室四壁紧贴二层台内壁。木椁北端稍宽，平面近长方形，南北长3.64米，东西宽2.00～2.10米，高0.86米，壁板与挡板厚0.04米，盖板与底板厚度不详。在椁室南端发现有许多较大的河卵石块，应为固定椁挡板所用。

外棺位于椁室中部，北端略宽，平面近长方形，南北长2.46～2.58米，东西宽1～1.04米，残高0.62米，壁板与挡板厚约0.04米，底板厚约0.02米，盖板厚度不详。

内棺位于外棺中部偏东，平面亦近长方形，南北长1.98米，东西宽0.62～0.68米，残高0.18米，壁板与挡板厚约0.02米，盖板与底板厚度不详。

2. 葬式

内棺内葬有墓主1人，部分骨骼较散乱。墓主为仰身直肢葬，头北足南，面朝东，双手交叉置于腹部右侧。经初步鉴定，墓主为男性，年龄为50～55岁（图一八四；彩版八，1）。

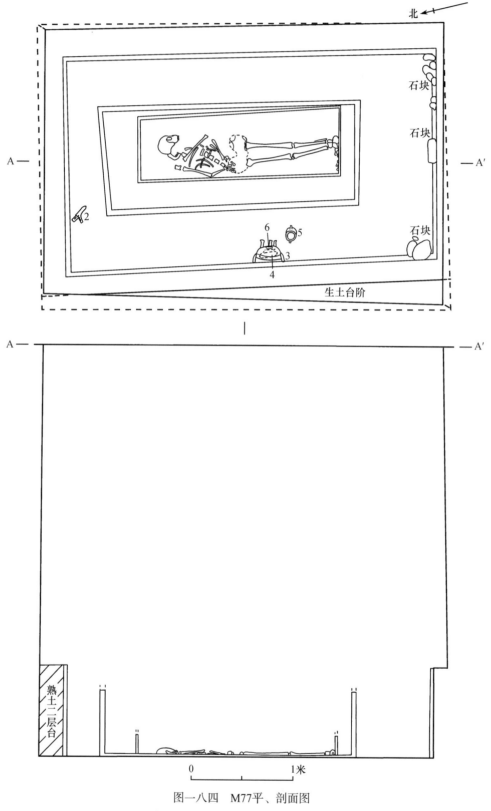

图一八四　M77平、剖面图

2. 铜戈　3. 铜鼎　4. 铜盘　5. 铜簋　6. 铜盉

（三）随葬器物

随葬器物分别放置于外棺盖板上和椁室内。其中外棺盖板上放置石戈1件（图一八五）；椁室西北部放置铜戈1件，西部放置铜鼎1件、铜簋1件、铜盘1件、铜盉1件。

随葬器物共计6件。依质地可分为铜和石两类。

1. 铜器

5件。有鼎、簋、盘、盉、戈五种。

鼎 1件。M77：3，出土时因受压变形严重。窄折沿上斜，斜方唇，口微敛，附耳微外撇，深鼓腹，圜底，三矮蹄足。腹部饰一周S形无目窃曲纹。通高21.4、口径28.8、腹径24.0、腹深11.9厘米（图一八六；图版二二，6）。

簋 1件。M77：5，器型小，器、盖浑铸，制作极粗糙。顶部有圆形捉手，鼓腹，腹两侧有对称的斜三角形耳，无底，中空，喇叭形圈足，下附三矮支足。腹腔内残留范土。盖缘饰一周无珠重环纹。通高10.6、腹径12.4、圈足径10.8厘米（图一八七，1、2；图版二三，2）。

盘 1件。M77：4，窄折沿上斜，斜方唇，敞口，立耳微内收，浅弧腹，平底，喇叭形矮圈足，下附三矮支足。腹部饰一周无珠重环纹。通高10.2、口径20.2、腹深2.9、圈足径13.6厘米（图一八七，3、4；图版二三，1）。

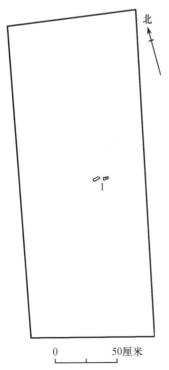

图一八五 M77外棺盖板上随葬器物平面图
1.石戈

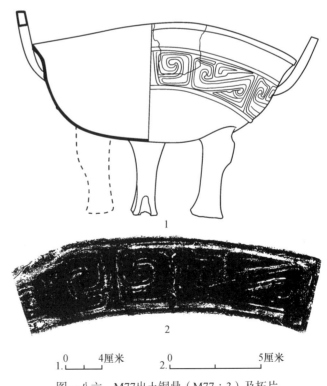

图一八六 M77出土铜鼎（M77：3）及拓片
1.鼎 2.腹部纹样拓片

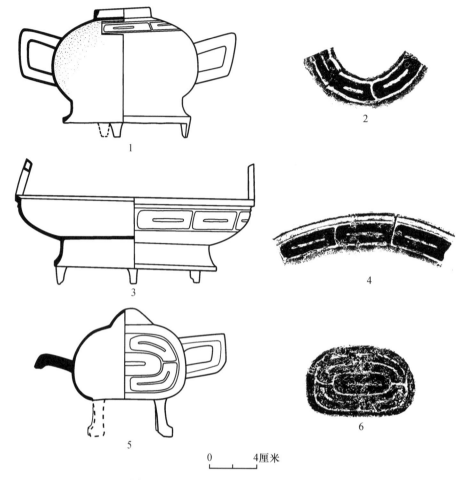

图一八七　M77出土铜簋、盘、盉及拓片

1.簋（M77：5）　2.簋（M77：5）盖缘纹样拓片　3.盘（M77：4）　4.盘（M77：4）腹部纹样拓片　5.盉（M77：6）

6.盉（M77：6）腹部纹样拓片

盉　1件。M77：6，整体浑铸，造型粗糙。整体呈椭圆扁鼓形，顶部有方锥形盖，一侧有无孔实心状流，流口向下弯曲，另一侧为斜三角形鋬，无底，中空，下有四简易蹄足。腹腔内有范土。腹部正、背面各饰一周无珠重环纹。通高10.4、通长16.2厘米，腹腔长径9.6、短径5.8、腔体厚3.6厘米（图一八七，5、6；图版二三，3）。

戈　1件。M77：2，锋呈等腰三角形，锐利，直援，上下边有锐刃，内、援之间有凸棱形阑，胡较长，阑侧有三个长条形穿和一个圆形穿。近长方形直内，中部有一横条形穿孔。内部正、背面饰变体龙纹。通长19.9厘米，援长13.2、宽3.2厘米，内长6.6、宽3.1厘米，厚0.35厘米（图一八八；彩版二〇，6；图版二三，4）。

2. 石器

1件。为戈。M77：1，出土时已断裂为4块。青石质，青灰色。锋呈等腰三角形，直援，援两侧有钝刃，长方形直内略窄于援，援本中部有一单面钻圆穿。通长12.0厘米，援长10.8、宽1.8厘米，内长1.2、宽1.6厘米，厚0.4厘米（图一八九；彩版四五，2）。

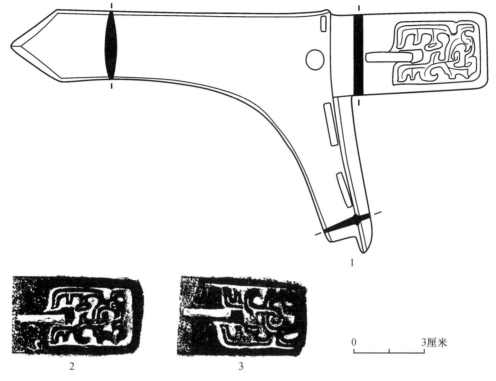

图一八八　M77出土铜戈（M77：2）及拓片
1. 戈　2. 内部正面纹样拓片　3. 内部背面纹样拓片

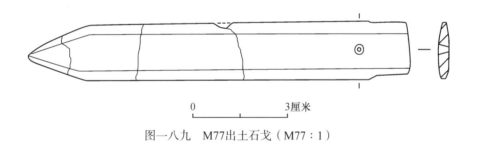

图一八九　M77出土石戈（M77：1）

六九、M78

M78位于墓地东北区的中部。

（一）墓葬形制

该墓为南北向长方形竖穴土坑墓，方向196°。墓口开于扰土层下，距现地表0.48米。墓口平面呈长方形，南北长2.30米，东西宽0.92米。墓壁修整光滑，上下垂直，墓底平坦。墓底长、宽与墓口尺寸相同，墓深0.44米。

墓内填以红褐色为主的花土，土质较硬，内含少量小料姜石块。

（二）葬具与葬式

1. 葬具

墓内葬具已腐朽成灰白色和灰黑色木质朽痕，结构不明。依其痕迹可判断，葬具为单棺。

木棺位于墓底中部，平面呈长方形，南北长1.97米，东西宽0.66～0.74米，残高0.12米，壁板与挡板厚0.04米，盖板与底板厚度不详。

2. 葬式

棺内葬有墓主1人，骨骼保存尚好。墓主为仰身直肢葬，头南足北，面向东。经初步鉴定，墓主为男性，年龄为35岁左右（图一九〇；图版八，4）。

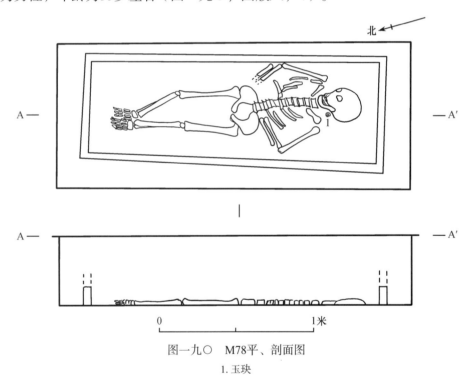

图一九〇　M78平、剖面图

1. 玉玦

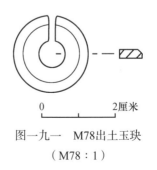

图一九一　M78出土玉玦

（M78：1）

（三）随葬器物

随葬器物放置于棺内，仅在墓主头部左侧放置玉玦1件。

玉玦　1件。M78：1，青白玉，青白色，局部受沁呈黄褐色或有黄白斑。玉质细腻，半透明。体作扁圆形，正面略鼓，背面平，一侧有缺口，断面呈五边形。素面。外径1.95、内径0.7、厚0.2厘米（图一九一；彩版四五，3）。

七〇、M79

M79位于墓地东北区的中部。

（一）墓葬形制

该墓为东西向长方形竖穴土坑墓，方向113°。墓口开于扰土层下，距现地表0.60米。墓口平面近长方形，东西长2.43米，南北宽1.20~1.30米。墓壁较光滑规整，上下垂直，墓底平坦。墓底长、宽与墓口尺寸相同，墓深0.96~1.04米。

墓底中北部设有一腰坑，坑口平面呈长方形，直壁，平底。坑口东西长0.34米，南北宽0.22米，坑深0.14米。坑内放有零星小兽骨。

墓内填以红褐色花土，土质较疏松，内含少量小料姜石块。

（二）葬具与葬式

1. 葬具

墓内葬具腐朽严重，结构不明。依灰白色木质朽痕可判断，葬具为单棺。

木棺位于墓底中部偏北，平面呈长方形，东西长2.02米，南北宽0.66~0.72米，残高0.12米，壁板与挡板厚0.04米，盖板与底板厚度不详。

2. 葬式

棺内葬有墓主1人，骨骼保存较好。墓主为仰身屈肢葬，头东足西，面向南，双手交叉置于腹下部左侧。经初步鉴定，墓主为男性，年龄为34岁左右（图一九二）。

（三）随葬器物

随葬器物均放置于棺内。其中墓主盆骨上放置石刀1件，墓主口中放置蚌口琀1件。

随葬器物共2件。依质地可分为石与蚌两类。

1. 石器

1件。为刀。M79：1，出土时已断裂为2块，锋部及末端一角略残。青石质，青灰色。正面微鼓，背面近平，斜尖锋，刀背微凹，锋与边部有钝刃，末端中部有一单面钻圆穿。残长10.1、中部宽1.98、厚0.6厘米（图一九三；彩版四五，4）。

2. 蚌器

1件。为口琀。标本M79：2，系蚌器之残片，风化残损严重，已呈粉末状。

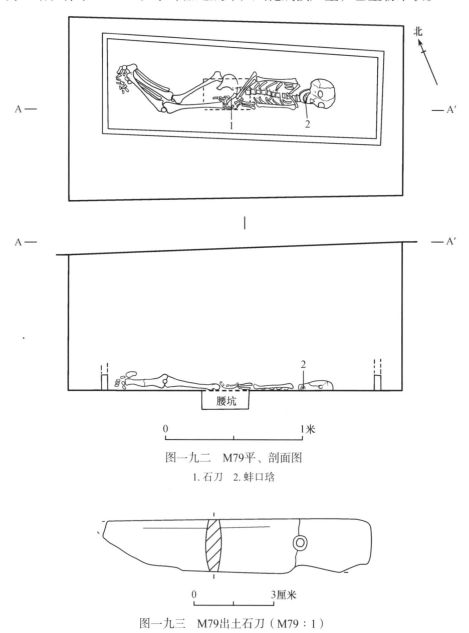

图一九二　M79平、剖面图

1.石刀　2.蚌口琀

图一九三　M79出土石刀（M79：1）

七一、M80

M80位于墓地东北区的中部。

（一）墓葬形制

该墓为东西向长方形竖穴土坑墓，方向285°。墓口开于扰土层下，距现地表0.50米。墓口平面呈长方形，东西长2.74米，南北宽1.28米。墓壁光滑规整，上下垂直，墓底平坦。墓底长、宽与墓口尺寸相同，墓深1.52米。

在墓底中部有一腰坑，坑口平面呈椭圆形，直壁，平底。坑口东西长0.50米，南北宽0.34米，坑深0.14米。坑内放置小动物1只。

墓内填以红褐色为主的花土，土质较疏松，内含少量小料姜石块。

（二）葬具与葬式

1. 葬具

墓内葬具腐朽严重，结构不明。依灰白色和灰黑色木质朽痕可判断，葬具为单棺。

木棺位于墓底中部略偏北，平面呈长方形，东西长2.30米，南北宽0.94～1.02米，残高0.08米，壁板与挡板厚0.04米，盖板与底板厚度不详。

2. 葬式

棺内葬有墓主1人，骨骼保存较好。墓主为仰身直肢葬，头西足东，面向上，双手交叉置于腹下部左侧。经初步鉴定，墓主为女性，年龄为40岁左右（图一九四）。

（三）随葬器物

随葬器物放置于棺内墓主胸部，仅有蚌圭1件。

蚌圭　1件。M80：1，略残。系蚌壳磨制而成。体呈扁长条状，上端斜刹且稍窄，下端略宽，两侧有钝刃，断面近梭形。长12.8、宽3.0、厚0.4厘米（图一九五；彩版五○，2）。

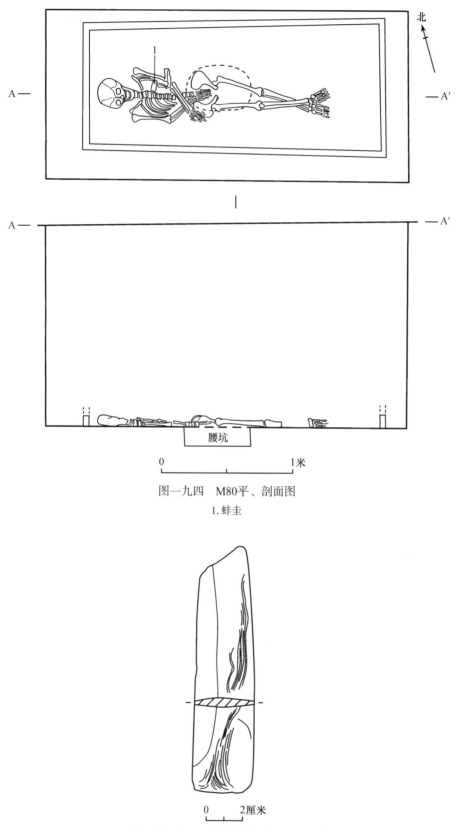

图一九四　M80平、剖面图
1. 蚌圭

图一九五　M80出土蚌圭（M80∶1）

七二、M81

M81位于墓地东北区的南部。该墓西南角被一现代椭圆形活土坑打破，坑口长0.90米，宽0.80米，坑深1.84米。

（一）墓葬形制

该墓为东西向长方形竖穴土坑墓，方向110°。墓口开于扰土层下，距现地表0.70米。墓口平面呈长方形，东西长2.54米，南北宽1.50米。墓壁较光滑规整，上下垂直，墓底平坦。墓底长、宽与墓口尺寸相同，墓深1.56米。

墓底中部有一腰坑，坑口平面呈长方形，直壁，平底。坑口东西长0.50米，南北宽0.30米，坑深0.20米。坑内放置有少量的细小兽骨。

墓内填以红褐色为主的花土，土质较疏松，内含少量小料姜石块。

（二）葬具与葬式

1. 葬具

墓内葬具腐朽严重，结构不清。从残存的灰白色和灰黑色木质朽痕判断，葬具为单棺。

木棺位于墓底中部，西南角被现代活土坑打破。木棺平面近长方形，东西长2.22米，南北宽1.00～1.06米，残高0.34米，壁板与挡板厚0.04米，盖板与底板厚度不详。

2. 葬式

棺内葬有墓主1人，骨骼保存尚好，足部被一现代活土坑打破。墓主为侧身直肢葬，头东足西，面向北，左臂弯曲置于腹部。经初步鉴定，墓主为男性，年龄为50岁左右（图一九六）。

（三）随葬器物

随葬器物放置于棺室内墓主口中，仅有蚌口琀1件。

蚌口琀　1件。M81：1，出土时风化残损较甚。蚌质，白色。片状，整体呈不规则形。长1.4、宽1.0、厚0.05厘米（图一九七）。

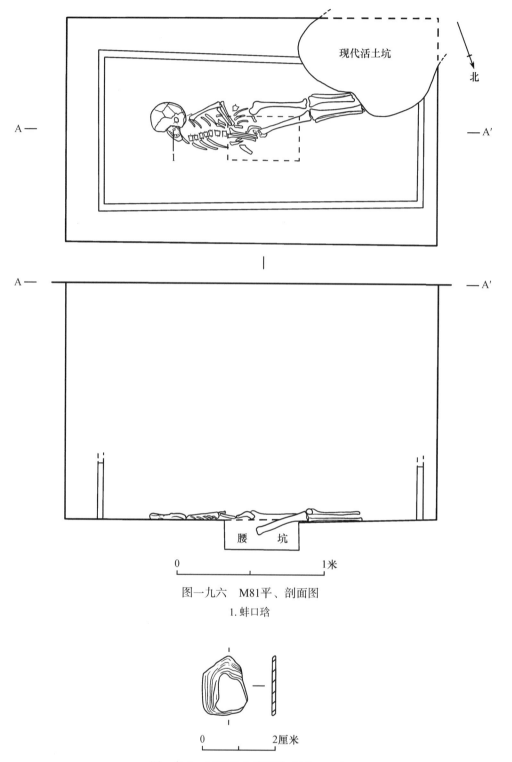

图一九六　M81平、剖面图
1.蚌口琀

图一九七　M81出土蚌口琀（M81：1）

七三、M82

M82位于墓地东北区的西南部。

（一）墓葬形制

该墓为南北向长方形竖穴土坑墓，方向18°。墓口开于扰土层下，距现地表1.00米。墓口平面呈长方形，南北长4.54米，东西宽3.10～3.22米。墓底略大于墓口，墓壁加工较规整，北、东两壁上下垂直，南、西两壁向下斜直略外张，墓底平坦。墓底南北长4.68米，东西宽3.20～3.24米，墓深2.80米。

墓底四周有熟土二层台。其中北侧台宽0.68～0.72米，东侧台宽0.40～0.42米，南侧台宽0.44～0.60米，西侧台宽0.32～0.50米，台高0.78米。

在墓底靠近墓圹的南、北两端各设有一道东西向的浅沟槽，用以放置承托椁室的枕木。其中北端的沟槽与墓圹北壁相距0.82米，长2.54米，宽0.12米，深0.08米；南端的沟槽与南端墓圹相距0.86米，长2.66米，宽0.12米，深0.10米。

墓底中部有一个腰坑，平面呈长方形，坑直壁，平底。南北长0.30米，东西宽0.22米，深0.24米。

墓内填以红褐色为主的花土，略经夯打，土质较硬，夯窝与夯层不明显，内含少量小料姜石块。

（二）葬具与葬式

1. 葬具

墓内葬具腐朽严重，结构不明。从残存的灰白色或灰黑色木质痕迹可判断，葬具为单椁重棺。

木椁位于墓底中部略偏南，椁室四壁紧贴二层台内壁，因受填土挤压变形，平面呈梯形，南端稍宽于北端，椁盖板塌陷于椁室内。木椁南北长3.50米，东西宽2.30～2.54米，高0.78米，盖板、壁板及挡板均厚约0.05米，底板厚度不详。在椁室的四面中部均发现有大小不一、多少不等的河卵石块，应为固定椁壁板或挡板之用。

外棺位于椁室中部，受挤压变形，平面近长方形，南北长2.34米，东西宽0.96～1.04米，残高0.23米，壁板与挡板厚约0.03米，盖板与底板厚度不详。

内棺位于外棺中部，平面呈长方形，南北长1.86米，东西宽0.46米，残高0.06米，壁板与挡板厚0.02米，盖板与底板厚度不详。

此外，在椁室底部与内棺内的许多地方都有铺朱砂痕迹，这种习俗应与"周人尚赤"的信仰有关。

2. 葬式

内棺内葬有墓主1人，骨骼保存极差。墓主为仰身屈肢葬，头北足南，面向上。经初步鉴定，墓主为女性，年龄为35岁左右（图一九八；彩版八，2）。

（三）随葬器物

随葬器物分别放置于椁室和内棺内。其中椁室北部放置铜鼎1件、石贝5枚，东南部放置铜鼎1件，西部放置铜簋2件、铜盘1件，西南部放置铜盉1件、铜盘1件、铜匜1件、铜簋1件；内棺内墓主头部两侧各放置玉玦1件，口内放置玉口琀2件。

随葬器物共计18件（枚）。依质地可分为铜、玉和石三类。

1. 铜器

9件。有鼎、簋、盘、匜和盉五种。

鼎　2件。形制基本相同，大小、纹样不同。窄斜折沿，方唇，口微敛，直立耳，深鼓腹，上腹近直，圜底，三矮蹄足下端较大。M82：1，口沿下饰一周C形平目窃曲纹，腹部饰两周垂鳞纹，耳外侧饰一周无珠重环纹。通高23.0、口径23.1、腹径21.6、腹深10.6厘米（图一九九；彩版一四，2；图版二三，5）。M82：10，明器。素面。通高8.8、口径11.4、腹径10.4、腹深4.8厘米（图二〇〇，1；图版二三，6）。

簋　3件。其中M82：3和M82：5为实用器，M82：9为明器。出土时M82：5的器（M82：5-1）、盖（M82：5-2）分置。M82：3，上有盖，盖面上隆，顶有圆形捉手。器身子口微敛，鼓腹略下垂，近平底，腹两侧附简易龙首形耳，龙长舌向下内卷成半环形，喇叭形圈足，下附三矮支足。盖缘与外口沿各饰一周S形无目窃曲纹，盖面与器腹各饰数周瓦垅纹，圈足饰垂鳞纹。通高14.2、口径11.4、腹径14.6、腹深7.6厘米（图二〇一；彩版一七，2；图版二四，1）。M82：5，形制、纹样与M82：3基本相同，但圈足下附有四矮支足。通高14.2、口径11.4、腹径15.0、腹深7.4厘米（图二〇二；彩版一七，1；图版二四，2）。M82：9，器形小，盖与器浑铸，造型极粗糙。盖面上隆，顶部有圆形捉手，鼓腹，腹两侧有对称的斜三角形耳，无底，中空，喇叭形圈足。腔内有范土。通高9.4、腹径10.8、底径9.8厘米（图二〇〇，2；图版二四，3）。

盘　2件。M82：4，窄折沿微上斜，方唇，敞口，附耳微外撇，浅弧腹，底近平，喇叭形圈足，下附三矮扁支足。腹部饰一周C形无目窃曲纹。通高8.0、口径22.6、腹深3.6、圈足径14.2厘米（图二〇三，1、2；彩版一八，4；图版二四，4）。M82：7，器体较高，尖唇，敞

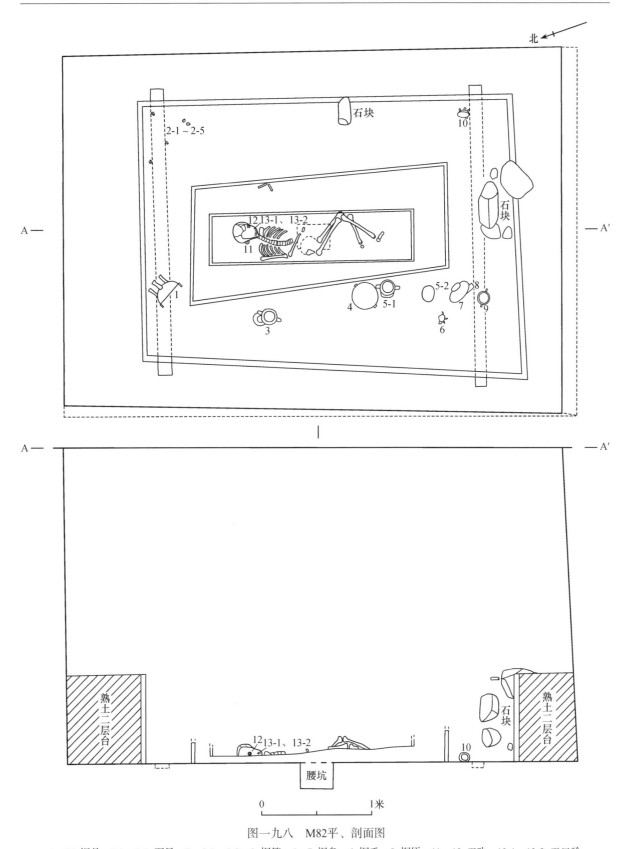

图一九八　M82平、剖面图

1、10.铜鼎　2-1~2-5.石贝　3、5-1、5-2、9.铜簋　4、7.铜盘　6.铜盂　8.铜匜　11、12.玉玦　13-1、13-2.玉口琀

1. $\underset{\text{1.}}{\vdash}\overset{0}{\underset{}{\rule{0pt}{0pt}}}\underset{}{\rule{0pt}{0pt}}$ 4厘米　　　　2、3. $\vdash\overset{0}{\underset{}{\rule{0pt}{0pt}}}$ 2厘米

图一九九　M82出土铜鼎（M82：1）及拓片

1. 鼎　2. 耳部纹样拓片　3. 沿下及腹部纹样拓片

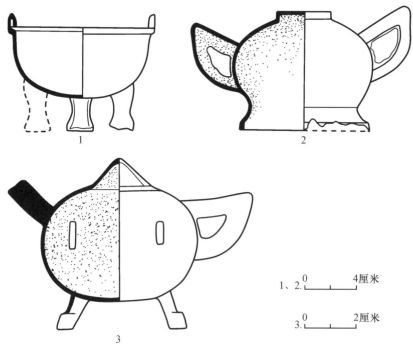

1、2. $\vdash\overset{0}{\underset{}{\rule{0pt}{0pt}}}$ 4厘米

3. $\vdash\overset{0}{\underset{}{\rule{0pt}{0pt}}}$ 2厘米

图二〇〇　M82出土铜鼎、簋与盉

1. 鼎（M82：10）　2. 簋（M82：9）　3. 盉（M82：6）

图二〇一 M82出土铜簋（M82：3）及拓片

1.簋 2.盖缘纹样拓片 3.器口沿纹样拓片 4.圈足纹样拓片 5.左耳纹样拓片 6.右耳纹样拓片

口，短立耳较直，耳无孔，斜直腹较深，小平底，喇叭形高圈足。口沿下与腹下部各饰一周三组斜角勾云纹，每组纹样之间以椭圆形珠间隔；腹部饰两周回形窃曲纹。通高9.0、口径21.0、腹深5.0、圈足径7.4厘米（图二〇三，3、4；图版二四，5）。

匜 1件。M82：8，口微敛，方唇，前有窄长槽状流，后有龙形錾手，腹略鼓，圜底，下附四扁足。口沿下饰一周有珠重环纹，腹部饰瓦垅纹，錾上饰无珠重环纹，四扁足上饰简易兽面纹。通高12.5、通长4.0、流口宽4.0、口宽8.6、腹深6.0厘米（图二〇四；彩版一八，2；图版二四，6）。

盉 1件。M82：6，器与盖浑铸，造型粗糙。整体呈椭圆扁鼓状，顶部有方锥盖，一侧有扁体无孔实心流，曲而上扬，另一侧为斜三角形錾，无底，中空，下有四简易蹄足。腹部正、背面各有两个竖向长条形孔。腔内实范土。通高6.5、通长9.6厘米，腹腔长径6.1、短径4.2、腔体厚1.8厘米（图二〇〇，3；图版二五，1）。

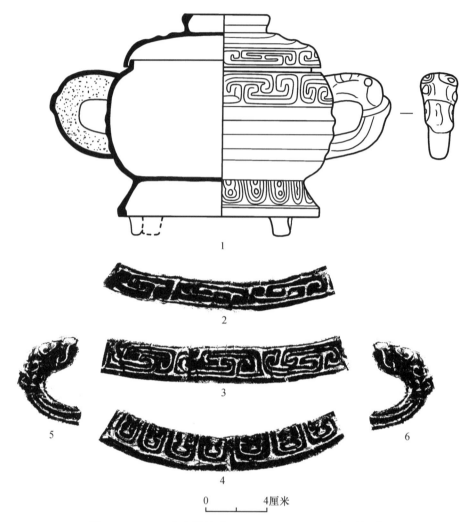

图二〇二　M82出土铜簋（M82：5-1、M82：5-2）及拓片

1.簋　2.盖缘纹样拓片　3.器口沿纹样拓片　4.圈足纹样拓片　5.左耳纹样拓片　6.右耳纹样拓片

2. 玉器

4件。有玦与口琀两种。

玦　2件。玉质、玉色及形制基本相同，大小及纹样略有差异。皆为白玉，乳白色。玉质细腻，半透明。均为圆形扁平体，一侧有缺口，断面呈长方形（彩版四六，1）。M82：11，正面饰龙首纹，臣字目，圆睛。外径2.7、内径0.8、厚0.3厘米（图二〇五，1、2；彩版二八，6）。M82：12，正面饰兽面纹，臣字目，圆睛，内眼角带勾。外径2.6、内径0.8、厚0.25厘米（图二〇五，3、4；彩版二九，1）。

口琀　2件。玉质、玉色相同。皆为青白玉，青白色。玉质细腻，半透明（彩版四六，2）。M82：13-1，出土时断裂为2块。玦形扁平体，一侧有缺口，断面呈五边形。外径1.7、内径0.6、厚0.3厘米（图二〇五，5）。M82：13-2，残存一半。残玦，半圆形扁平体，断面呈五边形。直径1.8、厚0.3厘米（图二〇五，6）。

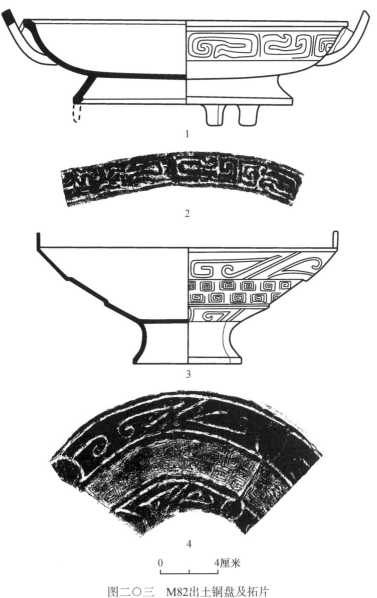

图二〇三 M82出土铜盘及拓片

1. M82：4 2. M82：4腹部纹样拓片 3. M82：7 4. M82：7沿下及腹部纹样拓片

3. 石器

5枚。均为贝。石质较粗糙，白色。形制相同，大小略有差异。上端尖，下端呈弧形，正面鼓起，背面平面且中部纵向刻一浅槽。标本M82：2-1，体较大。长2.15、宽1.35、厚0.8厘米（图二〇五，7）。标本M82：2-2，体较小。长1.8、宽1.0、厚0.7厘米（图二〇五，8）。标本M82：2-3，体较小。长1.5、宽0.9、厚0.7厘米（图二〇五，9）。

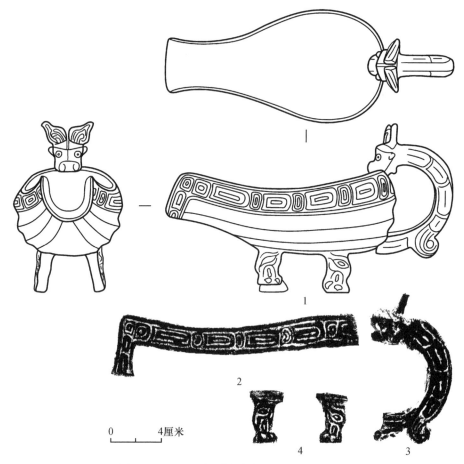

图二○四　M82出土铜匜（M82：8）及拓片
1.匜　2.沿下纹样拓片　3.耳部纹样拓片　4.支足纹样拓片

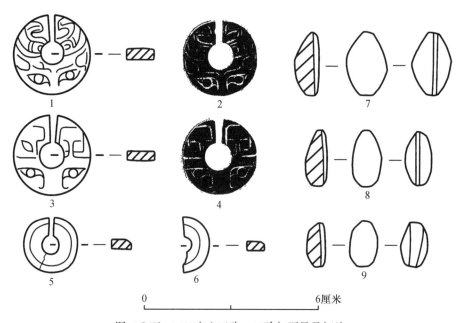

图二○五　M82出土玉玦、口琀与石贝及拓片
1、3.玉玦（M82：11、M82：12）　2、4.玉玦（M82：11、M82：12）纹样拓片　5、6.玉口琀（M82：13-1、M82：13-2）
7~9.石贝（M82：2-1、M82：2-2、M82：2-3）

七四、M83

M83位于墓地东北区的西南部。

（一）墓葬形制

该墓为南北向长方形竖穴土坑墓，方向15°。墓口开于扰土层下，距现地表0.40米。墓口平面呈长方形，南北长3.56米，东西宽1.96米。墓壁修整较光滑，上下垂直，墓底平坦。墓底长、宽与墓口尺寸相同，墓深1.90米。

墓底四周有熟土二层台，其中北侧台宽0.30～0.39米，东侧台宽0.10～0.25米，南侧台宽0.26米，西侧台宽0.12米，台残高0.36米。

墓内填以红褐色为主的花土，土质较疏松，内含少量小料姜石块。

（二）葬具与葬式

1. 葬具

墓内葬具腐朽严重，结构不清。从残存的灰黑色木质朽痕判断，葬具为单椁单棺。

木椁位于墓底中部，椁室四壁紧贴二层台内壁，北端稍宽于南端，平面近长方形，南北长2.90～3.00米，东西宽1.60～1.74米，残高0.36米，椁板厚度不详。

木棺位于椁室中部，北端稍宽，平面呈梯形，南北长2.26米，东西宽0.90～1.00米，残高0.08米，壁板与挡板厚0.04米，盖板与底板厚度不详。

2. 葬式

棺内葬有墓主1人，骨骼已腐朽成黄褐色粉末状。从清理出来的骨骼大致轮廓可知，墓主为仰身屈肢葬，头北足南，年龄与性别不详（图二〇六；图版九，1）。

（三）随葬器物

随葬器物均放置于棺内。其中墓主头部两侧各放置玉玦1件，墓主口中放置石口琀2件。随葬器物共计4件。依质地可分为玉和石两类。

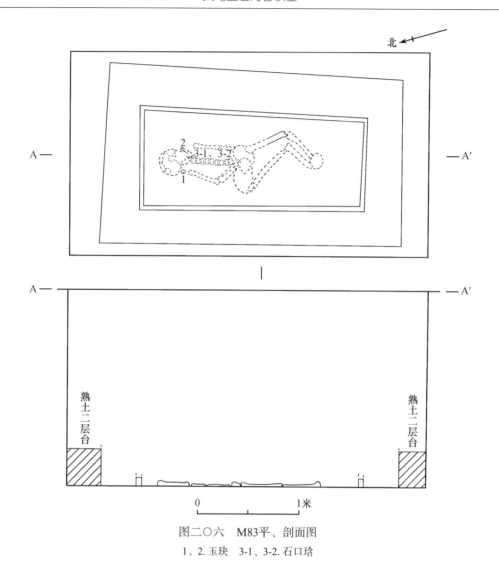

图二〇六　M83平、剖面图
1、2. 玉玦　3-1、3-2. 石口琀

1. 玉器

2件。均为玦。玉质、玉色及形制、大小相同。皆为青玉，豆青色。玉质较细腻，微透明。均为圆形扁平体，一侧有缺口，断面呈长方形。素面（彩版四六，3）。M83：1，局部受沁有深褐斑或黄白斑。外径2.3、内径0.8、厚0.35厘米（图二〇七，1）。M83：2，局部受沁有黄褐斑或黄白斑。外径2.3、内径0.8、厚0.35厘米（图二〇七，2）。

2. 石器

2件。均为口琀。皆为青石质，青灰色。M83：3-1，呈三角形，断面呈长方形。长2.3、宽2.1、厚0.45厘米（图二〇七，3）。M83：3-2，断裂为2块。形状近长方形，断面呈长方形。长2.3、宽1.4、厚0.45厘米（图二〇七，4）。

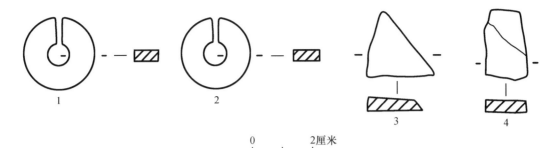

图二〇七 M83出土玉玦与石口琀

1、2.玉玦（M83：1、M83：2） 3、4.石口琀（M83：3-1、M83：3-2）

七五、M84

M84位于墓地东北区的西南部。

（一）墓葬形制

该墓为南北向长方形竖穴土坑墓，方向21°。墓口开于扰土层下，距现地表0.42米。墓口平面呈长方形，南北长2.38米，东西宽1.32米。墓壁加工较规整，上下垂直，墓底平坦。墓底长、宽与墓口尺寸相同，墓深1米。

墓底四周有熟土二层台，其中北侧台宽0.16米，东侧台宽0.22～0.26米，南侧台宽0.25米，西侧台宽0.16～0.20米，台残高0.50米。

墓内填以红褐色为主的花土，土质较疏松，内含少量小料姜石块。

（二）葬具与葬式

1. 葬具

墓内葬具腐朽严重，结构不完全清楚。从残存的灰白色木质朽痕判断，葬具为单椁。

木椁位于墓底中部，椁室四壁紧贴二层台内壁，平面呈长方形，南北长1.99米，东西宽0.90米，残高0.50米，壁板与挡板厚0.03米，盖板与底板厚度不详。椁盖板是用薄木板呈东西横向平铺于二层台上，腐朽后塌陷于椁室内；壁板与挡板用薄木板相围而成；底板用5块宽0.08～0.24米的薄木板呈南北纵向平铺于墓底。

2. 葬式

椁室底中部葬有墓主1人，骨骼保存比较完好。墓主为仰身直肢葬，头北足南，双手交叉置于腹下部。经初步鉴定，墓主为男性，年龄为30～35岁（图二〇八；图版九，2）。

（三）随葬器物

随葬器物放置于椁内墓主口中，仅有玉口琀1件。

口琀　1件。M84∶1，系旧玉之残器。青玉，冰青色，局部受沁呈黄白色。玉质较粗糙，微透明。整体呈扇形扁平体，断面呈长方形。长1.9、宽0.9、厚0.3厘米（图二〇九）。

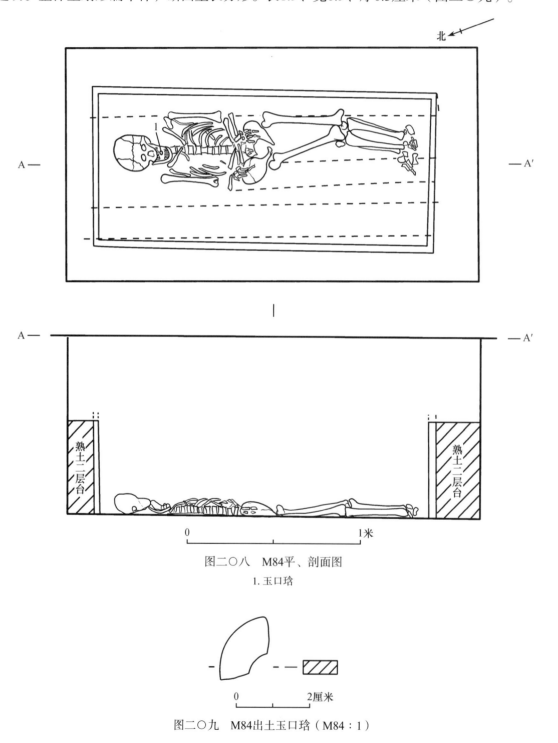

图二〇八　M84平、剖面图

1.玉口琀

图二〇九　M84出土玉口琀（M84∶1）

七六、M85

M85位于墓地东北区的南部。

（一）墓葬形制

该墓为东西向竖穴土坑墓，方向288°。墓口开于扰土层下，距现地表0.70米。墓口东宽西窄，西端略高于东端，平面呈梯形，东西长2.40米，南北宽1.04~1.24米。墓壁较光滑规整，上下垂直，墓底平坦。墓底长、宽与墓口尺寸相同，墓深0.50~0.54米。

墓底中部有一腰坑，坑口平面呈椭圆形，直壁，平底。坑口东西长0.28米，南北宽0.24米，坑深0.16米。坑内放置有小动物1只。

墓内填以红褐色为主的花土，土质较疏松，内含少量小料姜石块。

（二）葬具与葬式

1. 葬具

墓内葬具腐朽严重，结构不清。从残存的灰白色和灰黑色木质朽痕判断，葬具为单棺。

木棺位于墓底中部，平面近长方形，东西长2.02米，南北宽0.72~0.78米，残高0.10米，壁板与挡板厚0.04米，盖板与底板厚度不详。

2. 葬式

棺内葬有墓主1人，骨骼保存较好。墓主为仰身屈肢葬，头西足东，面向上，双手交叉置于腹部，下肢微屈。经初步鉴定，墓主为女性，年龄为36岁左右（图二一〇；图版九，3）。

（三）随葬器物

随葬器物放置于墓底东南部和棺内。其中墓底东南部放置陶鬲1件；棺内墓主口中放置蚌口琀1件。

随葬器物共计2件。依质地可分为陶和蚌两类。

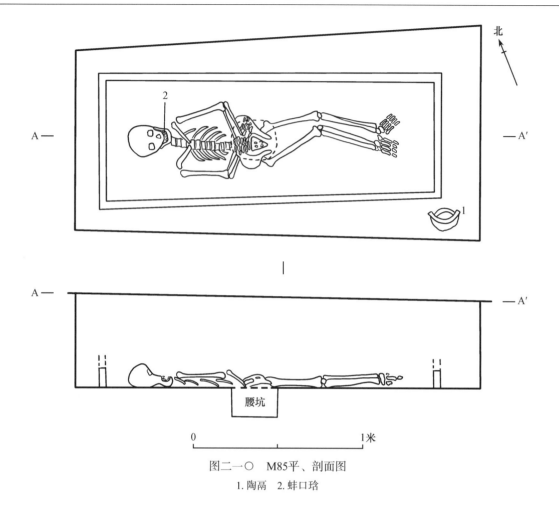

图二一〇　M85平、剖面图
1. 陶鬲　2. 蚌口琀

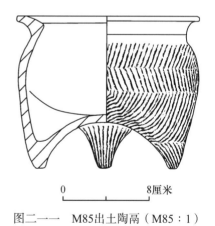

图二一一　M85出土陶鬲（M85：1）

1. 陶器

1件。为鬲。M85：1，夹砂灰褐陶。宽折沿微上斜，斜方唇，侈口，近口部较平，束颈，鼓腹，断面为椭三角形，瘪裆，袋足中空，实足根内收。通体饰中绳纹，绳纹上下交错。高13.6、口径16.8、腹径16.8、腹深8.8厘米（图二一一；图版三七，6）。

2. 蚌器

1件。为口琀。M85：2，出土时风化残损严重，已呈粉末状。蚌质，白色。

七七、M86

M86位于墓地东北区的南部。

（一）墓葬形制

该墓为南北向长方形竖穴土坑墓，方向212°。墓口开于扰土层下，距现地表0.50米。墓口北高南低，平面呈长方形，南北长3.62～3.68米，东西宽2.10米。墓底大于墓口，墓壁自墓口向下斜直外张，修整光滑，墓底平坦。墓底南北长3.96米，东西宽2.44～2.48米，墓深2.90～3.04米。

墓底四周有熟土二层台，其中北侧台宽0.28米，东侧台宽0.26～0.30米，南侧台宽0.38米，西侧台宽0.26～0.29米，台高0.66米。

墓内填以红褐色为主的花土，土质较疏松，内含少量小料姜石块。

（二）葬具与葬式

1. 葬具

墓内葬具腐朽严重，结构不清。从灰白色和灰黑色木质朽痕判断，葬具为单椁重棺。

木椁位于墓底中部，椁室四壁紧贴二层台内壁，平面近长方形，南北长3.28米，东西宽1.80～1.90米，高0.66米，椁板厚度不详。

外棺位于椁室中部略偏西，平面近长方形，南北长2.38米，东西宽0.96～1.04米，残高0.30米，壁板与挡板厚0.06米，盖板与底板厚度不详。

内棺位于外棺中部，平面亦近长方形，南北长2.20米，东西宽0.70～0.82米，残高0.30米，壁板与挡板厚约0.04～0.06米，盖板与底板厚度不详。

2. 葬式

内棺内葬有墓主1人，骨骼保存较差。墓主为仰身直肢葬，头南足北，面朝西，双臂向内弯曲。经初步鉴定，墓主年龄为40岁左右，性别不详（图二一二；彩版九，1）。

（三）随葬器物

随葬器物分别放置于椁室和内棺内。其中椁室东北部放置铜鼎2件、铜簋2件、铜盘1件、铜匜1件；内棺内中西部放置兽面纹玉佩1件、玉管1件，墓主头部两侧各放置玉玦1件，墓主口

图二一二　M86平、剖面图

1.铜盘　2.铜匜　3、4.铜簋　5、6.铜鼎　7.兽面纹玉佩　8.玉管　9.玉口琀　10、11.玉玦

中放置玉口琀1件。

随葬器物共计11件。依质地可分为铜和玉两类。

1. 铜器

6件。有鼎、簋、盘、匜四种。

鼎　2件。形制、大小及纹样相同，大小略有差异。皆窄折沿上斜，尖唇，口微敛，直立耳，鼓腹较深，圜底，三蹄足较高，内侧有一道竖向凹槽。腹上部饰一周无珠重环纹，中部饰一周凸弦纹，下部饰一周垂鳞纹，足根处饰简易兽面纹。M86：5，通高26.2、口径25.0、腹径23.8、腹深12.0厘米（图二一三；彩版一四，4；图版二五，2）。M86：6，通高25.0、口径24.8、腹径23.2、腹深11.1厘米（图二一四；彩版一四，3；图版二五，3）。

簋　2件。形制、大小基本相同。器型较小，器与盖浑铸，制作粗糙。顶部有圆形捉手，鼓腹，腹两侧有对称的斜三角形耳，无底，中空，喇叭形矮圈足。腹腔内残留范土。盖缘饰一周无珠重环纹，盖面与器腹部饰瓦垅纹。M86：3，通高13.7、腹径15.4、底径13.2厘米（图

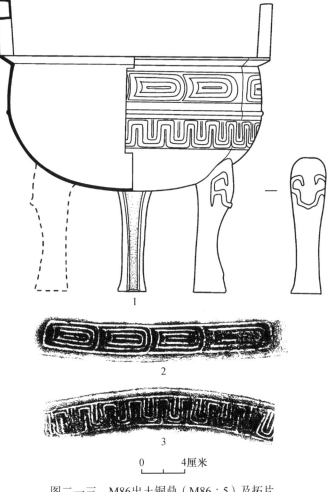

0　　　4厘米

图二一三　M86出土铜鼎（M86：5）及拓片

1. 鼎　2. 沿下纹样拓片　3. 腹部纹样拓片

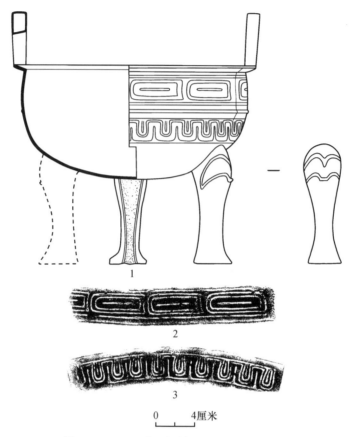

0 　 4厘米

图二一四　M86出土铜鼎（M86：6）及拓片
1. 鼎　2. 沿下纹样拓片　3. 腹部纹样拓片

二一五，1、2；图版二五，4）。M86：4，通高13.2、腹径15.0、底径13.2厘米（图二一五，3、4；图版二五，5）。

盘　1件。M86：1，窄折沿上斜，斜方唇，敞口，附耳较直，浅弧腹，底近平，喇叭形高圈足。口沿下饰一周无珠重环纹。通高10.6、口径26.6、腹深4.8、圈足径16.8厘米（图二一六；图版二五，6）。

匜　1件。M86：2，近直口，前有窄长槽状流，后有龙形鋬手。上腹微鼓，下腹内收，底近平，下附四兽蹄形扁支足。口沿下饰一周无珠重环纹，腹部饰瓦垅纹，足根处饰卷云纹。通高15.5、通长29、流口宽6.0厘米，腹深7.0厘米（图二一七；图版二六，1）。

2. 玉器

5件。有兽面纹佩、玦、管和口琀四种。

兽面纹佩　1件。M86：7，青玉，豆青色。玉质细腻，半透明，局部受沁有黄褐斑或黄白斑。整体呈倒梯形，正面略鼓，背面平，断面近半圆形，中部有一单面钻小圆穿。正面饰兽面纹，上端有两个突出的犄角，两侧有单线阴刻的半圆形目。高2.0、宽1.9、厚0.5厘米（图二一八，1、2；彩版二七，2）。

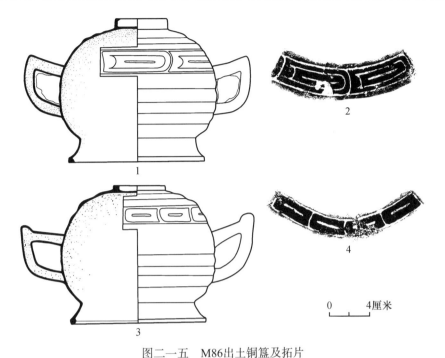

图二一五　M86出土铜簋及拓片

1、3.铜簋（M86∶3、M86∶4）　2、4.铜簋（M86∶3、M86∶4）盖缘纹样拓片

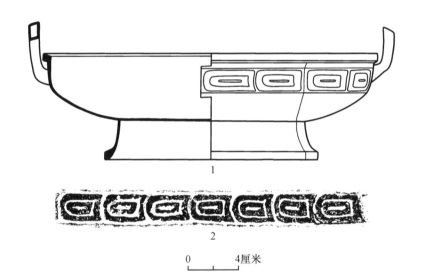

图二一六　M86出土铜盘（M86∶1）及拓片

1.盘　2.沿下纹样拓片

玦　2件。玉质、玉色及形状、大小基本相同。皆为青白玉，青白色。玉质细腻，半透明。均为圆形扁平体，一侧有缺口，断面呈长方形。素面（彩版四六，4）。M86∶10，局部受沁有深褐色。玦的缺口两侧各有一个半圆形孔。外径3.0、内径0.9、厚0.3厘米（图二一八，3）。M86∶11，局部受沁有黄白斑。外径3.0、内径0.9、厚0.3厘米（图二一八，4；彩版二九，2）。

管　1件。M86∶8，青玉，翠绿色。玉质细腻，微透明。作短圆管状，断面近椭圆形。长1.4厘米，细端长径0.6、短径0.5厘米，粗端长径0.8、短径0.65厘米，孔径0.2厘米（图二一八，

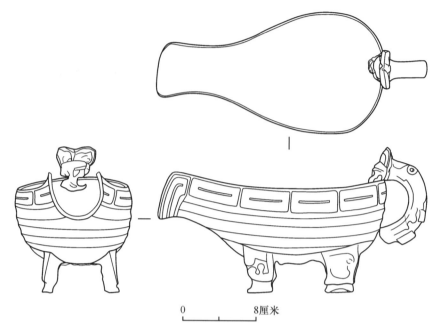

0　　　　　　　8厘米

图二一七　M86出土铜匜（M86：2）

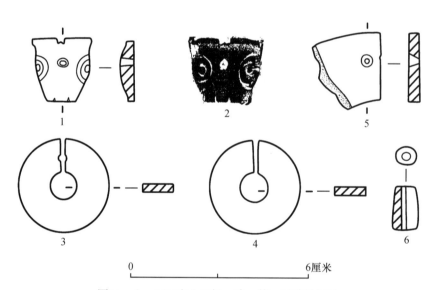

0　　　　　　　　　　　　　　　6厘米

图二一八　M86出土玉佩、玦、管、口琀及拓片

1.兽面纹佩（M86：7）　2.兽面纹佩（M86：7）纹样拓片　3、4.玦（M86：10、M86：11）　5.口琀（M86：9）

6.管（M86：8）

6；彩版四六，5）。

　　口琀　1件。M86：9，系旧玉之残器。白玉，乳白色。玉质细腻，半透明。近梯形，一侧中部有一单钻圆孔，断面近长方形。残长2.1、宽2.1、厚0.4厘米（图二一八，5；彩版四七，1）。

七八、M87

M87位于墓地东北区的南部。

（一）墓葬形制

该墓为南北向长方形竖穴土坑墓，方向20°。墓口开于扰土层下，距现地表0.80米。墓口北高南低，平面呈长方形，南北长2.12米，东西宽0.92米。墓壁光滑规整，上下垂直，墓底平坦。墓底长、宽与墓口尺寸相同，墓深0.18~0.28米。

墓内填以红褐色为主的花土，土质较硬。

（二）葬具与葬式

1. 葬具

墓内葬具腐朽严重，结构不清。从残存的灰白色木质朽痕判断，葬具为单棺。

木棺位于墓底中部偏西北，棺的西壁板和北挡板分别紧贴墓圹的西壁和北壁，平面呈长方形，南北长1.96米，东西宽0.76米，棺高及棺板厚度不详。

2. 葬式

棺内葬有墓主1人，骨骼保存极差，大部分已腐朽成黄褐色粉末。但仍可辨出墓主为仰身直肢葬，头北足南，性别和年龄不详（图二一九）。

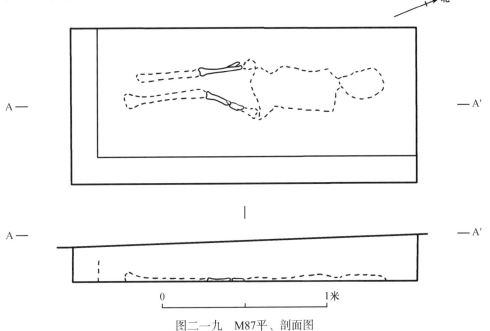

图二一九　M87平、剖面图

（三）随葬器物

无。

七九、M88

M88位于墓地东北区的东南部。

（一）墓葬形制

该墓为东西向长方形竖穴土坑墓，方向96°。墓口开于扰土层下，距现地表0.50米。墓口西端稍高，平面呈长方形，东西长2.50米，南北宽1.24～1.28米。墓壁光滑规整，上下垂直，墓底平坦。墓底长、宽与墓口尺寸相同，墓深0.70～0.74米。

墓底四周有熟土二层台，其中北侧台宽0.10～0.14米，东侧台宽0.10米，南侧台宽0.16～0.18米，西侧台宽0.16米，台残高0.36米。

墓内填以红褐色为主的花土，土质较疏松，内含少量小料姜石块。

（二）葬具与葬式

1. 葬具

墓内葬具腐朽严重，结构不清。从残存的灰白色和灰黑色木质朽痕判断，葬具为单椁。

木椁位于墓底中部，平面呈长方形，东西长2.24米，南北宽0.96米，残高0.36米，壁板与挡板厚0.04米，盖板与底板厚度不详。

2. 葬式

椁室底中部葬有墓主1人，骨骼保存较好。墓主为仰身直肢葬，头东足西，面朝上，双臂弯曲置于腹部。经初步鉴定，墓主为男性，年龄为38岁左右（图二二〇）。

（三）随葬器物

随葬器物分别出土于墓内填土中和椁室内。其中墓内填土中出土有陶鬲1件；椁室西北部放置蚌圭1件、蚌刀1件，墓主口中放置蚌口琀1件。

随葬器物共计4件。依质地可分为陶与蚌两类。

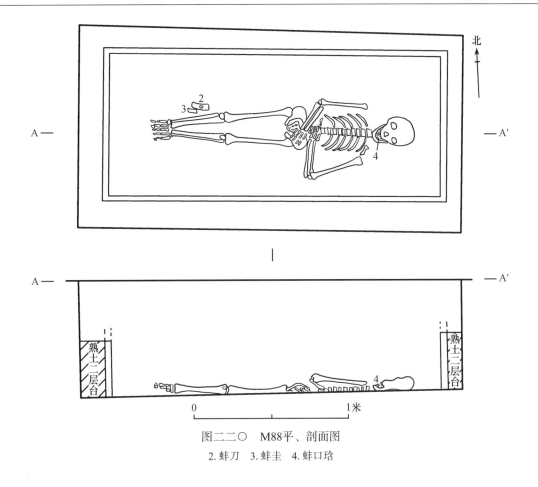

图二二〇 M88平、剖面图
2. 蚌刀 3. 蚌圭 4. 蚌口琀

1. 陶器

1件。为鬲。M88：1，夹砂灰黑陶。出土时残损严重，无法修复。

2. 蚌器

3件。有圭、刀与口琀三种。

圭 1件。M88：3，出土时下端残缺。系蚌壳磨制而成，白色。体作扁长条状，上端斜刹，一侧较厚，另一侧较薄且有钝刃。残长6.2、宽1.9、厚0.4厘米（图二二一，1）。

刀 1件。M88：2，出土时已断为2块。系蚌壳磨制而成，白色。一端略窄，另一端稍宽，弧背，刃部磨有双面钝刃，中部有一个圆形穿孔，断面近棱形。长10.2、宽3.4、厚0.6厘米（图二二一，2）。

口琀 1件。M88：4，系蚌壳磨制而成。呈不规则形。长1.5、宽1.2、厚0.5厘米（图二二一，3）。

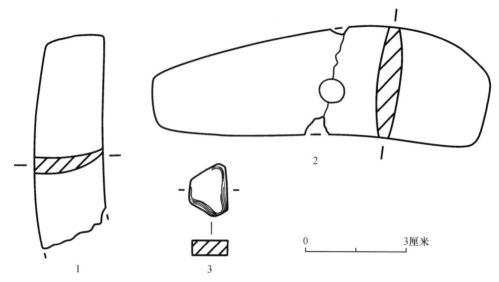

图二二一　M88出土蚌圭、刀与口琀

1. 圭（M88∶3）　2. 刀（M88∶2）　3. 口琀（M88∶4）

八〇、M89

M89位于墓地东北区的南部。

（一）墓葬形制

该墓为东西向长方形竖穴土坑墓，方向103°。墓口开于扰土层下，距现地表0.80米。墓口东宽西窄，平面近长方形，东西长2.70米，南北宽1.24~1.36米。墓壁修整较光滑，上下垂直，墓底平坦。墓底长、宽与墓口尺寸相同，墓深1.08米。

墓底四周有熟土二层台，其中北侧台宽0.03~0.14米，东侧台宽0.20米，南侧台宽0.10~0.16米，西侧台宽0.16米，台残高0.34米。

在墓底中部设有一腰坑，坑口平面呈正方形，直壁，平底。坑口长、宽均为0.20米，坑深0.08米。坑内放置有少量小兽碎骨。

墓内填以红褐色为主的花土，土质较疏松，内含少量小料姜石块。

（二）葬具与葬式

1. 葬具

墓内葬具腐朽严重，结构不清。从残存的灰黑色木质朽痕判断，葬具为单椁。

木椁位于墓底中部，椁室四壁紧贴二层台内壁，平面近长方形，东西长2.34米，南北宽1.06~1.12米，残高0.34米，椁板厚度不详。

2. 葬式

椁室底中部葬有墓主1人，骨骼保存较好。墓主为仰身直肢葬，头东足西，面向南，双手交叉置于腹下部左侧，下肢胫骨呈交叉状。经初步鉴定，墓主为男性，年龄为50岁左右（图二二二；图版九，4）。

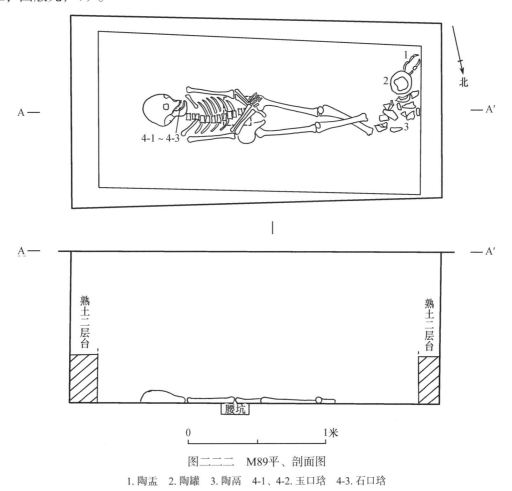

图二二二　M89平、剖面图

1. 陶盂　2. 陶罐　3. 陶鬲　4-1、4-2. 玉口琀　4-3. 石口琀

（三）随葬器物

随葬器物均放置于椁室内。其中椁室西部放置陶鬲1件、陶罐1件、陶盂1件；墓主口中放置玉口琀2件和石口琀1件。

随葬器物共计6件。依质地可分为陶、玉与石三类。

1. 陶器

3件。有鬲、罐和盂三种。

鬲　1件。M89：3，夹砂灰褐陶。器型较矮胖，宽折沿上斜，方唇，侈口略有变形，束颈，鼓腹，断面近三角形，腹上部与三足相对处各有一个扉棱，瘪裆较甚，空袋足内收。口沿内外各饰一周凹弦纹，通体饰中绳纹。通高13.2、口径17.2、腹径17.0、腹深7.6厘米（图二二三，1；图版三八，1）。

　　罐　1件。M89：2，泥质灰陶。卷沿上斜，圆唇，侈口，束颈，溜肩，鼓腹内收，平底。近底部饰一周细绳纹。高12.0、口径10.0、腹径14.4、底径8.4厘米（图二二三，2；图版三八，2）。

　　盂　1件。M89：1，泥质灰陶。宽折沿上斜，圆唇，侈口，鼓肩，斜弧腹向下内收，平底。口沿内外各有一周凹弦纹，腹上部饰五周凹弦纹。高9.9、口径17.6、腹径15.2、底径8.6厘米（图二二三，3；图版三八，3）。

2. 玉器

　　2件。均为口琀。青玉，冰青色，局部受沁有黄白斑。玉质细腻，微透明（彩版四七，2）。M89：4-1，残珏形扁平体，断面呈长方形。外径2.9、内径0.85、厚0.3厘米（图二二三，4）。M89：4-2，似璜形，一端有未透穿的圆形孔，断面呈长方形。长3.3、宽1.1、厚0.2厘米（图二二三，5）。

3. 石器

　　1件。为口琀。M89：4-3，石灰岩质，白色。作短圆管状。高1.4、直径1.1、孔径0.4厘米（图二二三，6；彩版四七，2）。

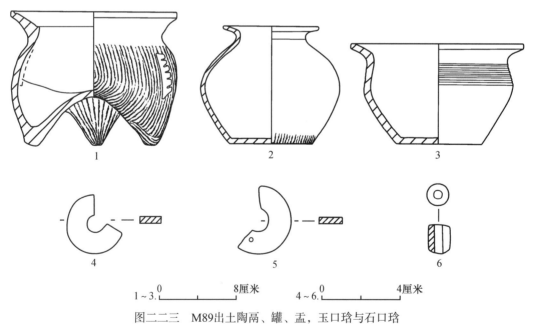

图二二三　M89出土陶鬲、罐、盂，玉口琀与石口琀

1.陶鬲（M89：3）　2.陶罐（M89：2）　3.陶盂（M89：1）　4、5.玉口琀（M89：4-1、M89：4-2）

6.石口琀（M89：4-3）

八一、M90

M90位于墓地东北区的南中部。

（一）墓葬形制

该墓为东西向长方形竖穴土坑墓，方向125°。墓口开于扰土层下，距现地表0.80米。墓口平面呈长方形，东西长2.34米，南北宽1.20米。墓底大于墓口，墓壁修整较光滑，自墓口向下斜直稍外张，墓底平坦。墓底东西长2.64米，南北宽1.50～1.62米，墓深3.28米。

墓底四周有熟土二层台，其中北侧台宽0.16～0.26米，东侧台宽0.38～0.46米，南侧台宽0.20～0.22米，西侧台宽0.16～0.22米，台残高0.50～0.54米。

墓底中部有一腰坑，坑口平面呈长方形，直壁，平底。坑口东西长0.46米，南北宽0.26米，坑深0.24米。

墓内填以红褐色为主的花土，略经夯打，较硬，夯窝与夯层不明显，内含较多小河卵石块。

（二）葬具与葬式

1. 葬具

墓内葬具已腐朽成灰白色和灰黑色木质痕迹，结构不清。依其痕迹可知，葬具为单椁。

木椁位于墓底中部略偏西，椁室四壁紧贴二层台内壁，平面呈长方形，东西长2.04米，南北宽1.12～1.16米，残高0.50～0.54米，椁板厚度不详。

2. 葬式

椁室底中部葬有墓主1人，头骨破碎严重，部分骨骼已腐朽成黄褐色粉末状。墓主为仰身屈肢葬，头东足西，双手置于腹部，下肢微屈。经初步鉴定，墓主年龄在55岁左右，性别不详（图二二四）。

（三）随葬器物

随葬器物均放置于椁室内。其中墓主头部两侧各放置玉玦1件，墓主口中放置玉口琀5件和石口琀2件。

随葬器物共9件。依质地可分为玉和石两类。

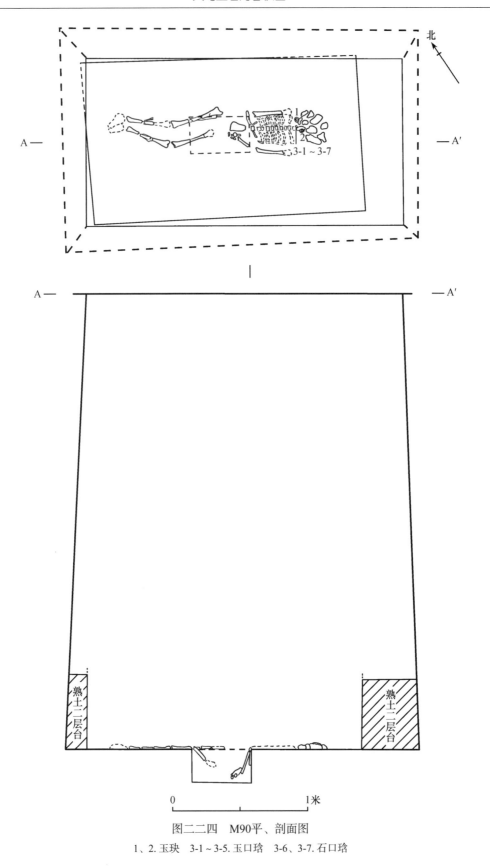

图二二四 M90平、剖面图

1、2. 玉玦   3-1～3-5. 玉口琀   3-6、3-7. 石口琀

1. 玉器

7件。有玦与口琀两种。

玦　2件。形状、大小相同。均为圆形扁平体，一侧有缺口，断面呈长方形。素面（彩版四七，3）。M90：1，青玉，深冰青色。玉质细腻，半透明。外径2.5、内径0.8、厚0.2厘米（图二二五，1）。M90：2，青玉，豆青色。玉质细腻，半透明。外径2.5、内径0.8、厚0.2厘米（图二二五，2）。

口琀　5件。均为玉石之废料。形状、大小各不相同。M90：3-1，青玉，浅豆青色。玉质较细腻，不透明。体近五边形，断面近长方形。长1.7、宽1.5、厚0.4厘米（图二二五，3）。M90：3-2，青玉，浅豆青色。玉质较细腻，不透明。体呈不规则形，断面近长方形。长1.6、宽1.3、厚0.3厘米（图二二五，4）。M90：3-3，青玉，深豆青色。玉质细腻，微透明。体呈不规则形，断面近梯形。长1.8、宽1.6、厚0.2厘米（图二二五，5）。M90：3-4，青玉，深豆青色。玉质细腻，微透明。体呈不规则形，断面近长方形。长1.6、宽1.1、厚0.2厘米（图二二五，6）。M90：3-5，青玉，深豆青色。玉质细腻，微透明。体呈不规则形，断面近长方形。长1.3、宽0.9、厚0.2厘米（图二二五，7）。

2. 石器

2件。均为口琀。石质相同，皆为石英岩质，白色。M90：3-6，近半圆形。长1.7、宽1.1、厚0.7厘米（图二二五，8）。M90：3-7，呈不规则形。长1.6、宽1.1、厚0.9厘米（图二二五，9）。

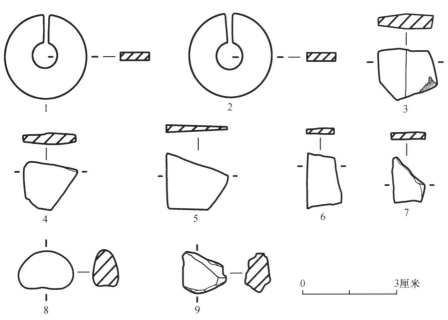

图二二五　M90出土玉玦、口琀与石口琀

1、2.玉玦（M90：1、M90：2）　3～7.玉口琀（M90：3-1、M90：3-2、M90：3-3、M90：3-4、M90：3-5）

8、9.石口琀（M90：3-6、M90：3-7）

八二、M91

M91位于墓地东北区的中部略偏南。

（一）墓葬形制

该墓为南北向长方形竖穴土坑墓，方向18°。墓口开于扰土层下，距现地表0.70米。墓口平面呈长方形，南北长1.84米，东西宽0.84米。墓壁修整较光滑，上下垂直，墓底平坦。墓底长、宽与墓口尺寸相同，墓深0.48米。

墓内填以红褐色为主的花土，土质较疏松。

（二）葬具与葬式

1. 葬具

墓内葬具腐朽严重，结构不清。从残存的灰白色和灰黑色木质朽痕判断，葬具为单棺。

木棺位于墓底中部，平面呈长方形，南北长1.60米，东西宽0.60米，残高0.18米，壁板与挡板厚0.04米，盖板和底板厚度不详。

2. 葬式

棺内葬有墓主1人，骨骸保存较好。墓主为仰身直肢葬，头北足南，面向西。经初步鉴定，墓主年龄为10岁左右，性别不详（图二二六）。

（三）随葬器物

随葬器物放置于棺内。其中墓主头部两侧各放置绿松石饰1件，左侧放置石块1件。

随葬器物共计3件，均为石器。

石块　1件。M91：1，河卵石，青灰色。呈椭圆形，断面亦呈椭圆形。长径2.2、短径1.7、厚1.0厘米（图二二七，1）。

绿松石饰　2件。形状基本相同，大小不一。整体作长方形管状。皆由1件绿松石片与1件灰褐色石片黏合而成（彩版四七，4）。M91：2，长1.2、宽0.9、厚0.2厘米（图二二七，2）。M91：3，长1.1、宽0.75、厚0.15厘米（图二二七，3）。

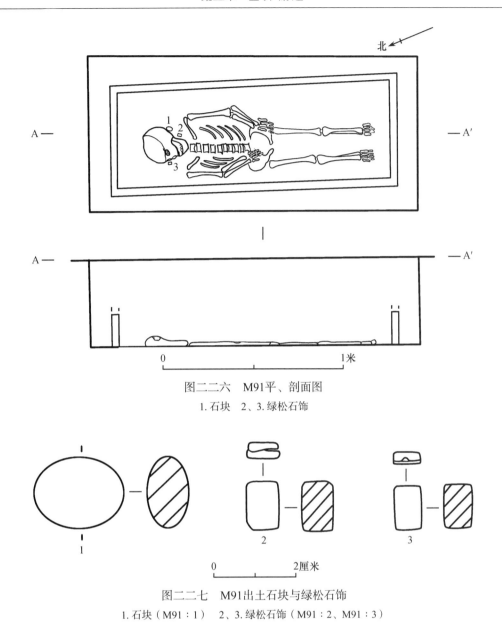

图二二六 M91平、剖面图
1. 石块 2、3. 绿松石饰

图二二七 M91出土石块与绿松石饰
1. 石块（M91∶1） 2、3. 绿松石饰（M91∶2、M91∶3）

八三、M92

M92位于墓地东北区的中部略偏南。

（一）墓葬形制

该墓为东西向长方形竖穴土坑墓，方向107°。墓口开于扰土层下，距现地表0.50米。墓口东部稍高，平面呈长方形，东西长2.44米，南北宽1.19米。墓壁光滑规整，上下垂直，墓底平坦。墓底长、宽与墓口尺寸相同，墓深1.46～1.52米。

墓底四周有熟土二层台，其中北侧台宽0.06～0.10米，东侧台宽0.08～0.10米，南侧台宽

0～0.10米，西侧台宽0.14米，台残高0.40米。

墓底中部有一腰坑，坑口平面呈长方形，直壁，平底。坑口东西长0.28米，南北宽0.20米，坑深0.18米。

墓内填以红褐色为主的花土，土质较疏松，内含少量小料姜石块。

（二）葬具与葬式

1. 葬具

墓内葬具腐朽严重，结构不清。从残存的灰白色和灰黑色木质朽痕判断，葬具为单椁单棺。

木椁位于墓底中部，椁室四壁紧贴二层台内壁，平面呈长方形，东西长2.24米，南北宽1.04米，残高0.40米，壁板与挡板厚0.04米，盖板与底板厚度不详。

木棺位于椁室中部偏南，平面呈长方形，东西长1.80米，南北宽0.50～0.58米，棺高及棺板厚度不详。

2. 葬式

棺内葬有墓主1人，骨骼保存较好。墓主为仰身直肢葬，头东足西，面向上，双臂弯曲呈直角叠于腹部。经初步鉴定，墓主为男性，年龄为45～50岁（图二二八；彩版九，2）。

（三）随葬器物

随葬器物分别放置于椁室和棺内。其中椁室东部放置陶盂1件、陶鬲1件、陶罐1件；棺内墓主口中放置石口琀1件。

随葬器物共计4件。依质地可分为陶与石两类。

1. 陶器

3件。有鬲、罐与盂三种。

鬲　1件。M92：2，夹砂灰褐陶。卷平沿，圆唇，侈口，沿面有一周凹槽，短束颈，鼓腹，断面近三角形，瘪裆较高，袋足中空，实足根较粗，微内收。通体饰粗绳纹，上下腹及袋足纹饰有交错。通高13.2、口径15.9、腹径18.4、腹深8.9厘米（图二二九，1；图版三八，4）。

罐　1件。M92：3，泥质灰陶。圆唇，侈口，短束颈，折肩，斜弧腹内收，平底。肩部饰两周凹弦纹。高13.6、口径10.2、腹径14.4、底径8.2厘米（图二二九，2；彩版二三，4；图版三八，5）。

盂　1件。M92：1，泥质灰陶。宽斜折沿，圆唇，侈口，肩微折，斜弧腹内收，平底。腹下部饰粗绳纹。高10.6、口径17.2、腹径15.4、底径7.8厘米（图二二九，3；图版三八，6）。

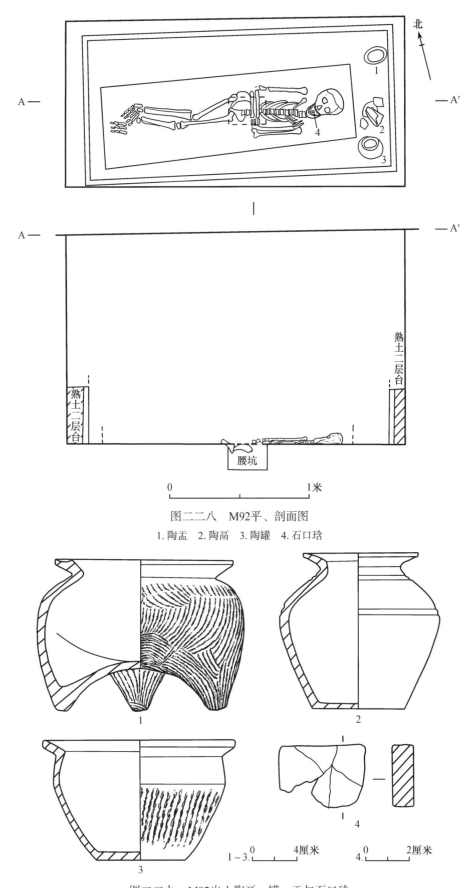

图二二八 M92平、剖面图

1.陶盉 2.陶鬲 3.陶罐 4.石口琀

图二二九 M92出土陶鬲、罐、盂与石口琀

1.陶鬲（M92：2） 2.陶罐（M92：3） 3.陶盂（M92：1） 4.石口琀（M92：4）

2. 石器

1件。为口琀。M92：4，出土时已断裂为5块。石英岩质，白色。近长方形，断面亦呈长方形。长3.9、宽2.8、高0.9厘米（图二二九，4）。

八四、M93

M93位于墓地南区的北中部。

（一）墓葬形制

该墓为南北向长方形竖穴土坑墓，方向20°。墓口开于扰土层下，距现地表0.60米。墓口平面近长方形，南北长4.84米，东西宽3.22～3.60米。墓壁规整，上下基本垂直，墓底平坦。墓底长、宽与墓口尺寸相同，墓深3.70米。

墓底四周有熟土二层台，其中北侧台宽0.40～0.46米，东侧台宽0.30～0.50米，南侧台宽0.42～0.48米，西侧台宽0.50～0.52米，台高0.84米。

墓内填以红褐色为主的花土，略经夯打，较硬，夯层与夯窝不明显，内含少量小料姜石块和小河卵石块。

（二）葬具与葬式

1. 葬具

墓内葬具腐朽严重，结构不清。从灰白色或灰黑色木质朽痕判断，葬具应为单椁重棺。

木椁位于墓底中部，椁室四壁紧贴二层台内壁，平面近长方形，南北长3.96米，东西宽2.42～2.56米，高0.84米，壁板与挡板厚0.04～0.08米，盖板与底板厚度不详。椁盖板是以薄木板呈东西横向排列，底板呈南北纵向平铺。

外棺位于椁室中部，平面呈长方形，南北长2.67米，东西宽1.06～1.08米，高0.76米，壁板与挡板厚0.04～0.08米，盖板与底板厚度不详。

内棺位于外棺中部，平面亦呈长方形，南北长2.20米，东西宽0.68～0.70米，棺高与棺板厚度不详。

2. 葬式

内棺内葬有墓主1人，骨骼保存极差，大部已腐朽成黄褐色粉末。墓主为仰身直肢葬，头北足南，双手交叉置于腹部，身下铺有朱砂。经初步鉴定，墓主为成年男性（图二三〇；彩版一〇，1）。

（三）随葬器物

随葬器物依据用途不同，分别放置于椁室、外棺盖板上、外棺外周围及内棺内。其中椁室东北角放置铜鼎4件、铜簋3件、铜盘1件、铜盉1件，东南角放置铜方壶2件、铜簋2件，西部放置铜镞38件、铜盾钖12件、铜衔6件、铜辖4件、铜镳5件、铜带扣3件、铜小腰3件、骨镳5件、骨管2件、骨小腰1件、L形骨饰1件；外棺盖板上和外棺外南、北、西三面散落有铜翣4件、铜铃6件、铜鱼246件、铜三角形饰1件、薄铜片饰1件、石戈1件、石贝320枚、陶珠662颗，在铜翣附近发现有木质朽痕，应是附着在木质结构上（图二三一）；内棺墓主头部放置玉玦2件、口内放置玉口琀1件，腰部放置铜腰饰1件。

随葬器物共计1338件（枚）。依据质地不同，可分为铜、玉、陶、石和骨五类。

1. 铜器

343件。可分为礼器、兵器、车马器和棺饰等。其中礼器有鼎、簋、方壶、盘和盉五种，兵器有镞和盾钖两种，车马器有衔、辖、镳、带扣和小腰五种，棺饰有铃、鱼、三角形饰和翣四种。另有腰饰和片饰两种。

鼎 4件。形制、纹饰及大小各不相同，除M93∶1为实用器外，其余皆为明器。M93∶1，宽折沿上斜，方唇，口微敛，附耳较直，附耳与口沿之间有连接的小横梁，鼓腹较深，圜底，三矮蹄足中端较细，下端外展宽大，内侧有一道竖向凹槽。底部有烟炱痕。口沿下饰一周S形平目窃曲纹，腹部饰三周垂鳞纹，两种纹样以一周宽凸弦纹间隔，耳的内外侧饰有珠重环纹，蹄足上端饰凸出的扉棱及兽面装饰。内壁有铭文4行16字："虢季氏子虎父作宝鼎子=（子）孙=（孙）永宝用。"通高27.2、口径32.8、腹径28.8、腹深14厘米（图二三二；彩版一五，1、2；图版二六，3、4）。M93∶7，宽折沿上斜，斜方唇，口微敛，附耳，附耳与口沿之间连以小横梁，鼓腹较深，圜底，三矮蹄足中端较细，下端外展宽大。口沿下部饰一周C形平目窃曲纹，腹部饰一周凸弦纹，耳外侧饰有珠重环纹。通高20.5、口径25.6、腹径23.5、腹深9.7厘米（图二三三；彩版一六，1；图版二六，2）。M93∶9，宽折沿上斜，方唇，口微敛，附耳较直，鼓腹较深，圜底，矮蹄足中端较细。口沿下部饰一周无珠重环纹。通高19.4、口径23.0、腹径20.4、腹深10.7厘米（图二三四，1、2；图版二六，5）。M93∶8，窄折沿上斜，方唇，口微敛，直立耳，鼓腹较深，圜底，三矮蹄足。素面。通高13.2、口径14.6、腹径13.6、腹深6.6厘米（图二三四，3；图版二六，6）。

簋 5件。皆为明器。形制基本相同，铸造较粗糙，盖与器浑铸。盖面上隆，顶部有圆形捉手，鼓腹，腹两侧有对称的简易龙首半环形耳或斜三角形耳，无底，中空。腔内有范土。M93∶5，耳为简易龙首半环形，喇叭形圈足下附三矮扁支足。器外口沿饰一周无珠重环纹，

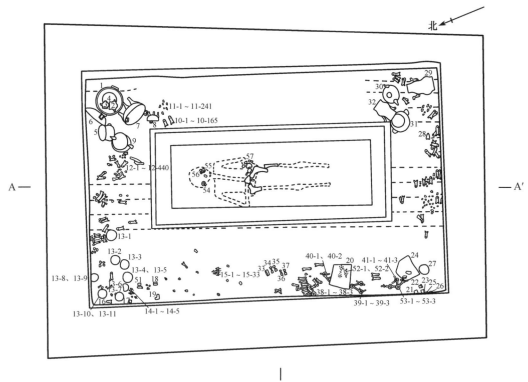

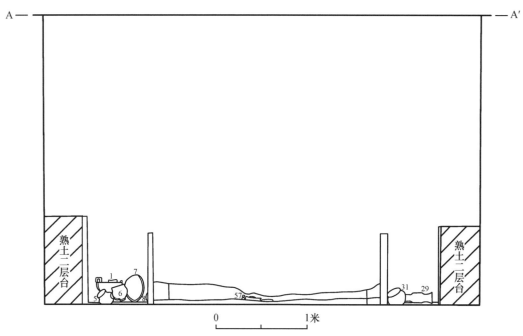

图二三○　M93平、剖面图

1、7～9.铜鼎　2、5、6、30、31.铜簋　3.铜盉　4.铜盘　10-1～10-165.铜鱼　11-1～11-241.石贝　12-1～12-440.陶珠
13-1～13-11、27.铜盾钖　14-1～14-5、15-1～15-33.铜镞　16、28.铜铃　17、51.铜辖首　18、33.骨管　19.L形骨饰
20.薄铜片饰　21～23.铜带扣　24.铜䦉　25、26.铜辖　29、32.铜方壶　34、35.兽首形铜小腰　36.骨小腰　37.多棱形铜小腰
38-1、39-1、40-1、41-1、52-1、53-1.铜衔　38-2、38-3、39-2、39-3、52-2.骨镳　40-2、41-2、41-3、53-2、53-3.铜镳
54、55.玉玦　56.玉口琀　57.铜腰饰

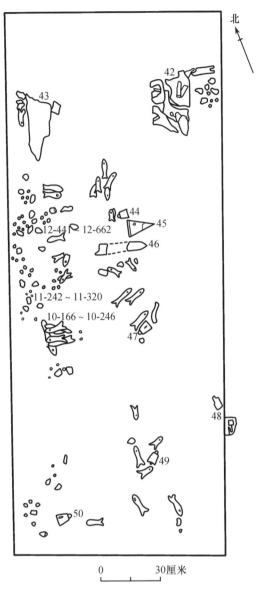

图二三一　M93外棺盖板上随葬器物平面图

10-166～10-246.铜鱼　11-242～11-320.石贝　12-441～12-662.陶珠　42、43、48.铜斝　45.铜三角形饰　44、47、49、50.铜铃
46.石戈

盖面与器腹饰瓦垅纹。通高18.6、腹径22.4、底径19.4厘米（图二三五，1、2；图版二七，1）。M93：30，耳作简易龙首半环形，喇叭形圈足下附三矮扁支足。盖缘与器外口沿交接处饰一周无珠重环纹，盖面与器腹饰瓦垅纹。通高18.4、腹径20.4、底径19.8厘米（图二三五，3、4；图版二七，2）。M93：31，耳作简易龙首半环形，喇叭形圈足下附三矮扁支足。盖缘与器外口沿交接处饰一周无珠重环纹，盖面与器腹饰瓦垅纹。通高19.0、腹径20.6、底径19.2厘米（图二三五，5、6；图版二七，3）。M93：6，耳作简易龙首半环形，喇叭形圈足下附三矮扁支足。盖面与器腹饰瓦垅纹。通高19.0、腹径20.6、底径20.2厘米（图二三六，1；图版二七，4）。M93：2，器型偏小，耳作斜三角形，喇叭形圈足。通高9.2、腹径11.0、底径11.4

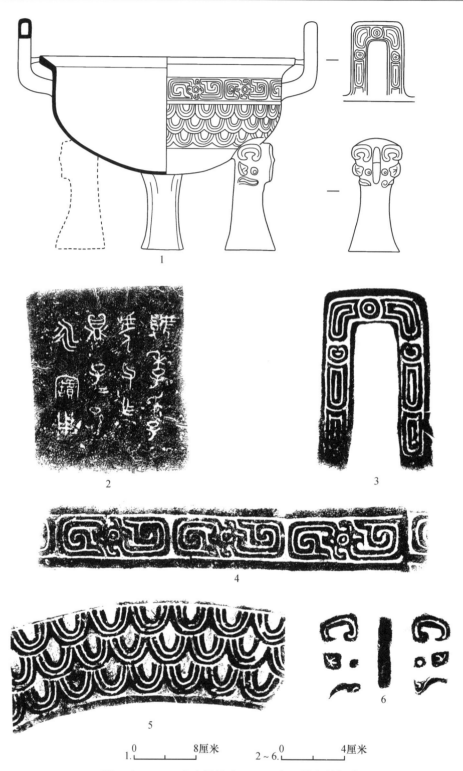

图二三二　M93出土铜鼎（M93∶1）、铭文及拓片

1.鼎　2.铭文拓片　3.耳部纹样拓片　4.沿下纹样拓片　5.腹部纹样拓片　6.足根纹样拓片

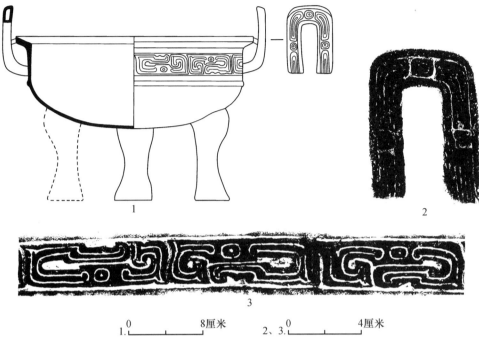

1.鼎 2.耳部纹样拓片 3.沿下纹样拓片

0 8厘米 2、3. 0 4厘米

图二三三 M93出土铜鼎（M93：7）及拓片
1. 鼎 2. 耳部纹样拓片 3. 沿下纹样拓片

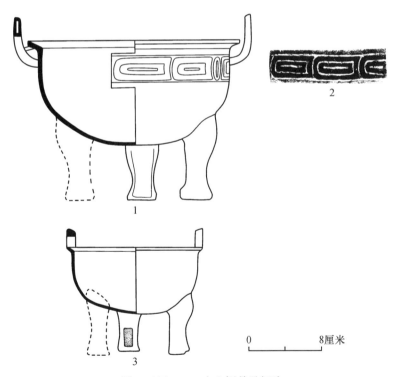

0 8厘米

图二三四 M93出土铜鼎及拓片
1、3.铜鼎（M93：9、M93：8） 2.铜鼎（M93：9）纹样拓片

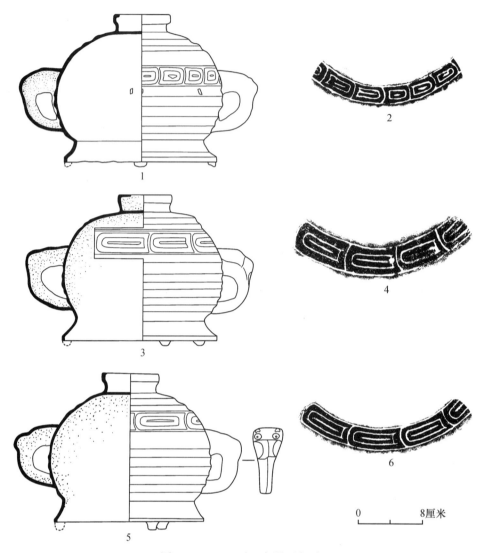

图二三五　M93出土铜簋及拓片

1、3、5.铜簋（M93：5、M93：30、M93：31）　2.铜簋（M93：5）器口沿纹样拓片　4、6.铜簋（M93：30、M93：31）
盖缘与器口沿纹样拓片

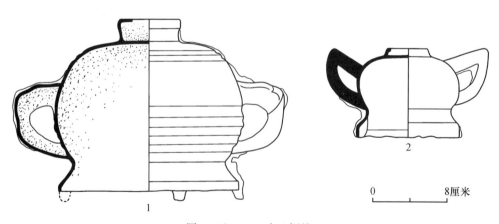

图二三六　M93出土铜簋

1. M93：6　2. M93：2

厘米（图二三六，2；图版二七，5）。

方壶 2件。形制、大小基本相同。整体浑铸，造型粗糙。盖顶有长方形捉手，长颈两侧有对称的竖向扁钮，垂腹外鼓，无底，中空，高圈足。颈上部饰一周无珠重环纹。腔内有范土。M93：29，圈足稍残。通高25、腹径16.4厘米，底长边15.6、短边13.4厘米（图二三七，1、2；彩版一六，3；图版二八，2）。M93：32，圈足略残。通高24.2、腹径16.4厘米，底长边15.6、短边13厘米（图二三七，3、4；彩版一六，4；图版二八，1）。

盘 1件。M93：4，窄折沿微上斜，方唇，敞口，立耳微外侈，浅弧腹，圜底近平，矮圈足，下附三扁支足。通高6.0、口径18.0、腹深2.6厘米（图二三八，1；图版二八，4）。

盉 1件。M93：3，器、盖浑铸，造型粗糙。整体呈椭圆扁鼓状，顶部有方锥形盖，一侧有无孔实心流，平折上扬，另一侧为斜三角形鋬，扁体实心，短束颈，无底，高圈足。腹部正、背面各有4个竖向长方形小孔。通高11.4、通长14.6厘米，腹腔长径7.6、短径5.6、腔体厚3.2厘米（图二三八，2；图版二八，3）。

镞 38件，分2组放置。皆尖锋，双翼有锐刃，高脊，圆柱状铤。依双翼形状，可分为双翼内收形镞与双翼外张形镞两种。

①双翼内收形镞 20件。形制、大小基本相同。双翼贴近镞。隆脊呈折棱形。标本M93：14-3，镞长5.4、双翼宽1.35厘米，铤长2.0、直径0.35厘米（图二三九，1）。标本M93：15-5，镞长5.1、双翼宽1.4厘米，铤长2.0、直径0.4厘米（图二三九，2；图版二八，6）。

②双翼外张形镞 18件。形制、大小基本相同。双翼离镞稍远。标本M93：14-1，镞长5.5、双翼宽1.35厘米，铤长2.0、直径0.4厘米（图二三九，3；图版二八，5）。标本M93：14-2，镞长5.2、双翼宽1.3厘米，铤长1.9、直径0.35厘米（图二三九，4）。标本M93：15-1，镞长7.3、双翼宽1.8厘米，铤长2.7、直径0.5厘米（图二三九，5）。标本M93：15-2，镞长6.8、双翼宽1.9厘米，铤长2.4、直径0.4厘米（图二三九，6）。标本M93：15-3，镞长7.0、双翼宽1.8厘米，铤长2.6、直径0.3厘米（图二三九，7）。标本M93：15-4，镞长6.9、双翼宽1.7厘米，铤长2.7、直径0.35厘米（图二三九，8）。

盾钖 12件。分别出于棺椁之间的西北角和西南角，因胎壁较薄，腐蚀严重，大多破碎不堪。形状基本相同，正面中部隆起，背面相应凹陷，周边有数个小孔。可分大、小两种规格。标本M93：27，残甚。体较大。外径15.3、高1.9、厚0.05厘米（图二四〇，1）。标本M93：13-1，体较小，边缘有一个对称的小穿孔。外径9.6、高1.2、厚0.05厘米（图二四〇，2；图版二九，1）。标本M93：13-2，体较小，边缘有两个对称的小穿孔。外径9.75、高1.2、厚0.05厘米（图二四〇，3；图版二九，2）。标本M93：13-3，残甚。体较小，正面压印图案，图案模糊不清。外径9.75、高1.2、厚0.05厘米（图二四〇，4）。

辖 4件。可分辖首和素面辖两种。

①辖首 2件。形制、大小基本相同。辖首正面饰一龙首，龙首犄角周边有扉棱，呈Y形，双眉呈倒"人"字形，椭圆形目外凸，阔鼻上卷。辖首背面呈马蹄形，两侧面穿孔近长方形。M93：17，高3.2、长4.0、宽4.1厘米（图二四一，3、4；图版二九，3）。M93：51，高3.4、长

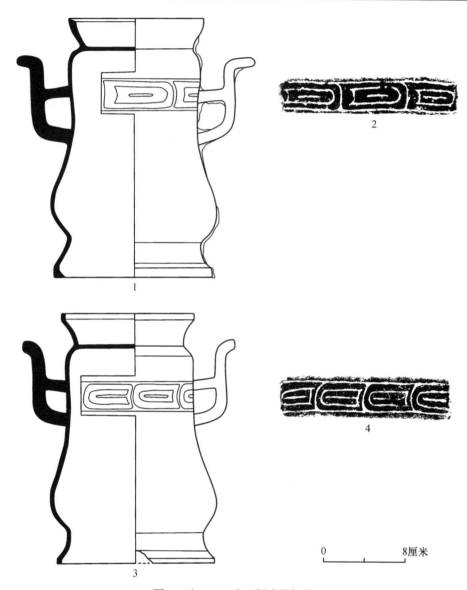

图二三七　M93出土铜壶及拓片

1、3. 铜壶（M93∶29、M93∶32）　　2、4. 铜壶（M93∶29、M93∶32）纹样拓片

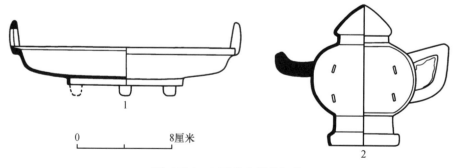

图二三八　M93出土铜盘与盉

1. 盘（M93∶4）　2. 盉（M93∶3）

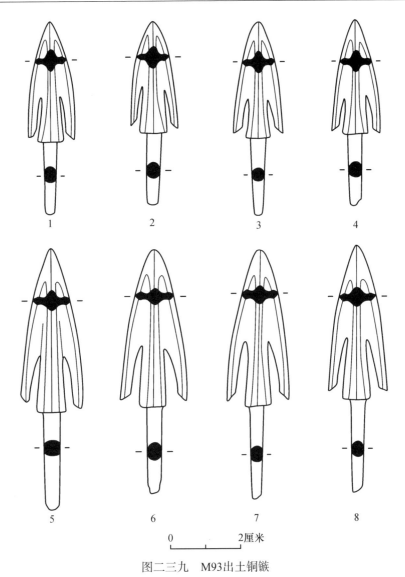

图二三九 M93出土铜镞

1、2.双翼内收形镞（M93：14-3、M93：15-5） 3～8.双翼外张形镞（M93：14-1、M93：14-2、M93：15-1、M93：15-2、
M93：15-3、M93：15-4）

4.0、宽4.1厘米（图二四一，5、6；彩版二一，2；图版二九，4）。

②素面辖 2件。形制、大小相同。辖首正面呈二级台阶状，背面呈方形，穿孔呈扇形；辖键呈扁长条形，末端为斜边（彩版二一，5；图版二九，5）。M93：25，通长10.5厘米，辖键长7.3、宽0.7、厚1.7厘米（图二四一，1）。M93：26，通长10.6厘米，辖键长7.5、宽0.8、厚1.6厘米（图二四一，2）。

衔 6件。形制、大小基本相同。皆由两个"8"字形铜环套接而成，两端环近圆形或椭圆形。M93：38-1，通长18.9厘米，环长径3.9、短径3.8厘米（图二四二，1）。 M93：39-1，通长20.0厘米，环长径3.3、短径2.3厘米（图二四二，2）。M93：40-1，通长19.8厘米，环长径3.6、短径3.6厘米（图二四二，3）。M93：41-1，通长19.8厘米，环长径3.6、短径3.6厘米（图二四二，4；彩版二一，6；图版二九，6）。M93：52-1，一端环略残。通长19.8厘米，环长径

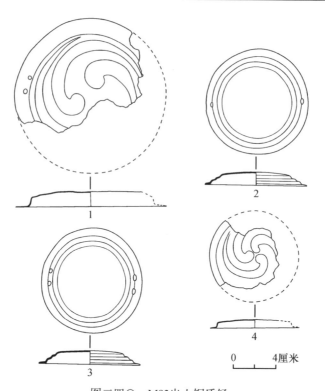

图二四〇　M93出土铜盾钖

1. M93：27　2. M93：13-1　3. M93：13-2　4. M93：13-3

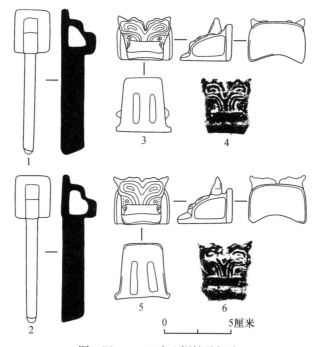

图二四一　M93出土铜辖及拓片

1、2. 素面辖（M93：25、M93：26）　3、5. 辖首（M93：17、M93：51）　4、6. 辖首（M93：17、M93：51）纹样拓片

3.6、短径3.6厘米（图二四二，5）。M93∶53-1，通长18.6厘米，环长径3.8、短径3.8厘米（图二四二，6；图版二九，7）。

镳　5件。形制、大小相同。皆作弧形弯曲状，上端稍粗，下端渐细，表面略鼓，背面有脊，背面中部有两个半环形钮，断面呈扁圆形。标本M93∶41-2、M93∶41-3，一副（彩版二一，2；图版二九，6）。长12.1、宽1.9、厚1.1厘米。M93∶41-2，左首镳（图二四三，1）；M93∶41-3，右首镳（图二四三，2）。标本M93∶53-2、M93∶53-3，一副（图版二九，7）。长12.1、宽1.9、厚1.1厘米。M93∶53-2，左首镳（图二四三，3）；M93∶53-3，右首镳（图二四三，4）。

带扣　3件。形制基本相同，大小有别。器身近长方形，正面呈兽面形并隆起，背面相应凹陷且有一薄宽带状横梁。兽面上部有下垂犄角，鼻部凸起，上细下粗，圆目。M93∶21，兽

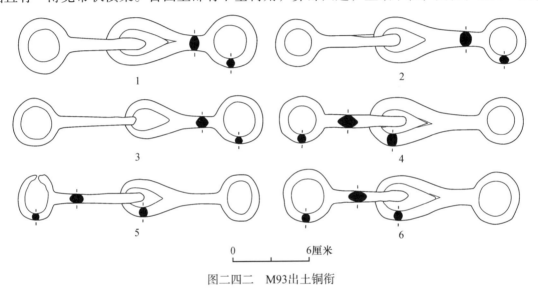

图二四二　M93出土铜衔
1. M93∶38-1　2. M93∶39-1　3. M93∶40-1　4. M93∶41-1　5. M93∶52-1　6. M93∶53-1

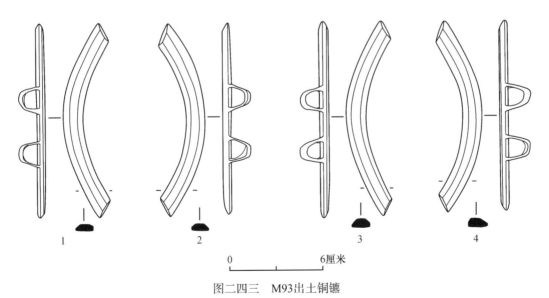

图二四三　M93出土铜镳
1. M93∶41-2（左）　2. M93∶41-3（右）　3. M93∶53-2（左）　4. M93∶53-3（右）

面顶端连接一个横向长方形钮。长4.3、中部宽4.2、厚1.2厘米（图二四四，1、2；图版三〇，1）。M93：23，兽面顶端连接一个横向长方形钮。长4.3、中部宽4.2、厚1.2厘米（图二四四，3、4；彩版二一，3；图版三〇，2）。M93：22，长3.5、中部宽4.3、厚0.8厘米（图二四四，5、6；彩版二一，4；图版三〇，3）。

　　小腰　3件。器身中段细两端粗。依断面形状，可分兽首形扁小腰和多棱形扁小腰两种。

　　①兽首形扁小腰　2件。形制、大小相同。器身扁薄，两端近方形，正面上隆且呈兽首状，背面相应凹陷，中段呈扁条带状。兽首头顶有竖耳，椭圆形目，眼角上挑，鼻子作上细下粗的蛹形（图版三〇，4）。M93：34，长5.1、中部宽1.0厘米（图二四五，1、2）。M93：35，长5.1、中部宽1.0厘米（图二四五，3、4）。

　　②多棱形扁小腰　1件。M93：37，正面上鼓，背面平齐，两端的正面被分割三个平面，形成多个棱脊。长3.8、中部宽1.1厘米（图二四五，5；图版三〇，5）。

　　铃　6件。形制相同，大小略有差异。整体上细下粗，平顶，上有半环形钮，钮下有一穿孔，下口部边缘呈凹弧形，皆有一周内折沿，腔内有槌状铃舌，器身断面呈椭圆形。器身正面或背面有数量不等的细长条形穿孔。M93：16，正面有两个相平行的细长条形穿孔。通高6.3厘米，下口长径3.9、短径2.8厘米，铃舌长3.6厘米（图二四六，1；彩版一九，5；图版三一，1）。M93：28，正面有一个细长条形穿孔。通高6.2厘米，下口长径4.1、短径3厘米，铃舌长3.3厘米（图二四六，2；图版三一，2）。M93：44，因受挤压变形严重。正、背面各有一个细长条形穿孔。通高6.1厘米，下口长径4.7、短径1.6厘米，铃舌长3.8厘米（图二四六，3；图版三一，3）。M93：47，正、背面各有一个细长条形穿孔。通高6.2厘米，下口长径3.9、短径2.8

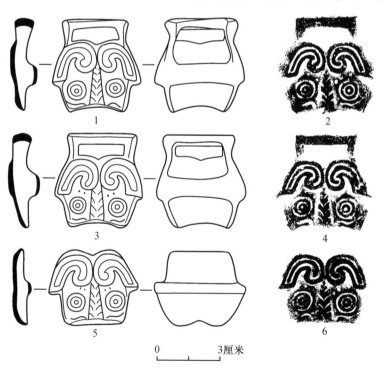

图二四四　M93出土铜带扣及拓片

1. M93：21　2. M93：21纹样拓片　3. M93：23　4. M93：23纹样拓片　5. M93：22　6. M93：22纹样拓片

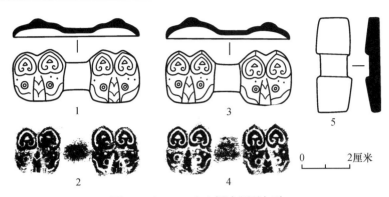

图二四五　M93出土铜小腰及拓片

1、3.兽首形扁小腰（M93∶34、M93∶35）　　2、4.兽首形扁小腰（M93∶34、M93∶35）纹样拓片

5.多棱形扁小腰（M93∶37）

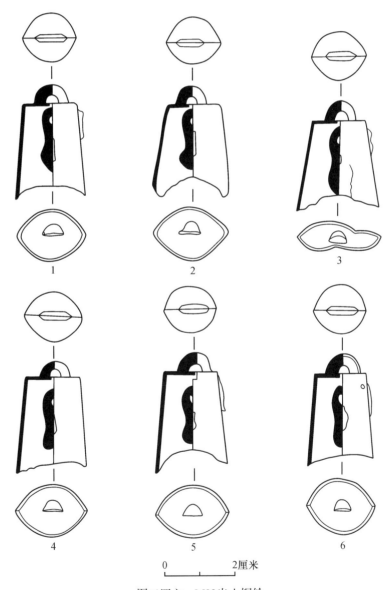

图二四六　M93出土铜铃

1. M93∶16　2. M93∶28　3. M93∶44　4. M93∶47　5. M93∶49　6. M93∶50

厘米，铃舌长3.4厘米（图二四六，4；图版三一，4）。M93：49，正、背面各有一个细长条形穿孔。通高6.7厘米，下口长径4.1、短径2.9厘米，铃舌长3.2厘米（图二四六，5；图版三一，5）。M93：50，正面有一个细长条形孔和一个圆形穿孔，背面有一个细长条形穿孔。通高6.2厘米，下口长径3.8、短径3.1厘米，铃舌长3.4厘米（图二四六，6；图版三一，6）。

鱼　246件。出土于棺板上及其周围，大部分散落于椁室内。形制基本相同，大小略有差别。鱼身作扁薄的长条形，背上、腹部、臀部各有一鱼鳍，头端有一椭圆形穿孔表示鱼眼，可系缀。正面刻鱼鳞纹（图版三○，6）。标本M93：10-1，长7.7、宽2.2、厚0.15厘米（图二四七，1、2）。标本M93：10-2，长7.2、宽2.0、厚0.15厘米（图二四七，3、4）。标本M93：10-3，长6.6、宽2.0、厚0.15厘米（图二四七，5、6）。标本M93：10-4，长6.5、宽1.9、厚0.15厘米（图二四七，7、8）。标本M93：10-5，长6.7、宽2.0、厚0.15厘米（图二四七，9、10）。标本M93：10-6，长6、宽1.5、厚0.15厘米（图二四七，11、12）。

三角形饰　1件。M93：45，呈矮三棱锥体，器身底部呈等腰三角形，正面中部隆起，背面相应凹陷，沿底部一周有外折框边，其上分布有5个小穿孔。器表饰一组单首双身龙纹，龙

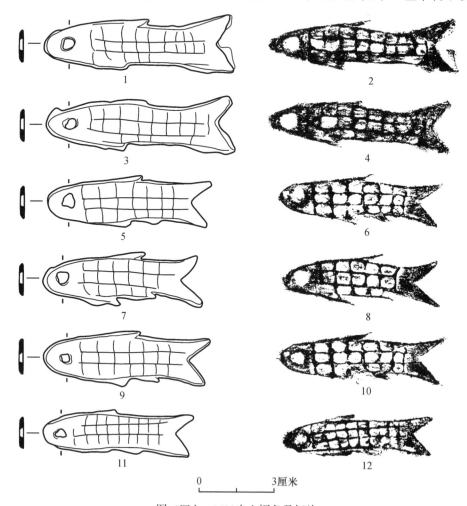

图二四七　M93出土铜鱼及拓片

1. M93：10-1　2. M93：10-1纹样拓片　3. M93：10-2　4. M93：10-2纹样拓片　5. M93：10-3　6. M93：10-3纹样拓片
7. M93：10-4　8. M93：10-4纹样拓片　9. M93：10-5　10. M93：10-5纹样拓片　11. M93：10-6　12. M93：10-6纹样拓片

有双足，口吐长舌，旁出獠牙，龙身饰变体凸目窃曲纹。椎体高1.2厘米，三角形底边长6.3、高9.4厘米（图二四八；彩版一九，3；图版三二，1）。

翠　4件。其中2件分别位于外棺盖板上的东北角和西北角，1件滑落于外棺和椁之间的西南部，1件则滑落于外棺外的东南侧。皆为极薄的薄片，因锈蚀严重已破碎不堪，无法修复。可辨为似"山"字形的薄铜片，上有细小的长方形镂孔，在其附近清理出木板朽痕，推测应贴附在木质结构上。

腰饰　1组。出土于墓主的腰部。M93：57，由小带扣和双龙纹圆形饰组成，均破碎严重，数量不详，无法修复。

薄片饰　1件。M93：20，位于外棺和椁之间的西南部。因锈蚀严重已破碎不堪，无法修复。可辨为近长方形的薄片，表面按压有多组很浅的平行线纹。

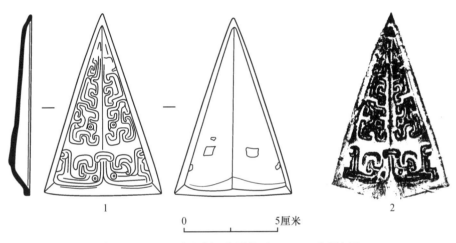

图二四八　M93出土铜三角形饰（M93：45）及拓片
1. 三角形饰　2. 纹样拓片

2. 玉器

3件。有玦和口琀两种。

玦　2件。出土于墓主人头部。形制基本相同，大小及纹样不同。皆作圆形扁平体，一侧有缺口。M93：54，青玉，浅冰青色，局部受沁有黄褐或黄白斑。玉质细腻，半透明。正面微鼓，背面平，断面近长方形。正面饰阴线缠尾双龙纹，背面为素面。外径3.9、内径1.4、厚0.4厘米（图二四九，1、2；彩版二九，3）。M93：55，白玉，乳白色，局部受沁有棕黄斑。玉质细腻，透明度好。断面近长方形。正面阴刻一只凤鸟纹，背面为素面。外径4.0、内径1.3、厚0.25厘米（图二四九，3、4；彩版二九，4）。

口琀　1件。M93：56，出土于墓主人的口内。略残，且断裂为7块。青玉，冰青色，局部受沁呈浅棕褐色或有灰白斑。玉质细腻，半透明。玦形扁平体，一侧有缺口，断面呈长方形。正面阴刻一只变形龙纹，背面为素面。外径5.4、内径1.9、厚0.3厘米（图二四九，5、6；彩版二九，5）。

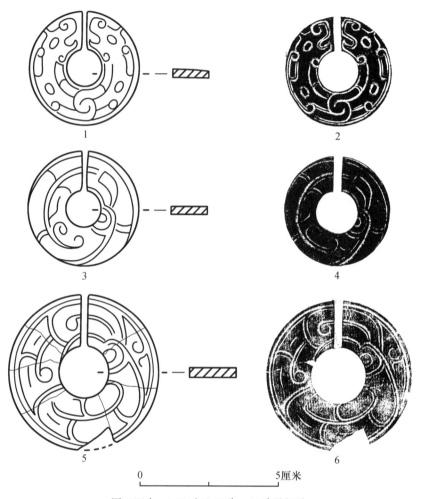

图二四九　M93出土玉玦、口琀及拓片

1、3. 玦（M93：54、M93：55）　2、4. 玦（M93：54、M93：55）纹样拓片　5. 口琀（M93：56）

6. 口琀（M93：56）纹样拓片

3. 陶器

　　662颗。均为珠。出土于棺罩附近，散落于外棺和椁之间。形状基本相同，有大小之别。均为泥质灰黑陶。整体呈菱形，两端较尖，中部有凸起的尖锐外轮，中间有一纵向贯穿孔，断面为圆形。标本M93：12-1，瘦长型之最大者。长2.5、直径1.5厘米（图二五〇，1）。标本M93：12-2，瘦长型之较大者。长2.2、直径1.4厘米（图二五〇，2）。标本M93：12-3，瘦长型之最小者。长1.8、直径1.4厘米（图二五〇，3）。标本M93：12-4，短胖型之最大者。长2、直径1.85厘米（图二五〇，4）。标本M93：12-5，短胖型之较大者。长1.65、直径1.7厘米（图二五〇，5）。标本M93：12-6，短胖型之最小者。长1.1、直径1.1厘米（图二五〇，6）。

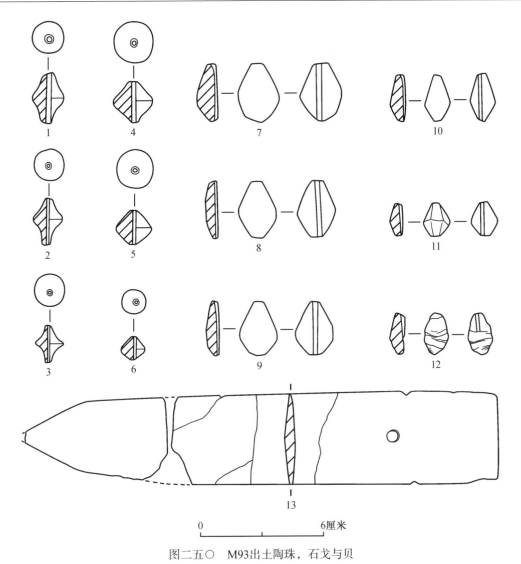

图二五〇 M93出土陶珠，石戈与贝

1~6.陶珠（M93：12-1、M93：12-2、M93：12-3、M93：12-4、M93：12-5、M93：12-6） 7~12.石贝（M93：11-1、
M93：11-2、M93：11-3、M93：11-4、M93：11-5、M93：11-6） 13.石戈（M93：46）

4. 石器

321件。有戈和贝两种。

戈 1件。M93：46，出土于内棺盖板上部，已断裂成6块。青石质，因腐蚀泛青白色，石质较细腻。锋呈斜三角形，锐利，直援无脊，边刃锋利，援本中部有一小圆穿。长方形直内。残长18.6、援宽4.4厘米，内长4.3、宽4.2、厚0.4厘米（图二五〇，13；彩版四七，5）。

石贝 320枚。与铜鱼、陶珠同出于棺外椁内，应为棺罩上的坠饰，因棺木腐朽坍塌而散落。石英岩质，少数呈青灰色，多数呈灰白色，因受沁而表面粗糙。形制基本相同，大小略有差异。上端尖，下端呈弧形，正面鼓起，近上端有一圆形穿孔，背面平且中部纵向刻一道浅槽。标本M93：11-1，较大。长2.8、宽2.0、厚1.0厘米（图二五〇，7）。标本M93：11-2，较大。长2.7、宽1.8、厚0.6厘米（图二五〇，8）。标本M93：11-3，较大。长2.6、宽1.8、厚0.6厘米（图二五〇，9）。标本M93：11-4，较瘦长。长2.3、宽1.25、厚0.7厘米（图二五〇，10）。标本M93：11-5，较小。长1.6、宽1.3、厚0.65厘米（图二五〇，11）。标本M93：11-6，较小，长2.0、宽1.3、厚0.7厘米（图二五〇，12）。

5. 骨器

9件。有镳、小腰、管与L形饰四种。

镳　5件。皆残。作弧形弯曲状，一端平齐，另一端尖细，断面呈切角长方形，较窄的两侧面上透穿两个长方形孔。标本M93：38-2、M93：38-3，一副。形制相同，大小不同。M93：38-2，左首镳，长14厘米、最大断面1.5厘米×1.7厘米（图二五一，1）；M93：38-3，右首镳，长16.1、最大断面1.6厘米×1.8厘米（图二五一，2）。标本M93：39-2、M93：39-3，一副。形制相同，大小不同。M93：39-2，左首镳，长13、最大断面1.5厘米×2厘米（图二五一，3）；M93：39-3，右首镳，长15.8、最大断面1.4厘米×2.1厘米（图二五一，4）。

小腰　1件。M93：36，器身中段细两端粗，正面上鼓，背面平齐，两端呈束腰竹节形。长3.0、中部宽0.9厘米（图二五一，5；彩版五一，2）。

管　2件。出土时均残损。形制、大小基本相同。皆作短圆管状。标本M93：18，略有残

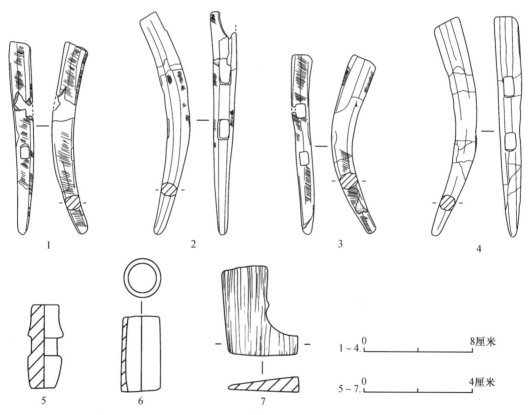

图二五一　M93出土骨镳、小腰、管与L形饰

1、3. 镳（M93：38-2、M93：39-2）（左）　2、4. 镳（M93：38-3、M93：39-3）（右）　5. 小腰（M93：36）
6. 管（M93：18）　7. L形饰（M93：19）

损。长2.6厘米，孔外径1.4、内径1.1厘米（图二五一，6；彩版三二，2）。

L形饰　1件。M93：19，器身近L形，一端较宽，器身上端内侧部分中空。长3.2、宽2.6、厚0.4厘米（图二五一，7；彩版五一，4）。

八五、M94

M94位于墓地南区的北中部。该墓东北角和中南部分别被现代窖穴打破，其中东北角的窖穴深1.90米，中南部窖穴的深度直达墓底。

（一）墓葬形制

该墓为南北向长方形竖穴土坑墓，方向20°。墓口开于扰土层下，距现地表0.60米。墓口平面呈长方形，南北长4.70米，东西宽2.60～2.68米。墓底略大于墓口，墓壁光滑规整，东西两壁斜直外张，南北两壁陡直，墓底平坦。墓底长4.70米，宽2.70～2.86米，墓深2.84米。

墓底四周有熟土二层台，其中北侧台宽0.42～0.48米，东侧台宽0.06～0.10米，南侧台宽0.38～0.40米，西侧台宽0.08～0.18米，台高0.90米。

墓内填以红褐色为主的花土，略经夯打，较硬，夯层与夯窝不明显，内含少量小料姜石块和小河卵石块。

（二）葬具与葬式

1. 葬具

墓内葬具腐朽严重，结构不清。从灰白色或灰黑色木质朽痕判断，葬具为单椁重棺。

木椁位于墓底中部，椁室四壁紧贴二层台内壁，平面近长方形。南北长3.76米，东西宽2.60～2.70米，高0.86米，壁板与挡板厚0.04米，盖板与底板厚度不详。

外棺位于椁室中部偏东，平面呈长方形，南部被一现代窖穴破坏。外棺南北残长1.38～1.64米，东西宽1.10～1.12米，残高0.58米，壁板与挡板厚0.06米，盖板与底板厚度不详。

内棺位于外棺内偏西，平面呈长方形，南部被一现代窖穴破坏。南北残长1.26～1.30米，东西宽0.68～0.70米，残高0.13米，壁板与挡板厚0.02米，盖板与底板厚度不详。

2. 葬式

内棺内葬有墓主1人，骨骼保存较差。墓主为仰身直肢葬，头北足南。经初步鉴定，墓主为女性，年龄为45岁左右（图二五二；彩版一〇，2）。

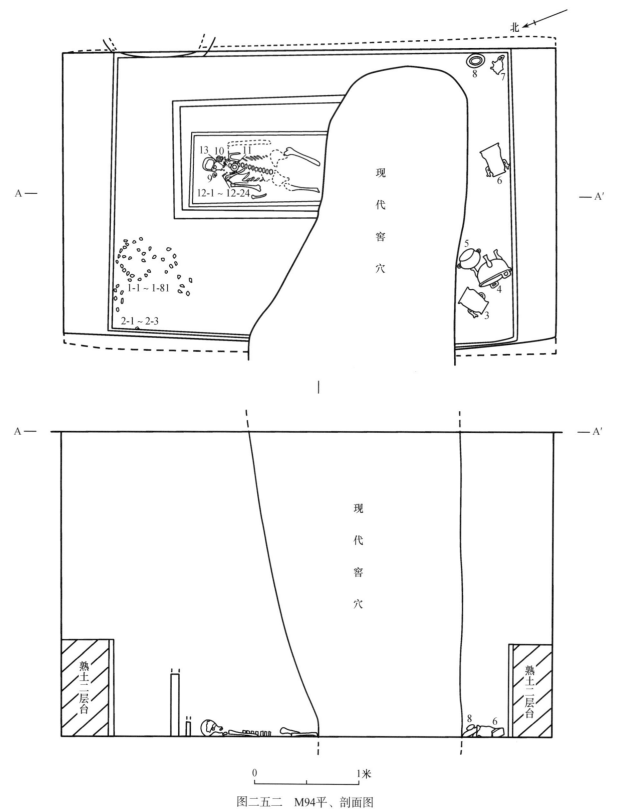

图二五二　M94平、剖面图

1-1～1-81.石贝　2-1～2-3.蚌管　3、6.铜方壶　4.铜鼎　5.铜簋　7.铜盉　8.铜盘　9、10.玉玦　11.玉环
12-1～12-24.玛瑙腕饰　13.玉口琀

（三）随葬器物

随葬器物分别放置于椁室和内棺内。其中椁室西北角放置石贝81枚、蚌管3件，南部有铜方壶2件、铜鼎1件、铜簋1件、铜盂1件、铜盘1件；内棺墓主头部放置玉玦2件，口内放置玉口琀1件，颈部放置玉环1件，肩部放置玛瑙腕饰1组24颗。

随葬器物共计118件（颗）。依质地可分为铜、玉、玛瑙、石和蚌五类。

1. 铜器

6件。皆为明器。有鼎、簋、方壶、盂、盘五种。

鼎 1件。M94：4，窄折沿上斜，方唇，口微敛，直立耳，鼓腹较深，圜底，三矮蹄足下端较大。口沿下饰一周重环纹，耳外侧饰 n 形凹弦纹。通高27.4、口径27.4、腹径26.1、腹深14.0厘米（图二五三，1~3；彩版一六，2；图版三二，2）。

簋 1件。M94：5，铸造较粗糙，盖与器浑铸。盖面上隆，顶部有圆形捉手，鼓腹两侧有对称的简易龙首形耳，无底，中空，喇叭形圈足。腔内有范土。口沿饰一周无珠重环纹，盖面与器腹饰瓦垄纹。通高17.0、腹径21厘米（图二五三，4、5；图版三二，3）。

方壶 2件。形制基本相同，大小略有差异。整体浑铸，造型粗糙。盖顶有长方形捉

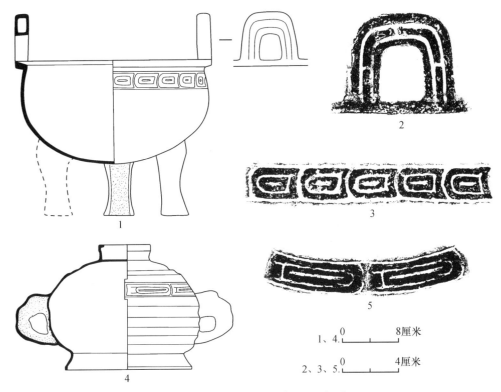

图二五三 M94出土铜鼎、簋及拓片

1.鼎（M94：4） 2.鼎（M94：4）耳部纹样拓片 3.鼎（M94：4）沿下纹样拓片 4.簋（M94：5）
5.簋（M94：5）口沿纹样拓片

手，长颈两侧有对称的竖向扁钮，垂腹外鼓，无底，中空，椭方形高圈足。腔内有范土。M94：3，一耳上端略残。颈部饰一周无珠重环纹。通高24.8厘米，口长12.9、宽11.1厘米，腹长16.3、宽13.6厘米，底长14.7、宽12.6厘米（图二五四，1、2；图版三二，4）。M94：6，颈部饰一周无珠重环纹和一周直线勾云纹。通高25厘米，口长13.1、宽11.6厘米，腹长16.9、宽13.4厘米，底长15.0、宽13.1厘米（图二五四，3、4）。

　　盘　1件。M94：8，窄折沿上斜，方唇，口微敞，立耳，上腹较直，下腹斜弧内收，平底，喇叭形高圈足。通高11.2、口径26.5、腹深4.8厘米（图二五五，1；图版三二，5）。

　　盉　1件。M94：7，流部残缺。整体浑铸而成，造型粗糙。整体呈椭圆扁鼓状，顶部有方锥形盖，一侧有无孔实心流，另一侧为斜三角形鋬，无底，中空，矮圈足，下有四简易蹄足。腹腔内有范土。通高8.8、残长12.1厘米，腹腔长径7.3、短径5.1、腔体厚3.45厘米（图二五五，2；图版三二，6）。

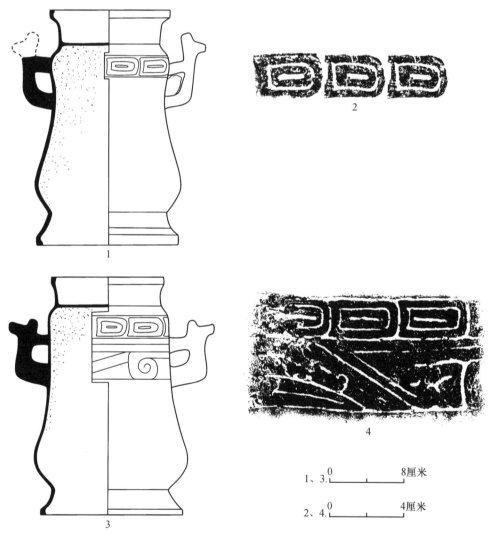

图二五四　M94出土铜方壶及拓片
1、3.方壶（M94：3、M94：6）　2、4.方壶（M94：3、M94：6）颈部纹样拓片

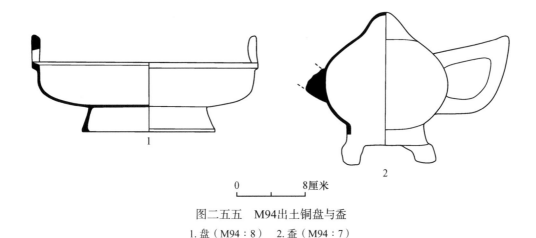

图二五五　M94出土铜盘与盉

1. 盘（M94∶8）　2. 盉（M94∶7）

2. 玉器

4件。有玦、环和口琀三种。

玦　2件。均系旧玉改制而成。玉质、玉色及形制、大小基本相同。皆为青白玉，青白色。玉质细腻，微透明。均作圆形扁平体，一侧有缺口，断面长方形。M94∶9，正面饰凹弦纹。外径2.8、内径0.8、厚0.45厘米（图二五六，1、2；彩版二九，6）。M94∶10，正面饰凹弦纹，背面保留有旧器的勾云纹。外径2.8、内径0.8、厚0.45厘米（图二五六，3、4；彩版三〇，1）。

环　1件。M94∶11，白玉，乳白色，局部受沁呈黄褐色。玉质细腻，半透明。圆形，断面呈长方形。外径6.8、孔径3.9、厚0.5厘米（图二五六，5；彩版二六，2）。

口琀　1件。M94∶13，出土时断裂为3块，黏合后为玦形。青玉，深冰青色，局部受沁呈棕褐色。玉质细腻，半透明。为圆形扁平体，一侧有缺口，断面呈长方形。正面饰弧线、勾云纹。外径5.4、内径1.7、厚0.2厘米（图二五六，6、7；彩版三〇，2）。

3. 玛瑙器

1组24颗。应为墓主右手腕饰。M94∶12，出土于墓主右肩部（图二五七）。由大小不等的红色玛瑙珠单行相间串联而成（图二五八，1；彩版二六，1）。玛瑙珠皆为圆鼓状，大小不一，制作不甚规整。高0.4～1.0厘米，直径0.4～1.2厘米。标本M94∶12-1，高0.6、直径1.2厘米（图二五八，2）。标本M94∶12-2，高0.8、直径0.5厘米（图二五八，3）。

4. 石器

81枚。均为贝。石英岩质，白色。形制、大小基本相同。前端较尖，下端呈弧形，正面上鼓，近上端有圆形小穿孔，多数背面有一道竖向凹槽。标本M94∶1-1，长2.5、宽1.8、厚1.2厘米（图二五九，1）。标本M94∶1-2，长2、宽1.5、厚0.6厘米（图二五九，2）。标本M94∶1-3，

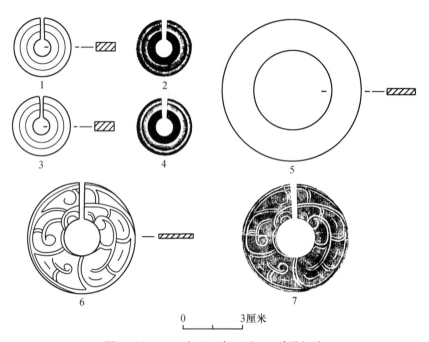

图二五六　M94出土玉玦、环、口琀及拓片

1、3. 玦（M94：9、M94：10）　2、4. 玦（M94：9、M94：10）纹样拓片　5. 环（M94：11）　6. 口琀（M94：13）
7. 口琀（M94：13）纹样拓片

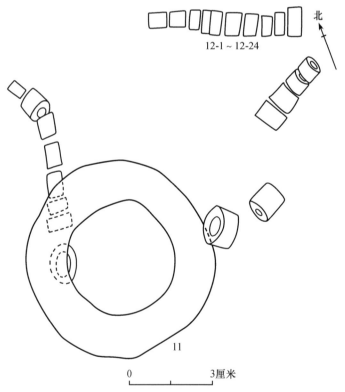

图二五七　M94出土玛瑙腕饰（M94：12）情况

11. 玉环　12-1～12-24. 玛瑙腕饰

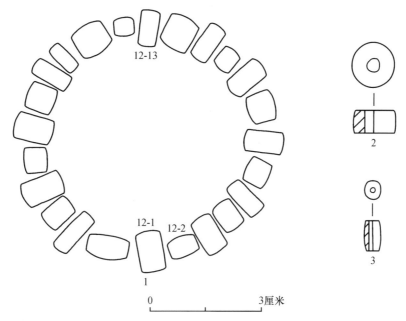

图二五八　M94出土玛瑙腕饰（M94：12）与腕饰中的珠

1.玛瑙腕饰（M94：12）复原图　2、3.玛瑙珠（M94：12-1、M94：12-2）

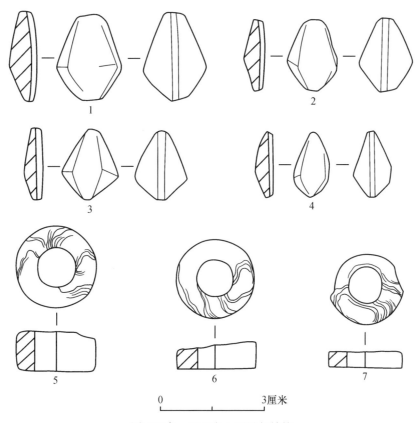

图二五九　M94出土石贝与蚌管

1～4.石贝（M94：1-1、M94：1-2、M94：1-3、M94：1-4）　5～7.蚌管（M94：2-1、M94：2-2、M94：2-3）

长1.8、宽1.5、厚0.35厘米（图二五九，3）。标本M94∶1-4，长1.7、宽1.1、厚0.5厘米（图二五九，4）。

5. 蚌器

3件。均为管。形制相同，大小不一。皆为短圆管状（彩版五一，3）。M94∶2-1，高1、外径2.2、孔径1.1厘米（图二五九，5）。M94∶2-2，高0.8、外径2.2、孔径1.1厘米（图二五九，6）。M94∶2-3，高0.4、外径2.2、孔径1.1厘米（图二五九，7）。

八六、M95

M95位于墓地东北区的东南部。

（一）墓葬形制

该墓为东西向长方形竖穴土坑墓，方向115°。墓口开于扰土层下，距现地表0.50米。墓口平面呈长方形，东西长2.80米，南北宽1.26～1.30米。墓底略大于墓口，墓壁修整较光滑，四壁自墓口向下斜直稍外张，墓底平坦。墓底东西长2.88米，南北宽1.36～1.42米，墓深1.30米。

墓底四周有熟土二层台，其中北侧台宽0.06～0.10米，东侧台宽0.25米，南侧台宽0.08～0.12米，西侧台宽0.22米，台残高0.30米。

墓内填以红褐色为主的花土，土质较疏松，内含少量小料姜石块。

（二）葬具与葬式

1. 葬具

墓内葬具腐朽严重，结构不清。从残存的灰黑色木质朽痕判断，葬具应为单椁。

木椁位于墓底中部，平面呈长方形，东西长2.40米，南北宽1.16～1.20米，残高0.30米，椁板厚度不详。

2. 葬式

椁室底中部葬有墓主1人，骨骼上部腐朽严重，下肢保存尚好。墓主为仰身直肢葬，头东足西。经初步鉴定，墓主性别不详，年龄为成年（图二六〇；图版一〇，1）。

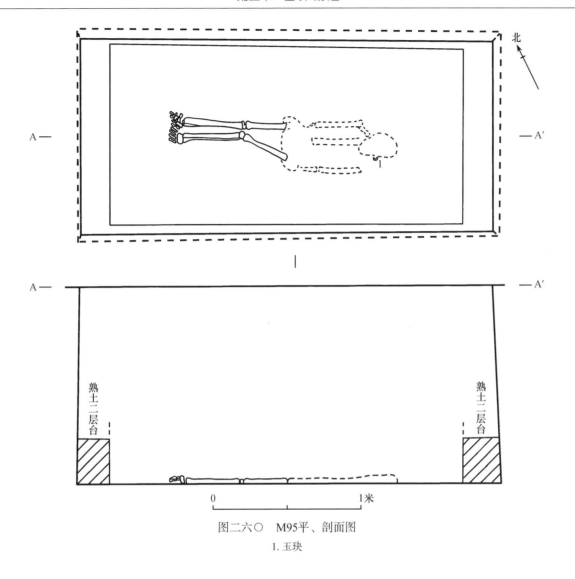

图二六〇 M95平、剖面图
1. 玉玦

（三）随葬器物

随葬器物放置于椁室内墓主头部左侧，仅有残玉玦1件。

玉玦 1件。M95：1，残缺一半。青玉，豆青色。扁平体，断面呈长方形。外径2.5、宽0.96、厚0.3厘米（图二六一）。

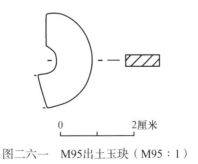

图二六一 M95出土玉玦（M95：1）

八七、M96

M96位于墓地东北区的中部。

（一）墓葬形制

该墓为东西向长方形竖穴土坑墓，方向110°。墓口开于扰土层下，距现地表0.80米。墓口西部稍高，平面呈长方形，东西长1.88米，南北宽0.72米。墓壁较规整，上下垂直，墓底西高东低，略呈斜坡状。墓底长、宽与墓口尺寸相同，墓深0.16米。

墓内填以红褐色为主的花土，土质较硬。

（二）葬具与葬式

1. 葬具

墓内葬具腐朽严重，结构不明。依残存灰白色木质朽痕可判断，葬具为单棺。

木棺位于墓底中部偏南，棺的南壁板与西挡板紧贴墓壁，平面呈长方形，东西长1.86米，南北宽0.58米，残高0.16米，壁板与挡板厚0.02米，盖板与底板厚度不详。

2. 葬式

棺内葬有墓主1人，骨骼保存较好。墓主为仰身屈肢葬，头东足西，面向上，双手交叉置于腹部，下肢微屈。经初步鉴定，墓主为女性，年龄为30～35岁（图二六二）。

（三）随葬器物

随葬器物均放置于棺内。其中墓主头部两侧各放置玉玦1件，墓主口中放置玉口琀和石口琀各1件。

随葬器物共计4件。依质地可分为玉和石两类。

1. 玉器

3件。有玦与口琀两种。

玦　2件。玉质、玉色及形状相同，大小不同。皆为青玉，深豆青色，局部受沁有黄白斑。玉质较细腻，微透明。均作圆形扁平体，一侧有缺口，断面呈长方形。素面（彩版四八，

1）。M96：1，外径2.1、内径0.75、厚0.4厘米（图二六三，1）。M96：2，出土时略残，且断裂为2块。中部有两个小圆穿。外径2.1、内径0.7、厚0.4厘米（图二六三，2）。

口琀　1件。M96：3-1，部分残缺，且断裂为2块。青玉，深冰青色，局部受沁有黄白斑。玉质较细腻，微透明。玦形扁平体，一侧有缺口，断面呈长方形。外径2.6、内径0.8、厚0.3厘米（图二六三，3）。

2. 石器

1件。为口琀。M96：3-2，出土时断裂为3块。石英岩质，白色，受沁呈土黄色。玦形扁平体，一侧有缺口，断面呈长方形。外径2.8、内径0.9、厚0.4厘米（图二六三，4）。

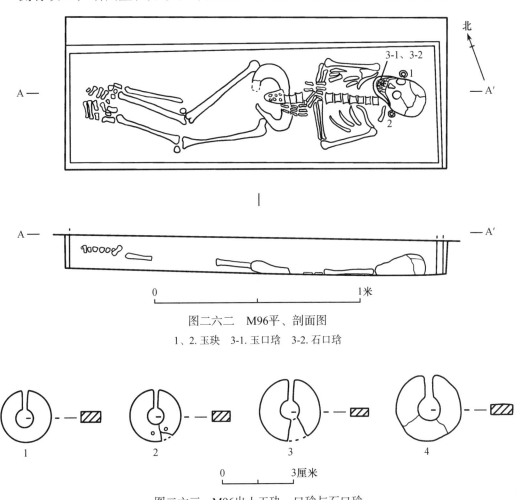

图二六二　M96平、剖面图
1、2.玉玦　3-1.玉口琀　3-2.石口琀

图二六三　M96出土玉玦、口琀与石口琀
1、2.玉玦（M96：1、M96：2）　3.玉口琀（M96：3-1）　4.石口琀（M96：3-2）

八八、M97

M97位于墓地东北区的中部。该墓西中部被一现代椭圆形窖穴打破，坑口长0.68米，宽0.54米，深度与墓底相平，坑内填有大量河卵石块。

（一）墓葬形制

该墓为东西向长方形竖穴土坑墓，方向110°。墓口开于扰土层下，距现地表0.40米。墓口平面呈长方形，东西长2.68米，南北宽1.20米。墓底略大于墓口，墓壁修整较光滑，自墓口向下斜直略外张，墓底平坦。墓底东西长2.90米，南北宽1.40米，墓深2.30米。

墓底四周有熟土二层台，其中北侧台宽0.08米，东侧台宽0.14米，南侧台宽0.08米，西侧台宽0.04米，台残高0.36米。

墓内填以红褐色为主的花土，土质较疏松，内含少量小料姜石块。

（二）葬具与葬式

1. 葬具

墓内葬具腐朽严重，结构不明。从残存的灰白色和灰黑色木质痕迹可判断，葬具为单椁。

木椁位于墓底中部，椁室四壁紧贴二层台内壁，平面呈长方形，东西长2.66米，南北宽1.18米，残高0.36米，椁板厚度不详。在紧靠椁室内壁的东、南、北三面发现有较大的河卵石块，应为固定椁壁板或挡板之用。

2. 葬式

椁室内葬有墓主1人，骨骼保存较好。墓主为仰身直肢葬，头东足西，面向上，双手交叉置于腹右下部。经初步鉴定，墓主为男性，年龄为45岁左右（图二六四）。

（三）随葬器物

随葬器物均放置于椁室内。其中墓主右胸部放置石圭1件，口中放置绿松石口琀2件。

随葬器物共计3件。均为石器，有圭与口琀两种。

圭　1件。M97：1，出土时已断裂为3块，且两端残缺。石英岩质，白色。扁长方体，断面近长方形。残长5.6、宽1.9、厚0.2厘米（图二六五，1）。

口琀　2件。皆为绿松石质。均作上细下粗的短方管状（彩版四八，2）。M97：2-1，断

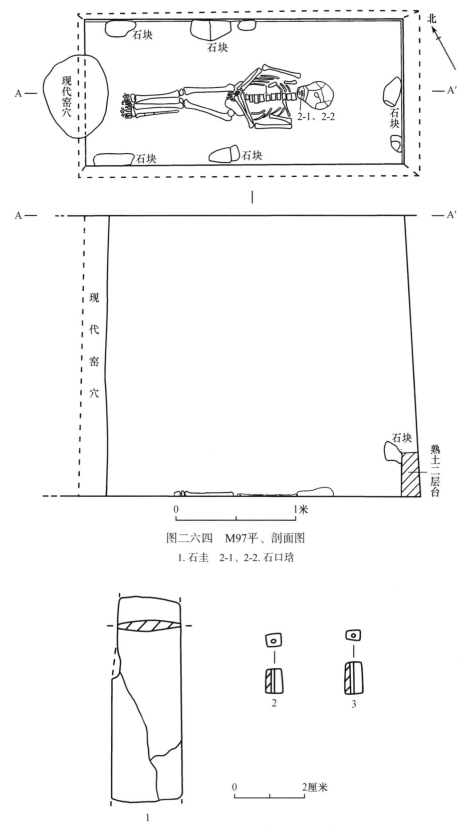

图二六四　M97平、剖面图

1.石圭　2-1、2-2.石口琀

图二六五　M97出土石圭与绿松石口琀

1.石圭（M97∶1）　　2、3.绿松石口琀（M97∶2-1、M97∶2-2）

面呈长方形。高0.6厘米，细端长0.4、宽0.35厘米，粗端长0.5、宽0.4厘米（图二六五，2）。M97：2-2，断面近长方形。高0.9厘米，细端长0.45、宽0.3厘米，粗端长0.55、宽0.3厘米（图二六五，3）。

八九、M98

M98位于墓地东北区的中部。

（一）墓葬形制

该墓为东西向长方形竖穴土坑墓，方向110°。墓口开于扰土层下，距现地表0.62米。墓口平面呈长方形，东西长2.24米，南北宽1.08~1.12米。墓壁光滑规整，上下垂直，墓底平坦。墓底长、宽与墓口尺寸相同，墓深0.70米。

墓内填以红褐色为主的花土，土质较疏松，内含少量小料姜石块。

（二）葬具与葬式

墓内未发现葬具痕迹和人骨，应为早期迁葬，故墓内葬具与葬式情况不明（图二六六）。

（三）随葬器物

无。

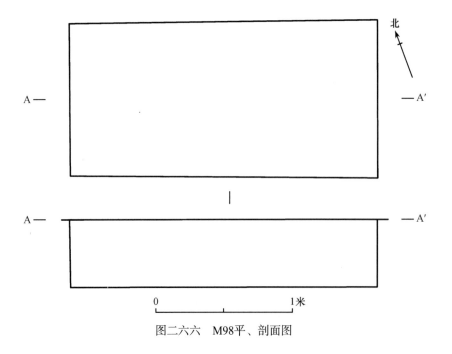

图二六六　M98平、剖面图

九〇、M99

M99位于墓地东北区的中部。

（一）墓葬形制

该墓为东西向长方形竖穴土坑墓，方向298°。墓口开于扰土层下，距现地表0.80米。墓口平面呈长方形，东西长2.40米，南北宽1米。墓壁光滑规整，上下垂直，墓底平坦。墓底长、宽与墓口尺寸相同，墓深1.16米。

墓内填以红褐色为主的花土，土质较硬，内含少量小料姜石块。

（二）葬具与葬式

1. 葬具

墓内葬具腐朽严重，结构不清。从残存的灰黑色木质痕迹可知，葬具为单棺。

木棺位于墓底中部，平面呈长方形，东西长1.98米，南北宽0.62米，残高0.24米，壁板与挡板厚0.02～0.03米，盖板与底板厚度不详。从残存的灰黑色木质朽痕看，棺盖板是由宽0.18～0.2米的薄木板东西纵向拼成，腐朽后自南向北倾斜塌落于棺内墓主身上。

2. 葬式

棺内葬有墓主1人，骨骼保存较好。墓主为仰身直肢葬，头西足东，面向上，双手交叉置于腹左下部。经初步鉴定，墓主为女性，年龄为18～20岁（图二六七；图版一〇，2）。

（三）随葬器物

随葬器物均放置于棺内。其中墓主头部两侧各放置石块1件，墓主口内放置玉口琀1件。

随葬器物共计3件。依质地可分为玉和石两类。

1. 玉器

1件。为口琀。M99：3，系旧玉器之残块。青玉，豆青色。玉质细腻，半透明。整体略呈扇形，扁平体，断面呈不规则形。长1.4、宽1.0、厚0.3厘米（图二六八，1）。

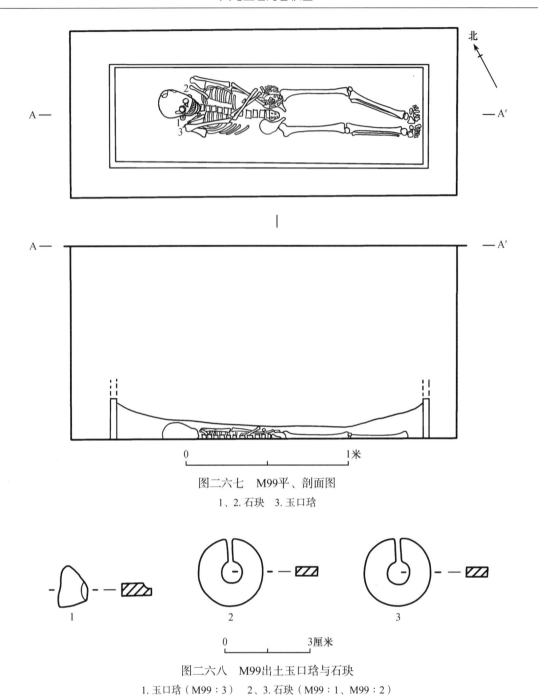

图二六七　M99平、剖面图
1、2. 石块　3. 玉口琀

图二六八　M99出土玉口琀与石玦
1. 玉口琀（M99：3）　2、3. 石玦（M99：1、M99：2）

2. 石器

2件。均为玦。形制、大小基本相同。皆为石英岩质，白色。均作圆形扁平体，一侧有缺口，断面呈长方形（彩版三〇，6）。M99：1，外径2.2、内径0.8、厚0.25厘米（图二六八，2）。M99：2，外径2.3、内径0.7、厚0.2厘米（图二六八，3）。

九一、M100

M100位于墓地东北区的东南部。

（一）墓葬形制

该墓为东西向长方形竖穴土坑墓，方向106°。墓口开于扰土层下，距现地表0.50米。墓口平面呈长方形，东西长2.50米，南北宽1.30米。墓壁光滑规整，上下垂直，墓底平坦。墓底长、宽与墓口尺寸相同，墓深0.70米。

墓底中部有一腰坑，坑口平面呈椭圆形，弧壁，近圜底。坑口南北长0.36米，东西宽0.24米，坑深0.12米。坑内放置少量小兽骨。

墓内填以红褐色为主的花土，土质较硬，内含少量小料姜石块。

（二）葬具与葬式

1. 葬具

墓内葬具腐朽严重，结构不清。从残存的灰白色和灰黑色木质朽痕判断，葬具应为单棺。

木棺位于墓底中部，平面略呈梯形，东西长2.00米，南北宽0.74～0.88米，残高0.16米，壁板与挡板厚约0.06米，盖板与底板厚度不详。

2. 葬式

棺内葬有墓主1人，骨骸保存较好。墓主为仰身屈肢葬，头东足西，面朝上，双手交叉置于腹下部。经初步鉴定，墓主为男性，年龄为45岁左右（图二六九；图版一〇，3）。

（三）随葬器物

随葬器物放置于棺内墓主口中，仅有口琀5件。依质地可分为玉口琀、石口琀和蚌口琀三类。

玉口琀　3件。M100：1-1，系旧玉之残器。青白玉，青白色。玉质较细腻，半透明。半圆形扁平体，断面呈长方形。直径2.3、宽0.7、厚0.3厘米（图二七〇，1）。M100：1-2，系旧玉之残器，断裂成2块。青白玉，青白色。玉质较细腻，半透明。半圆形扁平体，断面呈长方形。直径2.5、宽0.9、厚0.3厘米（图二七〇，2）。M100：1-3，系玉石之废料。青白玉，青白色。玉质较细腻，半透明。近长方形。残长1.4、残宽0.9、厚0.7厘米（图二七〇，3）。

石口琀　1件。M100：1-4，系旧石器之残件，断裂成3块。石灰岩质，白色。半环形扁平体，断面呈长方形。直径2.4、宽0.8、厚0.4厘米（图二七〇，4）。

蚌口琀　1件。M100：1-5，系蚌器之残块。白色。形状不规则。残长1.8、残宽1.5、高0.2厘米（图二七〇，5）。

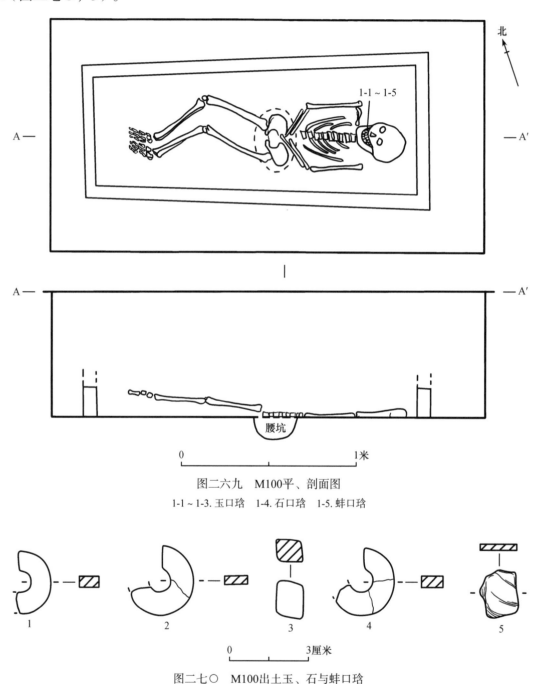

图二六九　M100平、剖面图

1-1～1-3.玉口琀　1-4.石口琀　1-5.蚌口琀

图二七〇　M100出土玉、石与蚌口琀

1～3.玉口琀（M100：1-1、M100：1-2、M100：1-3）　4.石口琀（M100：1-4）　5.蚌口琀（M100：1-5）

九二、M101

M101位于墓地东北区的中部。

（一）墓葬形制

该墓为东西向长方形竖穴土坑墓，方向105°。墓口开于扰土层下，距现地表0.50米。墓口平面呈长方形，东西长2.40米，南北宽1.04米。墓壁光滑规整，上下垂直，墓底平坦。墓底长、宽与墓口尺寸相同，墓深1.80米。

墓底四周有熟土二层台，其中北侧台宽0.10～0.18米，东侧台宽0.20米，南侧台宽0.06～0.08米，西侧台宽0.10米，台残高0.40米。

墓底中部有一腰坑，坑口平面呈椭圆形，直壁，平底。坑口南北长0.34米，东西宽0.22米，坑深0.16米。

墓内填以红褐色为主的花土，土质较硬，内含少量小料姜石块。

（二）葬具与葬式

1. 葬具

墓内葬具腐朽严重，结构不清。从残存的灰白色和灰黑色木质朽痕判断，葬具为单椁。

木椁位于墓底中部，平面呈长方形，东西长2.10米，南北宽0.80～0.86米，残高0.40米，壁板、挡板及底板均厚0.04米，盖板厚度不详。

2. 葬式

椁室底中部葬有墓主1人，骨骼保存较差。墓主为仰身屈肢葬，头东足西，双手交叉置于腹下部。经初步鉴定，墓主为女性，年龄为45岁左右（图二七一）。

（三）随葬器物

随葬器物放置于椁室内墓主头部左侧，仅有石玦1件。

石玦　1件。M101：1，出土时断裂为2块。石英岩质，灰白色。作圆形扁平体，一侧有缺口，断面呈长方形。外径2.1、内径0.8、厚0.2厘米（图二七二；彩版四八，3）。

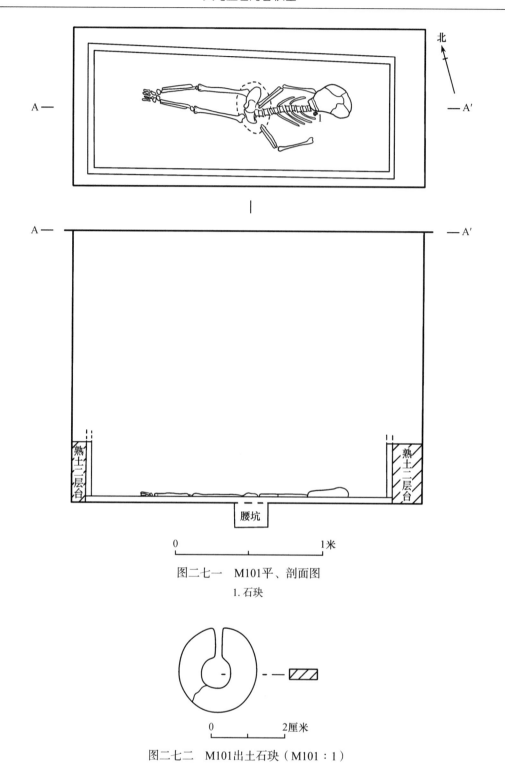

图二七一　M101平、剖面图
1. 石块

图二七二　M101出土石块（M101：1）

九三、M102

M102位于墓地东北区的中部。

（一）墓葬形制

该墓为东西向长方形竖穴土坑墓，方向100°。墓口开于扰土层下，距现地表0.50米。墓口西部略高，平面呈长方形，东西长2.54米，南北宽1.10～1.14米。墓底略大于墓口，墓壁较光滑，西壁陡直，北、东、南三壁自墓口向下斜直稍外张，墓底平坦。墓底东西长2.60米，南北宽1.26～1.30米，墓深1.72～1.84米。

墓底四周有熟土二层台，其中北侧台宽0.08～0.16米，东侧台宽0.10米，南侧台宽0.12～0.14米，西侧台宽0.1米，台残高0.18米。

墓底中部有一腰坑，坑口平面呈正方形，直壁，平底。坑口长、宽均为0.40米，坑深0.24米。

墓内填以红褐色为主的花土，土质较疏松，内含少量小料姜石块。

（二）葬具与葬式

1. 葬具

墓内葬具腐朽严重，结构不清。从残存的灰白色木质朽痕判断，葬具为单椁。

木椁位于墓底中部，平面呈长方形，东西长2.40米，南北宽1.00～1.08米，残高0.18米，椁板厚度不详。

2. 葬式

椁室中西部葬有墓主1人，骨骼保存较差。墓主为仰身屈肢葬，头东足西，面向南，双臂交叉置于腹下部。经初步鉴定，墓主为男性，年龄为47岁左右（图二七三；图版一〇，4）。

（三）随葬器物

随葬器物放置于椁室内墓主口中，仅有石口琀1件。

石口琀　1件。M102：1，河卵石，浅灰色。体呈椭圆形，断面亦呈椭圆形。长径2.5、短径2.1、厚1.1厘米（图二七四；彩版四八，4）。

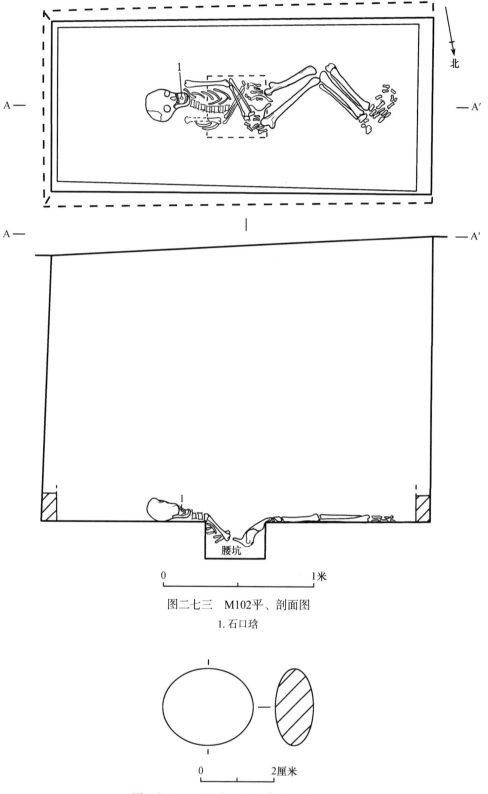

图二七三　M102平、剖面图

1.石口玲

图二七四　M102出土石口玲（M102：1）

九四、M103

M103位于墓地东北区的中部。

（一）墓葬形制

该墓为南北向长方形竖穴土坑墓，方向0°。墓口开于扰土层下，距现地表0.68米。墓口北部略高，平面呈长方形，南北长2.30米，东西宽0.90～1.00米。墓壁光滑规整，上下垂直，墓底平坦。墓底长、宽与墓口尺寸相同，墓深0.36～0.40米。

墓内填以红褐色为主的花土，土质较硬，内含少量小料姜石块。

（二）葬具与葬式

1. 葬具

墓内葬具腐朽严重，结构不清。从残存的灰黑色木质朽痕判断，葬具为单棺。

木棺位于墓底中部，平面呈长方形，南北长1.76米，东西宽0.48～0.52米，残高0.08米，棺板厚度不详。

2. 葬式

棺内葬有墓主1人，骨骼保存较好。墓主为仰身直肢葬，头北足南，面朝西，双臂交叉置于腹部。经初步鉴定，墓主为女性，年龄为40岁左右（图二七五）。

（三）随葬器物

随葬器物放置于棺内墓主头部右侧，仅有蚌玦1件。

蚌玦　1件。M103：1，系蚌壳磨制而成。白色。作圆形扁平体，一侧有缺口，断面呈长方形。外径1.75、内径0.7、厚0.3厘米（图二七六）。

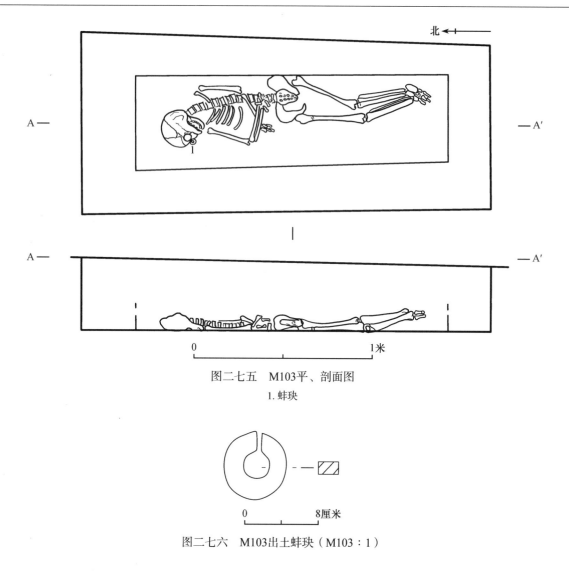

图二七五　M103平、剖面图
1. 蚌玦

图二七六　M103出土蚌玦（M103：1）

九五、M104

M104位于墓地东北区的东部。

（一）墓葬形制

该墓为南北向长方形竖穴土坑墓，方向10°。墓口开于扰土层下，距现地表0.40米。墓口平面呈长方形，南北长2.81米，东西宽1.40米。墓底略大于墓口，墓壁光滑规整，自墓口向下斜直稍外张，墓底平坦。墓底南北长2.94米，东西宽1.56～1.62米，墓深2.70米。

墓底四周有熟土二层台，其中北侧台宽0.40米，东侧台宽0.11米，南侧台宽0.06～0.10米，西侧台宽0.04米，台残高0.60米。

墓内填以红褐色为主的花土，略经夯打，土质较硬，夯窝与夯层不明显，内含少量小料姜石块。

（二）葬具与葬式

1. 葬具

墓内葬具腐朽严重，结构不清。从残存的灰白色和灰黑色木质朽痕判断，葬具为单椁单棺。

木椁位于墓底中部偏南，椁室四壁紧贴二层台内壁。木椁平面呈长方形，南北长2.38~2.42米，东西宽1.40~1.44米，残高0.60米，椁板厚度不详。

木棺位于椁室东南部，平面呈长方形，南北长1.96米，东西宽0.90米，残高0.10米，壁板与挡板厚约0.04~0.06米，盖板与底板厚度不详。

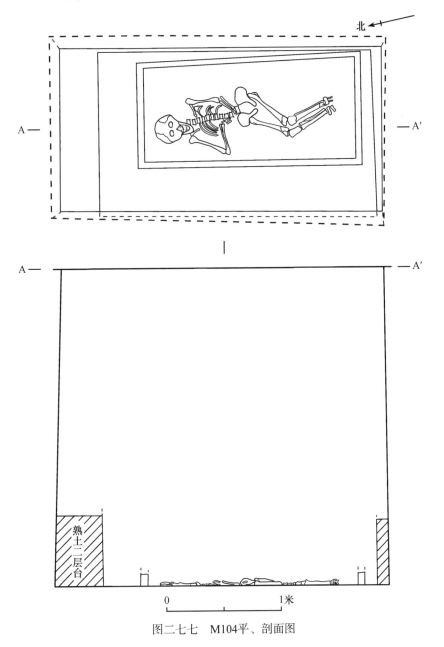

图二七七　M104平、剖面图

2. 葬式

棺内葬有墓主1人，骨骼保存较差。墓主为仰身屈肢葬，头北足南，面向上，双手置于腹部。经初步鉴定，墓主为男性，年龄不详（图二七七；图版一一，1）。

（三）随葬器物

无。

九六、M105

M105位于墓地东北区的东部。

（一）墓葬形制

该墓为东西向长方形竖穴土坑墓，方向277°。墓口开于扰土层下，距现地表0.40米。墓口平面呈长方形，东西长2.30米，南北宽1.10米。墓壁光滑规整，上下垂直，墓底平坦。墓底长、宽与墓口尺寸相同，墓深0.78米。

墓内填以红褐色为主的花土，土质较硬，内含少量小河卵石块。

（二）葬具与葬式

1. 葬具

墓内葬具严重腐朽，结构不清。从残存的灰白色和灰黑色木质痕迹可知，葬具为单棺。

木棺位于墓底中部偏东，平面呈梯形，东西长1.92米，南北宽0.44～0.60米，残高0.14米，壁板与挡板厚约0.04米，盖板与底板厚度不详。

2. 葬式

棺内葬有墓主1人，骨骼保存尚好。墓主为仰身直肢葬，头西足东，面向南，双手交叉置于腹下部。经初步鉴定，墓主为男性，年龄为40岁左右（图二七八；图版一一，2）。

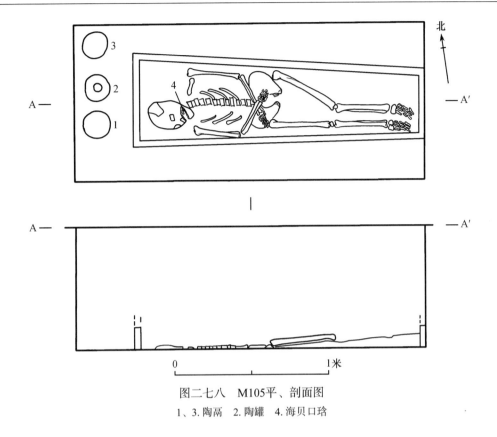

图二七八 M105平、剖面图
1、3.陶鬲 2.陶罐 4.海贝口琀

（三）随葬器物

随葬器物放置于墓底西部和棺内。其中墓底西部放置陶鬲2件、陶罐1件；棺内墓主口中放置海贝口琀1件。

随葬器物共计4件。依质地可分为陶和海贝两类。

1. 陶器

3件。有鬲与罐两种。

鬲 2件。形制大体相同。皆为夹砂灰褐陶。斜方唇，侈口，束颈，鼓腹，瘪裆较高。通体饰中绳纹。M105：1，出土时残甚，已修复。折沿上斜，实足根微外撇。通高13.6、口径16.0、腹径16.8、腹深9.0厘米（图二七九，1；图版三九，1）。M105：3，口部略残。器体较矮胖，宽折沿微上斜，空袋足内收。口沿内外各饰一周凹弦纹，腹上部有一周抹痕。通高14.4、口径15.8、腹径16.4、腹深10.0厘米（图二七九，2；图版三九，2）。

罐 1件。M105：2，泥质灰陶。卷沿微外侈，方唇，侈口，束颈，肩部微折，斜弧腹略内收，平底。腹下部饰细绳纹，有涂抹痕迹。高16.4、口径10.2、腹径16.2、底径8.8厘米（图二七九，3；图版三九，3）。

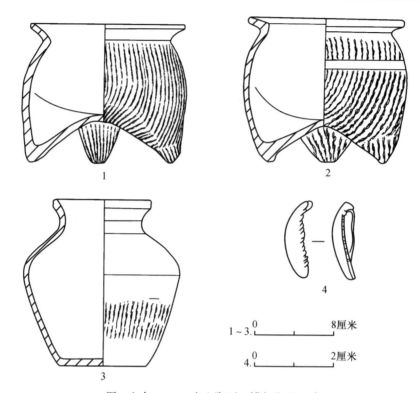

图二七九　M105出土陶鬲、罐与海贝口琀

1、2.陶鬲（M105∶1、M105∶3）　3.陶罐（M105∶2）　4.海贝口琀（M105∶4）

2. 海贝

1件。为口琀。M105∶4，残甚。蚌质，受沁呈土黄色。残长1.8、残宽0.6、厚0.5厘米（图二七九，4）。

九七、M106

M106位于墓地东北区的东部。

（一）墓葬形制

该墓为东西向长方形竖穴土坑墓，方向278°。墓口开于扰土层下，距现地表0.57～0.94米。墓口东高西低，平面近长方形，东西长2.64～2.76米，南北宽1.44米。墓壁修整较光滑，上下垂直，墓底西高东低，略呈斜坡状。墓底长、宽与墓口尺寸相同，墓深1.40～1.46米。

墓底四周有熟土二层台，其中北侧台宽0.14～0.28米，东侧台宽0.20～0.28米，南侧台宽0.10～0.14米，西侧台宽0.20米，台残高0.18～0.26米。

墓内填以红褐色为主的花土，土质较硬，内含少量小料姜石块和小河卵石块。

（二）葬具与葬式

1. 葬具

墓内葬具腐朽严重，结构不明。从残存的灰白色木质痕迹可判断，葬具为单椁。

木椁位于墓底中部，椁室四壁紧贴二层台内壁，平面近长方形，东西长2.26米，南北宽1.04～1.17米，残高0.18～0.26米，壁板与挡板厚0.06米，盖板与底板厚度不详。在椁室西部发现有零星小兽骨。

2. 葬式

椁室内葬有墓主1人，骨骼腐朽严重，保存很差。但仍可辨认出墓主为仰身直肢葬，头西足东，面向上。经初步鉴定墓主年龄为45岁左右，性别不详（图二八〇）。

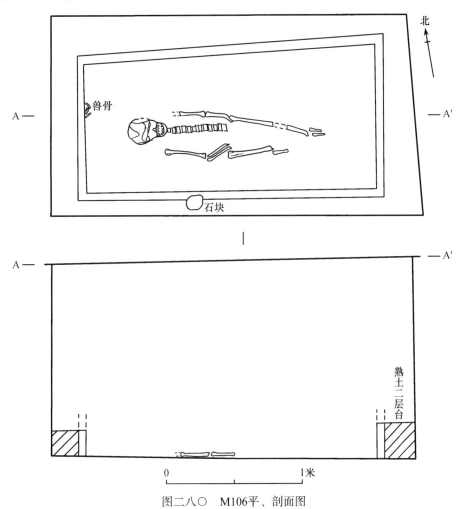

图二八〇　M106平、剖面图

（三）随葬器物

无。

九八、M107

M107位于墓地东北区的东部。

（一）墓葬形制

该墓为南北向长方形竖穴土坑墓，方向10°。墓口开于扰土层下，距现地表0.58米。墓口平面呈长方形，南北长2.70米，东西宽1.40米。墓壁修整光滑，上下垂直，墓底平坦。墓底长、宽与墓口尺寸相同，墓深1.50米。

墓底四周有熟土二层台，其中北侧台宽0.08米，东侧台宽0.08~0.16米，南侧台宽0.14米，西侧台宽0.25~0.32米，台残高0.36米。

墓底中部有一个腰坑，平面呈椭圆形，坑较浅，近圜底。坑口长径0.42米，短径0.36米，坑深0.12米。

墓内填以红褐色为主的花土，土质较硬，内含少量小料姜石块和小河卵石块。

（二）葬具与葬式

1. 葬具

墓内葬具腐朽严重，结构不明。从残存的灰白色和灰黑色木质痕迹可判断，葬具为单椁。

木椁位于墓底中部，椁室四壁紧贴二层台内壁，平面呈长方形，南北长2.48米，东西宽1.00米，残高0.36米，壁板与挡板厚0.06米，盖板与底板厚度不详。在椁底板上发现铺有一层厚约0.01~0.02米的草木灰。

2. 葬式

椁室内葬有墓主1人，骨骼保存较好。墓主为仰身直肢葬，头北足南，面向上。经初步鉴定，墓主为女性，年龄为30~45岁（图二八一；图版一一，3）。

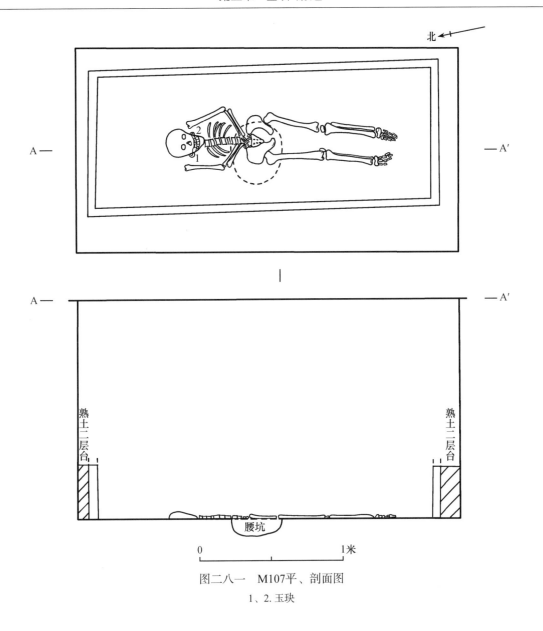

图二八一　M107平、剖面图

1、2. 玉玦

（三）随葬器物

随葬器物放置于椁室内墓主头部两侧，仅有玉玦2件。

玉玦　2件。玉质、玉色及形制、大小基本相同。皆为青玉，深豆青色，局部受沁有黄白斑。玉质细腻，微透明。均为圆形扁平体，一侧有缺口，断面为长方形。素面（彩版四八，5）。M107：1，外径2.4、内径0.7、厚0.2厘米（图二八二，1）。M107：2，外径2.4、内径0.7、厚0.2厘米（图二八二，2；彩版三〇，3）。

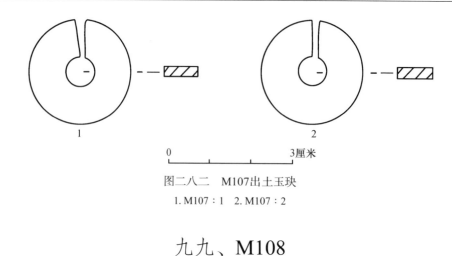

图二八二　M107出土玉玦
1. M107 : 1　2. M107 : 2

九九、M108

M108位于墓地东北区的东部。

（一）墓葬形制

该墓为东西向长方形竖穴土坑墓，方向110°。墓口开于扰土层下，距现地表0.60米。墓口西高东低，平面呈长方形，东西长2.30米，南北宽1.06米。墓壁光滑规整，上下垂直，墓底平坦。墓底长、宽与墓口尺寸相同，墓深1.40～1.58米。

墓底四周有熟土二层台，其中北侧台宽0.06米，东侧台宽0.08米，南侧台宽0.06米，西侧台宽0.10米，台高0.48米。

墓内填以红褐色为主的花土，略经夯打，土质较硬，夯窝与夯层不明显，内含少量小料姜石块和小河卵石块。

（二）葬具与葬式

1. 葬具

墓内葬具腐朽严重，结构不完全清楚。从残存的灰黑色木质朽痕判断，葬具为单椁。

木椁位于墓底中部，椁室四壁紧贴二层台内壁。木椁平面呈长方形，东西长2.12米，南北宽0.93米，残高0.48米，椁板厚度不详。

2. 葬式

椁室底中部葬有墓主1人，骨骼保存较好。墓主为仰身直肢葬，头东足西，面向上，双手交叉置于腹下部。经初步鉴定，墓主为男性，年龄为45～50岁（图二八三；图版一一，4）。

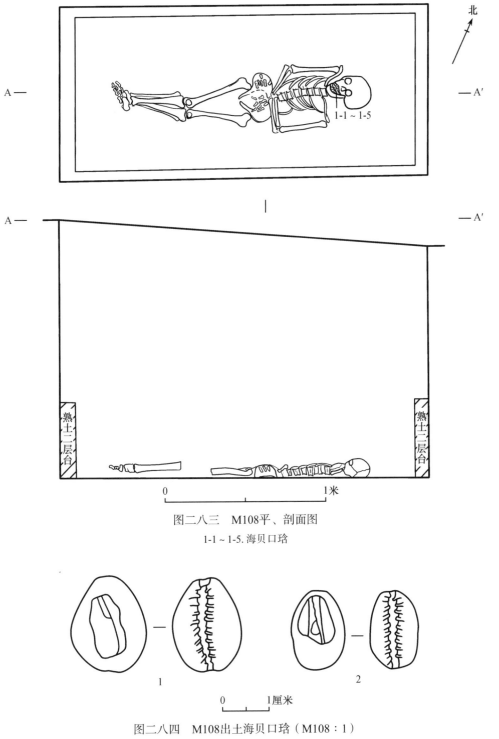

图二八三　M108平、剖面图
1-1～1-5.海贝口琀

图二八四　M108出土海贝口琀（M108：1）
1. M108：1-1　2. M108：1-2

（三）随葬器物

随葬器物放置于椁室内墓主口中，仅有海贝口琀5枚。

口琀　5枚。皆为海贝。形制相同，大小略有差异。上端较尖，下端呈弧形，正面鼓起，背面稍平且有一道纵向浅凹槽，槽两侧有锯齿牙。标本M108：1-1，体较大。长2.0、宽1.4、厚0.9厘米（图二八四，1）。标本M108：1-2，体较小。长1.5、宽1.1、厚0.7厘米（图二八四，2）。

一〇〇、M109

M109位于墓地东北区的中部略偏北。该墓中部和南部被一现代圆形活土坑打破，坑口长1.86米，残宽0.84米，坑深1.32米。

（一）墓葬形制

该墓为东西向长方形竖穴土坑墓，方向284°。墓口开口于扰土层下，距现地表0.82米。墓口平面呈长方形，东西长2.32米，南北宽1.16～1.20米。墓壁修整较光滑，上下垂直，墓底平坦。墓底长、宽与墓口尺寸相同，墓深1.06米。

墓内填以红褐色为主的花土，土质较硬，内含少量小料姜石块和河卵石块。

（二）葬具与葬式

1. 葬具

墓内葬具腐朽严重，结构不清。从残存的灰黑色木质朽痕判断，葬具为单棺。

木棺位于墓室西南部，大部分被现代活土坑打破。木棺平面呈长方形，东西长2.02米，南北宽0.88米，残高0.04米，壁板和挡板厚0.04米，盖板与底板厚度不详。

2. 葬式

棺内葬有墓主1人，骨骼腐朽严重且被现代活土坑打破，仅残存头骨和部分肱骨、尺骨、桡骨及少量跗骨等。墓主头向西，葬式及性别不详，根据墓主牙齿损耗程度判断，年龄为40岁左右（图二八五）。

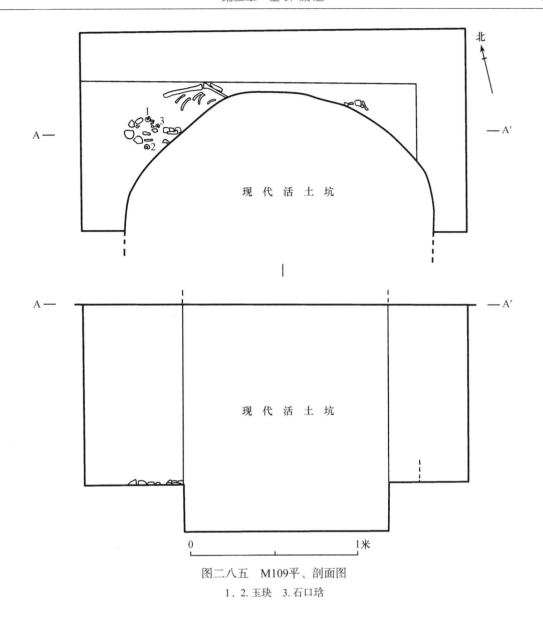

图二八五 M109平、剖面图
1、2.玉玦 3.石口琀

（三）随葬器物

随葬器物均放置于棺内。其中墓主头部两侧各放置玉玦1件，墓主口中放置石口琀1件。
随葬器物共计3件。依质地可分为玉和石两类。

1. 玉器

2件。均为玦。玉质、玉色及形状、大小基本相同。皆为青玉，深豆青色，局部有黄白色
斑。玉质细腻，微透明。均为圆形扁平体，一侧有缺口，断面呈长方形。素面（彩版四九，
1）。M109∶1，外径2.7、内径0.9、厚0.2厘米（图二八六，1）。M109∶2，外径2.7、内径
0.9、厚0.2厘米（图二八六，2；彩版三〇，4）。

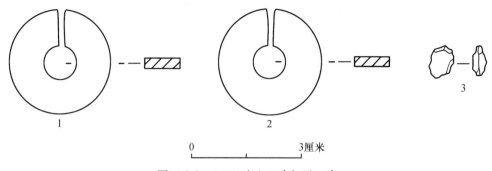

图二八六　M109出土玉玦与石口琀
1、2. 玉玦（M109：1、M109：2）　　3. 石口琀（M109：3）

2. 石器

1件。为口琀。M109：3，石英岩质，白色。体呈不规则状。长0.8、宽0.5、厚0.3厘米（图二八六，3）。

一〇一、M110

M110位于墓地东北区的中偏北部。

（一）墓葬形制

该墓为东西向长方形竖穴土坑墓，方向278°。墓口开于扰土层下，距现地表0.40米。墓口平面呈长方形，东西长2.18米，南北宽1.12米。墓壁修整较光滑，上下垂直，墓底平坦。墓底长、宽与墓口尺寸相同，墓深0.36米。

墓内填以红褐色为主的花土，土质较疏松，内含少量小料姜石块。

（二）葬具与葬式

1. 葬具

墓内葬具腐朽严重，结构不明。依残存的灰黑色木质朽痕判断，葬具为单棺。

木棺位于墓底中部，平面呈长方形，东西长1.72米，南北宽0.64米，残高0.08米，壁板与挡板厚0.04米，盖板与底板厚度不详。

2. 葬式

棺内葬有墓主1人，骨骼保存较差。墓主为仰身直肢葬，头西足东，面向北，双手交叉置于腹下部。经初步鉴定，墓主年龄为50岁左右，性别不详（图二八七；图版一二，1）。

（三）随葬器物

随葬器物放置于棺内墓主口中，仅有蚌口琀1件。

蚌口琀　1件。M110：1，系蚌珧之残块。半环形扁平体，断面呈长方形。残长1.9、宽0.55、厚0.3厘米（图二八八）。

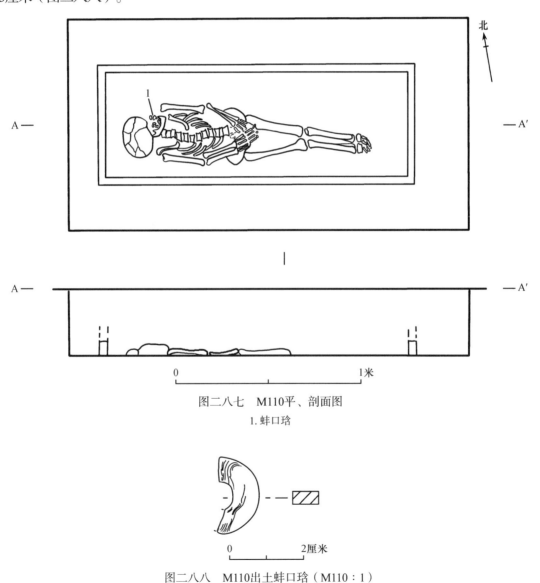

图二八七　M110平、剖面图

1. 蚌口琀

图二八八　M110出土蚌口琀（M110：1）

一〇二、M111

M111位于墓地东北区的北部。

（一）墓葬形制

该墓为东西向长方形竖穴土坑墓，方向283°。墓口开于扰土层下，距现地表0.60米。墓口西高东低，平面呈长方形，东西长2.88米，南北宽1.52～1.56米。墓壁修整较光滑，上下垂直，墓底平坦。墓底长、宽与墓口尺寸相同，墓深1.54～1.64米。

墓底四周有熟土二层台，其中北侧台宽0.28～0.34米，东侧台宽0.40米，南侧台宽0.22～0.26米，西侧台宽0.31米，台残高0.52米。

墓内填以红褐色为主的花土，土质较硬，内含少量小料姜石块和小河卵石块。

（二）葬具与葬式

1. 葬具

墓内葬具腐朽严重，结构不完全清楚。从残存的灰白色和灰黑色木质朽痕判断，葬具为单椁。

木椁位于墓底中部，椁室四壁紧贴二层台内壁，平面呈长方形，东西长2.20米，南北宽0.94～1.00米，残高0.52米，壁板与挡板厚0.04～0.06米，盖板与底板厚度不详。

2. 葬式

椁室底中部葬有墓主1人，骨骼保存很差。墓主为侧身屈肢葬，头西足东，面向南，双手交叉置于腹下部右侧。经初步鉴定，墓主为女性，年龄为45岁左右（图二八九；彩版一一，1）。

（三）随葬器物

随葬器物均放置于椁室内。其中椁室西南角放置陶鬲1件、陶盂1件、陶罐1件；椁室内墓主头部放置玉玦1件，口中放置玉口琀4件，腹下部放置海贝1枚。

随葬器物共9件（枚）。依质地可分为陶、玉和海贝三类。

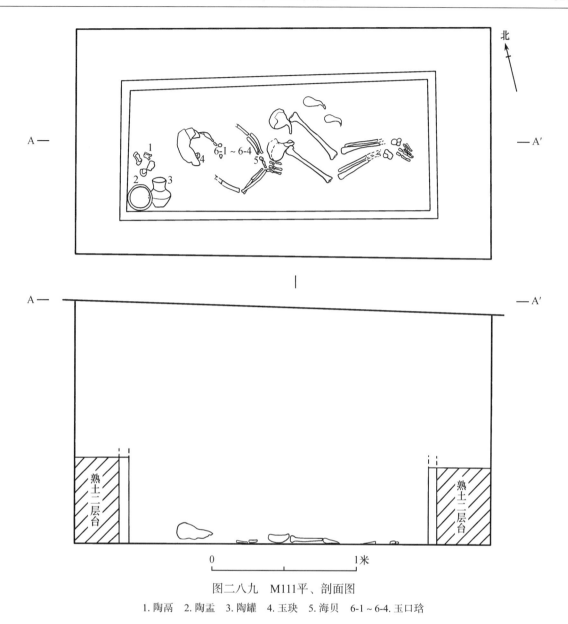

图二八九 M111平、剖面图
1.陶鬲 2.陶盂 3.陶罐 4.玉玦 5.海贝 6-1~6-4.玉口琀

1. 陶器

3件。有鬲、罐和盂三种。

鬲 1件。M111：1，夹砂灰褐陶。器体较矮胖，宽折沿上斜，方唇，侈口，近口部较平，短束颈，鼓腹，横断面作椭三角形，腹上部与三足相对处各有一个扉棱，瘪裆较高，袋足中空，实足根微外撇。腹部及以下饰中绳纹。通高11.4、口径12.4、腹径14.4、腹深7.0厘米（图二九〇，1；图版三九，4）。

罐 1件。M111：3，泥质灰陶。宽折沿上斜，圆唇，侈口，束颈，折肩，斜弧腹内收，平底。肩部饰2组凹弦纹，腹下部饰一周竖向细绳纹。高14.4、口径11.8、腹径15.6、底径9.2厘米（图二九〇，2；彩版二四，2；图版三九，5）。

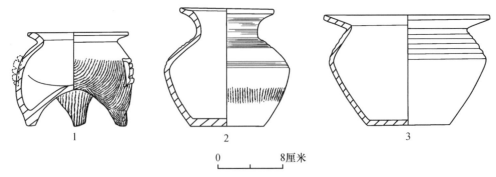

图二九〇　M111出土陶鬲、罐与盂

1.鬲（M111：1）　2.罐（M111：3）　3.盂（M111：2）

盂　1件。M111：2，泥质灰陶。宽折沿上斜，方唇，侈口，折肩，斜弧腹内收，平底。近口部有一周凹弦纹，肩部饰瓦垅纹。高13.1、口径20.5、腹径19.4、底径10.0厘米（图二九〇，3；图版三九，6）。

2. 玉器

5件。有玦与口琀两种。

玦　1件。M111：4，青玉，深豆青色。玉质细腻，半透明。圆形，正面略鼓，背面平，一侧有缺口，断面近扇形。素面。外径2.35、内径0.7、厚0.3厘米（图二九一，1；彩版四九，2）。

口琀　4件。皆系旧玉之残器。形状大体相同，近扇形，断面呈长方形。M111：6-1，青玉，深豆青色。玉质细腻，半透明。长3.6、宽1.4、厚0.2厘米（图二九一，2）。M111：6-2，青玉，浅冰青色，受沁处有黄白色斑。玉质较细腻，半透明。长2.9、宽1.0、厚0.3厘米（图二九一，3）。M111：6-3，青玉，浅冰青色，全部受沁呈土黄色。玉质较细腻，半透明。外径2.1、宽0.8、厚0.35厘米（图二九一，4）。M111：6-4，青玉，浅冰青色，全部受沁呈土黄色。玉质较细腻，半透明。长2.0、宽1.1、厚0.25厘米（图二九一，5）。

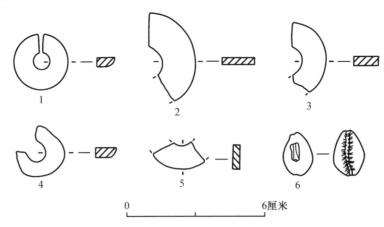

图二九一　M111出土玉玦、口琀与海贝

1.玉玦（M111：4）　2~5.玉口琀（M111：6-1、M111：6-2、M111：6-3、M111：6-4）　6.海贝（M111：5）

3. 海贝

1枚。M111：5，上端尖，下端呈弧形，正面鼓起，背面稍平且有一道纵向浅凹槽，槽两侧有锯齿牙。长1.8、宽1.3、厚0.8厘米（图二九一，6）。

一〇三、M112

M112位于墓地东北区的北部。

（一）墓葬形制

该墓为东西向长方形竖穴土坑墓，方向106°。墓口开于扰土层下，距现地表0.68米。墓口平面呈长方形，东西长2.80米，南北宽1.52米。墓壁光滑规整，上下垂直，墓底平坦。墓底长、宽与墓口尺寸相同，墓深1.66米。

墓内填以红褐色为主的花土，土质较疏松，内含少量小料姜石块。

（二）葬具与葬式

1. 葬具

墓内葬具腐朽严重，结构不清。从残存的灰白色和灰黑色木质朽痕判断，葬具为单棺。

木棺位于墓底中部，平面呈长方形，东西长1.98米，南北宽0.80米，高0.60米，壁板与挡板厚约0.06米，底板厚0.04米，盖板厚度不详。因受填土挤压，盖板塌落于棺内，棺壁板与挡板均向外倾斜。

2. 葬式

棺内葬有墓主1人，骨骼保存较差。墓主为仰身直肢葬，头东足西，双手交叉置于腹下部。经初步鉴定，墓主为男性，年龄为50岁左右（图二九二；图版一二，2）。

（三）随葬器物

随葬器物均放置于棺内。其中墓主头部右侧放置石块1件，墓主口中放置海贝口琀2枚。随葬器物共计3件。依质地可分为石与海贝两类。

1. 石器

1件。为玦。M112：1，石灰岩质，白色。作圆形扁平体，一侧有缺口，断面呈长方形。外径2.1、内径0.8、厚0.2厘米（图二九三，1；彩版四九，3）。

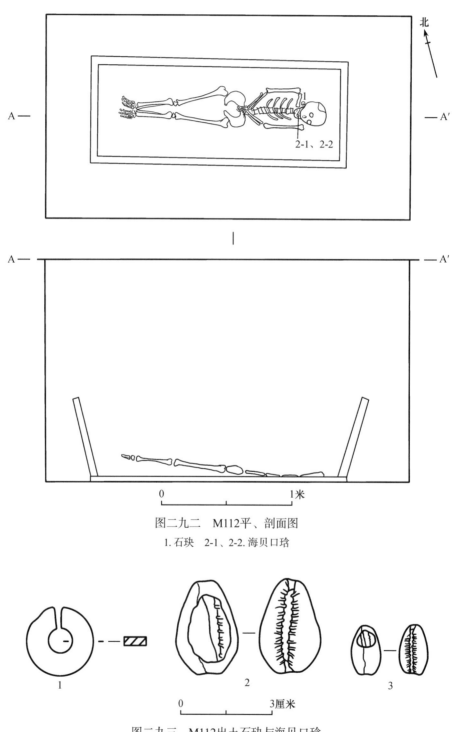

图二九二　M112平、剖面图
1. 石玦　2-1、2-2. 海贝口琀

图二九三　M112出土石玦与海贝口琀
1. 石玦（M112：1）　2、3. 海贝口琀（M112：2-1、M112：2-2）

2. 海贝

2枚。均为口珞。形制相同，大小略有差异。上端尖，下端呈弧形，正面鼓起，背面稍平且有一道纵向浅凹槽，槽两侧有锯齿牙。M112：2-1，体较大。长2.9、宽2.0、厚0.8厘米（图二九三，2）。M112：2-2，体较小。长1.6、宽1.0、厚0.7厘米（图二九三，3）。

一〇四、M113

M113位于墓地东北区的东北部。该墓东南部被一现代不规则形活土坑打破，坑口残长1.24米，宽0.68～0.90米，深度直达墓底，坑内填有大量瓦片、石块和残砖块等。

（一）墓葬形制

该墓为东西向长方形竖穴土坑墓，方向284°。墓口开于扰土层下，距现地表0.50米。墓口平面呈长方形，东西长2.66米，南北宽1.28～1.30米。墓壁较规整光滑，上下垂直，墓底平坦。墓底长、宽与墓口尺寸相同，墓深2.04米。

墓底四周有熟土二层台，其中北侧台宽0.06～0.16米，东侧台宽0.10米，南侧台宽0.02米，西侧台宽0.16米，台残高0.24米。

墓内填以红褐色为主的花土，土质较疏松，内含少量小料姜石块。

（二）葬具与葬式

1. 葬具

墓内葬具腐朽严重，结构不清。从残存的灰黑色和灰白色木质朽痕判断，葬具为单椁。

木椁位于墓底中部，椁室四壁紧贴二层台内壁，平面近长方形，东西长2.40米，南北宽1.12～1.20米，残高0.24米，椁板厚度不详。

2. 葬式

椁室底中部葬有墓主1人，骨骼下半部被现代活土坑打破已无存。墓主为仰身葬，头西足东，面向上，双手交叉置于腹下部。经初步鉴定，墓主为女性，年龄为45岁左右（图二九四）。

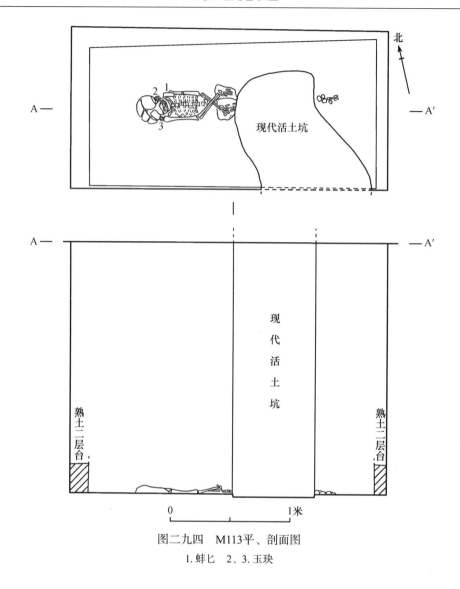

图二九四　M113平、剖面图

1.蚌匕　2、3.玉玦

（三）随葬器物

随葬器物均放置于椁室内。其中墓主左肱骨上部放置蚌匕1件，头部两侧各放置玉玦1件。随葬器物共计3件。依质地可分为玉与蚌两类。

1. 玉器

2件。均为玦。玉质、玉色及形状、大小相同。皆为青玉，深豆青色。玉质细腻，微透明。均为圆形扁平体，一侧有缺口，断面呈长方形。素面（彩版四九，4）。M113∶2，外径2.0、内径0.7、厚0.4厘米（图二九五，2）。M113∶3，外径2.0、内径0.7、厚0.4厘米（图二九五，3）。

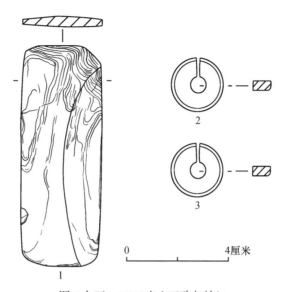

图二九五 M113出土玉玦与蚌匕

1.蚌匕（M113：1） 2、3.玉玦（M113：2、M113：3）

2. 蚌器

1件。为匕。M113：1，系蚌壳磨制而成，白色。扁平长条状，断面近长方形，上下等宽，末端两角有角刃。长8.5、宽3.2、厚0.3厘米（图二九五，1；彩版三二，6）。

一〇五、M114

M114位于墓地东北区的东北部。

（一）墓葬形制

该墓为东西向长方形竖穴土坑墓，方向272°。墓口开于扰土层下，距现地表0.80米。墓口平面呈长方形，东西长2.42米，南北宽0.92米。墓壁修整较光滑，上下垂直，墓底平坦。墓底长、宽与墓口尺寸相同，墓深0.72米。

墓内填以红褐色为主的花土，土质较疏松，内含少量小料姜石块。

（二）葬具与葬式

1. 葬具

墓内葬具腐朽严重，结构不清。从残存的灰黑色和灰白色木质朽痕判断，葬具为单棺。

木棺位于墓底中部，平面近长方形，东西长2.04米，南北宽0.60～0.64米，残高0.10米，壁板和挡板厚0.04米，盖板与底板厚度不详。

2. 葬式

棺内葬有墓主1人，骨骼保存较好。墓主为仰身直肢葬，头西足东，面向上，双手交叉置于腹下部。经初步鉴定，墓主为男性，年龄为45岁左右（图二九六；图版一二，3）。

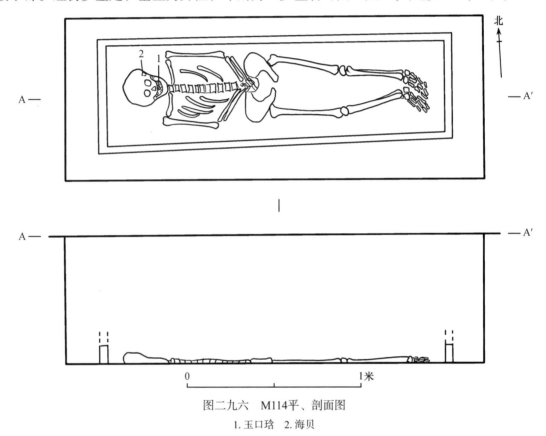

图二九六　M114平、剖面图

1. 玉口琀　2. 海贝

（三）随葬器物

随葬器物均放置于棺内。其中墓主口中放置玉口琀1件，头骨下放置海贝1枚。

随葬器物共计2件。依质地分为玉与海贝两类。

1. 玉器

1件。为口琀。M114：1，系旧玉之残器。青玉，冰青色。玉质细腻，半透明。近扇形，断面呈长方形。残长1.6、宽1.1、厚0.3厘米（图二九七，1；彩版五一，5）。

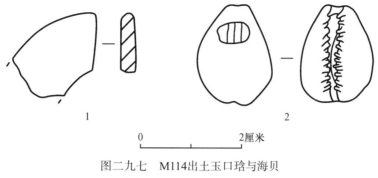

图二九七 M114出土玉口琀与海贝
1. 玉口琀（M114 : 1）　2. 海贝（M114 : 2）

2. 海贝

1枚。M114 : 2，上端尖，下端呈弧形，正面鼓起，背面稍平且有一道纵向浅凹槽，槽两侧有锯齿牙。长2.0、宽1.5、厚1.0厘米（图二九七，2）。

一〇六、M115

M115位于墓地东北区的东北部。该墓西部被一现代活土坑打破，坑深0.12米。

（一）墓葬形制

该墓为东西向长方形竖穴土坑墓，方向275°。墓口开于扰土层下，距现地表0.70米。墓口东端稍宽于西端，平面近长方形，东西长2.48米，南北宽1.10～1.20米。墓壁光滑规整，上下垂直，墓底平坦。墓底长、宽与墓口尺寸相同，墓深1.18米。

墓内填以红褐色为主的花土，略经夯打，土质较硬，内含少量小河卵石块。

（二）葬具与葬式

1. 葬具

墓内葬具腐朽严重，结构不清。从残存的灰黑色木质痕迹可知，葬具为单棺。

木棺位于墓底中部，平面呈梯形，东西长1.67米，南北宽0.66～0.86米，残高0.32米，壁板与挡板厚约0.02米，盖板与底板厚度不详。

2. 葬式

棺内葬有墓主1人，骨骼保存较差。墓主为仰身直肢葬，头西足东，面向北，双手交叉置于腹下部，两脚也相互交叉。经初步鉴定，墓主为女性，年龄为40岁左右（图二九八；彩版一一，2）。

（三）随葬器物

随葬器物分别放置于墓底和棺内。其中墓底东南部放置陶鬲1件、陶罐1件、陶盂1件；棺内墓主口中放置蚌口琀1件。

随葬器物共计4件。依质地可分为陶和蚌两类。

1. 陶器

3件。有鬲、罐、盂三种。

鬲　1件。M115:2，夹砂灰黑陶。宽卷沿微上斜，方唇，侈口，短束颈，鼓腹，横断面作椭三角形，腹部与三足相对处各有一个扉棱，瘪裆，袋足中空，足根微内收。通体饰中绳纹。通

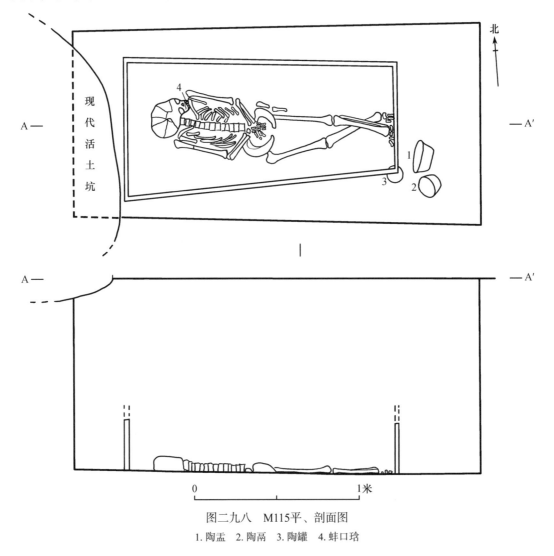

图二九八　M115平、剖面图

1.陶盂　2.陶鬲　3.陶罐　4.蚌口琀

高13.0、口径14.6、腹径15.8、腹深9.3厘米（图二九九，1；彩版二三，2；图版四〇，1）。

罐 1件。M115：3，泥质灰陶。宽折沿较平，内有一周凹槽，圆唇，侈口，束颈，折肩，斜弧腹内收，平底。肩部饰两周凹弦纹。高13.8、口径12.6、腹径15.0、底径9.0厘米（图二九九，2；图版四〇，2）。

盂 1件。M115：1，泥质黑陶。宽折沿上斜，圆唇，侈口，鼓肩，斜弧腹内收，平底。肩部饰瓦垄纹。高9.8、口径17.8、腹径15.5、底径9.0厘米（图二九九，3；彩版二四，1；图版四〇，3）。

2. 蚌器

1件。为口玲。M115：4，系蚌器之残件。白色。近环状，残存三分之二。扁平体，断面呈长方形。外径2.0、内径0.9、厚0.1厘米（图二九九，4）。

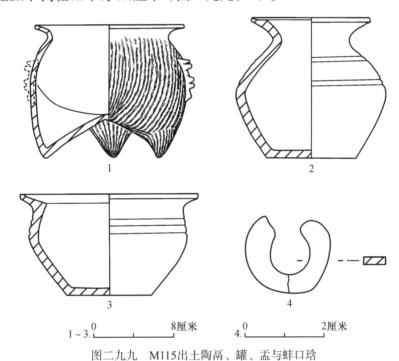

图二九九 M115出土陶鬲、罐、盂与蚌口玲
1. 陶鬲（M115：2） 2. 陶罐（M115：3） 3. 陶盂（M115：1） 4. 蚌口玲（M115：4）

一〇七、M116

M116位于墓地东北区的东部。

（一）墓葬形制

该墓为东西向长方形竖穴土坑墓，方向300°。墓口开于扰土层下，距现地表0.54～0.85

米。墓口平面呈长方形，东西长2.66米，南北宽1.24米。墓壁修整较光滑，上下垂直，墓底平坦。墓底长、宽与墓口尺寸相同，墓深1.08米。

墓底四周有熟土二层台，其中北侧台宽0.18～0.20米，东侧台宽0.20～0.24米，南侧台宽0.08～0.16米，西侧台宽0.20～0.24米，台残高0.46米。

墓底中部有一个腰坑，平面近长方形，坑较浅，圜底。坑口东西长0.74米，南北宽0.16～0.34米，坑深0.14米。坑内发现有小型动物骨骼，待鉴定。

墓内填以红褐色为主的花土，土质较硬，内含少量小料姜石块和小河卵石块。

（二）葬具与葬式

1. 葬具

墓内葬具腐朽严重，结构不明。但灰白色和灰黑色木质朽痕可辨认出葬具为单椁。

木椁位于墓底中部，椁室四壁紧贴二层台内壁，平面呈长方形。东西长2.22米，南北宽0.90～0.94米，残高0.46米，壁板与挡板厚0.06米，盖板与底板厚度不详。

2. 葬式

椁室内南部葬有墓主1人，骨骼保存较好。墓主为仰身直肢葬，头西足东，面向上。经初步鉴定，墓主为男性，年龄为50岁左右（图三〇〇；图版一二，4）。

（三）随葬器物

随葬器物均放置于椁室内。其中椁室东南部放置陶罐1件、陶鬲1件、陶盂1件；椁室内墓主口中放置石口琀2件。

随葬器物共计5件。依质地可分为陶和石两类。

1. 陶器

3件。有鬲、罐和盂三种。

鬲　1件。M116：1，夹砂灰褐陶。器体较矮胖。宽折沿微斜，斜方唇，侈口，短束颈，鼓腹，断面近三角形，瘪裆较高，袋足中空，柱状足根。口沿内外各饰一周凹弦纹，通体饰中绳纹，腹上部有一周抹痕。通高12.9、口径15.4、腹径16.2、腹深9.0厘米（图三〇一，1；图版四〇，4）。

罐　1件。M116：2，泥质灰陶。宽折沿较平，沿面有一周凹槽，方唇，侈口，束颈，折肩，斜弧腹内收，平底。肩部饰两周锯齿纹，锯齿纹上、下两侧各饰两周凹弦纹。高16.8、口径12.4、腹径13.6、底径8.0厘米（图三〇一，2；彩版二四，4；图版四〇，5）。

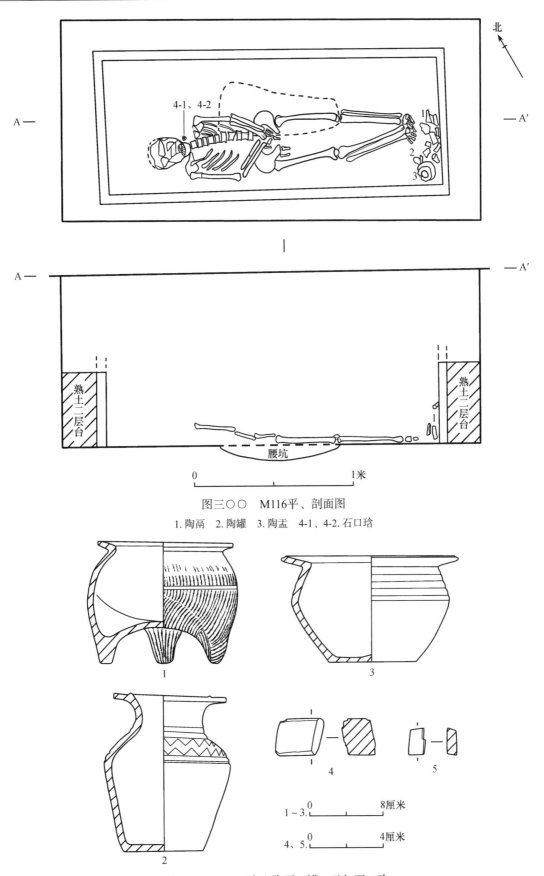

图三〇〇　M116平、剖面图

1.陶鬲　2.陶罐　3.陶盂　4-1、4-2.石口琀

图三〇一　M116出土陶鬲、罐、盂与石口琀

1.陶鬲（M116：1）　2.陶罐（M116：2）　3.陶盂（M116：3）　4、5.石口琀（M116：4-1、M116：4-2）

盂　1件。M116：3，泥质黑陶。宽折沿上斜，圆唇，侈口，折肩微外鼓，斜弧腹内收，平底。肩部饰瓦垅纹。高11.3、口径19.4、腹径17.0、底径9.5厘米（图三〇一，3；彩版二四，3；图版四〇，6）。

2. 石器

2件。均为口玲。石英岩质，白色，受沁处呈土黄色。M116：4-1，近四边形，断面近长方形，长2.1、宽1.6、厚1.5厘米（图三〇一，4）。M116：4-2，近长方形，断面呈长方形。长1.2、宽0.7、厚0.4厘米（图三〇一，5）。

第三节　出土器物的类型学分析

整个墓地墓葬出土各类随葬器物共计3522件（不含马坑的27件）。其中铜器488件、陶器1126件、玉与玛瑙器673件、石器1138件、骨器43件、蚌器33件、海贝12枚、其他（包括水晶和蛤蜊壳）9件（表一）。下面对出土的各类器物分别进行类型学的分析、探讨。

表一　义马上石河墓地墓葬出土器物统计表

编号	随葬品	器物件数								合计
		铜器	陶器	玉玛瑙器	石器	骨器	蚌器	海贝	其他	
M2	铜盾饰2、铜衔1、铜合页3、铜铃1、石璧1、石戈3、石贝36、牛面形蚌饰1、骨钉3、龙形蚌佩2、L形蚌饰1、骨镳1	7			40	4	4			55
M3	铜戈1、铜镞2、铜衔2、铜镳4、石戈1、石贝18	9			19					28
M4	石戈1				1					1
M5	铜镞4、石戈1、兽面形玉佩1、残玉饰2、石贝3	4		3	4					11
M6	石戈1、蚌圭1、石口玲2				3		1			4
M7	玉玦2、石戈1			2	1					3
M10	铜鼎1、铜盾饰1、石戈3、石圭2、石口玲1、海贝1	2			6			1		9
M12	陶鬲1、玉玦2、石戈1		1	2	1					4
M15	铜环1、石戈1	1			1					2
M16	骨圭1					1				1
M17	铜鼎1	1								1
M18	铜鼎1、铜盘1、铜铲1、铜戈1、铜镞4、铜盾饰2、铜铃1、铜小腰1、玉口玲1	13		1						14
M21	石圭1				1					1

编号	随葬品	器物件数								合计
		铜器	陶器	玉玛瑙器	石器	骨器	蚌器	海贝	其他	
M22	铜錍2、铜鱼8、残铜片1、组玉佩1组133、玉玦1、玉口琀3、陶鬲1、陶珠61、石戈1、石贝98	11	62	137	99					309
M23	铜鼎1、铜簋1、铜盘1、铜盉1、玉玦2、玉口琀4、石戈1、石贝69、海贝1	4		6	70			1		81
M25	石匕1、蚌口琀1				1		1			2
M26	玉玦2			2						2
M27	玉口琀1、骨圭1			1		1				2
M28	无									
M29	铜簋盖1、铜盾钖2、铜环1、石戈1、石贝30、骨镞2	4			31	2				37
M30	陶鬲1、陶罐1、石贝28		2		28					30
M31	玉口琀3、石口琀1、骨戈1			3	1	1				5
M32	无									
M33	铜戈2、铜镞3、铜盾钖11、铜衔2、铜刻刀2、鸟形玉佩1、玉玦2、组玉佩1组152件（颗）、石口琀2、长方形骨饰1、陶鬲1、骨镞2	20	1	155	2	3				181
M34	铜鼎1、铜匜1、铜盘1、石戈1、组玉佩1组104件（颗）、长方形玉佩1、玉玦2、玉口琀9、陶珠30、石贝1	3	30	116	2					151
M35	铜鼎1、铜鍑1、铜戈1、铜盾钖7、铜辖首2、铜衔2、铜铃1、石口琀3、石戈1、石圭1、石贝54、石块1、陶珠15、蛤蜊壳2	15	15		60				2	92
M36	石圭1				1					1
M37	玉玦2、玉口琀4			6						6
M38	玉戈1、玉玦2、玉口琀2、石匕1、石圭1、石贝36			5	38					43
M39	玉玦2、石戈1			2	1					3
M40	玉玦1、石圭2、石口琀3			1	5					6
M41	石玦2、石口琀1				3					3
M42	无									
M43	陶鬲1、玉璧1、玉口琀3、玉戈1、石匕1、蚌玦2、骨坠饰1组19		1	5	1	19	2			28
M44	陶鬲1、陶罐1、陶盉1		3							3
M45	陶鬲1		1							1
M46	陶鬲1、玉玦2、石口琀2、石块1		1	2	3					6

续表

编号	随葬品	器物件数								合计
		铜器	陶器	玉玛瑙器	石器	骨器	蚌器	海贝	其他	
M47	兽面纹玉佩1、玉玦2、玉口琀6、玛瑙管与珠项饰1组101			110						110
M48	铜鼎1、铜辖2、铜镞3、陶鬲1、石戈1、石口琀1、骨小腰1	6	1		2	1				10
M49	玉玦2、蚌口琀1			2			1			3
M50	水晶口琀3								3	3
M51	玉玦2、水晶口琀2、骨圭2			2		2			2	6
M52	石口琀8、蛤蜊壳2				8				2	10
M53	蚌口琀2						2			2
M54	铜镞1、玉玦2	1		2						3
M55	陶鬲1、石块1、蚌圭1、蚌口琀3		1		1		4			6
M56	蚌口琀1						1			1
M57	无									
M58	陶鬲1、石口琀2		1		2					3
M59	石口琀4、石块2				6					6
M60	石口琀7、石块1				8					8
M61	陶壶1、玉口琀1		1	1						2
M62	陶罐1、陶盂1、陶残器1、玉玦2、蚌匕1		3	2			1			6
M63	陶珠87、玉玦2、玉口琀2、石戈1、石贝66		87	4	67					158
M64	蚌口琀1						1			1
M65	陶鬲1、陶盂1、陶珠11、玉玦1、玉口琀1、石圭1、石贝10		13	2	11					26
M66	铜鼎1、铜簋2、铜盘1、铜盂1、铜戈1、铜镞10、陶珠39、玉玦2、石贝58	16	39	2	58					115
M67	铜盘1、铜盂1、玉玦2、玉口琀2	2		4						6
M68	陶珠2、玉玦2、玉口琀3、石圭1、石贝30		2	5	31					38
M69	玉玦2、玉口琀1			3						3
M70	陶鬲1、玉玦2		1	2						3
M71	无									
M72	无									
M73	陶鬲1、陶罐1、陶盂1、玉口琀1、玛瑙口琀1		3	2						5
M74	陶鬲1、陶珠170、玉口琀6、石匕1、石圭1、石贝87		171	6	89					266
M75	陶鬲1、石圭1		1		1					2

编号	随葬品	器物件数								合计
		铜器	陶器	玉玛瑙器	石器	骨器	蚌器	海贝	其他	
M76	陶鬲1、陶罐1、陶盂1、玉玦2、		3	2						5
M77	铜鼎1、铜簋1、铜盘1、铜盉1、铜戈1、石戈1	5			1					6
M78	玉玦1			1						1
M79	石刀1、蚌口琀1				1		1			2
M80	蚌圭1						1			1
M81	蚌口琀1						1			1
M82	铜鼎2、铜簋3、铜盘2、铜匜1、铜盉1、玉玦2、玉口琀2、石贝5	9		4	5					18
M83	玉玦2、石口琀2			2	2					4
M84	玉口琀1			1						1
M85	陶鬲1、蚌口琀1		1				1			2
M86	铜鼎2、铜簋2、铜盘1、铜匜1、兽面纹玉佩1、玉管1、玉玦2、玉口琀1	6		5						11
M87	无									
M88	陶鬲1、蚌圭1、蚌刀1、蚌口琀1		1				3			4
M89	陶鬲1、陶罐1、陶盂1、玉口琀2、石口琀1		3	2	1					6
M90	玉玦2、玉口琀5、石口琀2			7	2					9
M91	石块1、绿松石饰2				3					3
M92	陶鬲1、陶罐1、陶盂1、石口琀1		3		1					4
M93	铜鼎4、铜簋5、铜方壶2、铜盘1、铜盉1、铜镞38、铜盾钖12、铜衔6、铜辖4、铜镳5、铜带扣3、铜小腰3、铜铃6、铜鱼246、铜三角形饰1、铜翣4、薄铜片饰1、铜腰饰1、玉玦2、玉口琀1、陶珠662、石戈1、石贝320、骨镳5、骨小腰1、骨管2、L形骨饰1	343	662	3	321	9				1338
M94	铜鼎1、铜簋1、铜方壶2、铜盘1、铜盉1、玉玦2、玉环1、玉口琀1、玛瑙腕饰1组24、石贝81、蚌管3	6		28	81		3			118
M95	玉玦1			1						1
M96	玉玦2、玉口琀1、石口琀1			3	1					4
M97	石圭1、绿松石口琀2				3					3
M98	无									
M99	石玦2、玉口琀1			1	2					3
M100	玉口琀3、石口琀1、蚌口琀1			3	1		1			5

续表

编号	随葬品	器物件数								合计
		铜器	陶器	玉玛瑙器	石器	骨器	蚌器	海贝	其他	
M101	石玦1				1					1
M102	石口琀1				1					1
M103	蚌玦1						1			1
M104	无									
M105	陶鬲2、陶罐1、海贝口琀1		3					1		4
M106	无									
M107	玉玦2			2						2
M108	海贝口琀5							5		5
M109	玉玦2、石口琀1			2	1					3
M110	蚌口琀1						1			1
M111	陶鬲1、陶罐1、陶盂1、玉玦1、玉口琀4、海贝1		3	5				1		9
M112	石玦1、海贝口琀2				1			2		3
M113	玉玦2、蚌匕1			2			1			3
M114	玉口琀1、海贝1			1				1		2
M115	陶鬲1、陶罐1、陶盂1、蚌口琀1		3				1			4
M116	陶鬲1、陶罐1、陶盂1、石口琀2		3		2					5
合计		488	1126	673	1138	43	33	12	9	3522

一、铜　　器

共488件。分别出土于上石河墓地的22座墓内。依用途不同，可分为礼器、兵器、工具、车马器、棺饰和杂器六大类。其中礼器包括实用器和明器两种，其他均为实用器。大多数铜器上装饰有纹样，部分为素面。主要纹样有窃曲纹、重环纹、垂鳞纹、瓦垅纹、龙首纹、弦纹、勾云纹等。

器型有鼎、簋、盘、盨、方壶、匜、盂、鍑、器盖、戈、镞、盾钖、铲、刻刀、辖、衔、镳、带扣、小腰、铃、鱼、翣、合页、圆环、三角形饰、腰饰和薄残片饰等。下面按用途分别介绍。

（一）礼器

62件。有鼎、簋、盘、盨、方壶、匜、盂、鍑和器盖等九种。

1. 鼎

18件。分别出土于13座墓中。均为无盖鼎，多为明器。斜折沿，圜底，三蹄足，蹄足中空，截面近半圆形。根据鼎耳部的差异，可分为两型。

A型 13件。窄折沿上斜，立耳。根据鼎口、耳和腹部的差异，又可分为两亚型。

Aa型 9件。分别出自M35、M48、M66、M82、M86、M93和M94中。口微敛，直立耳，鼓腹较深。标本M35：6，尖圆唇，鼓腹略偏下，粗矮蹄足。沿下饰一周勾连S形无目窃曲纹，腹中部饰一条凸棱，下部饰一周垂鳞纹，耳外侧无纹饰，蹄足饰简易兽面纹（图三〇二，1）。标本M48：1，方唇，鼓腹略偏下，三蹄足下端较大，较高。口沿下饰一周重环纹，腹部饰一周波曲纹（图三〇二，2）。标本M66：10，方唇，鼓腹略偏下，上腹近直，矮蹄足下部肥大（图三〇二，3）。标本M82：1，方唇，鼓腹略偏下，上腹近直，矮蹄足。沿下饰一周C

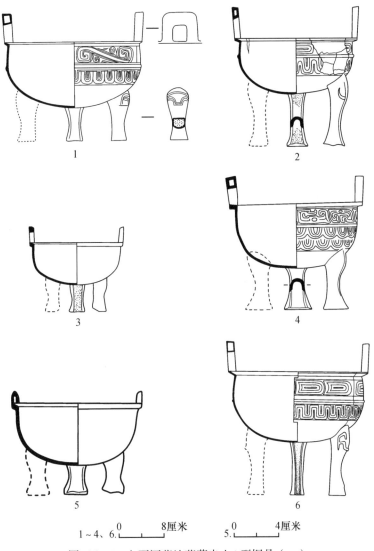

图三〇二 上石河墓地墓葬出土A型铜鼎（一）

1～6.Aa型（M35：6、M48：1、M66：10、M82：1、M82：10、M86：5）

形平目窃曲纹，腹部饰两周垂鳞纹，耳外侧饰有珠重环纹（图三〇二，4）。标本M82：10，方唇，鼓腹略偏下，上腹较直，矮蹄足（图三〇二，5）。标本M86：5，尖唇，蹄足较高。上腹部饰一周无珠重环纹，腹部正中饰一周凸弦纹，下腹部饰一周垂鳞纹（图三〇二，6）。标本M93：8，方唇，鼓腹略偏下，矮蹄足（图三〇三，1）。标本M94：4，方唇，矮蹄足下端较大。口沿下饰一周重环纹，耳外侧饰Ⅱ形凹弦纹（图三〇三，2）。

　　Ab型　4件。分别出自M10、M17、M18和M23中。口微敞，立耳微外撇，斜弧腹较浅。标本M10：6，尖唇，一侧耳变形，蹄足较高。沿下饰一周凹弦纹，腹部饰一周凸弦纹（图三〇三，3）。标本M17：1，斜方唇，蹄足较高。足端瘦小。口沿下饰一周无珠重环纹，腹中部饰一周凸弦纹，腹下部饰一周简易垂鳞纹（图三〇三，4）。标本M18：7，尖圆唇，蹄足较高，足端瘦小。口沿下饰一周无珠重环纹，纹样不甚清晰（图三〇三，5）。标本M23：5，斜方唇，圜底近平，蹄足较矮（图三〇三，6）。

　　B型　5件。分别出自M34、M77、M93中。折沿上斜，口微敛，附耳，鼓腹较深。标本M34：1，窄沿，斜方唇，附耳微外撇，附耳与口沿间有连接的小横梁，矮蹄足。口沿下饰一周C形窃曲纹，附耳内外饰重环纹，腹部饰两周垂鳞纹。器壁内侧铸有竖款铭文3行13字：

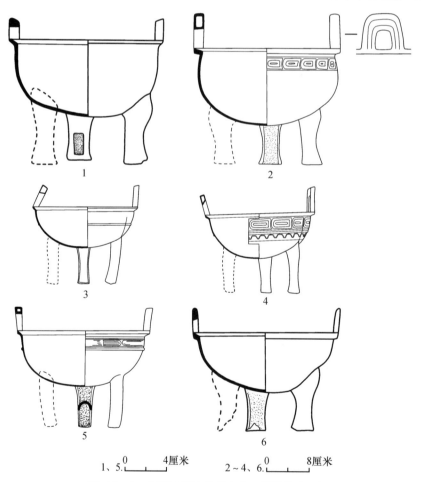

图三〇三　上石河墓地墓葬出土A型铜鼎（二）

1、2.Aa型（M93：8、M94：4）　3~6.Ab型（M10：6、M17：1、M18：7、M23：5）

"易娟乍（作）宝鼎，子子孙孙永宝用享"（图三〇四，1）。标本M77：3，窄沿，斜方
唇，附耳微外撇，深鼓腹略偏下，矮蹄足。腹部饰一周S形无目窃曲纹（图三〇四，2）。标
本M93：1，宽沿，方唇，附耳较直，附耳与口沿之间有连接的小横梁，鼓腹略偏下，上腹较
直，矮蹄足中端较细，下端外展宽大，底部有烟炱痕。口沿下饰一周S形平目窃曲纹，腹部饰3
周垂鳞纹，两种纹样以宽凸弦纹间隔，耳内外饰有珠重环纹，蹄足上端饰凸出的扉棱及兽面装
饰。内壁有铭文4行16字："虢季氏子虎父作宝鼎子＝（子）孙＝（孙）永宝用"（图三〇四，
3）。标本M93：7，宽沿，斜方唇，附耳与口沿之间连以小横梁，鼓腹略偏下，矮蹄足中端较
细，下端外展宽大。口沿下部饰一周C形平目窃曲纹，腹部饰一周凸弦纹，耳外侧饰有珠重环
纹（图三〇四，4）。标本M93：9，宽沿，方唇，附耳较直，鼓腹略偏下，上腹较直，矮蹄足
中端较细。口沿下饰一周无珠重环纹（图三〇四，5）。

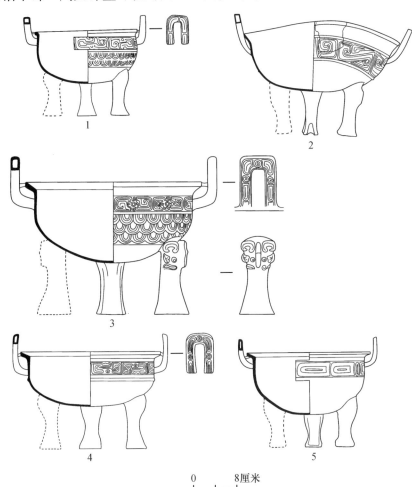

0　　　8厘米

图三〇四　上石河墓地墓葬出土B型铜鼎
1~5. B型（M34：1、M77：3、M93：1、M93：7、M93：9）

2. 簋

15件。分别出土于7座墓中。多为明器，除标本M66：6残损无法分辨外，其余14件根据器物用途、耳部和支足的有无，可分为三型。

A型　2件。均出自M82中。实用器。标本M82：3，上有盖，盖面上隆，顶有圆形捉手。器身子口微敛，鼓腹略下垂，近平底，腹两侧附简易龙首形耳，龙长舌向下内卷成半环形，喇叭形圈足下附三矮支足。盖缘与外口沿各饰一周S形无目窃曲纹，盖面与器腹饰瓦垅纹，圈足饰垂鳞纹（图三〇五，1）。标本M82：5，形制、纹样与标本M82：3完全相同（图三〇五，2）。

B型　8件。皆为明器，铸造较粗糙，盖与器浑铸为一体。皆盖面上隆，顶部有圆形捉手，鼓腹，腹两侧有对称耳，无底，中空，喇叭形圈足。根据耳部及支足的有无，可分为四亚型。

Ba型　4件。均出自M93中。器型较大，耳为龙首半环形，圈足下有三矮扁支足。标本M93：5，器外口沿饰一周无珠重环纹，盖面与器腹饰瓦垅纹（图三〇五，3）。标本M93：6，盖面与器腹饰瓦垅纹（图三〇五，4）。标本M93：30，器外口沿饰一周无珠重环纹，

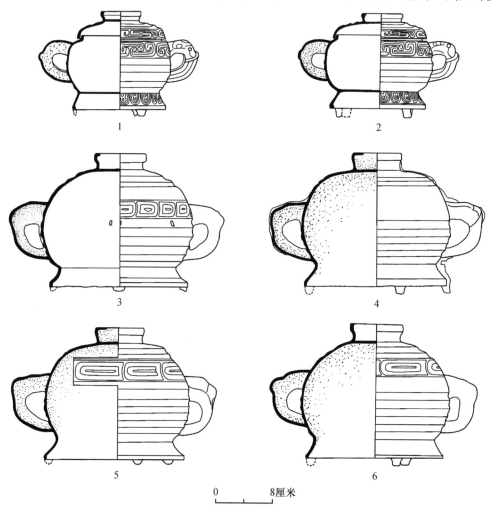

0　　　8厘米

图三〇五　上石河墓地墓葬出土A型和Ba型铜簋

1、2. A型（M82：3、M82：5）　3~6. Ba型（M93：5、M93：6、M93：30、M93：31）

盖面与器腹饰瓦垅纹（图三〇五，5）。标本M93：31，器外口沿饰一周无珠重环纹，盖面与器腹饰瓦垅纹（图三〇五，6）。

Bb型 1件。出自M94中。器型较大，耳为龙首半环形，圈足下无支足。标本M94：5，器外口沿饰一周无珠重环纹，盖面与器腹饰瓦垅纹（图三〇六，1）。

Bc型 2件。均出自M86中。器型较小，耳为斜三角形，圈足下无支足。标本M86：3，喇叭形矮圈足。盖缘饰一周无珠重环纹，盖面与器腹部饰瓦垅纹（图三〇六，2）。

Bd型 1件。出自M23中。器型较小，耳为半环形，圈足下无支足。标本M23：3，腹一侧为半环形耳，另一侧由于铸造粗糙未经打磨近方形，喇叭形圈足。腹上部饰一周无珠重环纹，下部饰四周瓦垅纹（图三〇六，3）。

C型 4件。器型小，制作极粗糙。根据耳部和支足的有无，可分为三亚型。

Ca型 1件。出自M77中。耳为斜三角形，圈足下有支足。标本M77：5，喇叭形圈足，下附三矮支足。盖缘饰一周无珠重环纹（图三〇六，4）。

Cb型 1件。出自M66中。耳为半环形，圈足下有支足。标本M66：7，喇叭形圈足，下附三矮支足（图三〇六，5）。

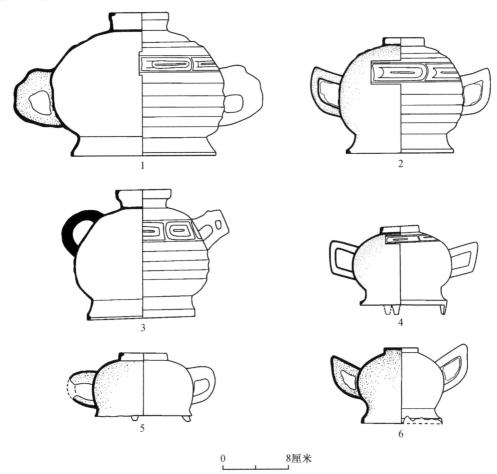

0　　　　　　8厘米

图三〇六　上石河墓地墓葬出土Bb、Bc、Bd型和C型铜簋

1. Bb型（M94：5）　2. Bc型（M86：3）　3. Bd型（M23：3）　4. Ca型（M77：5）　5. Cb型（M66：7）　6. Cc型（M82：9）

Cc型　2件。分别出自M82和M93中。耳为斜三角形，圈足下无支足。标本M82：9，喇叭形圈足，下无支足（图三〇六，6）。

3. 盘

11件。分别出于10座墓中。敞口或口微敞，斜弧腹，平底，喇叭形圈足。根据耳部的差异，可分为两型。

A型　5件。立耳。根据圈足高低和支足的有无，可分为三亚型。

Aa型　1件。出自M94中。高圈足，下无支足。标本M94：8，窄折沿上斜，方唇，口微敞，上腹较直，平底（图三〇七，1）。

Ab型　3件。分别出自M67、M77和M93中。矮圈足，下附三支足。窄折沿上斜，敞口。标本M67：2，方唇，立耳微外侈，底近平（图三〇七，2）。标本M77：4，斜方唇，立耳微内收，平底，腹部饰一周无珠重环纹（图三〇七，3）。标本M93：4，方唇，立耳微外侈，底微圜（图三〇七，4）。

Ac型　1件。高圈足，下无支足。标本M82：7，器型较高，尖唇，敞口，短立耳较直，耳无孔，斜直腹较深，小平底。外口沿下与腹下部各饰一周三组斜角勾云纹，每组纹样之间以椭圆形珠间隔，腹部饰两周回形窃曲纹（图三〇七，5）。

B型　6件。附耳。根据圈足下支足的有无，可分为两亚型。

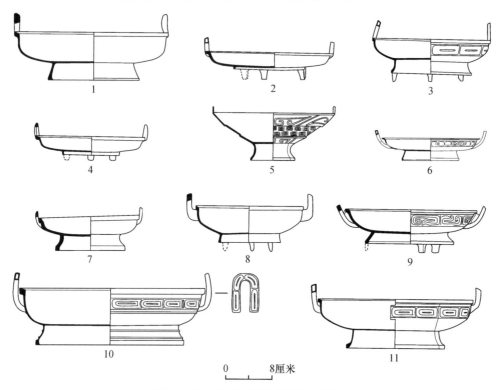

图三〇七　上石河墓地墓葬出土铜盘

1. Aa型（M94：8）　2~4. Ab型（M67：2、M77：4、M93：4）　5. Ac型（M82：7）　6、7、10、11. Ba型（M18：6、M23：4、M34：3、M86：1）　8、9. Bb型（M66：8、M82：4）

　　Ba型　4件。分别出自M18、M23、M34和M86中。圈足下无支足。均为折沿上斜，口微敞，斜方唇。标本M18：6，宽沿，附耳向上外撇，平底，高圈足。口沿下饰一周S形窃曲纹（图三〇七，6）。标本M23：4，窄沿，附耳较直，平底，高圈足（图三〇七，7）。标本M34：3，窄沿，附耳向上微内收，平底，高圈足。口沿下饰有珠重环纹，附耳饰无珠重环纹，圈足饰两周凸弦纹（图三〇七，10）。标本M86：1，窄沿，附耳较直，底近平，高圈足。口沿下饰一周无珠重环纹（图三〇七，11）。

　　Bb型　2件。分别出自M66和M82中。圈足下附三支足。均为窄折沿上斜，方唇，敞口。标本M66：8，附耳较直，腹较深，上腹较直，底近平，圈足下附三矮支足（图三〇七，8）。标本M82：4，附耳微外撇，腹较浅，底近平，圈足下附三矮扁支足。外口沿下饰一周C形无目窃曲纹（图三〇七，9）。

4. 盨

　　2件。均出自M22中。标本M22：4，上有盖，盖口呈椭长方形，盖面向上隆起，顶部有4个扁体支钮。器身子口内敛，直方唇，腹壁略外鼓，两侧有对称龙首耳，龙舌向下内卷作半环形，榫卯销式铸接而成。器底微弧，矮圈足微侈，圈足的四周中部各有一个圆角梯形豁口。盖顶中部饰S形平目窃曲纹，支钮正面饰卷云纹，盖面与器腹各饰三周瓦垅纹，盖缘与器口沿各饰一周无珠重环纹，圈足饰一周垂鳞纹（图三〇八，1）。标本M22：6，形制、纹样与标本M22：4完全相同（图三〇八，2）。

5. 方壶

　　4件。分别出自M93和M94中，每座墓各出2件。形制基本相同。均为整体浑铸，造型粗糙。盖顶有长方形捉手，器身侈口，平折沿，长颈两侧有对称的竖向扁钮，垂腹外鼓，无底，中空，椭方形高圈足，腔内有范土。标本M93：29，颈上部饰一周无珠重环纹（图三〇八，3）。标本M93：32，颈上部饰一周无珠重环纹（图三〇八，4）。标本M94：3，颈部饰一周无珠重环纹（图三〇八，5）。标本M94：6，颈部饰一周无珠重环纹和一周直线勾云纹（图三〇八，6）。

6. 匜

　　3件。分别出土于3座墓中，每座墓各出土1件。前有窄长槽状流，后有龙形鋬手。根据匜口和底部的不同，可分为两型。

　　A型　2件。分别出自M34和M86中。近直口，上腹微鼓，下腹内收，底近平，下附四兽蹄形扁足。标本M34：2，口沿下饰一周平目重环纹，腹部饰四周瓦垅纹，鋬上饰尖角重环纹，扁足正面上部饰卷云纹，下部阴刻兽爪（图三〇九，1）。标本M86：2，口沿下饰一周无珠重环纹，腹部饰四周瓦垅纹，足根处饰卷云纹（图三〇九，2）。

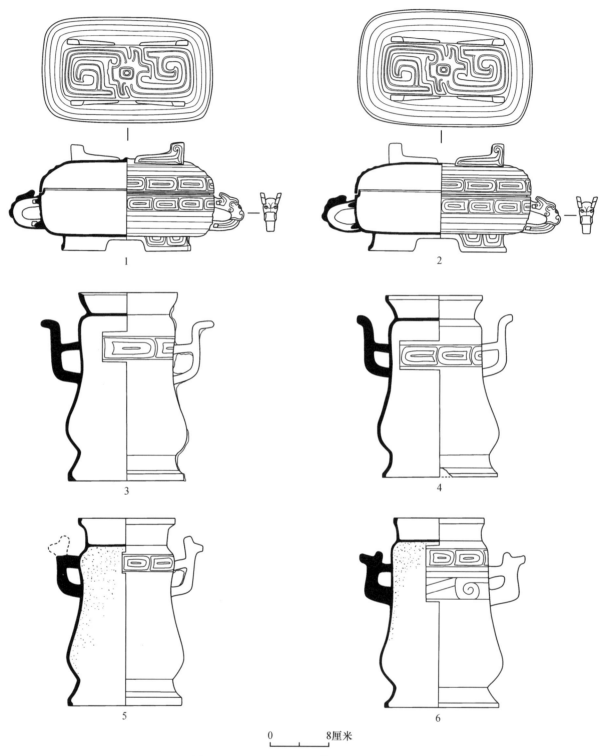

图三〇八　上石河墓地墓葬出土铜錳与方壶

1、2.錳（M22：4、M22：6）　3～6.方壶（M93：29、M93：32、M94：3、M94：6）

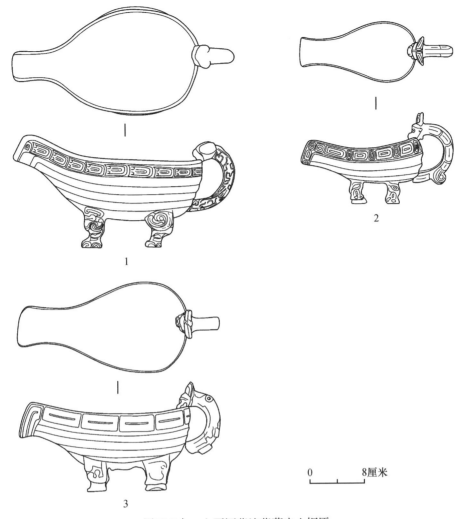

图三〇九　上石河墓地墓葬出土铜匜
1、2.A型（M34：2、M86：2）　3.B型（M82：8）

B型　1件。出自M82中。口微敛，圜底。标本M82：8，方唇，腹略鼓，圜底，下附四扁足。口沿下饰一周有珠重环纹，腹部饰瓦垅纹，鋬上饰无珠重环纹，扁足饰简易兽面纹（图三〇九，3）。

7. 盉

7件。分别出土于7座墓中，每座墓各出土1件。均为明器，器型较小，铸造较粗糙，盖与器浑铸为一体。整体皆呈扁椭圆体，顶部有方锥形盖，一侧有无孔实心流，另一侧为斜三角形鋬，鼓腹，无底，中空。根据器颈的有无，可分为两型。

A型　5件。器无颈。根据圈足的有无，可分为两亚型。

Aa型　4件。分别出自M23、M66、M77和M82中。仅有四个简易蹄足，无圈足。标本M23：6，管状流，流口曲而上扬，器身背面腹部有两个平行的竖向长方形孔（图三一〇，1）。标本M66：9，扁平体流，流口曲而上扬（图三一〇，2）。标本M77：6，扁平体流，流

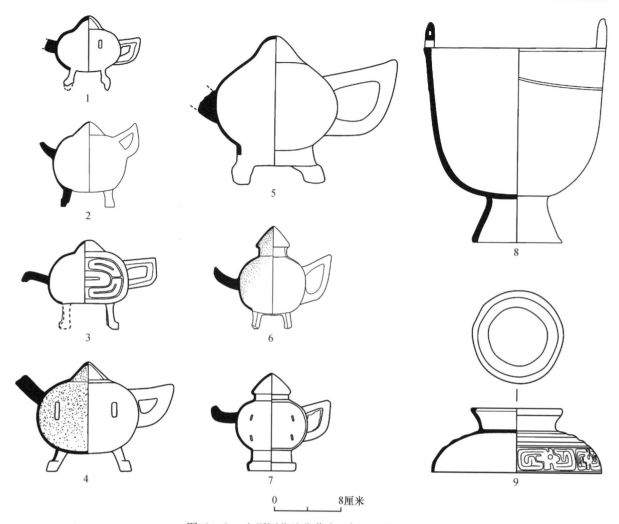

图三一〇　上石河墓地墓葬出土铜盉、鍑、器盖

1～4.Aa型盉（M23：6、M66：9、M77：6、M82：6）　5.Ab型盉（M94：7）　6.Ba型盉（M67：1）　7.Bb型盉（M93：3）
8.鍑（M35：3）　9.簋盖（M29：4）

口向下弯曲。正、背面各饰一周无珠重环纹（图三一〇，3）。标本M82：6，扁平体流，流口曲而上扬，腹部正、背面各有两个竖向长条形孔（图三一〇，4）。

Ab型　1件。腹下有矮圈足。标本M94：7，流残缺，矮圈足，下有四个简易蹄足（图三一〇，5）。

B型　2件。器有颈。根据圈足的有无，可分为两亚型。

Ba型　1件。无圈足。标本M67：1，扁平体流，流口曲而上扬，短束颈，下有四个简易蹄足（图三一〇，6）。

Bb型　1件。高圈足。标本M93：3，扁平体流，流口平折上扬，短束颈，高圈足，腹部正、背面各有四个竖向长方形小孔（图三一〇，7）。

8. 鍑

1件。出自M35中。标本M35：3，圆唇外侈，敞口，环形立耳，耳上端有一乳钉饰，深弧腹，圜底，喇叭形圈足。腹上部饰一周细凸弦纹。底部有烟熏痕迹（图三一〇，8）。

9. 器盖

1件。出自M29中。标本M29：4，应为簋盖。整体呈覆盘形，盖面上隆，顶有圆形捉手。盖缘饰一周S形平面窃曲纹，盖面饰瓦垅纹（图三一〇，9）。

（二）兵器

109件。有戈、盾钖和镞三种。

1. 戈

7件。分别出土于6座墓中。除标本M66：1仅残存长方形内部外，其余6件形制大体相同。皆为等腰三角形锋，锐利，直援，上下边有锐刃，胡较长，内、援之间有凸棱形阑，阑侧有穿。近长方形直内，内中部有一穿孔。根据戈援的差异，可分为两型。

A型　4件。分别出自M3、M33和M35中。援有中脊。标本M3：2，阑侧有两个纵长条形穿和一个横长条形穿。内部穿孔为横长条形，内端下角有缺（图三一一，1）。标本M33：17，阑侧有两个纵长条形穿和一个横长方形穿，内部穿孔为圆形。援本部近阑处上端饰一镂空旋涡纹（图三一一，2）。标本M33：19，阑侧有两个纵长条形穿和一个横长方形穿，内部穿孔为横长条形。援本部有一圆形镂空钻芯（图三一一，3）。标本M35：8，阑侧有两个纵长条形穿和一个横长条形穿，内部穿孔为横长条形（图三一一，4）。

B型　2件。分别出自M18和M77中。援无脊。阑侧有三个长条形穿和一个圆形穿，内中部有一横条形穿孔。标本M18：1，素面（图三一一，5）。标本M77：2，内部正、背面饰变体龙纹（图三一一，6）。

2. 镞

65件。分别出土于8座墓中。依整体形制的不同，可分为两型。

A型　54件。为双翼镞。皆尖锋，双翼有锐刃，圆锥形或圆柱状铤。依双翼形状的差异，可分为两亚型。

Aa型　33件。分别出自M3、M5、M18、M33、M48和M93中。其中M3出2件，M5出4件，M18出4件，M33出3件，M48出2件，M93出18件。双翼稍微远离镞身。标本M18：2-1，铤呈圆柱状（图三一二，1）。标本M33：18-1，铤呈圆锥状（图三一二，4）。M48：5-1，出土时一翼

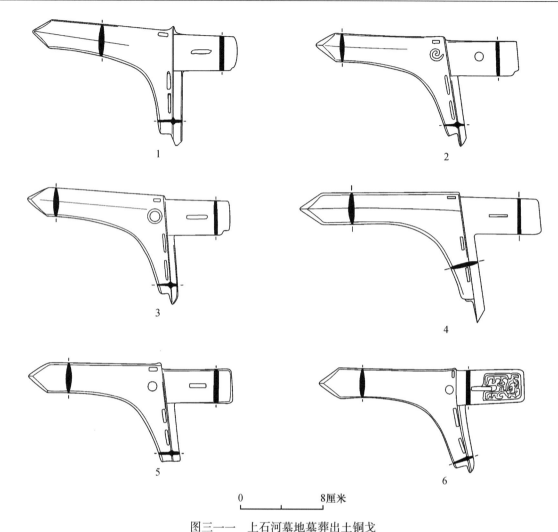

图三一一　上石河墓地墓葬出土铜戈

1~4. A型（M3：2、M33：17、M33：19、M35：8）　5、6. B型（M18：1、M77：2）

残损，铤呈圆锥状（图三一二，3）。标本M93：15-1，铤呈圆柱状（图三一二，2）。

　　Ab型　21件。分别出自M48和M93中。其中M48出1件，M93出20件。双翼贴近镞身。标本M48：5-3，铤呈圆锥状（图三一二，5）。标本M93：14-3，翼略残，铤呈圆柱状（图三一二，6）。标本M93：15-5，铤呈圆柱状（图三一二，7）。

　　B型　11件。为三棱锥形镞。皆为三棱锥形锋，尖锐。根据铤的有无，可分为两亚型。

　　Ba型　10件。均出自M66中。镞末端有圆柱形铤。标本M66：2-2，铤外残存有苇秆痕迹（图三一二，8）。标本M66：2-1，铤外残存有苇秆痕迹（图三一二，9）。

　　Bb型　1件。出自M54中。镞末端无铤。标本M54：1，镞身由两部分组成，上部为三棱锥形锋，下部为短圆銎体（图三一二，10）。

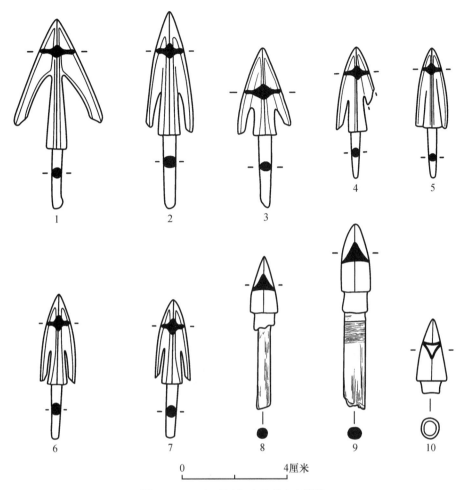

图三一二 上石河墓地墓葬出土铜镞

1~4. Aa型（M18：2-1、M93：15-1、M48：5-1、M33：18-1）   5~7. Ab型（M48：5-3、M94：14-3、M93：15-5）
8、9. Ba型（M66：2-2、M66：2-1）   10. Bb型（M54：1）

3. 盾钖

37件。分别出土于7座墓中。因胎壁极薄，腐蚀严重，出土时多已破碎不堪，应为盾牌上的装饰物。形制相同，皆为圆形，正面中部隆起，背面相应凹陷。根据盾钖大小的不同，可分为三型。

A型 2件。均出自M93中。形体最大，外径在15.0厘米左右。标本M93：27，残甚。周边有数个细小的钉孔（图三一三，1）。

B型 24件。分别出自M10、M18、M33和M93中。其中M10出1件，M18出2件，M33出11件，M93出10件。形体较大，外径在10.0厘米左右。标本M10：7，出土时边缘残损较甚，中部有一周凹槽，外径11.0厘米（图三一三，2）。标本M18：5-1，整体破碎严重，外径10.0厘米（图三一三，3）。标本M33：4，周边有对称的两个细小的钉孔，外径9.5厘米（图三一三，4）。标本M93：13-1，边缘有一个对称的小穿孔，外径9.6厘米（图三一三，5）。标本M93：13-2，边缘有两个对称的小穿孔，外径9.75厘米（图三一三，6）。

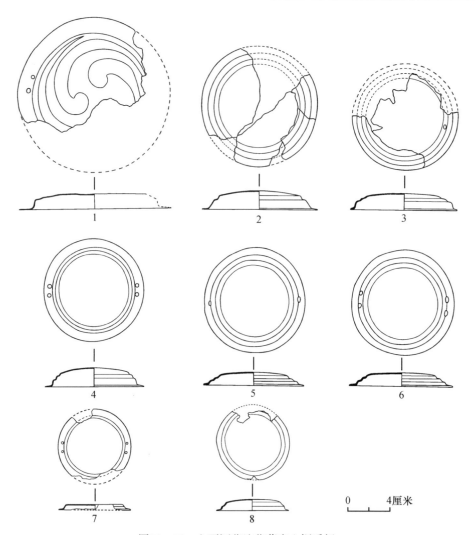

图三一三　上石河墓地墓葬出土铜盾钖

1. A型（M93：27）　　2~6. B型（M10：7、M18：5-1、M33：4、M93：13-1、M93：13-2）

7、8. C型（M2：10-1、M35：9-1）

C型　11件。分别出自M2、M29和M35中。其中M2和M29各出2件，M35出7件。形体最小，外径约7.0厘米。标本M2：10-1，周边有左右对称的两个小钉孔，外径7.0厘米（图三一三，7）。标本M35：9-1，部分边缘残损，中部饰有一周瓦垅纹，外径7.0厘米（图三一三，8）。

（三）工具

3件。有铲和刻刀两种。

1. 铲

1件。出于M18中。标本M18：8，近方形，下端有刃，上端中间有用以装木柄的长方形銎，銎正面有一竖向长条形穿孔（图三一四，1）。

2. 刻刀

2件。均出于M33中。器身均作扁平长条状，上端略窄，下部稍阔，断面近长方形，背面有一道竖向细凸棱。M33：13-1，出土时末端残缺，器身断成3块。首端略呈弧形，正、背面宽度相等（图三一四，2）。M33：13-2，出土时末端残缺，器身断成4块。首端平齐，正面略宽于背面（图三一四，3）。

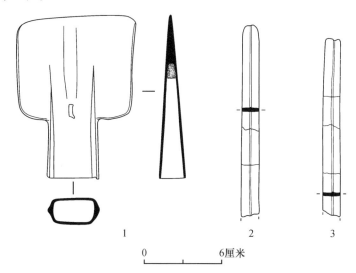

图三一四　上石河墓地墓葬出土铜铲与刻刀
1. 铲（M18：8）　2、3. 刻刀（M33：13-1、M33：13-2）

（四）车马器

38件。有辖、衔、镳、带扣和小腰等五种。

1. 辖

8件。出于3座墓中，其中M35和M48各出土2件，M93出土4件。依辖形制的不同，可分为两型。

A型　4件。无键辖型。分别出于M35和M93中，每座墓各出2件。形制基本相同，辖首背面呈马蹄形，两侧面有近长方形穿孔。标本M35：14，辖首正面为近长方形兽面（图三一五，1）。标本M93：17，辖首正面饰一龙首，犄角周边有扉棱，呈Y形，双眉呈倒"人"字形，椭圆形目外凸，阔鼻上卷（图三一五，2）。

B型　4件。有键辖型。出于M48和M93中，每墓各出2件。形制相同，辖首正面呈二级台阶状，辖键呈扁长条形，末端为斜边。标本M48：2-1，辖首两侧面有半圆形对穿孔（图三一五，3）。标本M93：25，辖首背面呈方形，穿孔呈扇形（图三一五，4）。

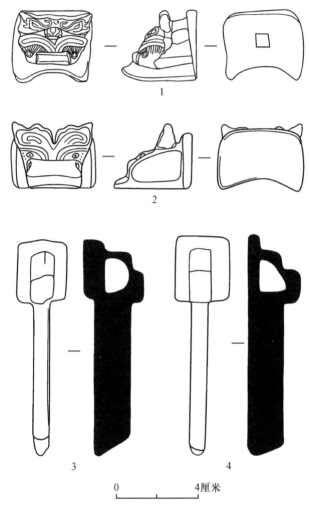

图三一五　上石河墓地墓葬出土铜辖

1、2. A型辖（M35：14、M93：17）　3、4. B型辖（M48：2-1、M93：25）

2. 衔

13件。分别出于M2、M3、M33、M35和M93等5座墓中。其中M2出1件，M3、M33和M35各出土2件，M93出6件。均属双体套接型，由两个"8"字形铜环套接而成，两端环形呈圆形或椭圆形。标本M2：11-1，一端环残缺，端环呈椭圆形（图三一六，1）。标本M3：4-1，端环近圆形（图三一六，2）。标本M33：5，端环形近圆形（图三一六，3）。标本M35：10，端环呈椭圆形（图三一六，4）。标本M93：38-1，端环呈圆形（图三一六，5）。标本M93：52-1，端环呈椭圆形，一端环略残（图三一六，6）。

3. 镳

9件。分别出自M3和M93中。其中M3出4件，M93出5件。形制相同，均作弧形弯曲状，表面略鼓，背面中部有两个半环形钮，上端略粗，下端较细，断面呈扁圆形。标本M3：3-2、M3：3-3，一副。M3：3-2为左首镳（图三一七，1），M3：3-3为右首镳（图三一七，2）。标

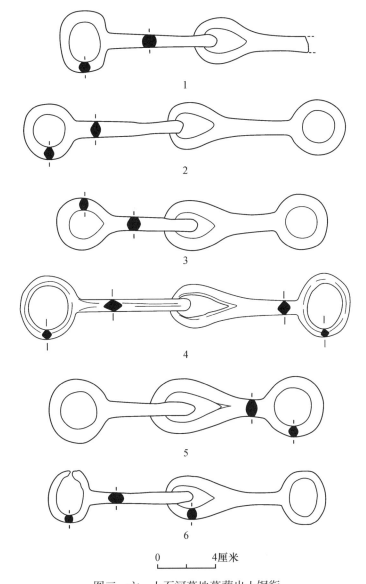

图三一六 上石河墓地墓葬出土铜衔

1. M2：11-1 2. M3：4-1 3. M33：5 4. M35：10 5. M93：38-1 6. M93：52-1

本M93：41-2、M93：41-3，一副。M93：41-2为左首镳（图三一七，3），M93：41-3为右首镳（图三一七，4）。

4. 带扣

　　3件。均出自M93中。器身近长方形，正面呈兽面形并隆起，背面相应凹陷且有一薄宽带状横梁，兽面上部有下垂犄角，鼻部凸起，上细下粗，圆目。根据器的顶端形制，可分为两型。

　　A型　2件。顶端有一横向长方形钮。标本M93：21，兽面顶端连接一个横向长方形钮（图三一七，5）。

　　B型　1件。顶端无横向长方形钮。标本M93：22，顶端无钮（图三一七，6）。

5. 小腰

5件。分别出土于M18和M93中。依其形状的不同，可分为两型。

A型　4件。出自M18和M93中，每座墓各出2件。均为兽首形。器身中段细两端粗。标本M18：3-1，器身扁薄，两端近方形且正面上隆呈兽首形，背面相应凹陷，中段呈扁条带状。兽首头顶有竖耳，椭圆形目，眼角上挑，鼻子作上细下粗的蛹形（图三一七，7）。标本M93：34，形状与标本M18：3-1相同（图三一七，8）。

B型　1件。出自M93中。为多棱形。标本M93：37，正面上鼓，背面平齐，两端的正面被分割成三个平面，形成多个棱脊（图三一七，9）。

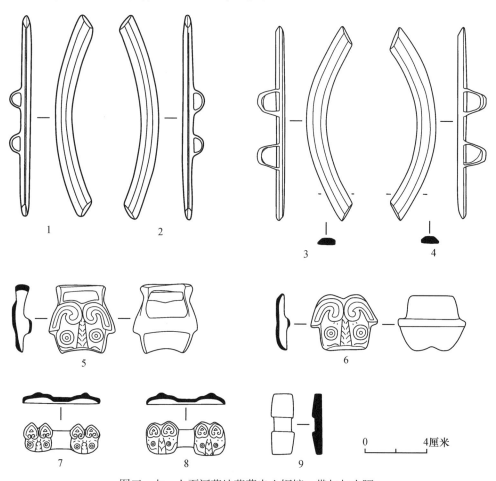

图三一七　上石河墓地墓葬出土铜镰、带扣与小腰

1~4.镰（M3：3-2、M3：3-3、M93：41-2、M93：41-3）　5.A型带扣（M93：21）　6.B型带扣（M93：22）

7、8.A型小腰（M18：3-1、M93：34）　9.B型小腰（M93：37）

（五）棺饰

267件。有小铃、鱼和翠三种。

1. 小铃

9件。形制基本相同，整体上细下粗，平顶，上有半环钮，钮下有小穿孔与腹腔贯通，铃腔内有一个槌状铃舌，舌上有一圆形穿孔，下口为内弧喇叭口，边缘向上弧起。器身正面或背面有数量不等的细长条形穿孔，断面近椭圆形。依形状大小的不同，可分为两型。

A型　3件。分别出于M2、M18、M35中，每座墓各出1件。形体较大。标本M2：16，体较瘦长，器身正面有一长条形穿孔（图三一八，1）。标本M18：4，器身正面有两个相平行的细长条形穿孔（图三一八，2）。标本M35：11，器身正面有两个相平行的细长条形穿孔，背面有一个细长条形穿孔（图三一八，3）。

B型　6件。均出自M93中。形体较小。标本M93：16，背面有两个相平行的细长条形穿孔（图三一八，4）。标本M93：28，正面有一个细长条形穿孔（图三一八，5）。标本M93：47，正、背面各有一个细长条形穿孔（图三一八，6）。标本M93：49，正、背面各有一个细长条形穿孔（图三一八，7）。标本M93：50，正面有一个细长条形和一个圆形穿孔，背面有一个细长条形穿孔（图三一八，8）。

2. 鱼

254件。分别出土于M22和M93中。其中M22出8件，M93出246件。鱼身皆作扁薄的长条形，背上、腹部、臀部各有一鱼鳍，头端有一椭圆形穿孔，以示鱼眼，可系缀。正面刻鱼鳞纹。标本M22：3-1，正面刻鱼鳞纹（图三一九，1）。标本M22：3-2、标本M93：10-1、标本M93：10-2、标本M93：10-3、标本M93：10-4均与标本22：3-1形制相同（图三一九，2~6）。

3. 翠

4件。均出于M93中。出土时残甚，无法修复。皆为似"山"字形的薄铜片，上有细小的长方形镂孔，在其附近清理出木板朽痕，推测应贴附在木质结构上。

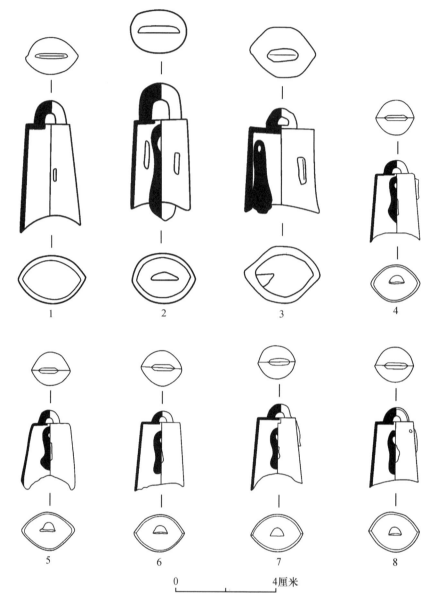

图三一八　上石河墓地墓葬出土铜铃

1~3. A型（M2：16、M18：4、M35：11）　4~8. B型（M93：16、M93：28、M93：47、M93：49、M93：50）

（六）杂器

9件。有合页、圆环、三角形饰、腰饰和残片饰等五种。

1. 合页

3件。均出自M2中。标本M2：12，由上下两个构件组成。上部是一个下连横轴的长方形钮，下部是顶端以横轴相连的长方形双层页片。上下构件套接在一起，可自由转动。器身正、背面下部各有一个圆形穿孔，中部各饰一组无珠重环纹（图三一九，7）。标本M2：13和标本M2：14形制均与标本M2：12相同（图三一九，8、9）。

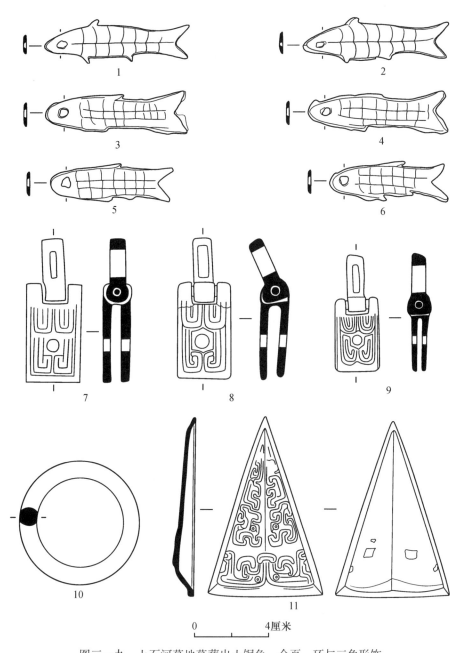

图三一九　上石河墓地墓葬出土铜鱼、合页、环与三角形饰

1~6.鱼（M22：3-1、M22：3-2、M93：10-1、M93：10-2、M93：10-3、M93：10-4）　7~9.合页（M2：12、M2：13、
M2：14）　10.环（M29：5）　11.三角形饰（M93：45）

2. 圆环

2件。分别出于M15、M29中，两墓各出1件，形制基本相同。标本M29：5，圆形，断面亦呈圆形（图三一九，10）。

3. 三角形饰

1件。出于M93中。标本M93：45，器身底部呈等腰三角形，正面中部隆起，呈矮三棱锥体，背面相应凹陷，沿底部一周有外折框边，其上分布有5个小穿孔。器表为一组单首双身龙形，龙有双足，口吐长舌，旁出獠牙，龙身饰变体凸目窃曲纹（图三一九，11）。

4. 腰饰

1组。出于M93墓主的腰部。标本M93：57，由小带扣和双龙纹圆形饰组成，均破碎严重，数量不详，无法修复。

5. 薄残片饰

2件。分别出自M22和M93中。均为极薄的铜片，残碎严重，形状不明。

二、陶　　器

1126件。分别出土于本墓地的33座墓内，其中除M62出土的陶残器不能辨明器形外，其余1125件陶器依用途可分为陶礼器和装饰品两大类。多数为明器，少量为实用器。绝大多数陶器为泥质灰陶，少数为夹砂灰褐陶。陶器多为素面，少数装饰有简单的纹样，一般饰粗绳纹或弦纹等。器形主要有鬲、罐、盂、壶和珠等。下面按用途分别介绍。

（一）礼器

48件。有鬲、罐、盂和壶等四种。

1. 鬲

26件。出土于25座墓中。除标本M88：1因残损严重无法修复外，其余25件皆为夹砂陶，手制，腹部饰绳纹，多为灰陶，少量为灰褐陶。根据器物高矮比例的差异，可分为甲、乙两类。

甲类　23件。器型矮胖，最大腹径大于器高。根据器物足部的差异，可分为A、B两型。

A型　16件。侈口，鼓腹，袋足中空，无实足跟或足跟较尖。根据器物腹部扉棱的有无，又可分为两亚型。

Aa型　8件。无扉棱。分别出自M33、M46、M48、M70、M85、M92和M105中，除M105出土2件外，其他墓葬各出1件。标本M33：20，方唇，宽折沿上斜，裆较高，空袋足内收。口沿内外各饰一周凹弦纹，通体饰粗绳纹，腹上部饰三周凹弦纹（图三二〇，1）。标本

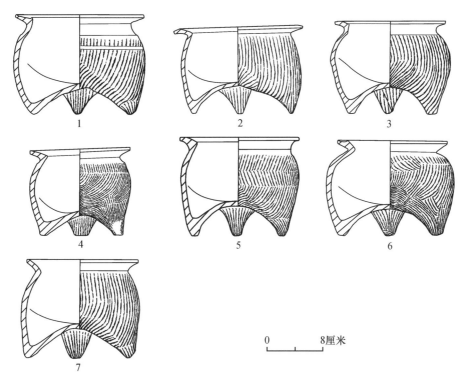

图三二〇　上石河墓地墓葬出土甲类Aa型陶鬲

1～7.甲类Aa型（M33：20、M46：1、M48：6、M70：1、M85：1、M92：2、M105：1）

M46：1，斜方唇，宽折沿微上斜，口沿外部较平微下压，实足根微内收（图三二〇，2）。标本M48：6，斜方唇，沿近平，空袋足内收。口沿内外各饰一周凹弦纹，通体饰粗绳纹（图三二〇，3）。标本M70：1，方唇，宽折沿上斜，腹部断面作椭三角形，裆较高，实足跟微外撇。通身饰中绳纹，上下腹及袋足绳纹均有交错（图三二〇，4）。标本M85：1，斜方唇，宽折沿上斜，裆较高，实足根微内收。通身饰中绳纹，绳纹上下交错（图三二〇，5）。标本M92：2，尖圆唇，近口部较平且有一周凹槽，卷沿上斜，腹部断面近三角形，实足微内收。通身饰粗绳纹，上下腹及袋足绳纹均有交错（图三二〇，6）。标本M105：1，斜方唇，宽卷沿上斜，近口部较平，裆较高，实足跟微外撇。通体饰中绳纹（图三二〇，7）。

　　Ab型　8件。有扉棱。分别出自M30、M45、M55、M74、M75、M89、M111和M115中，每座墓各出1件。标本M30：1，尖圆唇，宽折沿上斜，裆较高，有实足跟，口沿内外各饰一周凹弦纹，通身饰中绳纹，腹上部有一周抹痕（图三二一，1）。标本M45：1，斜方唇，平折沿，裆较高，空袋足内收。口沿内外各饰一周凹弦纹，颈下饰两周凹弦纹，通身饰粗绳纹（图三二一，2）。标本M55：1，斜方唇，宽卷沿上斜，裆较高，有实足跟。通身饰中绳纹（图三二一，3）。标本M74：5，斜方唇，宽折沿微上斜，实足跟微外撇。口沿内外各饰一周凹弦纹，通身饰粗绳纹（图三二一，4）。标本M75：1，斜方唇，宽折沿微上斜，有实足跟。口沿内外各饰一周凹弦纹，通体饰粗绳纹（图三二一，5）。标本M89：3，方唇，侈口略有变形，宽折沿上斜，瘪裆较甚，空袋足内收。口沿内外各有一周凹弦纹，通身饰中绳纹（图三二一，

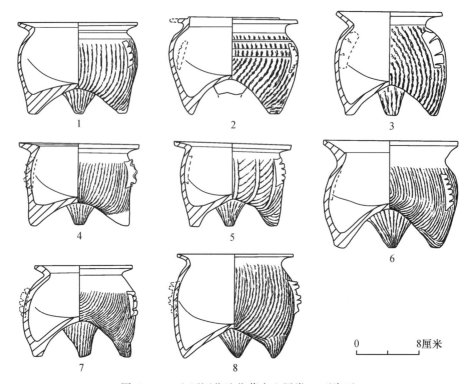

图三二一　上石河墓地墓葬出土甲类Ab型陶鬲

1~8.甲类Ab型（M30∶1、M45∶1、M55∶1、M74∶5、M75∶1、M89∶3、M111∶1、M115∶2）

6）。标本M111∶1，方唇，折沿上斜，近口部较平微下压，腹部横断面近三角形，裆较高，实足跟微外撇。上腹以下饰中绳纹（图三二一，7）。标本M115∶2，方唇，卷沿上斜，腹部横断面近三角形，裆较高，足根微内收。通体饰中绳纹（图三二一，8）。

　　B型　7件。侈口，鼓腹，袋足中空，柱状足或实足跟较粗平。根据器物腹部扉棱的有无，又可分为两亚型。

　　Ba型　5件。无扉棱。分别出自M22、M43、M73、M76和M116中，每座墓各出1件。标本M22∶7，斜方唇，折沿上斜，裆较高，实足根较粗平。口沿内外各有一周凹弦纹，颈部饰数周凹弦纹，通体饰粗绳纹（图三二二，1）。标本M43∶1，尖圆唇，宽卷沿上斜，裆较低，实足根较粗平且微外撇。通体饰特粗绳纹（图三二二，2）。标本M73∶1，尖圆唇，宽折沿上斜，沿近口部较平，实足跟较粗平且微外撇。口沿内外各饰一周凹弦纹，通体饰中绳纹（图三二二，3）。标本M76∶3，圆唇，宽折沿上斜，腹部断面作椭三角形，柱状足较粗，足根微外撇。通体饰粗绳纹，腹上部有一周抹痕（图三二二，4）。标本M116∶1，斜方唇，折沿微上斜，腹部断面近三角形，裆较高，实足跟较粗平。口沿内外各饰一周凹弦纹，通体饰中绳纹，腹上部有一周抹痕（图三二二，5）。

　　Bb型　2件。有扉棱。分别出自M44和M65中。标本M44∶3，方唇，宽折沿上斜，口沿内外各有一周凹弦纹，裆较高，足跟较粗近蹄足且外撇。通身饰中绳纹（图三二二，6）。标本M65∶2，圆唇，宽卷沿上斜，裆较高，实足根较粗平且微外撇。口沿内外各饰一周凹弦纹，

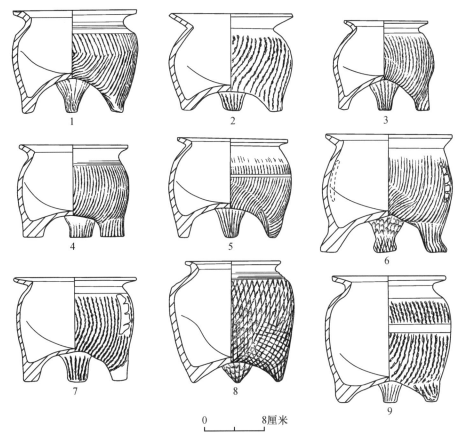

0　　　　8厘米

图三二二　上石河墓地墓葬出土甲类B型及乙类陶鬲

1~5.甲类Ba型（M22：7、M43：1、M73：1、M76：3、M116：1）　6、7.甲类Bb型（M44：3、M65：2）

8、9.乙类（M12：1、M58：1）

通体饰中绳纹（图三二二，7）。

乙类　2件。器型较高，最大腹径大于器高。分别出自M12和M58中。标本M12：1，圆唇，折沿上斜，沿近口部较平，短束颈，鼓肩，空袋足内收。裆较低，上部微瘪。通体饰特粗绳纹，颈部饰数道凹弦纹（图三二二，8）。标本M58：1，圆唇，宽折沿微上斜，短束颈，鼓肩，腹部横断面近三角形，裆较低，袋足中空，实足根微外撇。口沿内外各饰一周凹弦纹，通体饰中绳纹，腹中部有一道抹痕（图三二二，9）。

2. 罐

11件。出土于11座墓中。除标本M62：2残损较严重外，其余10件皆为泥质灰陶。侈口，束颈，折肩或圆鼓肩，斜弧腹内收，平底。根据器物肩部的差异，可分为两型。

A型　7件。折肩。根据器物口沿的差异，可分为三亚型。

Aa型　5件。分别出自M30、M92、M111、M115和M116中。折沿。标本M92：3，沿上斜，圆唇。肩部饰两组凹弦纹（图三二三，1）。标本M111：3，宽折沿上斜，近口部较平，圆唇。肩部饰两组凹弦纹，腹下部饰一周竖向细绳纹（图三二三，2）。标本M115：3，宽折沿较平，沿面有一周凹槽，圆唇。肩部饰两组凹弦纹（图三二三，3）。标本M116：2，宽折沿较平，沿面有一周凹槽，方唇。肩部饰两周锯齿纹，锯齿纹上、下两侧各饰两周凹弦纹（图三二三，4）。

Ab型　1件。出自M73中。宽卷沿外侈。标本M73：3，圆唇（图三二三，5）。

Ac型　1件。出自M105中。卷沿微外侈。标本M105：2，方唇，高领，肩部微折。腹下部饰细绳纹，有涂抹痕迹（图三二三，6）。

B型　3件。卷沿上斜，圆肩。根据器物肩部和腹部的差异，可分为两亚型。

Ba型　2件。分别出自M44和M76中。鼓肩，斜弧腹内收。标本M44：1，器物口部烧流略变形。圆唇，底微内凹（图三二三，7）。标本M76：2，尖圆唇（图三二三，8）。

Bb型　1件。出自M89中。溜肩，鼓腹。标本M89：2，圆唇，近底部饰一周细绳纹（图三二三，9）。

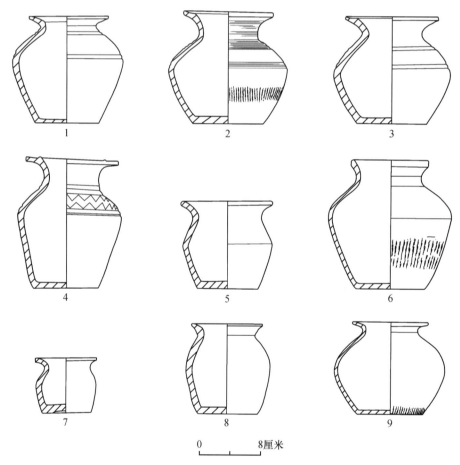

0　　　　8厘米

图三二三　上石河墓地墓葬出土陶罐

1~4.Aa型（M92：3、M111：3、M115：3、M116：2）　5.Ab型（M73：3）　6.Ac型（M105：2）　7、8.Ba型（M44：1、M76：2）　9.Bb型（M89：2）

3. 盂

10件。出土于10座墓中。除标本M65：1因残损严重无法修复外，其余9件均为泥质灰陶或灰黑陶。宽折沿或宽卷沿，侈口，斜弧腹内收，平底。根据器物肩部的差异，可分为两型。

A型　3件。宽折沿上斜，折肩。根据器物肩部瓦垅纹的有无，可分为两亚型。

Aa型　1件。出自M73中。肩部无瓦垅纹。标本M73：2，圆唇，肩部略外鼓（图三二四，1）。

Ab型　2件。分别出自M111和M116中。近口部有一周凹弦纹，肩部饰瓦垅纹。标本M111：2，圆唇（图三二四，2）。标本M116：3，圆唇，肩部微外鼓（图三二四，3）。

B型　6件。圆肩。根据器物肩部瓦垅纹的有无，可分为两亚型。

Ba型　3件。分别出自M62、M76和M92中。宽折沿或卷沿上斜，鼓肩，肩部无瓦垅纹。标本M62：1，制作粗糙。宽折沿上斜，尖圆唇，鼓肩略靠下。腹上部有一周抹痕，腹中部饰中绳纹（图三二四，4）。标本M76：1，宽卷沿上斜，方唇，近口部有一周凹槽。通身饰模糊不清的中绳纹（图三二四，5）。标本M92：1，宽折沿上斜，圆唇，鼓肩略靠上，腹下部饰粗绳纹（图三二四，6）。

Bb型　3件。分别出自M44、M89和M115中。宽折沿上斜，鼓肩，肩部饰瓦垅纹。标本M44：2，腹近底部略外扩。口沿内外各有一周凹弦纹，腹下部饰粗绳纹（图三二四，7）。标本M89：1，圆唇，口沿内外各有一周凹弦纹（图三二四，8）。标本M115：1，圆唇（图三二四，9）。

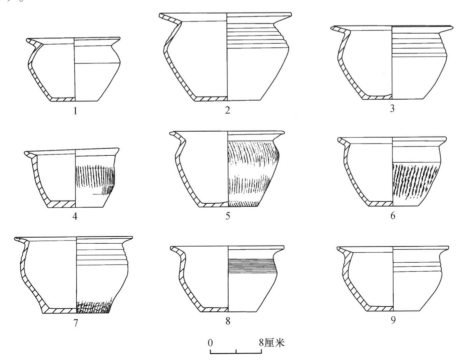

0 ⎯⎯ 8厘米

图三二四　上石河墓地墓葬出土陶盂

1. Aa型（M73：2）　　2、3. Ab型（M111：2、M116：3）　　4～6. Ba型（M62：1、M76：1、M92：1）

7～9. Bb型（M44：2、M89：1、M115：1）

4. 壶

1件。出自M61中。标本M61：1，泥质灰褐陶。直口，细高领，斜肩，肩部两侧有对称的桥状半环形系，鼓腹，平底。颈部饰数周凹弦纹，下腹部饰有模糊不清的粗绳纹。

（二）装饰品

1077颗。均为珠。分别出土于9座墓中。其中M22出土61颗，M34出土30颗，M35出土15颗，M63出土87颗，M65出土11颗，M66出土39颗，M68出土2颗，M74出土170颗，M93出土662颗。

三、玉、石、玛瑙与水晶器

1816件（颗）。其中玉器547件、石器1138件（枚）、玛瑙器126件（颗）、水晶器5件，分别出土于81座墓中。

（一）玉器

547件。主要器型包括戈、璧、环、管、组佩饰、单佩饰、玦、口琀和残玉饰等。下面我们就这些器物作型式上的分析、探讨。

1. 戈

2件。出土于2座墓中。根据戈援本部穿孔的有无，可分为两型。

A型　1件。出自M38中。援本中部有一双面钻圆穿。标本M38：2，青玉，豆青色，全部受沁局部呈灰白色。玉质较粗糙，不透明。等腰三角形锋，尖锐，直援，援两侧有双面钝刃，近末端处两侧有缺，以示内部。近长方形直内，援本中部有一双面钻圆穿（图三二五，1）。

B型　1件。出自M43中。援本部无穿孔。标本M43：6，出土时援前半部残缺。墨玉，墨绿色。直援，有脊，两侧边有锐刃，近末端处两侧有缺，以示内部。近长方形内（图三二五，2）。

2. 璧

1件。出自M43中。标本M43：4，青玉，冰青色，局部受沁呈黄白色或有黄褐斑。玉质较细腻，微透明。作圆形扁平体，边缘有一个细圆穿，断面呈长方形。正、背面纹样相同，皆饰一衔尾龙纹，龙张口，圆目，尖尾（图三二五，3）。

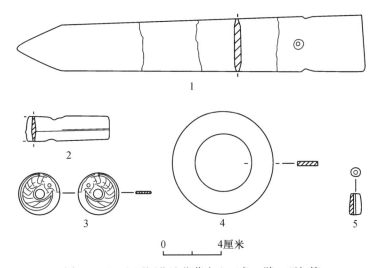

图三二五 上石河墓地墓葬出土玉戈、璧、环与管

1. A型戈（M38∶2） 2. B型戈（M43∶6） 3. 璧（M43∶4） 4. 环（M94∶11） 5. 管（M86∶8）

3. 环

1件。出自M94中。标本M94∶11，白玉，乳白色，局部受沁呈黄褐色。玉质细腻，半透明。圆形，断面呈长方形（图三二五，4）。

4. 管

1件。出自M86中。标本M86∶8，青玉，翠绿色。玉质细腻，微透明。作短圆管状，断面近椭圆形（图三二五，5）。

5. 组佩饰

3组389件（颗）。分别出自M22、M33和M34中。其中M22出有1组133件（颗），M33出有1组152件（颗），M34出有1组104件（颗）。标本M22∶9，为玉佩与玛瑙珠组合项饰，由1件鸟纹佩、6件马蹄形佩、126颗红色或橘红色玛瑙珠双行相间串联而成（图三二六，1）。标本M33∶24，为玉璜、玉珠、玛瑙珠及料管组合佩饰，由1件玉璜、1件玉管和150颗大小不等的红色或橘红色玛瑙珠单行相间串联而成（图三二六，2）。标本M34∶9，为玉璜、玉坠、玛瑙管（珠）及料管（珠）组合佩饰，由1件玉璜、1件玉圆形坠、1件红色竹节形玛瑙管、83颗红色玛瑙珠、1件浅蓝色扁料管、6颗浅蓝色圆形料管和10颗浅蓝色小圆形料珠单行相间串联而成（图三二六，3）。

6. 单佩饰

5件。出土于5座墓中。根据整体形制的不同，可分为三型。

A型 3件。分别出自M5、M47和M86中。兽形佩。整体呈倒梯形，正面饰兽面纹。标本

图三二六　上石河墓地墓葬出土组玉佩饰

1. M22：9　2. M33：24　3. M34：9

M5：3，白玉，乳白色。玉质细腻，半透明。正面作简易兽面形，上端有两个突出的角，器身正中单钻一小孔（图三二七，1）。标本M47：2，青玉，豆青色，局部受沁呈黑褐色或有黄白斑。玉质细腻，微透明。正面略鼓，背面平，中部有一双面钻圆穿。正面饰兽面纹，犄角向内弯曲，倒八字眉，梭形目，阔鼻（图三二七，2）。标本M86：7，青玉，豆青色。玉质细腻，半透明，局部受沁有黄褐斑或黄白斑。正面略鼓，背面平，中部有一单面钻小圆穿。正面饰兽面纹，上端有两个突出的犄角，两侧有单线阴刻的半圆形目（图三二七，3）。

B型　1件。出自M33中。鸟形佩。标本M33：25，青玉，浅豆青色，局部受沁呈黄白色或有黄褐色斑。玉质细腻，微透明。正、背面纹样相同。鸟尖啄，头部单钻一圆孔以作目，以阴线刻羽翅及爪，末端一侧单钻一圆形小孔（图三二七，4）。

C型　1件。出自M34中。长方形佩。标本M34：10，青玉，冰青色。玉质细腻，半透明。正面阴刻4条竖线，背面中部有一凹槽，上部有一对钻圆穿（图三二七，5）。

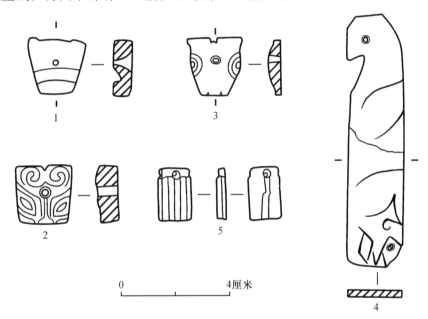

图三二七　上石河墓地墓葬出土玉佩饰

1~3. A型（M5：3、M47：2、M86：7）　4. B型（M33：25）　5. C型（M34：10）

7.玦

70件。出土于38座墓中。形制相同，皆作圆形扁平体，一侧有缺口，断面呈长方形。根据器物纹样的有无，可分为两型。

A型　10件。分别出自M23、M63、M82、M93和M94中，每座墓各出2件。器物正面装饰有纹样。以纹样的不同，可分为两亚型。

Aa型　6件。装饰动物造型纹样。标本M23：9，白玉，乳白色，局部受沁有黄褐斑。玉质细腻，半透明。正面饰一曲体龙纹，头上有角，臣字目，龙身饰重环纹（图三二八，1）。标本M23：10，青玉，冰青色，局部受沁呈黄褐色或有黄白斑。玉质细腻，微透明。正面饰简易

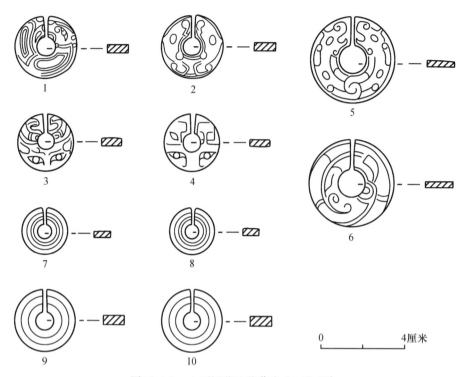

图三二八　上石河墓地墓葬出土A型玉玦

1~6. Aa型（M23：9、M23：10、M82：11、M82：12、M93：54、M93：55）　7~10. Ab型（M63：4、M63：5、M94：9、M94：10）

双龙纹，龙张口，椭圆形目（图三二八，2）。标本M82：11，白玉，乳白色。玉质细腻，半透明。正面饰龙首纹，臣字目，圆睛（图三二八，3）。标本M82：12，白玉，乳白色。玉质细腻，半透明。正面饰兽面纹，臣字目，圆睛，眼角带勾（图三二八，4）。标本M93：54，青玉，浅冰青色，局部受沁有黄褐或黄白斑。玉质细腻，半透明。正面饰阴线缠尾双龙纹（图三二八，5）。标本M93：55，白玉，乳白色，局部受沁有棕黄斑。玉质细腻，透明度好。正面阴刻凤鸟纹（图三二八，6）。

Ab型　4件。装饰几何造型纹样。标本M63：4，白玉，乳白色，局部受沁有黄褐斑。玉质细腻，半透明。正面饰两周凹弦纹（图三二八，7）。标本M63：5，形制、纹样与标本M63：4相同（图三二八，8）。标本M94：9，青白玉，青白色。玉质细腻，微透明。正面饰凹弦纹（图三二八，9）。标本M94：10，形制、纹样与标本M94：9相同，背面保留有旧器的勾云纹（图三二八，10）。

B型　60件。器物素面，无纹样。根据器型的大小，可分为四亚型。

Ba型　4件。分别出自M34和M67中，每座墓各出2件。外径在4.0~4.7厘米之间。标本M34：6，白玉，乳白色，受沁处有黄白斑。玉质细腻，半透明（图三二九，1）。标本M67：3，青玉，浅冰青色，受沁处有黄褐色斑点。玉质细腻，半透明（图三二九，2）。

Bb型　5件。分别出自M46、M65和M86中。其中M46和M86各出2件，M65仅出1件。外径在3.0~3.5厘米之间。标本M46：2，白玉，乳白色，局部受沁呈黄白色且有深浅不一的麻点。

玉质较细腻，半透明（图三二九，3）。标本M65：5，青白玉，青白色，局部受沁有黄白斑。玉质细腻，半透明（图三二九，4）。标本M86：10，青白玉，青白色，局部受沁呈深褐色。玉质细腻，半透明。玦的缺口两侧各有一个半圆形孔（图三二九，5）。标本M86：11，青白玉，青白色，局部受沁有黄白斑。玉质细腻，半透明（图三二九，6）。

　　Bc型　43件。分别出自M7、M12、M22、M26、M33、M39、M47、M49、M51、M62、M66、M68、M69、M70、M76、M83、M90、M95、M96、M107、M109、M111和M113等23座墓中。其中M22、M95、M111各出1件，其余墓葬中各出2件。外径在2.0 ~ 2.8厘米之间。标本M33：21，青玉，冰青色。玉质细腻，透明度好，局部受沁有黄白色斑线（图三二九，7）。标本M39：2，青玉，浅豆青色。玉质较细腻，微透明（图三二九，8）。标本M49：2，青白玉，青白色，局部受沁呈黄白斑。玉质细腻，半透明（图三二九，9）。标本M90：1，青玉，深冰青色。玉质细腻，半透明（图三二九，10）。标本M107：1，青玉，深豆青色，局部受沁有黄白斑。玉质细腻，微透明（图三二九，11）。标本M113：2，青玉，深豆青色。玉质

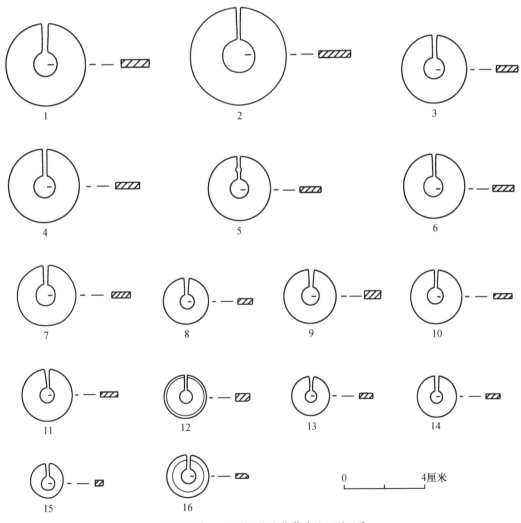

图三二九　上石河墓地墓葬出土B型玉玦

1、2. Ba型（M34：6、M67：3）　3 ~ 6. Bb型（M46：2、M65：5、M86：10、M86：11）　7 ~ 12. Bc型（M33：21、M39：2、M49：2、M90：1、M107：1、M113：2）　13 ~ 16. Bd型（M37：1、M38：5、M54：2、M78：1）

细腻，微透明（图三二九，12）。

　　Bd型　8件。分别出自M37、M38、M40、M54和M78中。其中M37、M38、M54各出2件，M40、M78各出1件。外径在2厘米以下。标本M37：1，白玉，乳白色。玉质细腻，半透明（图三二九，13）。标本M38：5，白玉，乳白色。玉质细腻，半透明（图三二九，14）。标本M54：2，青玉，浅冰青色。玉质较细腻，半透明（图三二九，15）。标本M78：1，青白玉，青白色，局部受沁呈黄褐色或有黄白斑。玉质细腻，半透明（图三二九，16）。

8. 残饰

　　2件。均出自M5中。系旧玉改作玉料后所余之边角废料。标本M5：4，青玉，深冰青色。玉质细腻，微透明。扁平体，正、背面残存有部分兽面纹样（图三三〇，1）。标本M5：5，青白玉，青白色。玉质细腻，微透明。体呈圆弧状，一端残损，断面呈椭圆形（图三三〇，2）。

9. 口琀

　　76件。分别出自M18、M22、M23、M27、M31、M34、M37、M38、M43、M47、M61、M63、M65、M67、M68、M69、M73、M74、M82、M84、M86、M89、M90、M93、M94、M96、M99、M100、M111和M114等30座墓中。少者一墓出1件，多者一墓出9件。均系旧玉残器和旧玉改制它器后余下的边角废料。经整理后，少量能看出器形的有玦、璜、鸟形佩、马蹄形佩、龟形佩、鱼尾形佩、海贝形佩、贝形佩等，大多则不辨器形。

（二）石器

　　1138件（枚）。主要器形包括璧、玦、戈、圭、匕、刀、口琀、贝和石块等。下面我们就这些器物作型式上的初步分析、探讨。

1. 璧

　　1件。出自M2中。标本M2：2，石英岩质，白色。圆形，体较厚，中部有双面钻圆孔，断面近长方形（图三三〇，3）。

2. 玦

　　7件。分别出自M41、M55、M99、M101和M112中。其中M41、M99各出2件，其他3座墓各出1件。外径在2.0～2.8厘米之间。皆为圆形扁平体，一侧有缺口，断面呈长方形。标本M41：1，石灰岩质，白色（图三三〇，4）。标本M99：1，石英岩质，白色（图三三〇，5）。标本M112：1，石灰岩质，白色（图三三〇，6）。

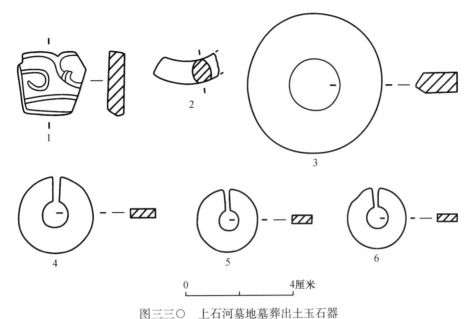

图三三○ 上石河墓地墓葬出土玉石器

1、2.玉残饰（M5：4、M5：5） 3.石璧（M2：2） 4～6.石玦（M41：1、M99：1、M112：1）

3.戈

23件。出土于19座墓中。三角形锋，直援，长方形直内。根据戈援脊的有无，可分为两型。

A型 15件。直援有脊。除标本M2：5、标本M10：3-2、标本M22：5残损严重外，其余12件根据援本部穿孔的有无，可分为两亚型。

Aa型 5件。分别出自M3、M6、M7、M39和M48中，每座墓各出1件。援本中部有一圆形穿孔。标本M3：6，石灰岩质，白色。锋部残缺，正面略鼓，背面平，援两侧磨出单面钝刃，近末端处两侧有缺，以示内部（图三三一，3）。标本M6：1，石英岩质，较粗糙，灰白色。锋呈等腰三角形，两面微鼓，援一侧有双面钝刃（图三三一，4）。标本M7：1，石英岩质，白色。锋呈等腰三角形，两面略鼓，近末端处两侧有缺，以示内部（图三三一，2）。标本M39：1，青石质，青灰色。两面微鼓，锋呈等腰三角形，锋与援两侧有双面钝刃（图三三一，5）。标本M48：3，青石质，青灰色。锋呈三角形，援两侧有钝刃，内略宽于援（图三三一，1）。

Ab型 7件。分别出自M2、M4、M10、M12、M29、M63中，其中M2出2件，其余5座墓各出1件。援本中部无穿孔，近末端处两侧有缺，以示内部。标本M2：8，石英岩质，白色。锋呈等腰三角形，正面略鼓，背面平（图三三一，6）。标本M4：1，石英岩质，灰白色。锋呈等腰三角形，援一侧磨有双面钝刃（图三三一，7）。标本M12：2，石灰岩质，灰白色。锋呈等腰三角形，正面略鼓，背面平（图三三一，8）。标本M29：1，青石质，青灰色。锋呈等腰三角形，援有钝刃，正面略鼓，背面平（图三三一，9）。标本M63：1，青石质，青灰色。锋呈三角形，援两侧有钝刃（图三三一，10）。

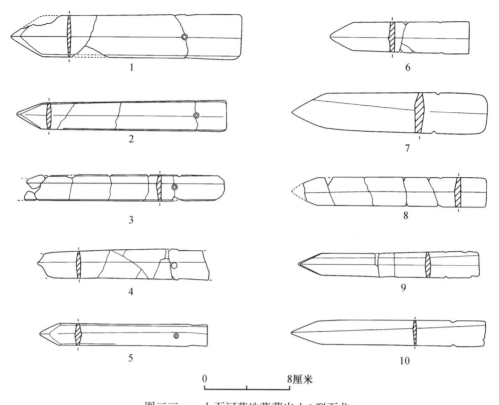

图三三一　上石河墓地墓葬出土A型石戈

1~5.Aa型（M48：3、M7：1、M3：6、M6：1、M39：1）　6~10.Ab型（M2：8、M4：1、M12：2、M29：1、M63：1）

B型　8件。直援无脊。根据援本部穿孔的有无，可分为两亚型。

Ba型　3件。分别出自M5、M77和M93中，每座墓各出1件。援本中部有一圆形穿孔。标本M5：6，石英岩质，灰白色。器身较宽，锋呈等腰三角形，正面略鼓，背面平，援两侧磨有双面钝刃，内略窄于援（图三三二，1）。标本M77：1，青石质，青灰色。锋呈等腰三角形，援两侧有钝刃，内略窄于援（图三三二，2）。标本M93：46，青石质，因腐蚀泛青白色，锋呈斜三角形，边刃锋利（图三三二，3）。

Bb型　5件。分别出自M10、M15、M23、M34和M35中，每座墓各出1件。援本部无穿孔，近末端处两侧有缺，以示内部。标本M15：1，石英岩质，白色。锋呈等腰三角形，正面略鼓，背面平且有一道纵向切割线痕，援两侧有钝刃（图三三二，6）。标本M23：1，锋部和援部略残。青石质，青灰色。锋呈三角形，正面略鼓，背面平且有一道纵向切割线痕，援两侧有钝刃，内末端略弧（图三三二，5）。标本M34：11，石英岩质，白色。锋呈等腰三角形，援与锋皆有钝刃（图三三二，7）。标本M35：2，青石质，青灰色。锋呈等腰三角形（图三三二，4）。

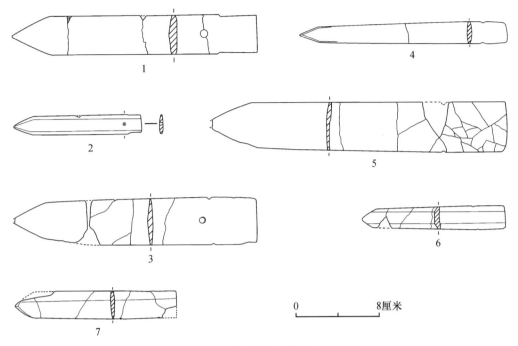

图三三二　上石河墓地墓葬出土B型石戈

1~3.Ba型（M5：6、M77：1、M93：46）　4~7.Bb型（M35：2、M23：1、M15：1、M34：11）

4. 圭

13件。分别出于11座墓中。除标本M36：1和M74：1仅存锋部、标本M40：3和标本M68：1风化侵蚀成颗粒状外，其余9件皆作扁平长条状。根据器形上下宽窄的不同，可分为两型。

A型　7件。分别出自M10、M21、M35、M38、M40、M65和M75中，每座墓各出1件。器身上、下基本等宽，上端有等腰三角形锋。标本M10：4，末端略残。石英岩质，较粗糙，白色。正面微鼓，背面有切割痕迹（图三三三，3）。标本65：7，上端残缺。青灰石，青灰色。正面有脊，背面平（图三三三，2）。标本M75：2，青石质，青灰色。正面略鼓，两侧边与锋边有薄刃，下部正中有一单面钻圆穿（图三三三，1）。

B型　2件。分别出自M10和M97中。均残甚。器身上端略窄，下端稍宽。标本M97：1，两端残缺。石英岩质，白色。扁平长条状（图三三三，4）。

5. 匕

4件。分别出自M25、M38、M43和M74中，每座墓各出1件。皆作扁薄长条形，正面微鼓，背面平。标本M25：1，上端残损。青石质，青灰色。上端稍宽，末端略窄且被轻微磨去一角，一侧和末端一角被磨成钝刃（图三三三，5）。M43：5，石英岩质，白色。两端平齐，上端略宽，末端稍窄，正面微鼓（图三三三，7）。标本M74：1，石英岩质，白色。上下等宽（图三三三，6）。

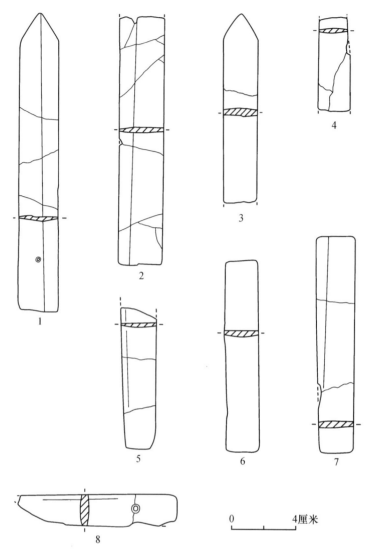

图三三三　上石河墓地墓葬出土石圭、匕与刀

1～3.A型圭（M75：2、M65：7、M10：4）　4.B型圭（M97：1）　5～7.匕（M25：1、M74：1、M43：5）　8.刀（M79：1）

6. 刀

1件。标本M79：1，尖部及末端一角略残。青石质，青灰色。正面微鼓，背面近平，斜尖锋，刀背微凹，锋与边刃锐利，末端中部有一单面钻圆穿（图三三三，8）。

7. 口琀

49件。分别出自M6、M10、M31、M33、M35、M40、M41、M46、M48、M52、M58、M59、M60、M83、M89、M90、M92、M96、M100、M102、M109和M116等22座墓中。少者一墓出1件，多者一墓出8件。均系旧石器残块和小碎石块。少量能看出器形，有玦、匕、短圆管等，其他则不辨器形。

8. 贝

1030枚。出土于18座墓中。其中M2出36枚，M3出18枚，M5出3枚，M22出98枚，M23出69枚，M29出30枚，M30出28枚，M34出1枚，M35出54枚，M38出36枚，M63出66枚，M65出10枚，M66出58枚，M68出30枚，M74出87枚，M82出5枚，M93出320枚，M94出81枚。形状基本相同，大小不一。前端较尖，下端呈弧形，正面上鼓，多数背面有竖向凹槽，少数在近上端钻有小圆穿。

9. 绿松石饰

2件。均出自M91中。绿松石质，青绿色，不透明。整体作长方形管状，由1件绿松石片与1件灰褐色石片黏合而成。

10. 绿松石口琀

2件。均出自M97中。绿松石质，青绿色，不透明。整体呈上细下粗的短方管状，断面呈长方形。

11. 石块

6件。分别出自M35、M46、M59、M60和M91中。其中M59出2件，其余4座墓各出1件。

（三）玛瑙器

126件（颗）。包括串饰和口琀。下面我们就这些器物作型式上的分析、探讨。

1. 串饰

2组，125件（颗）。分别出自M47和M94中。其中M47出有1组101件（颗），M94出有1组24颗。标本M47：1，为玛瑙管和珠组合项饰，由3件浅黄色玛瑙管和34颗红色玛瑙珠、36颗橘黄色玛瑙珠及28颗黄色玛瑙珠单行相间串联而成（图三三四，1）。标本M94：12，为右腕饰，由24颗大小不等的红色玛瑙珠单行相间串联而成（图三三四，2）。

2. 口琀

1件。出自M73墓主口中。标本M73：4-2，红色。整体作上细下粗的短圆管状，断面呈椭圆形（图三三四，3）。

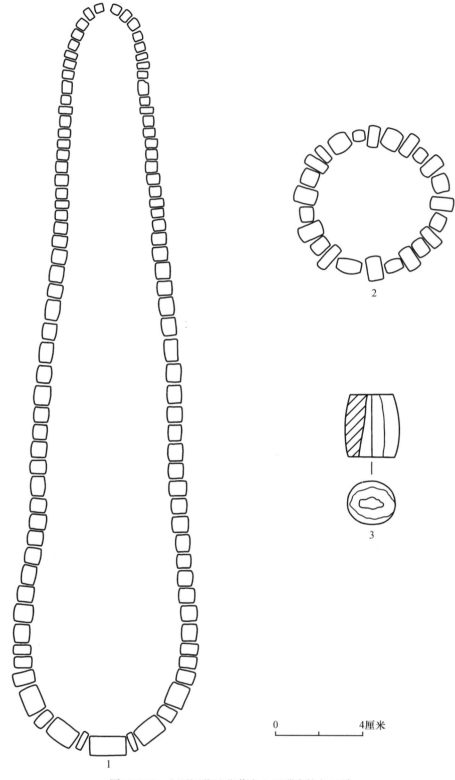

0　　　　　　4厘米

图三三四　上石河墓地墓葬出土玛瑙串饰与口琀

1.组合项饰（M47：1）　2.组合腕饰（M94：12）　3.口琀（M73：4-2）

（四）水晶器

5件。分别出自M50和M51中。其中M50出3件，M51出2件。皆为口琀。水晶石质，透明度高，呈不规则状。

四、骨、蚌、海贝与蛤蜊壳

92件（枚）。其中骨器43件、蚌器33件、海贝12枚、蛤蜊壳4件。它们分别出土于38座墓葬中。

（一）骨器

43件。包括戈、圭、饰件、管、小腰、坠饰、镳和钉等。

1. 戈

1件。出自M31中。标本M31：1，内部残缺。锋呈等腰三角形，较尖锐，直援无脊，两面微鼓，锋边与援两侧边磨出双面钝刃（图三三五，1）。

2. 圭

4件。分别出自M16、M27和M51中。其中M16、M27各出1件，M51出2件。皆作扁平长条状，上端有三角形锋。标本M16：1，锋尖及下端略残。器身稍窄，上部稍宽于下部。锋呈等腰三角形，正面平整，背面微鼓（图三三五，2）。标本M27：1，器身一侧及末端略有残损。锋呈三角形，器身两面微鼓，正面有脊，锋及两侧均有钝刃，底端中部有一椭圆形斜穿（图三三五，3）。标本M51：3-1，器身中部略窄，锋呈等腰三角形，正、背面微鼓，两侧边与锋边有钝刃，近末端中部有圆形穿孔（图三三五，4）。标本M51：3-2，器身上下等宽，锋呈等腰三角形，正、背面微鼓，两侧边与锋边有钝刃，近末端中部有椭圆形穿孔（图三三五，5）。

3. 饰件

2件。分别出自M33和M93中，每座墓各出1件。形状各异。标本M33：26，体极薄，近长方形，断面呈长方形（图三三五，6）。标本M93：19，器身近L形，一端较宽，器身上端内侧部分中空（图三三五，7）。

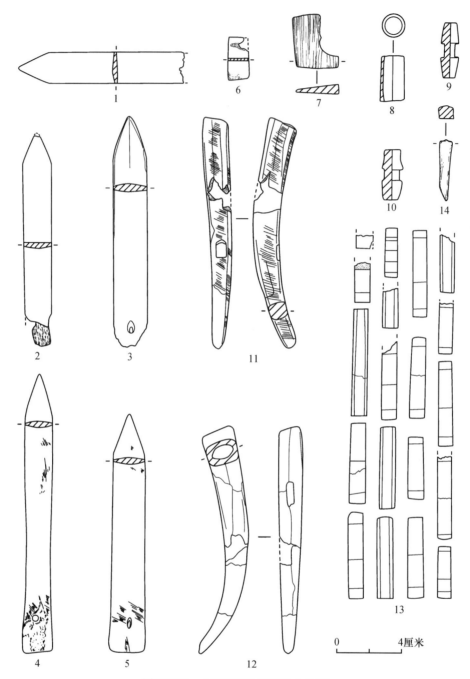

图三三五　上石河墓地墓葬出土骨器

1. 戈（M31：1）　2~5. 圭（M16：1、M27：1、M51：3-1、M51：3-2）　6、7. 饰件（M33：26、M93：19）　8. 管（M93：18）
9、10. 小腰（M48：4、M93：36）　11、12. 镳（M29：6-1、M93：38-2）　13. 坠饰（M43：7）　14. 钉（M2：3-1）

4. 管

2件。均出自M93中。形制、大小相同，作短圆管状。标本M93：18，略残（图三三五，8）。

5. 小腰

2件。分别出自M48和M93中，每座墓各出1件。器身中段细两端粗，两端呈束腰竹节形。标本M48：4，中段为细圆柱状，断面呈椭圆形（图三三五，9）。标本M93：36，正面上鼓，背面平齐，断面呈半圆形（图三三五，10）。

6. 镳

10件。分别出自M2、M29、M33和M93中。其中M2出1件，M29和M33各出2件，M93出5件。均残，兽角制成。形制相同，作弧形弯曲状，一端平齐，另一端较细，断面呈切角长方形，较窄的两侧面上透穿长方形孔。标本M29：6-1，残断成多块（图三三五，11）。标本M93：38-2，中部略残（图三三五，12）。

7. 坠饰

1组19枚。出自M43中。标本M43：7，由19枚扁薄的细长条形骨片按顺序整齐地排列成1组4行。骨片的宽度与厚度基本相同，分别为0.9与0.15厘米左右；长度则不尽一致，在0.8~6.4厘米之间。正、背面磨制光滑，表面刻有2~3道相平行的细横线或细纵线（图三三五，13）。

8. 钉

3件。皆出自M2中。形状、大小相同。标本M2：3-1，呈三棱锥体，顶端平齐（图三三五，14）。

（二）蚌器

33件。包括圭、匕、刀、饰件、管、玦和口琀等。

1. 圭

4件。分别出自M6、M55、M80和M88中，每座墓各出1件。形状基本相同，呈扁平长条形。标本M6：2，上端略窄，有等腰三角形锋，下端稍宽，断面近长方形（图三三六，1）。标本M55：2，略残。上端有等腰三角形锋，上端略宽于下端，末端为弧边，断面近长方形（图三三六，2）。标本M80：1，略残。上端斜刹且稍窄，下端稍宽，两侧有钝刃，断面近棱形（图三三六，3）。

2. 匕

2件。分别出自M62和M113中，每座墓各出1件。形状基本相同，呈扁平长条状，上下两端基本平齐。标本M62：6，上端略宽，下端稍窄，中部有一个双面钻圆孔，断面近长方形（图三三六，4）。标本M113：1，上下等宽，末端两角有角刃，断面近长方形（图三三六，5）。

3. 刀

1件。标本M88：2，断为2块。一端略窄，另一端稍宽，弧背，刃部磨有双面钝刃，中部有一个圆形穿孔，断面近梭形（图三三六，6）。

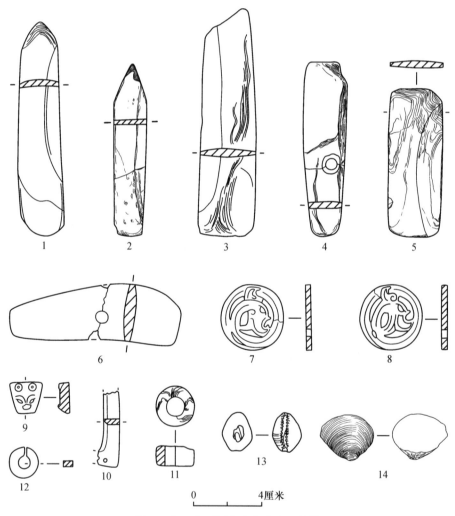

0　　　　4厘米

图三三六　上石河墓地墓葬出土蚌器

1～3.圭（M6：2、M55：2、M80：1）　4、5.匕（M62：6、M113：1）　6.刀（M88：2）　7、8.A型饰件（M2：9、M2：15）
9.B型饰件（M2：4）　10.C型饰件（M2：18）　11.管（M94：2-1）　12.玦（M103：1）　13.海贝（M10：1）
14.蛤蜊壳（M35：7-1）

4. 饰件

4件。均出自M2中。根据整体形状的不同，可分为三型。

A型　2件。形状、纹样相同。作圆形扁平体镂空状，正面饰盘龙纹，龙角高耸，臣字目，张口，下唇上卷，尖尾衔于龙口内。标本M2∶9，出于椁盖板上（图三三六，7）。标本M2∶15，出于椁室内（图三三六，8）。

B型　1件。整体呈倒梯形。标本M2∶4，正面鼓起，背面平。正面作牛面形，上端有双角耸立，臣字目，阔鼻外凸（图三三六，9）。

C型　1件。整体近L形。标本M2∶18，一侧有单面斜刃，末端有两个小圆穿（图三三六，10）。

5. 管

3件。均出自M94中。形制相同，大小不一。标本M94∶2-1，作短圆管状（图三三六，11）。

6. 玦

3件。分别出自M43和M103中。其中M43出2件，M103出1件。外径在1.7～2.3厘米之间。形制相同。标本M103∶1，圆形扁平体，一侧有缺口，断面呈长方形（图三三六，12）。

7. 口琀

16件。分别出自M25、M49、M53、M55、M56、M64、M79、M81、M85、M88、M100、M110和M115等13座墓中。少者出1件，多者出3件。系蚌残器和蚌残片。少量能看出器形，为玦，大多不辨器形。

（三）海贝

12枚。分别出于M10、M23、M105、M108、M111、M112和M114中。其中M108出5件，M112出2件，其他5座墓各出1件。形状、大小基本相同。标本M10∶1，上端较尖，下端呈弧形，正面鼓起，正中有一不规则形孔洞，背面稍平且有一道纵向浅凹槽，槽两侧有锯齿牙（图三三六，13）。

（四）蛤蜊壳

4件。分别出自M35和M52中，每座墓各出2件。形状基本相同。皆为扇形，蒂部磨有小圆孔，可系穿。标本M35∶7-1，略残（图三三六，14）。

第四节　随葬器物的组合分析

本墓地已发掘的107座墓葬中，除10座墓葬（M28、M32、M42、M57、M71、M72、M87、M98、M104、M106）不见随葬品或因遭到盗扰破坏不出器物外，其余墓葬内均有随葬品出土。由于出土的随葬品数量有限，大多数墓内随葬的器物组合不全。在出土有随葬品的97座墓葬中，仅有8座墓出土的铜礼器组合和12座墓出土的陶礼器组合相对完整。其他77座有随葬品的墓葬中，有8座墓出土1~2件铜礼器；12座墓仅出土1件陶礼器；1座墓出土1件陶礼器和一些铜兵器、铜马器和铜杂器等；3座墓出土1~7件铜兵器、铜马器和铜杂器等；53座墓仅随葬一些玉器、石器、骨器、蚌器等小件器物。除M22、M33和M48等3座铜器墓各出1件陶鬲外，其他17座铜器墓中均不出陶礼器。

41座随葬有铜礼器或陶礼器的墓葬中，有16座墓出土铜礼器，25座出土陶礼器。16座铜礼器墓中，随葬器物组合为鼎、簋、盘、方壶、匜的墓葬2座，鼎、簋、盘、匜、盉的墓葬1座，鼎、簋、盘、盉的墓葬3座，鼎、簋、盘、匜的墓葬1座，鼎、盘、匜的墓葬1座，鼎、盘、铲的墓葬1座，鼎、镶的墓葬1座，盘、盉的墓葬1座，仅随葬有鼎的墓葬3座，随葬有盨的墓葬1座，随葬有簋盖的墓葬1座；25座陶礼器墓中，随葬器物组合为鬲、罐、盂的墓葬8座，鬲、罐的墓葬2座，罐、盂的墓葬1座，罐、盂、残器的墓葬1座，随葬鬲的墓葬12座，随葬壶的墓葬1座。需要说明的是，有8座铜礼器墓中伴出有少量的兵器、车马器和杂器等；2座铜礼器墓中伴出陶鬲1件；1座陶礼器墓中伴出有铜兵器、铜马器和铜杂器等。此外，在上述41座墓葬中，或伴出有小件玉石器，或伴出有骨器，或伴出有蚌器等。由于这些铜兵器、铜车马器、铜杂器和玉器、石器、骨器、蚌器等不是墓中的主要组合器物，我们在分析说明器物组合形式时暂不予考虑。

下面我们在随葬器物类型学分析的基础上，41座出土铜礼器和陶礼器的墓葬，按照器物组合关系进行分组。大致可分为以下5组。

A组：青铜礼器为主的组合。参与该组的墓葬有M18、M23、M34、M35、M66、M67、M77、M82、M86、M93和M94共11座。

B组：青铜礼器与陶礼器的混合组合。参与该组的墓葬有M22和M48共2座。

C组：陶礼器为主的组合。参与该组的墓葬有M30、M44、M62、M65、M73、M76、M89、M92、M105、M111、M115和M116共12座。

D组：仅出1件青铜礼器。参与该组的墓葬有M10、M17和M29共3座。

E组：仅出1件陶礼器。参与该组的墓葬有M12、M33、M43、M45、M46、M55、M58、M61、M70、M74、M75、M85、M88共13座。

下面按组别分析各类墓葬主要随葬器物的具体型式组合。

一、A 组 方 面

M18：Ab型鼎1、Ba盘1、铲1。

M23：Ab型鼎1、Bd型簋1、Ba型盘1、Aa型盉1。

M34：B型鼎1、Ba型盘1、A型匜1。

M35：Aa型鼎1、镂1。

M66：Aa型鼎1、Bc型簋2、Bb型盘1、Aa型盉1。

M67：Ab型盘1、Ba型盉1。

M77：B型鼎1、Ca型簋1、Aa型盘1、Aa型盉1。

M82：Aa型鼎2、A型簋2、Cc型簋1、Ac型盘1、Bb型盘1、B型匜1、Aa型盉1。

M86：Aa型鼎2、Bc型簋2、Bb型盘1、A型匜1。

M93：Aa型鼎1、B型鼎3、Ba型簋4、Cc型簋1、Ab型盘1、方壶2、Bb型盉1。

M94：Aa型鼎1、Bb型簋1、Aa型盘1、方壶2、Ab型盉1。

A组的11座墓葬，是以青铜礼器为主的组合。其组合形式包括鼎、镂，盘、盉，鼎、盘、铲，鼎、盘、匜，鼎、簋、盘、盉，鼎、簋、盘、匜，鼎、簋、盘、匜、盉和鼎、簋、盘、方壶、盉等，其中以鼎、簋、盘、盉和鼎、簋、盘、方壶、盉的组合最为常见。一般情况下，鼎、簋、盘、匜、盉等礼器在墓葬中多为单件出现，虽然个别墓葬中出土有4件或2件鼎，但其中仅有1件为实用鼎，其他则为明器鼎。

二、B 组 方 面

M22：铜盨2、甲类Ba型陶鬲1。

M48：Aa型铜鼎1、甲类Aa型陶鬲1。

B组的2座墓葬，均是铜器与陶器的组合。其组合形式有鼎、鬲和盨、鬲2种，除铜盨外，其他器物在一座墓中仅出1件。

三、C 组 方 面

M30：甲类Ab型鬲1、Aa型罐1。

M44：甲类Bb型鬲1、Ba型罐1、Bb型盉1。

M62：残罐1、Ba型盉1、残器（鬲？）1。

M65：甲类Bb型鬲1、残盂1。

M73：甲类Ba型鬲1、Ab型罐1、Aa型盂1。

M76：甲类Ba型鬲1、Ba型罐1、Ba型盂1。

M89：甲类Ab型鬲1、Bb型罐1、Bb型盂1。

M92：甲类Aa型鬲1、Aa型罐1、Ba型盂1。

M105：甲类Aa型鬲2、Ac型罐1。

M111：甲类Ab型鬲1、Aa型罐1、Ab型盂1。

M115：甲类Ab型鬲1、Aa型罐1、Bb型盂1。

M116：甲类Ba型鬲1、Aa型罐1、Ab型盂1。

C组的12座墓葬，均是陶礼器的组合。其组合形式有鬲、罐、盂，鬲、罐与鬲、盂等三种，各类器物在一座墓中基本只出土1件，极个别出有2件。

通过以上对C组墓葬出土器物组合型式的分析，并结合墓葬形制的变化，大致可将该组墓葬分为两个发展阶段。第一段：出土典型器物有甲类Bb型鬲。属于此段的墓葬仅有1座，即M65；第二段：出土典型器物包括甲类Aa型鬲、甲类Ab型鬲、甲类Ba型鬲、甲类Bb型鬲、Aa型罐、Ab型罐、Ac型罐、Ba型罐、Bb型罐、Aa型盂、Ab型盂、Ba型盂、Bb型盂等。属于此段的墓葬有M30、M44、M62、M73、M76、M89、M92、M105、M111、M115和M116，共11座。

四、D组方面

M10：Ab型鼎1。

M17：Ab型鼎1。

M29：簋盖1。

D组的3座墓葬均仅出1件青铜礼器。其中2座墓各出土铜鼎1件，1座墓出土铜簋盖1件。

五、E组方面

M12：乙类鬲1。

M33：甲类Aa型鬲1。

M43：甲类Ba型鬲1。

M45：甲类Ab型鬲1。

M46：甲类Aa型鬲1。

M55：甲类Ab型鬲1。

M58：乙类鬲1。

M61：壶1。

M70：甲类Aa型鬲1。

M74：甲类Ab型鬲1。

M75：甲类Ab型鬲1。

M85：甲类Aa型鬲1。

M88：甲类Ab型鬲1。

E组的13座墓葬均仅出1件陶礼器。其中12座墓各出土陶鬲1件，1座（M61）墓出土陶壶1件。

通过以上对E组墓葬出土器物型式的分析，并结合墓葬形制的变化，大致可将该组墓葬分为两个发展阶段。第一段：出土典型器物包括甲类Aa型鬲、甲类Ab型鬲、甲类Ba型鬲、乙类鬲等。属于此段的墓葬有M12、M33、M43、M46、M55、M58、M74和M75，共8座墓葬。第二段：出土典型器物包括甲类Aa型鬲、甲类Ab型鬲、壶等。属于此段的墓葬有M45、M61、M70、M85和M88，共5座墓葬。

综上，通过对5组墓葬出土器物具体型式组合的分析探讨，可知A组墓葬11座，是以青铜礼器为主的组合形式，它代表着一个发展阶段；B组墓葬2座，是以青铜礼器与陶礼器相混合的组合形式，但器物类型特征与A组的发展阶段特征相同；D组墓葬2座，仅出1件青铜礼器，在型式上与A组的发展阶段基本相同；C组第一阶段和E组第一阶段的墓葬共8座，虽然只出陶器不出铜礼器，但墓葬方向均与A组相同，也应属于A组的发展阶段；C组第二阶段墓葬11座，以陶礼器组合为主，在型式上归为另一个发展阶段；E组第二阶段墓葬共5座，虽仅出1件陶礼器，但从墓葬方向和器物型式来看，与C组第二阶段发展特征相同。

各组墓葬出土器物在发展序列上又相互混合，不仅有器类组合形式的差异，也存在器物类型上的细小变化，但各组器物在时间、空间上的发展阶段又相对集中。另外，同一类型的器物在同一阶段的墓葬中有着比较明显的共存关系，而在不同阶段的墓葬中又有着纵向的演变关系，显然它们在时代上存在着早晚关系，为我们对这批墓葬的分期研究提供了重要依据。

第三章 马坑概述

第一节 马坑综述

　　义马上石河墓地首次发掘的春秋时期马坑共计9座，分别编号为MK1（原编号M1）、MK2（原编号M11）、MK3（原编号M13）、MK4（原编号M19）、MK5（原编号M14）、MK6（原编号M20）、MK7（原编号M24）、MK8（原编号M9）、MK9（原编号M8）。

　　马坑是周代丧葬制度的重要内容之一。一般是具有一定政治地位或拥有相应财富的丧主在埋葬其亲属时，按照丧葬制度和习俗随葬一定数量的车马或马匹。这次发掘的马坑均分布于墓地西南部较高等级贵族的墓区内，和墓葬杂错在一起。马坑均为南北向，平面呈长方形，坑穴较浅，尺寸视所埋马匹的多少而定。坑口长2.40～5.70、宽2.60～4.60米，坑深0.30～1.22米。坑内埋葬的马匹数量不等，最多的有6匹，最少的仅2匹，马均为侧卧，头向不一。除MK1、MK2、MK3和MK8外，其余5座马坑内均埋葬狗1只。此外，MK1、MK2、MK4、MK5、MK7、MK8等6座马坑随葬有车马器或兵器。

第二节 马坑分述

一、MK1

1. 概述

　　一号马坑（原编号M1）位于墓地南区的西北部，整理后编为MK1。

　　MK1平面呈长方形，方向30°。坑口开于扰土层下，距现地表0.80米。坑口南北长5.70米，东西宽3.40米。坑壁光滑规整，上下垂直，坑底平坦。坑底长、宽与坑口尺寸相同，坑深0.60米。坑内填以红褐色为主的花土，土质较硬，内含少量小料姜石块。

　　坑内共清理出马6匹。其中个别马的肢骨放置较为散乱且有残缺。

2.马

6匹。每2匹为1组，自北向南并列摆放。马皆为侧卧，四腿直伸或屈肢，头向不一，个别马的肢骨放置较散乱，应为被处死后放入坑内的。为叙述方便，我们自北向南、由东往西对每匹马依次进行编号。东北部的编为1号马，最南部的编为6号马。

1号马放置于坑内东北部，前、后腿均有不同程度的残缺。头向东北，背朝西。四腿皆屈肢，蹄足均朝南。

2号马放置于1号马的西部，后腿残缺。头向北，背朝西。前腿屈肢，蹄足朝东南。

3号马放置于坑内西中部，前腿稍有残缺。头向北，背朝西。前腿屈肢，一腿蹄足朝东北，另一腿蹄足朝东南；后腿直伸，蹄足朝东南。

4号马骨放置于3号马的东南部。头向北，背朝西。前腿屈肢，蹄足朝南；后腿直伸，蹄足朝东。

5号马放置于4号马的南部，马头被6号马身所叠压。头向不明，背向南。前腿直伸，蹄足朝东北；后腿屈肢，蹄足朝向西北。

6号马放置于坑内最南部，马头被5号马的前腿所叠压。头向北，背向北。四腿均为屈肢，前腿蹄足朝西；后腿一蹄足朝西，另一腿蹄足朝西南（图三三七；图版一三，1）。

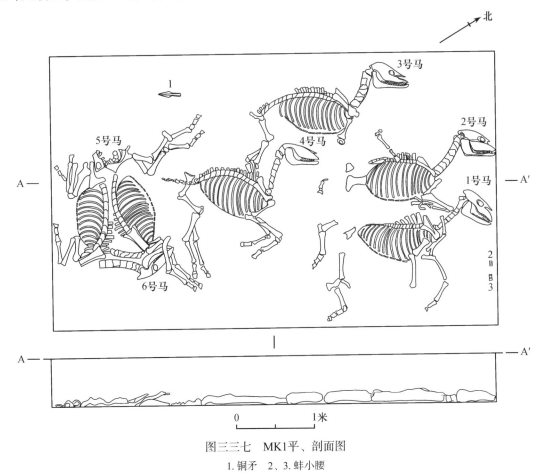

图三三七　MK1平、剖面图

1. 铜矛　2、3. 蚌小腰

3. 随葬器物

坑内随葬器物分别放置于坑内东北部和西南部。其中坑内东北部放置蚌小腰2件，西南部放置铜矛1件。

随葬器物共计3件。依质地可分为铜与蚌两类。

（1）铜器

1件。为矛。MK1：1，銎口略残。器身呈柳叶形，尖锋和叶刃较锐利，中脊隆起，长骹圆銎延伸至叶身前段，骹上正面有一个不规则形小穿孔。通长25.5、叶宽3.3、骹长9.35、口径2.2厘米（图三三八，1；彩版五二，1）。

（2）蚌器

2件。均为小腰。系蚌壳磨制而成，白色。形状相同，大小略有差异。器身中段细而两端粗，正面上鼓，背面平齐（彩版五二，2）。MK1：2，长3.1、中部宽1.2、厚0.55厘米（图三三八，2）。MK1：3，长3.15、中部宽1.1、厚0.6厘米（图三三八，3）。

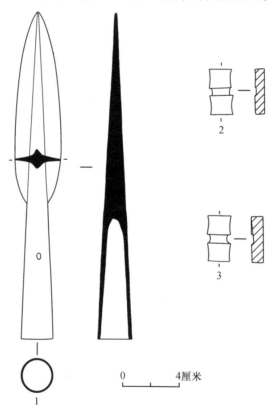

图三三八　MK1出土铜矛与蚌小腰
1. 铜矛（MK1：1）　2、3. 蚌小腰（MK1：2、MK1：3）

二、MK2

1. 概述

二号马坑（原编号M11）位于墓地南区的中部，整理后编为MK2。

MK2平面呈长方形，方向30°。坑口开于扰土层下，距现地表0.46米。坑口南北长5.90米，东西宽2.80米。坑壁较浅且较规整，上下垂直，坑底平坦。坑底长、宽与坑口尺寸相同，坑深0.60米。坑内填以红褐色为主的花土，土质较硬，内含少量小料姜石块。

坑内共清理出马6匹。其中个别马的肢骨有残缺。

2. 马

6匹。每2匹为1组，自北向南并列摆放。马皆为侧卧，四腿直伸或屈肢，头向不一，应是被处死后放入坑内的。为叙述方便，我们自北向南、由东往西对每匹马依次进行编号。东北部的编为1号马，西南部的编为6号马。

1号马放置于坑内东北部。头向东，背朝西北。前腿屈肢，蹄足朝南；后腿直伸，蹄足朝东。

2号马放置于坑内西北部，前腿蹄足为1号马颈部所叠压，后腿蹄足压于4号马颈部之下。头向东，背朝西北。四腿皆直伸，蹄足均朝东南。

3号马放置于坑内东中部，颈部被1号马后腿所叠压。头向东北，背朝西北。前腿直伸或屈肢，蹄足朝南；后腿直伸，蹄足朝东南。

4号马放置于坑内西中部，后腿被5号马头所叠压。头向西北，背向东。四腿皆屈肢，前腿蹄足朝西，后腿蹄足朝西南。

5号马放置于坑内东南部，大部分后腿残缺。头向北，背向西。前腿屈肢，蹄足朝东。

6号马放置于坑内西南部，前腿部分蹄足被5号马脊背所叠压。头向东北，背向西。前腿屈肢，蹄足朝南；后腿近直伸，蹄足朝东（图三三九；图版一三，2）。

3. 随葬器物

坑内随葬器物放置于坑内北中部，仅有铜带扣2件。

铜带扣　2件。形制、大小基本相同。器身正面呈兽首形，并向上隆起，背面凹陷且设一薄带状横梁。兽首上有Y形双角，双角间有一横向长条形穿孔，倒"八"字形眉，圆睛凸目，下端兽首处有一对獠牙，鼻部凸起，上细下粗。MK2：1，长5.0、中部宽4.35、厚1.5厘米（图三四〇，1、2；彩版五二，3）。MK2：2，长5.1、中部宽4.2、厚1.3厘米（图三四〇，3、4；彩版五二，4）。

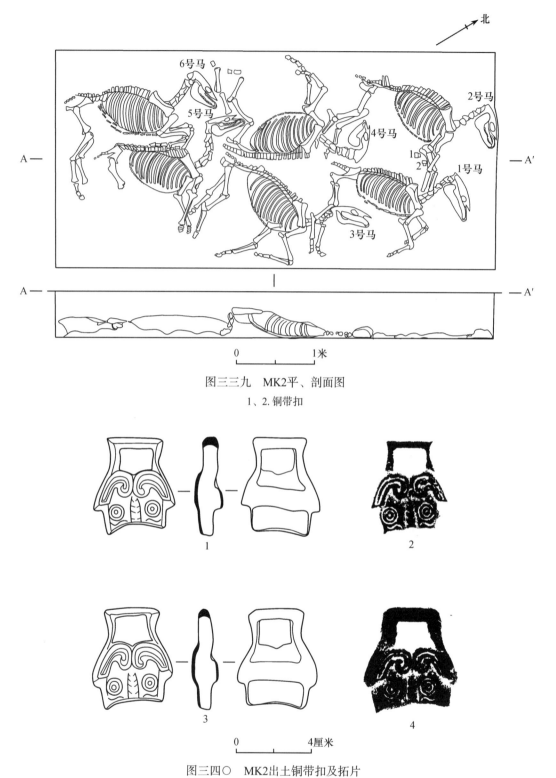

图三三九　MK2平、剖面图

1、2.铜带扣

图三四〇　MK2出土铜带扣及拓片

1.MK2：1　2.MK2：1纹样拓片　3.MK2：2　4.MK2：2纹样拓片

三、MK3

1. 概述

三号马坑（原编号M13）位于墓地南区的中部偏西，整理后编为MK3。

MK3平面呈长方形，方向25°。坑口开于扰土层下，距现地表0.70米。坑口南北长3.60米，东西宽2.64~2.68米。坑壁较浅，修整平滑，上下垂直，底部平坦。坑底长、宽与坑口尺寸相同，坑深0.20米。坑内填以红褐色为主的花土，土质较硬，内含少量小料姜石块。

该马坑距地表较浅，被后期人类扰动较为严重，仅在坑底中部清理出残马2匹。

2. 马

2匹。皆为侧卧。其中东侧的马保存相对较好，仅颈部因被扰动而不存。头向东北，背朝西，四腿屈肢，蹄足朝东；西侧的马保存较差，仅残存部分肋骨、脊椎骨和一根后腿。头向不详，背朝东，后腿微屈，蹄足朝西南（图三四一）。

3. 随葬器物

无。

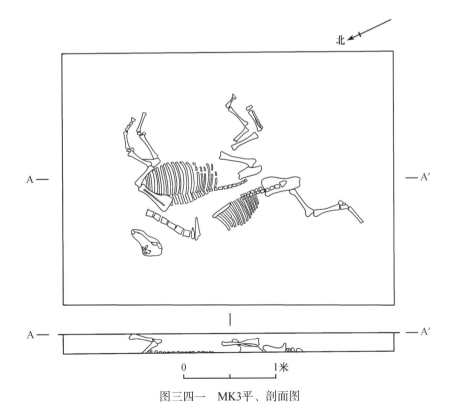

北

A —   — A′

A —   — A′

0   1米

图三四一　MK3平、剖面图

四、MK4

1. 概述

四号马坑（原编号M19）位于墓地南区的南部，整理后编为MK4。

MK4平面近长方形，方向22°。坑口开于扰土层下，距现地表1.12~1.22米。坑口南北长3.60米，东西宽2.80~2.82米。坑底略大于坑口，坑四壁较直，东壁下部稍向外张，坑底平坦。坑底南北长3.58米，东西宽2.80~2.86米，坑深0.98~1.08米。坑内填以红褐色为主的花土，土质较硬，内含少量小料姜石块。

坑内共清理出马2匹和狗1只。其中马位于坑底北部；狗放置于坑南部，距坑底0.40米高处。

2. 马与狗

（1）马

2匹。均为侧卧，四腿直伸，随意摆放，头向不一，应是被处死后放入坑内的。其中北部东侧的马，头向东，四蹄足朝南；北部西侧的马，则头向北，四蹄足朝东。

（2）狗

1只。放置于马坑南部。呈侧卧状，头向西且成粉末状，四肢蜷曲，保存较差（图三四二；彩版一二，1）。

3. 随葬器物

随葬器物分别出土于坑内的东南部、西北侧马前腹部和南部狗颈部。其中坑内东南部放置铜衔1件、骨镳2件；西北侧的马前腹部放置铜衔1件、骨镳2件；南部的狗颈部则放置铜铃1件、铜络饰4件。

随葬器物共计11件。依质地可分为铜和骨两类。

（1）铜器

7件。有衔、铃和络饰三种。

衔　2件。形状、大小相同。皆由两个近"8"字形的连环钮套接而成，两端环呈椭圆形（彩版五二，5）。MK4：1，一端环略残。通长18.8厘米，环外长径4.0、短径3.2厘米（图三四三，1）。MK4：5，通长18.8厘米，环外长径4.0、短径3.0厘米（图三四三，2）。

铃　1件。MK4：3，铃体上、下粗细大体相等，平顶，上有半环钮，钮下有小穿孔与腹腔贯通，铃腔内有一个槌状铃舌，一面凸起，一面平，舌上有一圆形穿孔，下口为内弧喇叭口，边缘向上弧起。器身正、背面均有两个相平行的细长条形穿孔，断面近椭圆形。通高4.8

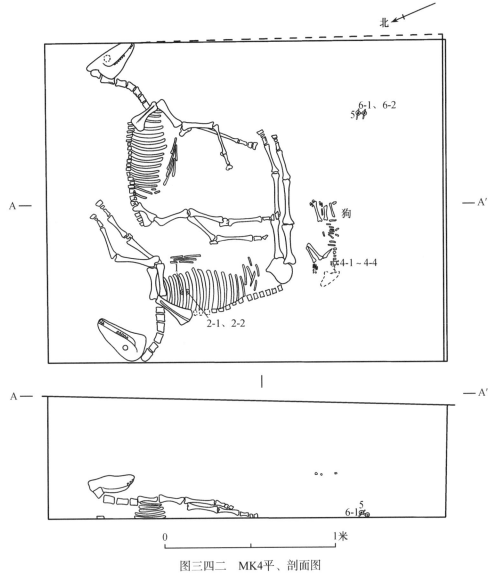

图三四二　MK4平、剖面图

1、5.铜衔　2-1、2-2、6-1、6-2.骨镳　3.铜铃　4-1～4-4.铜络饰

厘米，下口长径2.2、短径1.6厘米，铃舌长3.75厘米（图三四三，3；彩版五二，6）。

　　络饰　4件。形状、大小相同。皆为短圆形管（彩版五三，1）。标本MK4：4-1，长1.7、管径1厘米（图三四三，4）。标本MK4：4-2，长1.7、管径1.0厘米（图三四三，5）。

　　（2）骨器

　　4件。均为镳。其中3件残甚。形状、大小相同。器身略呈弧形弯曲状，一端平齐，另一端尖细，断面为切角长方形，较窄的两侧面上透穿两个圆形孔。标本MK4：6-1，长15.0米，最大断面长2.1、宽1.8厘米（图三四三，6；彩版五三，2）。

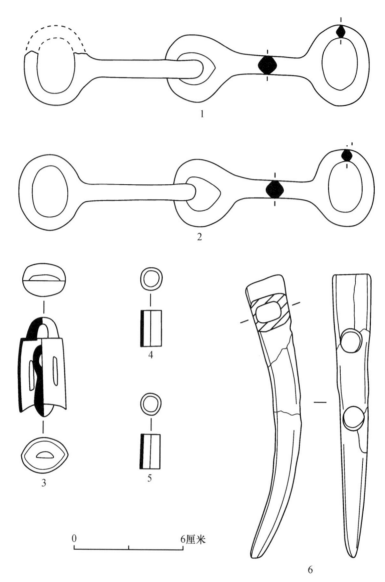

图三四三　MK4出土铜衔、铃、络饰与骨镳

1、2. 铜衔（MK4∶1、MK4∶5）　3. 铜铃（MK4∶3）　4、5. 铜络饰（MK4∶4-1、MK4∶4-2）　6. 骨镳（MK4∶6-1）

五、MK5

1. 概述

　　五号马坑（原编号M14）位于墓地南区的中部偏西，整理后编为MK5。

　　MK5平面呈长方形，方向25°。坑口开于扰土层下，距现地表0.60米。坑口南北长5.10米，东西宽3.08～3.12米。坑底略小于坑口，坑壁修整较平滑，北、东、南三壁自坑口向下斜直内收，西壁则上下垂直，底部平坦。坑底南北长4.98米，东西宽3.02～3.08米，坑深1.10米。坑内填以红褐色为主的花土，土质较软，内含少量小料姜石块。

坑内共清理出马6匹和狗1只。其中马位于坑底的南部；狗放置于坑内南中部，距坑底0.46米高处。

2. 马与狗

（1）马

6匹。皆为侧卧，摆放散乱，头向不一且相互叠压，应是被处死后放入坑内的。为叙述方便，我们自北向南、由东往西对每匹马依次进行编号。坑内中部略偏北的编为1号马，西南角的编为6号马。

1号马放置于坑内中部略偏北，颈部被3号马肋骨所叠压，头骨保存较差。头向西，背朝南。前腿屈肢，蹄足朝西；后腿直伸，蹄足朝北。

2号马位于1号马的西北部，前腿部分残缺。头向南，背朝东。前腿屈肢，蹄足朝北；后腿直伸，蹄足朝西。

3号马位于2号马的南部，马骨比较散乱。头向东，背朝南。四腿直伸，蹄足均朝东北。

4号马放置于坑内东南部，大部被3号马和5号马所叠压，保存较差。头向不详，背朝北。四腿直伸，蹄足均朝南。

5号马放置于坑内南中部，部分后腿叠压于6号马身下，颈及头部均被3号马身所叠压。头向不详，背朝东。前腿屈肢，蹄足朝北；后腿微屈，蹄足朝西。

6号马放置于坑内西南角，保存较差，后腿残缺不全。头向西，背朝东。前腿直伸，蹄足朝西南。

（2）狗

1只。放置于马坑南中部，距坑底较高。狗骨骸散乱，保存较差，仅存头骨及部分肢骨。狗呈卧状，头向朝东南（图三四四；图版一三，3）。

3. 随葬器物

随葬器物分别放置于马坑内的东南部、中部和北部。其中马坑内东南部放置铜矛1件，中部放置铜环2件，北部放置铜环1件。

随葬器物共计4件。均为铜器，有矛与环两种。

矛　1件。MK5：4，器身呈柳叶形，尖锋和叶刃较锐利，中脊隆起，长骹圆銎延伸至叶身前段，骹上正面有一个近长方形小穿孔。通长22.5、叶宽3.4、骹长9.7、骹口径2.6厘米（图三四五，1；彩版五三，5）。

环　3件。圆形，断面亦呈圆形。MK5：1，较残。外径5.65、断面直径0.6厘米（图三四五，2）。MK5：2，外径5.5、断面直径0.65厘米（图三四五，3；彩版五三，3）。MK5：3，外径5.8、断面直径0.65厘米（图三四五，4；彩版五三，4）。

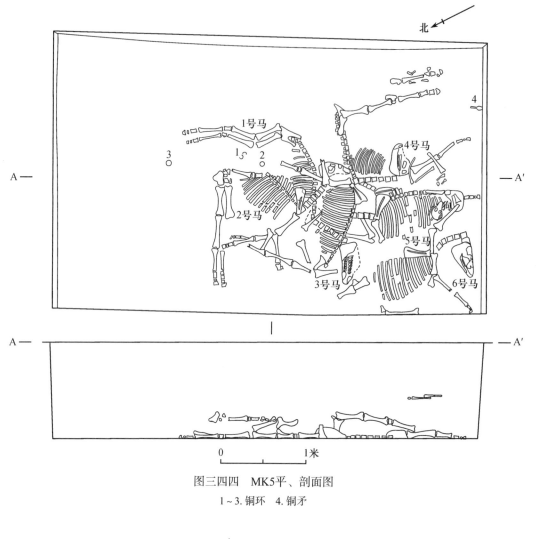

图三四四　MK5平、剖面图
1~3.铜环　4.铜矛

六、MK6

1. 概述

　　六号马坑（原编号M20）位于墓地南区的东南部，整理后编为MK6。该马坑的西北部被一个汉代陶窑打破，陶窑总长5.16、窑室宽3.22、深2.20米，其深度远远超过MK6坑底。

　　MK6平面近长方形，方向36°。坑口开于扰土层下，距现地表0.80米。坑口南北长5.30米，东西宽2.80~3.20米。坑壁浅直，修整光滑，底部平坦。坑底长、宽与坑口尺寸相同，坑深0.30米。墓内填以红褐色为主花土，土质较硬，内含少量小料姜石块。

　　坑内共清理出马6匹和狗1只。其中坑内西北部的1匹马被汉代陶窑打破，马头及颈部缺失。

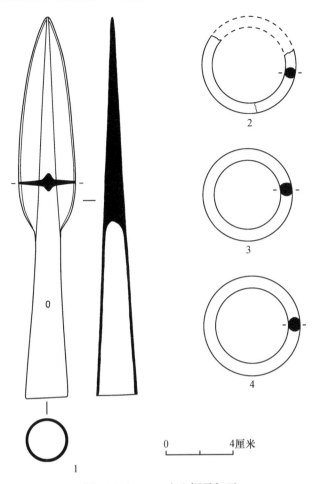

图三四五　MK5出土铜矛与环

1.矛（MK5：4）　　2~4.环（MK5：1、MK5：2、MK5：3）

2. 马和狗

（1）马

6匹。每3匹为1组，自北向南并列摆放。马皆为侧卧，四腿直伸或屈肢，头向不一，应是被处死后放入坑内的。为叙述方便，我们自北向南、由东往西对每匹马依次进行编号。东北部的编为1号马，西南部的编为6号马。

1号马放置于坑内东北部，马的部分后腿被5号马头所叠压。头向东北，背朝西。前腿屈肢，蹄足朝东南；后腿直伸，蹄足朝东。

2号马放置于坑内北中部。头向北，背朝东。四腿皆屈肢，前腿蹄足朝西北，后腿蹄足朝西。

3号马放置于坑内西北部，因被汉代陶窑打破，头骨及颈部已无存。3号马的前、后腿分别被2号马的前、后腿所叠压。头向不明，背朝西。前腿直伸，后腿微屈，蹄足均朝东。

4号马放置于坑内东南部。头向西北，背朝东。四腿皆屈肢，前腿蹄足朝西北，后腿蹄足朝西南。

　　5号马放置于坑内南中部，前腿被狗和6号马头所叠压。头向北，背朝东。前腿屈肢，后腿直伸，蹄足均朝西。

　　6号马放置于坑内西南部。头向北，背朝东。一条前腿直伸，前蹄足朝西北，另一条屈肢，蹄足朝西南；后腿直伸，蹄足朝西。

　　（2）狗

　　1只。狗放置于马坑中部稍偏西，叠压在6号马颈部之上。狗骨骼保存较差且较散乱，头朝东（图三四六；图版一三，4）。

3. 随葬器物

　　无。

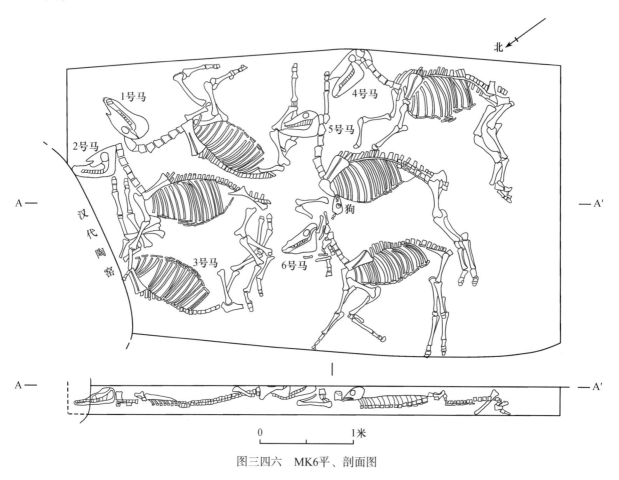

图三四六　MK6平、剖面图

七、MK7

1. 概述

七号马坑（原编号M24）位于墓地南区的东部，整理后编为MK7。该马坑的东北部被一个近椭圆形现代窖穴坑打破，坑口残长0.64米，宽0.66米，深度远远超过MK7坑底。

MK7平面近长方形，方向16°。坑口开于扰土层下，距现地表1.22米。坑口南北长6.86米，东西宽2.80～3.00米。坑壁上下垂直，较规整，坑底北部平坦，南部略呈斜坡状。坑底长、宽与坑口尺寸相同，坑深0.50～0.72米。坑内填以红褐色为主的花土，土质较硬，内含少量小料姜石块和小河卵石块。

坑内共清理出马6匹和狗1只。其中马位于坑底略偏北，东北部的1匹马被现代窖穴所破坏而残缺；狗放置于坑内中部稍偏南，距坑底0.38米高处。

2. 马和狗

（1）马

6匹。2匹为1组，自北向南并列摆放。马皆为侧卧，四腿直伸或屈肢，头向不一，应是被处死后放入坑内的。为叙述方便，我们自东向西、自北向南对每匹马依次进行编号。东北部的编为1号马，西南部的编为6号马。

1号马放置于坑内东北部，头及颈部被现代窖穴打破。前腿屈肢，蹄足朝东南；后腿直伸，蹄足朝东。

2号马放置于坑内西北部。头向北，背朝西。四腿直伸，蹄足朝东，前腿一蹄足被现代窖穴坑打破。

3号马放置于1号马的南部。头向西北，前腿屈肢，蹄足朝西南；后腿直伸，蹄足朝西。

4号马放置于2号马的南部和3号马的西侧。头向东北，四腿均为屈肢，前腿蹄足朝南，后腿蹄足朝北。

5号马放置于坑内东南部。头向西北，四腿直伸，蹄足朝西。

6号马放置于坑内西南部。头向西北，前腿屈肢，蹄足朝南；后腿微屈，蹄足朝西南。

（2）狗

1只。狗放置于坑内中部稍偏南部，前腿足部压在5号马颈部，后腿足部压在5号马头部。狗呈侧卧状，头朝东，前腿直伸，足朝东；后腿屈肢，足朝东北（图三四七；彩版一二，2）。

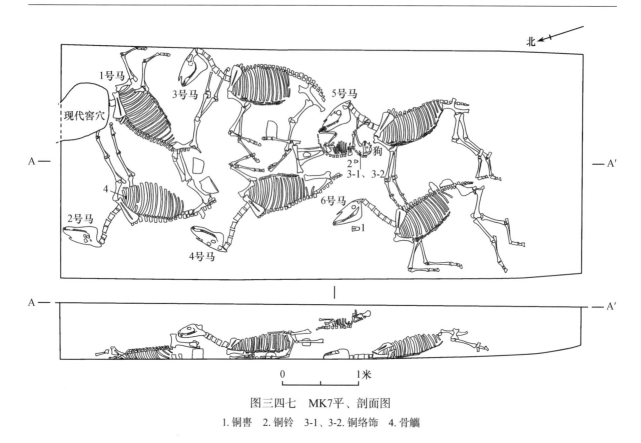

图三四七　MK7平、剖面图

1. 铜軎　2. 铜铃　3-1、3-2. 铜络饰　4. 骨镳

3. 随葬器物

随葬器物分别出土于坑内西中部、中部狗颈部和西北部马前腹部。其中坑内西中部放置铜軎1件；中部狗颈部放置铜铃1件、铜络饰2件；西北部的马前腹部放置骨镳1件。

随葬器物共计5件。依质地可分为铜和骨两类。

（1）铜器

4件。有軎、铃和络饰三种。

軎　1件。MK7：1，整体呈圆筒状，开口端略粗，顶端封闭处较细，近口端有长方形对穿辖孔，末段表面被等分为14个面，形成多棱体。器身中部饰两周凸弦纹。长10、口径4.7、顶端直径4、辖孔长2.4、宽0.9厘米（图三四八，1；彩版五四，1）。

铃　1件。MK7：2，整体上细下粗，平顶，上有半环钮，钮下有小穿孔与腹腔贯通，铃腔内有一个槌状铃舌，一面凸起，一面平，舌上有一圆形穿孔，下口为内弧喇叭口，边缘向上弧起。器身正面有一个竖向细长条形穿孔，背面有两个相平行的竖向细长条形穿孔，断面近椭圆形。通高5.5厘米，下口长径3.5、短径2.3厘米，铃舌长3.6厘米（图三四八，2；彩版五四，2）。

络饰　2件。形状、大小相同。皆为短圆形管。标本MK7：3-1，长1.6、管径1厘米（图三四八，3）。

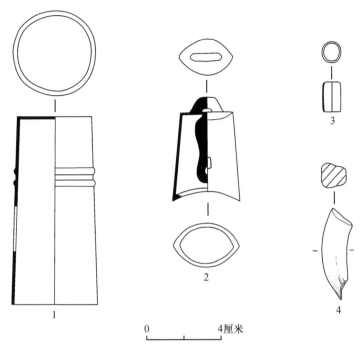

图三四八　MK7出土铜嗃、铃、络饰与骨觿

1. 铜嗃（MK7∶1）　2. 铜铃（MK7∶2）　3. 铜络饰（MK7∶3-1）　4. 骨觿（MK7∶4）

（2）骨器

1件。为觿。MK7∶4，器身呈獠牙状，断面呈不规则形。长4.8厘米，最大断面长1.4、宽1.2厘米（图三四八，4）。

八、MK8

1. 概述

八号马坑（原编号M9）位于墓地南区的东北部，整理后编为MK8。该马坑的中部及东部被一不规则现代活土坑打破，坑深0.48米，略超过马坑底部；西部被一椭圆形现代活土坑打破，坑深0.48米；南部被一现代活土沟打破，坑深0.60米；西南部被一长方形汉代遗迹打破，长0.64米，残宽0.40米，残高0.46米。

MK8平面近长方形，方向25°。坑口开于扰土层下，距现地表0.30米。坑口南北残长5.20米，东西宽2.60～2.90米。坑壁上下垂直，较规整，坑底平坦。坑底长、宽与坑口尺寸相同，坑深0.46米。坑内填以红褐色为主的花土，土质较硬，内含少量小料姜石块。

坑内共清理出马4匹。马位于坑底的北部，均被现代活土坑破坏而残缺。另在坑内西南部发现有零星的小兽骨，疑似狗骨骸。

2. 马

4匹。皆为侧卧,自东向西随意摆放,头向不一,应是被处死后放入坑内的。为叙述方便,我们自东向西对每匹马依次进行编号。东北部的编为1号马,西北部的编为4号马。

1号马放置于坑内东北部,骨骼大部分被现代活土坑破坏,仅存马的头部、颈部、腹前部和1只后腿。头向东北,前腿屈肢,后腿微屈,蹄足均朝东南。

2号马位于1号马的西部,骨骼大部分被现代活土坑破坏,仅存马的头部和后腿。头向东,后腿微屈,蹄足朝东。

3号马位于2号马的西部,颈部和腹部被现代活土坑破坏。头向西北,前、后腿被4号马所叠压。

4号马放置于坑内西北部,腹下部被现代活土坑所破坏。头向西北,四腿微屈,前腿蹄足朝西北,后腿蹄足朝西(图三四九)。

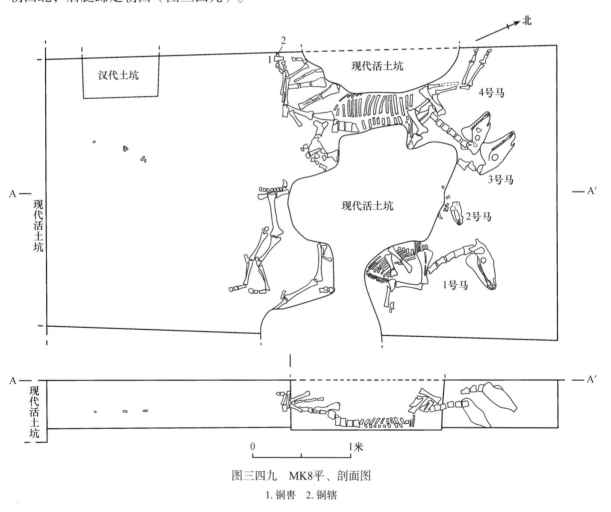

图三四九　MK8平、剖面图

1. 铜軎　2. 铜辖

3. 随葬器物

坑内随葬器物均放置于坑内西部，有铜軎1件、铜辖1件。

随葬器物共计2件。均为铜器，有軎与辖两种。

軎 1件。MK8：1，整体呈圆筒状，开口端略粗，顶端封闭处较细，近口端有长方形对穿辖孔，末段表面被等分为14个面，形成多棱体。器身中部饰两周凸弦纹。长9.5、口径4.6、顶端直径4.0厘米，辖孔长2.35、宽1.0厘米（图三五〇，1；彩版五四，3）。

辖 1件。MK8：2，与軎MK8：1配套使用。由辖首和辖键两部分构成。辖首正面呈二级台阶状，背面呈长方形，穿孔呈不规则形；辖键呈扁长条形，末端为斜边。通长10.7厘米，辖键长7.5、宽0.8、厚1.7厘米（图三五〇，2；彩版五四，4）。

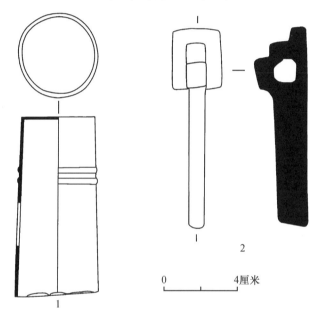

图三五〇 MK8出土铜軎与辖
1. 軎（MK8：1） 2. 辖（MK8：2）

九、MK9

1. 概述

九号马坑（原编号M8）位于墓地南区的东北部，整理后编为MK9。该马坑的东部被一圆形现代活土坑打破，坑口直径0.74米，深0.42米；南部被一条现代道路完全打破。

MK9平面呈长方形，方向20°。坑口开于扰土层下，距现地表0.80米。坑口南北残长2.40米，东西宽4.52～4.60米。坑壁上下垂直，较规整，坑底平坦。坑底长、宽与坑口尺寸相同，坑深0.26米。坑内填以红褐色为主的花土，土质较硬，内含少量小料姜石块。

因该马坑南部被一条现代道路破坏，故仅在马坑内的北部清理出马4匹和狗1只。其中西北部的2匹马保存较好，中部的2匹马和狗则残缺不全。

2. 马和狗

（1）马

4匹。自西向东随意摆放，头向不一，应是被处死后放入坑内的。为叙述方便，我们自西向东对每匹马依次进行编号。西北部的编为1号马，东南部的编为4号马。

1号马放置于坑内西北部，后腿被现代道路破坏。侧卧，头向西北，前腿屈肢，蹄足朝西南。

2号马位于1号马的东部，四蹄足残缺。侧卧，头向西北，四腿近直伸，足朝西。

3号马位于2号马的东南部，仅残存马头及部分颈部。头向东。

4号马放置于坑内东南部，仅残存马头。头向东北。

（2）狗

1只。放置于坑内南部，仅存狗的头骨碎片及前肢趾骨等（图三五一）。

3. 随葬器物

无。

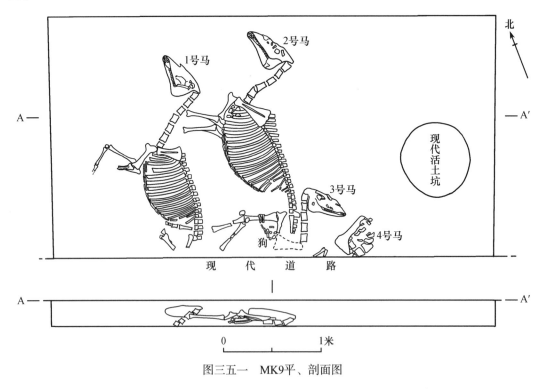

图三五一　MK9平、剖面图

第三节　马坑归属

马坑原是某些墓葬的随葬坑，但要确切指认它们所属的墓主存在一定困难。根据这次发掘情况，并结合河南三门峡虢国墓地和陕西张家坡西周墓地已发表的发掘材料看，一般随葬马坑的主墓规模都较大，且马坑与主墓的距离不会太远，其布局有一定的规律可寻。基于这样的认识，我们对该墓地的马坑归属试作一些推测。

MK1（原编号M1）、MK2（原编号M11）、MK5（原编号M14）、MK6（原编号M20）和MK7（原编号M24）是这次发掘规模较大的5座马坑，所埋的马匹均为6匹。

MK1位于墓地南区的西北部。该坑西南部约2.10米处有M2，是一座较大的竖穴墓。MK1坑口南北长5.70、东西宽3.40米，面积19.38平方米，而M2虽然被扰，但墓口南北长4.96、东西最宽3.50米，面积为17.36平方米，其规模与MK1基本相当。此外，在该墓和马坑周围未发现其他竖穴墓葬。我们认为MK1就是M2的随葬坑。

MK2位于墓地南区的中部，其西部有4座竖穴墓，以M5规模最大。M5虽被扰严重，但墓口南北长4.30、东西宽3.12米，面积为13.42平方米；MK2坑口南北长5.90、东西宽2.80米，面积16.52平方米。两者不仅规模基本相当，而且相距仅7.50米。因此推测MK2是M5的随葬坑。

MK5位于墓地西南区的中部偏西。在该坑周围未发现同类型的竖穴墓，因缺乏线索，无法推测它的主墓。

MK6位于墓地南区的东南部，坑内无任何随葬品。在MK6的周围有一组竖穴墓，其中以西北部的M29规模最大。M29墓口南北长4.40、东西最宽2.74米，面积为12.06平方米；而MK6坑口南北长5.30、东西最宽3.20米，面积16.96平方米。两者不仅规模基本相当，而且相距不足7米，其埋葬情况也与MK2和M5相同。推断MK6应为M29的随葬坑。

MK7位于墓地南区的东部，其周围有一组中型竖穴墓。相比较而言，坑西北部的M94规模最大。M94墓口南北长4.70、东西最宽2.68米，面积为12.60平方米；而MK7坑口南北长6.86、东西最宽3米，面积20.58平方米。两者不仅规模基本相当，而且相距不足6米。MK7安置在M94的东南部，其埋葬情况与MK6和M29相同。另外，M94墓主身份较高，为大夫级贵族"虎父"之夫人。因此推断MK7应为M94的随葬坑。

MK8位于墓地南区的东北部，规模相对较小，坑内埋葬马4匹。该坑东南部约7.50米处有M23，是一座较大的中型竖穴墓。MK8南部被现代活土坑打破，坑口南北长5.20、东西最宽2.90米，面积约15.08平方米；M23墓口南北长4.20、东西最宽2.86米，面积为12.01平方米。两者规模基本相当。此外，在M23和MK8周围未发现其他竖穴墓葬。推测MK8有可能为M23的随葬坑。

MK3和MK4是墓地面积最小的2座马坑，所埋的马匹均为2匹。其中MK4位于墓地南区的南部，与其西北部的M18相距不足6米，周围也未发现其他竖穴墓葬，其埋葬情况也与MK2和

M5、MK6和M29、MK7和M94相符。MK4坑口南北长3.60、东西最宽2.82米，面积10.15平方米；M18墓口南北长4.33、东西宽3.00米，面积12.99平方米。M18随葬铜鼎1件，表明墓主生前身份为虢国下大夫一级贵族。我们认为MK4与M18不仅规模基本相当，而且规格也相符，MK4应是M18的随葬坑。而MK3位于墓地南区的中部偏西，在该坑周围未发现同类型的竖穴墓，因缺乏线索，无法推测它的主墓。

MK9位于墓地南区的东北部，其东部被一圆形现代活土坑打破，南部被一条现代道路完全破坏，坑内仅残存马4匹。从该墓地已发掘的马坑形制看，马坑皆为南北向，几座较大马坑的坑口东西宽度不超过3.40米，而MK9现存坑口东西宽度4.52～4.60米。因此我们推测MK9有可能是该墓地规模最大的一座马坑。在MK9南部约5.50米处有M93，是墓地最大一座的竖穴墓，墓口南北长4.84、东西最宽3.60米，面积为17.42平方米。M93随葬有鼎、簋、方壶、盘、盉等铜礼器和镞、盾钖等兵器。根据铜鼎铭文中有"虢季氏子虎父"等字知，墓主为"虎父"。从M93随葬铜礼器组合、棺椁重数及外棺上有4件铜翣等情况，推断墓主"虎父"生前的身份为大夫级高级贵族。我们认为MK9应为M93的随葬坑。

第四章　墓葬分期及墓葬与马坑年代

第一节　墓葬分期

这次发掘的107座墓葬，形制相近，排列有序，墓葬相互之间不存在打破或叠压关系。虽然一些墓葬被严重盗扰和毁坏，但墓葬形制基本清楚，出土了一批铜器、陶器、玉石器及骨蚌器等随葬品。

在第三章，我们对上石河墓地41座出土有铜礼器或陶礼器的墓葬按照出土器物组合关系进行了分组，并对各组内器物进行了类型学分析。依据同类器物在组合型式上的发展演变，将各组墓葬大致划分为两个不同的发展阶段。在此基础上，可将这批墓葬分为两期，即春秋早期前段和春秋早期后段或稍晚。

第一期。包括A组、B组、C组第一阶段、D组和E组第一阶段。墓葬有M10、M12、M17、M18、M22、M23、M29、M33、M34、M35、M43、M46、M48、M55、M58、M65、M66、M67、M74、M75、M77、M82、M86、M93和M94，共25座。

此阶段墓葬的铜礼器组合有鼎、鍑，盘、盉，鼎、盘、铲，鼎、盘、匜，鼎、簋、盘、盉，鼎、簋、盘、匜，鼎、簋、盘、匜、盉和鼎、簋、盘、方壶、盉等8种；铜礼器与陶礼器的组合有鼎、鬲和簋、鬲2种；仅出1件铜礼器的有鼎或簋盖2种；陶礼器组合的有鬲和盂1种；仅出1件陶礼器的有鬲1种。出土的主要铜礼器有A型鼎、B型鼎，A型簋、B型簋、C型簋，A型盘、B型盘，簋，方壶，A型匜、B型匜和A型盉、B型盉等；陶礼器有甲类A型鬲、甲类B型鬲和乙类鬲等。

第二期。包括C组第二阶段和E组第二阶段。墓葬有M30、M44、M45、M61、M62、M70、M73、M76、M85、M88、M89、M92、M105、M111、M115、M116，共16座。

此阶段墓葬的陶礼器组合有鬲、罐、盂，鬲、盂与鬲、罐等3种；仅出1件陶礼器的有鬲或壶两种。出土的典型陶礼器包括甲类A型鬲、甲类B型鬲，A型罐、B型罐，A型盂、B型盂等。

以上各期墓葬出土陶礼器和铜礼器型式分期归纳如下表（表二、表三）。

表二　上石河墓地墓葬出土陶礼器型式期别表

期别	墓号	器型				
		鬲	罐	盂	壶	其他
一	M12	乙类				
	M22	甲类Ba				
	M33	甲类Aa				
	M43	甲类Ba				
	M46	甲类Aa				
	M48	甲类Aa				
	M55	甲类Ab				
	M58	乙类				
	M65	甲类Bb		√		
	M74	甲类Ab				
	M75	甲类Ab				
二	M30	甲类Ab	Aa			
	M44	甲类Bb	Ba	Bb		
	M45	甲类Ab				
	M61				√	
	M62	√	√	Ba		
	M70	甲类Aa				
	M73	甲类Ba	Ab	Aa		
	M76	甲类Ba	Ba	Ba		
	M85	甲类Aa				
	M89	甲类Ab	Bb	Bb		
	M92	甲类Aa	Aa	Ba		
	M105	甲类Aa2	Ac			
	M111	甲类Ab	Aa	Ab		
	M115	甲类Ab	Aa	Bb		
	M116	甲类Ba	Aa	Ab		

备注：1. 表中的"√"表示未分型式的器物。

　　　2. 表中的英文字母表示型。

表三　上石河墓地墓葬出土铜礼器型式期别表

期别	墓号	器型								
		鼎	簋	甗	方壶	盘	匜	盂	镈	器盖
一	M10	Ab								
	M17	Ab								
	M18	Ab				Ba				
	M22			2√						
	M23	Ab	Bd			Ba		Aa		

期别	墓号	器型								
		鼎	簋	盨	方壶	盘	匜	盉	镈	器盖
一	M29									√
	M34	B				Ba	A			
	M35	Aa							√	
	M48	Aa								
	M66	Aa	Bc2√					Aa		
	M67					Ab		Ba		
	M77	B	Ca			Aa		Aa		
	M82	Aa2	A2、Cc			Ac、Bb	B	Aa		
	M86	Aa2	Bc2			Bb	A			
	M93	Aa、B3	Ba4、Cc		2√	Ab		Bb		
	M94	Aa	Bb		2√	Aa		Ab		

备注：1. 表中的"√"表示未分型式的器物。

　　　2. 表中的英文字母表示型。

　　　3. 未注明件数者皆为1件。

根据墓地墓葬出土各类陶器不同型式的共存关系，墓葬的典型陶器和铜器分期图如下（图三五二～图三五七）。

第二节　墓葬年代

这次墓地发掘的107座墓葬，均没有出土具有明确纪年的遗物，故对这批墓葬年代推断只能根据对41座墓的墓葬形制及出土器物（包括铜礼器和陶礼器）的综合分析来进行推测。对未出土器物墓葬的年代，则根据墓葬形制和墓葬在墓地中与其他墓葬之间的相对位置关系做出大概的推测；对于部分被毁坏或盗扰严重且又出土少量器物的墓葬，则通过同本墓地其他墓葬出土器物的型式进行横向对比分析来做出大致的推断。

依据该墓地墓葬内出土器物不同型式的组合关系，并与相邻地区墓葬出土同类器物进行对比、分析，可知上石河墓地墓葬二期所反映的年代应分别为春秋早期前段和春秋早期后段或稍晚。

第一期　共25座墓葬。主要分布于墓地的南区、北区和东北区西南部。这批墓葬出土有一定数量的铜礼器，还有少量的陶礼器和玉石器等，并且大部分墓葬内的铜礼器组合比较完整，为墓葬年代的推断提供了依据。无论从墓葬形制还是从随葬器物的组合及特征等方面看，这批墓葬在时代上都具有春秋早期的特征。

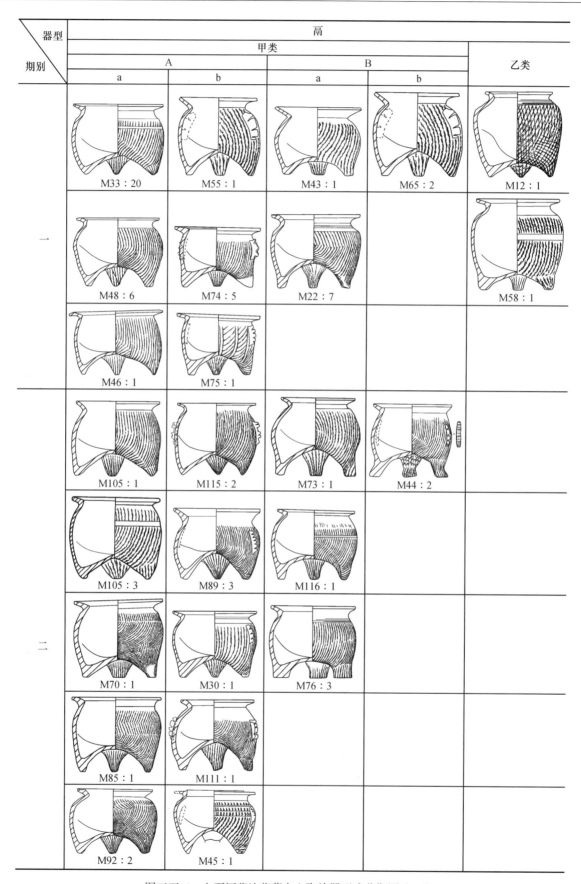

图三五二　上石河墓地墓葬出土陶礼器型式分期图（一）

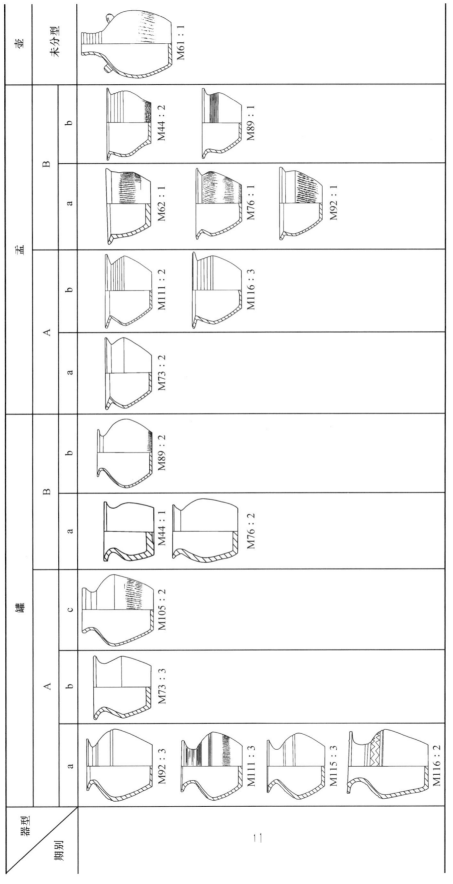

图三五三　上石河墓地墓葬出土陶礼器型式器型式分期图（二）

11

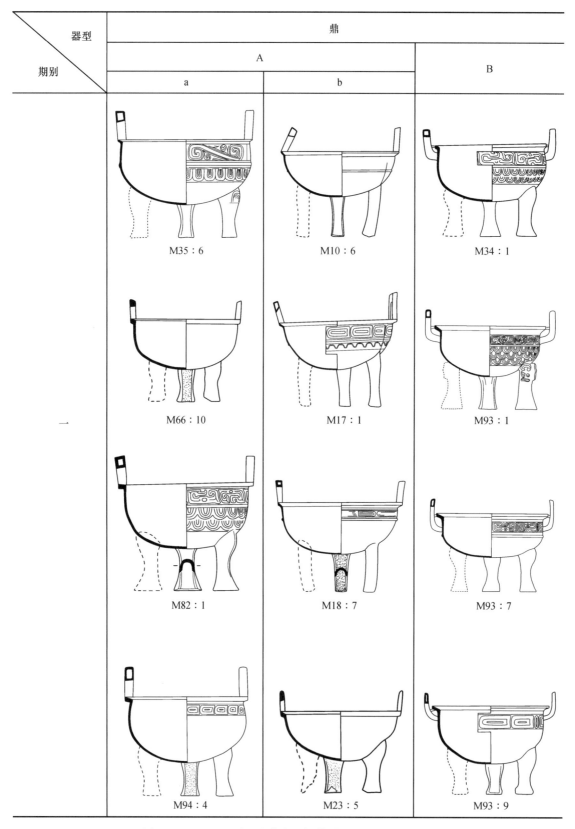

图三五四　上石河墓地墓葬出土铜礼器型式分期图（一）

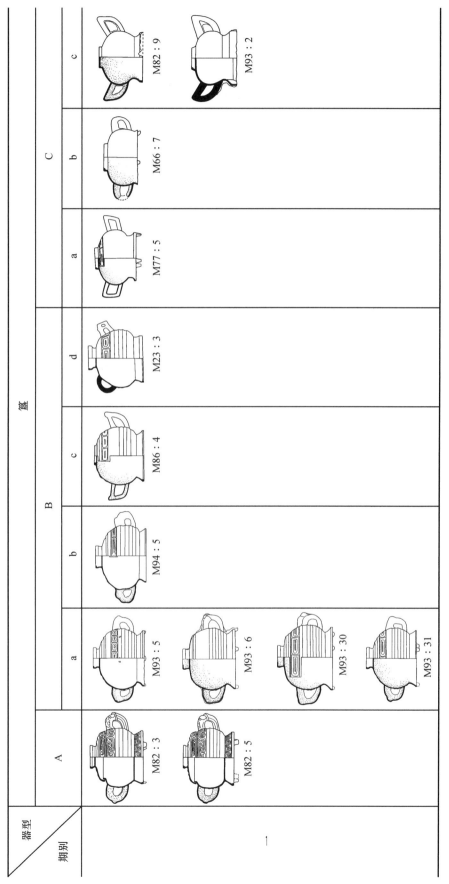

图三五五 上石河墓地墓葬出土铜礼器型式分期图（二）

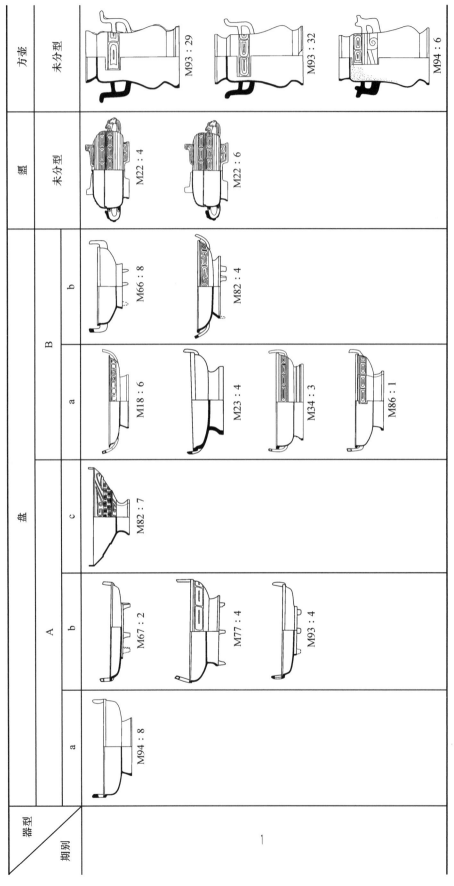

图三五六　上石河墓地墓葬出土铜礼器型式分期图（三）

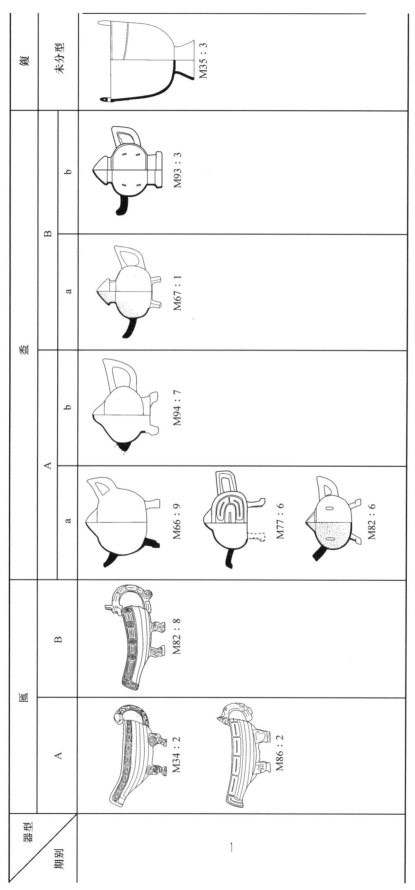

图三五七　上石河墓地墓葬出土铜礼器型式分期图（四）

第一期墓葬的形制均为长方形竖穴土坑墓，墓壁上下垂直或斜直外张，墓底平坦，墓底四周设熟土二层台。墓向均为南北向，葬具为单椁重棺或单椁单棺。这种形式与三门峡上村岭虢国墓地的中、小型贵族墓葬形制基本相同[1]。

从第一期墓葬所出器物组合看，M18为铜礼器鼎、盘、铲组合，M23、M66和M77为铜礼器鼎、簋、盘、盉组合，M34为铜礼器鼎、盘、匜组合，M82为铜礼器鼎、簋、盘、匜、盉组合，M86为铜礼器鼎、簋、盘、匜组合，M93和M94为铜礼器鼎、簋、盘、方壶、盉组合。此外，M35为铜礼器鼎、镈组合，M67为铜礼器盘、盉组合，M65为陶礼器鬲、盂组合。这些组合在西周晚期至春秋早期的墓葬中较为常见。

从这期墓葬的器物特征看，均与河南三门峡虢国墓地[2]、山西上马墓地[3]同时期墓葬出土的同类器物特征相同或相似。出土铜礼器中Aa型鼎分别与河南三门峡虢国墓地M2012出土的垂鳞纹鼎（M2012：1）[4]、山西上马墓地M4078出土的甲类Aa型Ⅰ式鼎（M4078：8）[5]相同或相似，Ab型鼎与山西上马墓地M4078出土的甲类Ab型Ⅰ式鼎（M4078：11）[6]相似，B型鼎分别与河南三门峡虢国墓地M2001出土的虢季鼎（M2001：390）[7]、河南南阳鄂国墓地M1出土的A型铜鼎[8]相近；A型簋与河南三门峡虢国墓地M1052出土的ⅠB式簋（M1052：150）[9]相同，Ba型簋与河南三门峡虢国墓地M2012出土的瓦垅纹簋（M2012：41）[10]相同，Bb型簋与河南三门峡市公安部门追缴的虢国墓地被盗遗物瓦垅纹簋（ⅡSG：18）[11]相同，Ca型簋与河南三门峡虢国墓地M2008出土的重环纹簋相同（M2008：7）[12]相同；Ab型盘分别与河南三门峡虢国墓地M2008出土的重环纹盘（M2008：9）[13]、山西上马墓地M1287出土的A型Ⅱ式盘（M1287：42）[14]相同或相近，Ba型盘与河南三门峡虢国墓地M1721出土的Ⅱ式铜盘（M1721：1）[15]相同，Bb型盘与河南三门峡市公安部门追缴的虢国墓地被盗遗物虢宫父盘相同（SG：060）[16]相同，Bc型盘与河南南阳夏饷铺鄂国墓地M16出土的铜盘形制相近[17]；匜与河南三门峡虢国墓地M1602出土的Ⅰ式匜（M1602：150）[18]相同；Aa型盂与河南三门峡虢国墓地M1810出土的盂（M1810：16）[19]相同；镈分别与陕西宝鸡甘峪[20]、山西上马墓地M2008出土的镈（M2008：45）[21]相同。铜兵器中的A型戈与河南三门峡虢国墓地M2001出土的长胡三穿戈（M2001：474）[22]相似，B型戈与河南三门峡虢国墓地M2011出土的长胡四穿戈（M2011：288）[23]相近；Aa型镞与河南三门峡虢国墓地M2001出土的双翼外张形镞（M2001：392-1）[24]相近，Ab型镞与河南三门峡虢国墓地M2001出土的双翼内收形镞（M2001：520-2）[25]相同。此外，该墓地M33出土的甲类Aa型陶鬲、M75出土的甲类Ab型陶鬲、M22出土的甲类Ba型陶鬲分别与山西上马墓地M5216出土的甲种Aa型Ⅰ式陶鬲（M5216：1）[26]、河南三门峡市公安部门追缴的虢国墓地被盗遗物锥足陶鬲（SG：0194）[27]、山西天马-曲村晋侯墓地M5172出土的Aa型Ⅳ式陶鬲（M5172：1）[28]相同或相似，M65出土的甲类Bb型陶鬲与河南三门峡虢国墓地M1751出土的ⅣB式陶鬲（M1751：4）[29]相同。而后者年代皆属西周晚期至春秋早期。

综上所述，第一期墓葬的年代，可定在春秋早期前段。

第二期　共16座墓葬。主要分布于墓地的东北区，北区也有零星分布。这批墓葬均为长方形竖穴土坑墓，墓壁基本都是上下垂直或陡直，墓底平坦，墓底四周设熟土二层台。墓向均为东西向，葬具多为单椁或单棺，少数为单椁单棺。墓中出土有一定数量的陶礼器，还有少量的玉石器等，部分墓葬内的陶礼器组合比较完整，为墓葬年代的推断提供了依据。无论从墓葬形制还是从随葬器物的组合及特征等方面看，这批墓葬在时代上也都具有春秋早期的特征。

从第二期墓葬所出器物组合看，M30、M105为陶鬲和陶罐组合，M62为陶罐、陶盂、陶残器（鬲？）组合，M44、M73、M76、M89、M92、M111、M115、M116为陶鬲、陶罐和陶盂组合。这些组合形式在春秋早期的墓葬中很常见。

从这期墓葬的器物特征看，均与河南三门峡上村岭虢国墓地同时期墓葬中所出土的同类器物特征相同或相似。其中M70、M85出土的甲类Aa型陶鬲与河南三门峡市公安部门追缴的虢国墓地被盗遗物锥足陶鬲（SG：0191）[30]相近，M105出土的甲类Aa型陶鬲与河南三门峡虢国墓地M2017出土的陶鬲（M2017：9）[31]相同，M89出土的甲类Ab型陶鬲与山西天马-曲村晋侯墓地M5209出土的Da型Ⅳ式陶鬲（M5209：1）[32]相同，M73、M116出土的甲类Ba型陶鬲与河南三门峡虢国墓地M1794出土的ⅢA式陶鬲（M1794：6）[33]相同，M92出土的甲类Aa型陶鬲与河南三门峡虢国墓地M1687出土的ⅣA式陶鬲（M1687：5）[34]相同。此外，其他陶礼器中的Aa型罐分别与河南三门峡虢国墓地M2017出土的罐（M2017：10）[35]、山西天马-曲村晋侯墓地M6254出土的Bb型Ⅰ式罐（M6254：1）[36]相同，Ac型罐与山西天马-曲村晋侯墓地M6214出土的Ca型Ⅰ式罐（M6214：1）[37]相近；Ab型盂分别与河南三门峡虢国墓地M1610出土的ⅢA式盆（M1610：1）[38]、山西天马-曲村晋侯墓地M5002出土的A型Ⅲ式盆（M5002：2）[39]基本相同，Ba型盂与山西天马-曲村晋侯墓地M7110出土的Db型Ⅱ式盆（M7110：1）[40]相同。而后者年代皆属春秋早期。

综上分析，第二期墓葬的年代，大致可定为春秋早期后段或稍晚。

本墓地已发掘的107座墓葬中，有66座未发现随葬铜礼器或陶礼器，但从墓葬形制和埋葬方向等方面分析，也可将这些墓葬大致归入上述期别中。其中可以归入第一期的墓葬有M2、M3、M4、M5、M6、M7、M15、M16、M21、M27、M31、M32、M36、M37、M38、M39、M40、M49、M50、M51、M52、M54、M56、M63、M68、M69、M72、M78、M83、M87、M91、M103、M104和M107等34座墓；可以归入第二期的墓葬有M25、M26、M28、M41、M42、M47、M53、M57、M59、M60、M64、M71、M79、M80、M81、M84、M90、M95、M96、M97、M98、M99、M100、M101、M102、M106、M108、M109、M110、M112、M113和M114等32座墓。

通过以上分析，107座墓葬所分二期的相对年代如下：

第一期　共59座墓葬。包括M2～M7、M10、M12、M15～M18、M21～M23、M27、M29、M31～M40、M43、M46、M48～M52、M54、M55、M56、M58、M63、M69、M72、M74、M75、M77、M78、M82、M83、M86、M87、M91、M93、M94、M103、M104和M107等，为春秋早期前段。

第二期　共48座葬。包括M25、M26、M28、M30、M41、M42、M44、M45、M47、

M53、M57、M59~M62、M64、M70、M71、M73、M76、M79~M81、 M84、M85、M88~M90、M92、M95~M102、M105、 M106、M108~M116等，为春秋早期后段或稍晚。

从上述春秋墓葬的分布、形制及随葬器物等情况看，一期和二期之间是一个连续发展的过程，不存在年代上的缺环。

第三节　马坑年代

这次清理的9座马坑全部位于本墓地的南区。我们在前面的第三章第三节已经阐述过，MK1的主墓为M2、MK2的主墓为M5、MK4的主墓为M18、MK6的主墓为M29、MK7的主墓为M94、MK8的主墓为M23、MK9的主墓为M93，而M2、M5、M18、M23、M29、M93、M94均属春秋早期前段。因此，MK1、MK2、MK4、MK6、MK7、MK8、MK9的年代也应为春秋早期前段。

MK3和MK5因缺乏线索而无法确定主墓，且MK3无任何随葬品，MK5仅出有铜矛1件和铜环3件，这给其断代造成了一定困难。从坑的形制看，这2座马坑与本墓地其他7座马坑的形制相同。从出土器物特征看，MK5出土的铜矛分别与本墓地MK1和河南三门峡虢国墓地M2001出土的铜窄叶矛（M2001：501）[41]相同。因此推测，它们的年代也应为春秋早期前段无疑。

注　释

[1]　河南省文物考古研究所，三门峡市文物工作队：《三门峡虢国墓》（第一卷），文物出版社，1999年，第383~406页。

[2]　a. 中国科学院考古研究所：《上村岭虢国墓地》，科学出版社，1959年；b. 河南省文物考古研究所，三门峡市文物工作队：《三门峡虢国墓》（第一卷），文物出版社，1999年。

[3]　山西省考古研究所：《上马墓地》，文物出版社，1994年。

[4]　河南省文物考古研究所，三门峡市文物工作队：《三门峡虢国墓》（第一卷），文物出版社，1999年，第242、243页。

[5]　山西省考古研究所：《上马墓地》，文物出版社，1994年，第29、30页。

[6]　山西省考古研究所：《上马墓地》，文物出版社，1994年，第29、31页。

[7]　河南省文物考古研究所，三门峡市文物工作队：《三门峡虢国墓》（第一卷），文物出版社，1999年，第31、33页。

[8]　河南省文物局南水北调办公室，南阳市文物考古研究所：《河南南阳夏饷铺鄂国墓地M1发掘简报》，《江汉考古》2019年第4期。

[9]　中国科学院考古研究所：《上村岭虢国墓地》，科学出版社，1959年，第16页；图版三四，3。

[10]　河南省文物考古研究所，三门峡市文物工作队：《三门峡虢国墓》（第一卷），文物出版社，1999年，第

247、251页。

［11］　河南省文物考古研究所，三门峡市考古研究所，三门峡市虢国博物馆：《三门峡虢国墓》（第二卷），文物出版社，2023年，第601、602页。

［12］　河南省文物考古研究所，三门峡市考古研究所，三门峡市虢国博物馆：《三门峡虢国墓》（第二卷），文物出版社，2023年，第570、572页。

［13］　河南省文物考古研究所，三门峡市考古研究所，三门峡市虢国博物馆：《三门峡虢国墓》（第二卷），文物出版社，2023年，第575、576页。

［14］　山西省考古研究所：《上马墓地》，文物出版社，1994年，第63页。

［15］　中国科学院考古研究所：《上村岭虢国墓地》，科学出版社，1959年，第18页；图版五四，3。

［16］　河南省文物考古研究所，三门峡市文物工作队：《三门峡虢国墓》（第一卷），文物出版社，1999年，第484、486页。

［17］　河南省文物局南水北调办公室，南阳市文物考古研究所：《河南南阳夏饷铺鄂国墓地M7、M16发掘简报》，《江汉考古》2019年第4期。

［18］　中国科学院考古研究所：《上村岭虢国墓地》，科学出版社，1959年，第18、19页。

［19］　中国科学院考古研究所：《上村岭虢国墓地》，科学出版社，1959年，第17、18页。

［20］　刘莉：《铜镞考》，《考古与文物》1987年第3期。

［21］　山西省考古研究所：《上马墓地》，文物出版社，1994年，第70、71、73页。

［22］　河南省文物考古研究所，三门峡市文物工作队：《三门峡虢国墓》（第一卷），文物出版社，1999年，第82、83页。

［23］　河南省文物考古研究所，三门峡市文物工作队：《三门峡虢国墓》（第一卷），文物出版社，1999年，第340、341页。

［24］　河南省文物考古研究所，三门峡市文物工作队：《三门峡虢国墓》（第一卷），文物出版社，1999年，第89、90页。

［25］　河南省文物考古研究所，三门峡市文物工作队：《三门峡虢国墓》（第一卷），文物出版社，1999年，第88、89页。

［26］　山西省考古研究所：《上马墓地》，文物出版社，1994年，第95、96页。

［27］　河南省文物考古研究所，三门峡市文物工作队：《三门峡虢国墓》（第一卷），文物出版社，1999年，第507页。

［28］　北京大学考古系商周组，山西省考古研究所：《天马-曲村（1980—1989）》，科学出版社，2000年，第322、806页。

［29］　中国科学院考古研究所：《上村岭虢国墓地》，科学出版社，1959年，第7、8页。

［30］　河南省文物考古研究所，三门峡市文物工作队：《三门峡虢国墓》（第一卷），文物出版社，1999年，第506、507页。

［31］　河南省文物考古研究所，三门峡市文物工作队：《三门峡虢国墓》（第一卷），文物出版社，1999年，第400、401页。

〔32〕 北京大学考古系商周组，山西省考古研究所：《天马-曲村（1980—1989）》，科学出版社，2000年，第322、812页。

〔33〕 中国科学院考古研究所：《上村岭虢国墓地》，科学出版社，1959年，第7~9页。

〔34〕 中国科学院考古研究所：《上村岭虢国墓地》，科学出版社，1959年，第7、8页。

〔35〕 河南省文物考古研究所，三门峡市文物工作队：《三门峡虢国墓》（第一卷），文物出版社，1999年，第401、402页。

〔36〕 北京大学考古系商周组，山西省考古研究所：《天马-曲村（1980—1989）》，科学出版社，2000年，第678页。

〔37〕 北京大学考古系商周组，山西省考古研究所：《天马-曲村（1980—1989）》，科学出版社，2000年，第325、429页。

〔38〕 中国科学院考古研究所：《上村岭虢国墓地》，科学出版社，1959年，第8、9页。

〔39〕 北京大学考古系商周组，山西省考古研究所：《天马-曲村（1980—1989）》，科学出版社，2000年，第329、748页。

〔40〕 北京大学考古系商周组，山西省考古研究所：《天马-曲村（1980—1989）》，科学出版社，2000年，第328、650页。

〔41〕 河南省文物考古研究所，三门峡市文物工作队：《三门峡虢国墓》（第一卷），文物出版社，1999年，第86页。

第五章　结　　语

上石河墓地位于河南省义马市市区南部、石河西岸约100米处的原上石河村中，是三门峡地区继上村岭虢国墓地之后发现的又一处较大规模的春秋时期中小型贵族墓地。根据墓地的墓葬形制、出土器物特征和铜器铭文，我们将其定性为春秋时期虢国的邦族墓地。

下面我们就墓地的年代、族属、等级与性质及考古学文化特征等作简单的探讨、分析。

第一节　墓地的年代

这次在上石河墓地发掘的107座墓葬均为长方形竖穴土坑墓，依其规模可分为大、中、小三种类型。

大、中型墓葬基本是南北向，分布较为稀疏，个别墓葬还陪葬有马坑。墓主头向多数朝北且以仰身直肢葬为主，这与上村岭虢国墓地基本相同。此外，大、中型墓内出土的随葬器物以青铜礼器为主，与三门峡虢国墓地出土的同类器物特征相似、纹饰相近，符合春秋早期铜器的基本特征，铜器上的窃曲纹、波曲纹、重环纹等是西周至春秋早期流行的纹样；铜戈、铜矛、铜镞、铜盾钖等兵器以及铜衔、铜带扣等马器，也与三门峡虢国墓地出土的同类器物相同。小型墓葬基本为东西向，分布较集中。东北区东部的小型墓分布较规整，而北区东部和东北区西部的小型墓穿插分布于南北向墓葬之间。小型墓葬随葬器物以陶器为主或无随葬品，说明这些东西向的小型墓葬时间略晚于南北向墓葬，此处的埋藏习俗已稍有改变，虢国的文化在此地逐渐消亡。

因此判定该墓地的大致年代应为春秋早期。

第二节　墓地的族属

位于三门峡一带的虢国是从陕西宝鸡东迁过来的。关于虢国东迁的时间，学界素有争议，一说西周晚期[1]；一说春秋早期[2]。笔者认为春秋早期的观点似更接近历史事实。虽然春秋时期虢国的疆域在史料中没有明确记载，但根据少量文献和金文资料可以大致划定虢国的疆域范围。顾栋高在《春秋大事表》中曾简要描写过虢国疆域之地："自渑池迄灵宝以东，崤函四百余里，尽虢略之地。晋之得以西向制秦，秦人抑首而不敢出者，以先得虢扼其咽喉也。"[3]指出了虢国的东西边界，即东到渑池，西到灵宝。有学者根据历史文献和金文资料详细论证了虢国的疆域北到今山西平陆，南达河南卢氏县，东到河南渑池县，西及陕西潼关、华县一带[4]。从地理位置看，义马几乎被包围在渑池县境内，而春秋时期虢国疆域东到渑池，故义马应该也属于虢国势力范围。特别是在墓地南部M93中，出土有一件铸有"虢季氏子"铭文的青铜鼎，可以确认义马上石河墓地属于虢人的墓地无疑。

关于该墓地的族属问题，目前有两种意见：一种认为义马上石河墓地是虢国东逃的贵族、家眷以及护卫随从的墓地；另一种则认为上石河墓地应是虢国国君分封的卿大夫的氏族墓地。我们认为第一种观点比较接近历史事实。依古文献记载，公元前655年虢国被晋国灭掉后，虢国国君虢公丑向东逃亡，避难洛阳。《左传·僖公五年》曰："八月甲午，晋侯围上阳……冬十二月丙子朔，晋灭虢，虢公丑奔京师。"《史记·晋世家》亦云："（晋献公）二十二年……其冬，晋灭虢，虢公丑奔周。"义马地处崤函古道，在春秋时期处于虢国和周王室王畿范围之间，属虢国势力范围。虢公丑在虢国灭亡向东逃难时，应该有许多虢国贵族和家眷及护卫随从跟随。为安置这些逃难人员，周天子把义马这处京畿之地与原虢国势力的交界地带作为这些人员的避难栖居地，而上石河村墓地则是虢国东逃的贵族及家眷和护卫随从死后茔地之所在，即族墓地。该墓地的发现与发掘，不仅为探索和研究三门峡虢遗民的最终去向提供了依据，同时也为解决两周各诸侯国遗民问题提供了新的思路。

第三节　墓地的等级制度与性质

通过前面章节中对该墓地墓葬布局、墓葬结构、棺椁结构、特征等方面的分析，再结合随葬器物种类、多寡等因素，可知上石河墓地是一处中、小阶层贵族的墓地，其中一些墓葬为庶民墓，个别墓葬等级较高。

该墓地的墓葬虽然在墓葬规模、棺椁数量和随葬器物组合上存在一些差异，但其分布具有一定的规律。从墓主使用葬具情况看，使用棺椁数量的多少直接反映墓主身份的高低。在107座墓葬中，单椁重棺墓14座、单椁单棺墓46座、单椁墓18座、单棺墓28座，仅有1座墓葬未见葬具朽痕。关于棺椁结构的等级标准，周代的棺椁制度有着明确的规定。据《庄子·杂篇·天下》记载："天子棺椁七重，诸侯五重，大夫三重，士再重。"《荀子·礼论》亦云："天子棺椁七重，诸侯五重，大夫三重，士再重。"这里的"大夫三重"，通常理解为单椁重棺。这表明墓地中使用单椁重棺的墓主身份有可能是大夫一级的高级贵族。

本墓地的随葬器物组合中，铜礼器组合为鼎、镈，盘、盂，鼎、盘、铲，鼎、盘、匜，鼎、簋、盘、盂，鼎、簋、盘、匜，鼎、簋、盘、匜、盂和鼎、簋、盘、方壶、盂等；陶礼器组合则为鬲、罐、盂，鬲、罐与鬲、盂等。此外，有2座墓是铜礼器与陶礼器的组合，其组合形式有鼎、鬲和盨、鬲两种。还有一些墓葬中则伴出有少量的铜兵器、车马器和玉、石、骨、料、贝、蚌器等不同质地的器物。从随葬器物看，该墓地发掘出土的铜、玉礼器数量及质量与三门峡上村岭虢国墓地相比有较大差距，多数铜器为明器且器物组合不全。如规格最高的M93为四鼎五簋，M82为两鼎三簋，与礼制记载的五鼎四簋、三鼎两簋不符。这可能也与虢国灭国后国君在逃亡之处没有能力继续铸造新的青铜器，只能用逃亡时所带配鼎或者明器随葬。

在墓内随葬礼器中，用鼎数量的多少也直接反映墓主身份的高低。本墓地中单出一件铜鼎的墓10座；出有2件铜鼎的墓葬2座；出有4件铜鼎的墓葬仅1座，即M93。根据周代用鼎制度，天子用九鼎，诸侯用七鼎，卿大夫用五鼎，士三鼎，庶人一鼎。仅从用鼎制度看，上石河墓地的墓葬规格达不到卿大夫一级。然而在该墓地出有4件铜鼎的M93中，不仅使用葬具为单椁重棺，而且外棺盖板上还发现有4件铜翣。依《礼记·礼器》记载："天子崩，七月而葬，五重八翣；诸侯五月而葬，三重六翣；大夫三月而葬，再重四翣。"这些都表明，M93墓主生前身份为大夫级高级贵族无疑。根据上述资料并结合被晋灭亡后的虢人实力，我们认为：上石河墓地的墓葬规格中用四鼎的墓葬应为下大夫一级，用二鼎的墓葬为高级士级阶层，用一鼎或个别没用鼎的墓葬应为没落的低级士族阶层，而葬具仅为单棺或单椁、随葬品仅为陶器或无随葬品的墓葬则是士族阶层和有一定关系的庶民墓。

本墓地已发掘的107座墓葬和9座马坑，均排列有序，保存基本完好，布局规律清晰，相互之间无打破现象，由此可以断定该墓地在春秋时期是有"墓大夫"专人负责管理的邦墓墓地。春秋早期前段，墓地葬者少数为高级贵族阶层，多数为士族阶层及少量与士族阶层有一定宗亲关系的庶民；到春秋早期后段，墓地的使用发生了变化，墓地入葬的均为身份较低的庶民，说明这时期埋藏习俗已改变，虢国的文化在此地逐渐消亡。

第四节 墓葬的考古学文化特征

该墓地已发掘的墓葬均为长方形土坑竖穴墓，年代为春秋早期。南北向的墓葬墓坑规模相对较大，而东西向的墓葬墓坑规模一般较小。墓葬多为口小底大或口底同大，少数墓葬为口大底小；墓壁多陡直或斜直外张，墓底一般设有熟土二台阶。葬具为单椁重棺和单椁单棺的墓葬的墓坑规模比单棺、单椁或无葬具墓要大，墓坑修整得也较光滑规整，墓底平坦。

春秋早期前段的墓葬以随葬铜礼器组合为主。铜礼器组合为鼎、簋、盘、方壶、盂，鼎、簋、盘、盂和鼎、簋、盘、匜一类墓葬的规格一般较高，多为身份较高的大夫级或士级贵族墓葬，墓葬中伴出有铜兵器或车马器和玉石器；铜礼器组合为鼎、鍑、盘、盂，鼎、盘、铲，鼎、盘、匜以及铜器与陶器相混组合的鼎、鬲与盨、鬲等墓葬的墓主身份为没落的低级士族阶层，个别墓葬中伴出有铜兵器、车马器和玉石器；少数未随葬铜礼器的墓葬则是与士族阶层有一定关系的庶民墓。春秋早期后段的墓葬以随葬陶礼器组合为主，其组合有鬲、罐、盂，鬲、罐与鬲、盂等，部分墓葬伴出有石、蚌器等。此时期的墓葬规模小、随葬品也少，应为身份较低的庶民墓。

总之，春秋早期前段墓葬中随葬铜礼器组合是本墓地的主要文化特征，但组合器类一般不见在一座墓中全出者，组合形式上常见3~4件器物同出。到春秋早期后段，墓葬中随葬陶礼器组合逐渐成为本墓地的主要文化特征。墓葬在上石河墓地春秋早期前、后段之间是一个渐进演变的过程，不论是墓葬形制与棺椁结构，还是随葬器物组合类型，均是在前期的基础上发展而来的，没有出现较大的变化，只有时段上的差异。

第五节　铜鍑、"易娟"铜鼎与虢国对外交流

一、铜鍑来源与虢国对外战争

在本墓地南部的M35中出土一件铜鍑。据考证，铜鍑是商周时期至春秋早中期草原游牧文化中常见的一种炊煮器和祭祀用具，主要流行于陕西北部、内蒙古和河北北部等广阔地区，即戎狄（我国古代北方少数民族的统称）生活居住区域。这种器物不仅在三门峡虢国墓地中没有发现，甚至在中原地区的同时期墓葬中也极为罕见。关于上石河墓地出土铜鍑的来源有两种说法：一种认为是商品交换而来；另一种认为是战争缴获而得。笔者认为第二种说法较为可信。

西周末年，周王室统治势力日益衰落，而生活于北方的戎狄则逐渐强大起来，并不断向周人发动进攻。《诗·小雅·采薇》说："靡室靡家，猃狁之故；不遑启居，猃狁之故。"说明当时猃狁（戎狄的一支）的入侵不仅给周王室统治构成了极大威胁，也是导致周王室东迁的重要原因之一。为了对抗戎狄的侵扰，周王曾命虢国国君率军对戎狄进行讨伐。

虢国是周王朝分封的一个以猛虎为族徽、崇尚武勇的诸侯国，军事活动是虢国历史中最为引人注目的内容。尤其在西周晚期至春秋时期，虢国参与战争的频繁程度更是令人震惊。今本《竹书纪年·卷下》载："（周懿王）二十一年，虢公帅师北伐犬戎，败逋……（周夷王）七年，虢公帅师伐太原之戎，至于俞泉，获马千匹……（周厉王）三年，淮夷侵洛，王命虢公长父征之，不克。"《左传·隐公元年》："郑人以王师、虢师伐卫南鄙。"《左传·隐公五年》："曲沃叛王。秋，王命虢公伐曲沃，而立哀侯于翼。"《左传·隐公十一年》："冬十月，郑伯以虢师伐宋。"《左传·桓公五年》："秋，王以诸侯伐郑，郑伯御之。王为中军，虢公林父将右军，蔡人、卫人属焉。"《左传·桓公九年》："秋，虢仲、芮伯、梁伯、荀侯、贾伯伐曲沃。"《左传·庄公二十一年》："郑伯将王自圉门入。虢叔自北门入。杀王子颓及五大夫。"《左传·庄公二十六年》："秋，虢人侵晋。冬，虢人又侵晋。"《左传·庄公三十年》："春，王命虢公讨樊皮。夏四月丙辰，虢公入樊，执樊仲皮，归于京师。"

《左传·闵公二年》："春，虢公败犬戎于渭汭。"杜预注："犬戎、西戎别在中国者。"
《左传·僖公二年》："虢公败戎于桑田。"从上述文献记载可知，在虢国对外的13次战争
中，针对北方戎狄族的战争就达4次。在对北方戎狄族的战争中，虢国肯定缴获大量的战利
品。而从M35墓中出土铜鼎、铜戈、铜盾钖、铜马衔等器物判断，墓主为士一级男性贵族，生
前可能为军人或武士。因此，这件铜镞应该是M35墓主生前跟随虢国国君征战，从战争中获得
的战利品，对研究虢国战争史有着重要参考价值。

二、"易娟"铜鼎与虢国对外联姻

值得注意的是，在墓地南部的M34中出土一件铸有"易娟"铭文的铜鼎。其铭文为"易娟
作宝鼎子子孙孙永宝用享"。"易娟"应为墓主姓名，"易"为通假字，通"唐"，为国名，
在今湖北随州、枣阳一带；"娟"为女性名字。此鼎应为唐国女子易娟生前出嫁到虢国时所带
的陪嫁之物，即考古所称的媵器。三门峡上村岭虢国墓地曾发现梁姬墓[5]和孟姞[6]墓，梁姬
是从梁国远嫁而来，孟姞则是从单国远嫁而来。这些发现为研究两周时期国家的外交和婚姻制
度提供了重要资料。

注 释

[1]　a. 林寿晋：《〈上村岭虢国墓地〉补记》，《考古》1961年第9期；b. 李丰：《虢国墓地铜器群的分期及
　　　　其相关问题》，《考古》1988年第11期；c. 马承源：《虢国大墓参观记》，《中国文物报》1991年3月3日
　　　　第3版；d. 张长寿：《虢国墓地的新发现》，《中国文物报》，1991年3月17日第3版；e. 蔡运章：《虢国
　　　　的分封与五个虢国的历史纠葛：三门峡虢国墓地研究之三》，《中原文物》1996年第2期；f. 王龙正，赵成
　　　　玉：《季嬴铜鬲与虢石父及虢国墓地年代》，《中国文物报》1998年11月4日第3版。

[2]　a. 俞伟超：《上村岭虢国墓地新发现所揭示的几个问题》，《中国文物报》1991年2月3日第3版；b. 李学
　　　　勤：《三门峡虢墓新发现与虢国史》，《中国文物报》1991年2月3日第3版；c. 于豪亮：《陕西省扶风县
　　　　强家村出土虢季家族铜器铭文考释》，《于豪亮学术论集》，上海古籍出版社，2015年，第237～251页；
　　　　d. 彭裕商：《虢国东迁考》，《历史研究》2006年第5期。

[3]　（清）顾栋高：《春秋大事表》，中华书局，1993年，第495页。

[4]　李久昌：《虢国史迹考略》，《三门峡职业技术学院学报》2004年第1期。

[5]　河南省文物考古研究所，三门峡市文物工作队：《三门峡虢国墓》（第一卷），文物出版社，1999年，第
　　　　235～314页。

[6]　河南省文物考古研究所，三门峡市考古研究所，三门峡市虢国博物馆：《三门峡虢国墓》（第二卷），文
　　　　物出版社，2023年，第424～489页。

附 表

附表一　义马上石河春秋墓地墓葬登记表

单位：米

墓号	方向	形制结构	墓口（长×宽×深）	墓底（长×宽×深）	葬具（长×宽×高）	葬式	随葬品	分期	备注
M2	30°	长方形竖穴土坑墓，口大底小，壁斜直内收，平底	4.96×（3.48～3.50）-0.70	4.86×（3.32～3.40）-（1.92～2.14）	单椁：4.60×（2.56～2.90）-0.58；单棺：残（1.42～2.14）×残（0.14～0.36）-?	不详	铜盾钖2、铜衔1、铜合页3、铜铃1、石璧1、石戈3、石贝36、牛面形蚌饰1、骨钉3、龙形蚌佩2、L形蚌饰1、骨镳1	春秋早期前段	墓底设熟土二层台，被扰
M3	30°	长方形竖穴土坑墓，直壁，平底	3.50×2.44-0.56	3.50×2.44-2.50	单椁：2.88×1.84-0.50；单棺：1.76×（0.64～0.74）-0.30	不详	铜戈1、铜镞2、铜衔2、铜镳4、石戈1、石贝18	春秋早期前段	墓底设熟土二层台
M4	30°	长方形竖穴土坑墓，直壁，平底	3.12×1.80-0.45	3.12×1.80-1.70	单椁：2.54×（1.42～1.54）-0.60；单棺：1.73×0.60-?	仰身直肢	石戈1	春秋早期前段	墓底设熟土二层台
M5	30°	长方形竖穴土坑墓，直壁，平底	4.30×3.12-0.47	4.30×3.12-2.66	单椁：3.76×2.55-0.66；外棺：2.70×1.40-0.16；内棺：（2.20～2.24）×0.86-0.16	直肢	铜镞4、石戈1、兽面形玉佩1、残玉饰2、石贝3	春秋早期前段	墓设熟土二层台，被扰
M6	30°	长方形竖穴土坑墓，直壁，平底	2.80×（1.44～1.72）-0.70	2.80×（1.44～1.72）-2.16	单椁：2.34×（1.06～1.16）-0.68；单棺：2.17×0.73-0.30	仰身直肢	石戈1、蚌圭1、石口琀2	春秋早期前段	墓底设熟土二层台

墓号	方向	形制结构	墓口（长×宽×深）	墓底（长×宽×深）	葬具（长×宽×高）	葬式	随葬品	分期	备注
M7	25°	长方形竖穴土坑墓，直壁，平底	(2.98~3.08)×1.70-0.90	(2.98~3.08)×1.70-1.58	单椁：2.86×(1.50~1.56)-0.64；单棺：2.14×0.81-0.4	仰身直肢	玉玦2、石戈1	春秋早期前段	墓底设熟土二层台
M10	25°	长方形竖穴土坑墓，直壁，平底	3.10×1.60-0.70	3.10×1.60-0.84	单椁：2.62×(1.22~1.26)-0.48；单棺：2.04×0.60-0.10	仰身直肢	铜鼎1、铜盾饬1、石圭2、石口玲1、海贝1	春秋早期前段	墓底设熟土二层台
M12	23°	长方形竖穴土坑墓，直壁，平底	3.50×2.60-0.50	3.50×2.60-2.70	单棺：1.86×1-0.30	仰身直肢	陶鬲1、玉玦2、石戈1	春秋早期前段	墓底设熟土二层台，被扰
M15	25°	长方形竖穴土坑墓，口大底小，壁或斜直外张或直内收，平底	2.70×(1.12~1.34)-0.47	2.60×(1.14~1.20)-1.36	单椁：2.24×(0.80~0.94)-0.28；单棺：1.88×(0.64~0.70)-0.22	仰身直肢	铜环1、石戈1	春秋早期前段	墓底设熟土二层台
M16	25°	长方形竖穴土坑墓，口大底小，壁直或斜直内收，平底	2.78×(1.64~1.78)-0.40	2.74×(1.62~1.74)-2.74	单椁：(2.32~2.46)×(1.14~1.20)-0.68；单棺：1.24×(0.74~0.80)-0.40	不详	骨圭1	春秋早期前段	墓底设熟土二层，迁葬
M17	210°	长方形竖穴土坑墓，直壁，平底	2.78×1.40-0.60	2.78×1.40-1.96	单椁：2.58×1.07-0.52；单棺：2.24×0.82-0.40	仰身直肢	铜鼎1	春秋早期前段	墓底设熟土二层台
M18	15°	长方形竖穴土坑墓，直壁，平底	4.33×3-1.60	4.33×3-2.10	单椁：3.80×2.64-0.74；外棺：2.32×1.18-0.26；内棺：(1.84~1.90)×0.86-？	仰身直肢	铜鼎1、铜盘1、铜铲1、铜戈1、铜镞4、铜盾饬2、铜小腰2、铃1、铜口玲1、玉口玲1	春秋早期前段	墓底设熟土二层台，有腰坑
M21	190°	长方形竖穴土坑墓，直壁，底略呈斜坡状	2.48×(1.36~1.42)-0.96	2.48×(1.36~1.42)-(0.56~0.61)	单椁：2.34×1.07-0.15；单棺：1.96×0.74-0.15	仰身直肢	石圭1	春秋早期前段	墓底设熟土二层台

续表

墓号	方向	形制结构	墓口（长×宽~深）	墓底（长×宽~深）	葬具（长×宽~高）	葬式	随葬品	分期	备注
M22	24°	长方形竖穴土坑墓，口小底大，四壁斜直外张，平底	4.08×(2.60~2.64)—0.40	(4.16~4.22)×(2.62~2.74)—2.68	单椁：3.80×(2.28~2.36)—0.84；外椁：2.55×(0.98~1.06)—0.56；内棺：2.47×(0.74~0.82)—0.44	侧身直肢	铜缶2、铜鱼8、残铜片1、组玉佩1组133、玉玦1、玉口琀3、陶两1、残石戈1、石贝98	春秋早期前段	墓底设熟土二层台
M23	25°	长方形竖穴土坑墓，直壁，平底	4.20×(2.76~2.86)—0.60	4.20×(2.76~2.86)—2.44	单椁：3.40×(2.06~2.20)—1；单棺：2.32×(0.78~0.80)—0.56	仰身屈肢	铜鼎1、铜簋1、铜盂1、玉玦2、玉口琀4、石戈1、石贝69、海贝1	春秋早期前段	墓底设熟土二层台
M25	285°	长方形竖穴土坑墓，直壁，平底	2.78×(0.78~0.86)—0.50	2.78×(0.78~0.86)—1.22	单棺：1.92×(047~0.52)—0.12	仰身直肢	石匕1、蚌口琀1	春秋早期后段	
M26	290°	长方形竖穴土坑墓，直壁	2.50×1.20-0.50	2.50×1.20-1.80	单椁：2.22×(1.02~1.08)—0.66；单棺：(1.78~1.82)×0.68-0.40	仰身直肢	玉玦2	春秋早期后段	墓底设熟土二层台
M27	28°	长方形竖穴土坑墓，口小底大，壁直或斜直外张，平底	2.90×(1.70~1.75)—0.63	3.04×(1.70~1.78)—2.36	单椁：2.52×1.24-0.66；单棺：2.12×0.78-(0.16~0.26)	仰身直肢	玉口琀1、骨圭1	春秋早期前段	墓底设熟土二层台
M28	125°	长方形竖穴土坑墓，直壁，平底	2.52×(1.02~1.06)—0.45	2.52×(1.02~1.06)—1.12	单椁：2.20×(0.86~0.90)—0.30；单棺：2×0.52-?	仰身直肢		春秋早期后段	
M29	195°	长方形竖穴土坑墓，口小底大，壁直或斜直外张，平底	4.40×(2.68~2.74)—0.40	4.42×(2.82~2.96)—2.48	单椁：3.70×(2.30~2.40)—0.92；单棺：2.56×1-0.70	侧身直肢	铜簋盖1、铜盾饬2、铜环1、石戈1、石贝30、骨罐2	春秋早期前段	墓底设熟土二层台
M30	288°	长方形竖穴土坑墓，直壁，平底	3.28×1.80-0.54	3.28×1.80-2.20	单椁：2.72×(1.46~1.50)—0.46；单棺：2.08×0.72-0.10	仰身屈肢	陶两1、陶罐1、石贝28	春秋早期后段	墓底设熟土二层台

续表

墓号	方向	形制结构	墓口（长×宽×深）	墓底（长×宽×深）	葬具（长×宽×高）	葬式	随葬品	分期	备注
M31	31°	长方形竖穴土坑墓，直壁，平底	3.30×2−0.40	3.30×2−1.94	单椁：（2.70~2.74）×（1.70~1.76）−（0.82~0.86）；单棺：2.06×（0.84~0.88）−0.20	仰身直肢	玉口琀3、石口琀1、骨戈1	春秋早期前段	墓底设熟土二层台
M32	23°	长方形竖穴土坑墓，直壁，平底	2.72×（1.24~1.28）−0.40	2.72×（1.24~1.28）−1.44	单椁：2.36×（0.92~0.98）−0.36；单棺：2.10×（0.56~0.62）−0.10	仰身直肢		春秋早期前段	墓底设熟土二层台
M33	20°	长方形竖穴土坑墓，直壁，平底	3.74×（2.32~2.36）−0.45	3.74×（2.32~2.36）−2.14	单椁：3.50×（2.10~2.14）−0.40；单棺：2.16×0.89−0.12	仰身直肢	铜镞2、铜镦3、铜盾锡11、铜衔2、铜刻刀2、鸟形玉珮1、组玉珮1组152件（颗）、长方形骨饰1、陶珥1、骨镳2	春秋早期前段	墓底设熟土二层台
M34	27°	长方形竖穴土坑墓，口大底小、直壁或随直内收、平底	3.42×（2.20~2.30）−0.50	3.42×（2.02~2.12）−1.84	单椁：3.12×1.76−0.50；单棺：2.20×0.87−?	侧身直肢	铜鼎1、铜匜1、铜盘1、石口琀1（颗）、长方形玉珮1、玉玦2、玉口琀9、陶珠30、石贝1	春秋早期前段	墓底设熟土二层台、有腰坑
M35	21°	长方形竖穴土坑墓，直壁，平底	3.54×（2.20~2.28）−0.64	3.54×（2.20~2.28）−2.14	单椁：3.45×2.04−0.34；单棺：2.20×0.92−0.30	侧身直肢	铜鼎1、铜鐏1、铜戈1、铜盾首7、铜靿首2、铜铃1、石口琀3、石戈1、石贝54、石块1、陶珠15、蛤蜊壳2	春秋早期前段	墓底设熟土二层台
M36	20°	长方形竖穴土坑墓，直壁，平底	3.04×1.76−0.60	3.04×1.76−2.34	单椁：2.70×（1.58~1.66）−0.64；单棺：2.14×（0.86~0.94）−0.54	仰身直肢	石圭1	春秋早期前段	墓底设熟土二层台
M37	20°	长方形竖穴土坑墓，直壁，平底	3.20×（1.76~1.88）−0.70	3.20×（1.76~1.88）−2.35	单椁：2.60×（1.40~1.64）−0.44；单棺：1.96×（0.70~0.82）−0.26	仰身直肢	玉玦2、玉口琀4	春秋早期前段	墓底设熟土二层台

续表

墓号	方向	形制结构	墓口（长×宽×深）	墓底（长×宽×深）	葬具（长×宽×高）	葬式	随葬品	分期	备注
M38	25°	长方形竖穴土坑墓，直壁，平底	3.90×(2.64~2.68)−1.20	3.90×(2.64~2.68)−2.66	单椁：3.34×(2.04~2.16)−1.00；单棺：2.32×(1.04~1.08)−0.70	仰身直肢	玉戈1、玉玦2、玉口琀2、石匕1、石圭1、石贝36	春秋早期前段	墓底设熟土二层台
M39	10°	长方形竖穴土坑墓，直壁，平底	3.80×2.32−0.60	3.80×2.32−1.96	单椁：(3.36~3.38)×(2.10~2.12)−0.66；单棺：2.36×1−0.58	仰身直肢	玉玦2、石戈1	春秋早期前段	墓底设熟土二层台
M40	20°	长方形竖穴土坑墓，口小底大，壁斜直外张，平底	3.30×(1.92~2.16)−0.61	(3.48~3.52)×(2.06~2.34)−2.86	单椁：3.10×(1.70~1.78)−1.14；外棺：2.62×1.25−0.38；内棺：2.16×(0.80~0.84)−0.26	仰身直肢	玉玦1、石圭2、石口琀3	春秋早期前段	墓底设熟土二层台
M41	290°	长方形竖穴土坑墓，直壁，平底	3.30×2.40−0.50	3.30×2.40−2.36	单椁：2.88×1.94−1.10；单棺：2.18×1.02−0.34	仰身直肢	石块2、石口琀1	春秋早期后段	
M42	300°	长方形竖穴土坑墓，直壁，平底	2.54×(1.08~1.20)−0.60	2.54×(1.08~1.20)−(2.24~2.28)	单棺：1.50×0.68−0.12	仰身直肢		春秋早期后段	
M43	10°	长方形竖穴土坑墓，直壁，平底	3.6×(2.30~2.40)−0.40	3.6×(2.30~2.40)−2.80	单椁：3.20×(2.08~2.18)−(0.66~0.72)；外椁：2.20×(0.92~0.96)−0.40；内棺：2×0.84−0.36	仰身直肢	陶鬲1、玉璧1、玉口琀3、玉玦1、石匕1、蚌块2、骨坠饰1组19	春秋早期前段	墓底设熟土二层台
M44	112°	长方形竖穴土坑墓，直壁，平底	2.24×(1.24~1.32)−0.63	2.24×(1.24~1.32)−1.14	单棺：1.88×0.72−0.36	侧身屈肢	陶鬲1、陶罐1、陶盂1	春秋早期后段	
M45	114°	长方形竖穴土坑墓，直壁，平底	3.60×(1.96~2)−0.50	3.60×(1.96~2)−3.20	单椁：2.70×(1.80~1.82)−1.20；单棺：2.20×0.96−0.18	不详	陶鬲1	春秋早期后段	墓底设熟土二层台，被扰

续表

墓号	方向	形制结构	墓口（长×宽-深）	墓底（长×宽-深）	葬具（长×宽-高）	葬式	随葬品	分期	备注
M46	22°	长方形竖穴土坑墓，直壁，墓底南高北低，呈斜坡状	3.38×（1.52~1.78）-1.10	3.38×（1.52~1.74）-（1~1.18）	单椁：2.82×（1.52~1.74）-（0.38~0.52）；单棺：2.16×（0.94~1.02）-0.17	仰身直肢	陶鬲1、玉玦2、石口琀2、石块1	春秋早期前段	墓底北端设熟土二层台，被扰
M47	115°	长方形竖穴土坑墓，口大底小，直壁或斜直内收，平底	2.92×（1.50~1.62）-0.54	2.88×（1.44~1.46）-1.76	单椁：2.40×（1.18~1.20）-0.40；单棺：1.98×（0.70~0.75）-0.38	仰身直肢	兽面纹玉佩1、玉玦2、玉口琀6、玛瑙管与珠顶饰1组101	春秋早期后段	墓底设熟土二层台
M48	17°	长方形竖穴土坑墓，直壁，平底	3.68×（1.92~1.96）-0.50	3.68×（1.92~1.96）-2.46	单椁：3.24×（1.66~1.74）-0.72；外棺：2.34×（0.92~1.02）-0.58；内棺：2×（0.44~0.56）-0.16	仰身直肢	铜鼎1、铜镞2、铜镦3、陶鬲1、石戈1、石口琀1、骨小腰1	春秋早期前段	墓底设熟土二层台
M49	10°	长方形竖穴土坑墓，直壁，平底	2.66×（1.56~1.60）-0.65	2.66×（1.56~1.60）-2.42	单椁：2.34×1.23-0.82；单棺：1.86×（0.60~0.64）-0.34	仰身屈肢	玉玦2、蚌口琀1	春秋早期前段	墓底设熟土二层台
M50	28°	长方形竖穴土坑墓，直壁，平底	2.90×1.44-0.78	2.90×1.44-1.54	单椁：2.38×（1.02~1.08）-0.42；单棺：（1.82~1.92）×（0.70~0.74）-0.12	仰身直肢	水晶口琀3	春秋早期前段	墓底设熟土二层台
M51	14°	长方形竖穴土坑墓，直壁，平底	2.50×1.36-0.55	2.50×1.36-1.90	单椁：2.32×（0.86~0.98）-0.32；单棺：2.03×（0.68~0.72）-0.14	仰身直肢	玉玦2、水晶口琀2、骨圭2	春秋早期前段	墓底设熟土二层台
M52	14°	长方形竖穴土坑墓，口小底大，直壁或斜直外张，平底	2.90×1.40-0.80	2.90×1.56-2.52	单椁：2.46×（1.14~1.16）-0.48；单棺：2.06×0.68-0.22	仰身直肢	石口琀8、蛤蜊壳2	春秋早期前段	墓底设熟土二层台
M53	121°	长方形竖穴土坑墓，直壁，平底	2.30×1.40-0.70	2.30×1.40-1.00	单棺：（1.84~1.90）×（0.64~0.70）-0.32	仰身直肢	蚌口琀2	春秋早期后段	

续表

墓号	方向	形制结构	墓口（长×宽×深）	墓底（长×宽×深）	葬具（长×宽×高）	葬式	随葬品	分期	备注
M54	15°	长方形竖穴土坑墓，口小底大，壁斜直外张，平底	2.96×（1.68~1.84）−0.68	3.12×（1.92~2.05）−3.06	单椁：2.88×（1.62~1.72）−0.46；单棺：2.08×0.80−0.30	仰身直肢	铜镞1、玉玦2	春秋早期前段	墓底设熟土二层台
M55	15°	长方形竖穴土坑墓，直壁，平底	2.90×（1.80~1.92）−0.60	2.90×（1.80~1.92）−1.96	单椁：2.47×（1.12~1.28）−0.46；单棺：1.87×（0.60~0.68）−0.22	仰身直肢	陶鬲1、石玦1、蚌玦1、蚌口珩3	春秋早期前段	墓底设熟土二层台
M56	12°	长方形竖穴土坑墓，直壁，平底	2.10×（0.82~1.04）−0.60	2.10×（0.82~1.04）−（0.40~0.46）	单棺：1.78×（0.50~0.52）−?	仰身直肢	蚌口珩1	春秋早期前段	
M57	288°	长方形竖穴土坑墓，直壁，平底	2.08×0.80−0.60	2.08×0.80−0.28	单棺：1.87×0.54−（0.06~0.12）	仰身直肢		春秋早期后段	
M58	20°	长方形竖穴土坑墓，直壁，平底	2.08×（0.94~1.06）−0.80	2.08×（0.94~1.06）−0.37	单椁：1.74×0.44−?	仰身直肢	陶鬲1、石口珩2	春秋早期前段	
M59	110°	长方形竖穴土坑墓，口小底大，墓壁斜直外张，平底	2.42×（1.20~1.28）−0.54	（2.84~2.94）×1.64−2.90	单椁：2.56×1.45−0.74；单棺：1.88×0.78−0.18	仰身直肢	石口珩4、石块2	春秋早期后段	墓底设熟土二层台，有腰坑
M60	120°	长方形竖穴土坑墓，直壁，平底	2.60×1.30−0.52	2.60×1.30−1.90	单椁：2.30×0.98−0.50	仰身直肢	石口珩7、石块1	春秋早期后段	墓底设熟土二层台
M61	298°	长方形竖穴土坑墓，直壁，平底	2.52×（1.14~1.24）−0.80	2.52×（1.14~1.24）−（0.66~0.72）	单棺：1.92×（0.68~0.78）−?	侧身直肢	陶壶1、玉口珩1	春秋早期后段	墓有腰坑

续表

墓号	方向	形制结构	墓口（长×宽×深）	墓底（长×宽×深）	葬具（长×宽×高）	葬式	随葬品	分期	备注
M62	300°	长方形竖穴土坑墓，口小底大，壁直或斜直外张，墓底中部低，四周略高	2.30×（1.10~1.14）－0.80	2.36×（1.16~1.22）－（1.32~1.44）	单椁：2.14×1.02-0.14	侧身屈肢	陶罐1、陶盂1、陶残器1、玉玦2、蚌匕1	春秋早期后段	墓底设熟土二层台，有腰坑
M63	30°	长方形竖穴土坑墓，口小底大，壁斜直略外张，平底	3.50×（1.96~2.13）－0.60	3.60×（2.18~2.34）－2.24	单椁：（2.96~3.0）×（1.78~1.82）－0.62；单棺：（2.10~2.17）×（0.80~0.90）－0.08	仰身直肢	陶珠87、玉玦2、玉口琀2、石戈1、石贝66	春秋早期前段	墓底设熟土二层台，有腰坑
M64	100°	长方形竖穴土坑墓，口小底大，壁斜直略外张，平底	2.16×1-0.40	2.30×1.24-2.02	单棺：1.90×0.54-?	仰身直肢	蚌口琀1	春秋早期后段	
M65	20°	长方形竖穴土坑墓，口小底大，壁斜直稍外张，平底	3.36×2-0.65	3.70×（2.28~2.32）－3.86	单椁：3.32×（1.84~1.96）－0.94；单棺：2.02×0.94-0.24	仰身直肢	陶鬲1、陶盂1、陶珠11、玉玦1、玉口琀1、石圭1、石贝10	春秋早期前段	墓底设熟土二层台，有腰坑
M66	15°	长方形竖穴土坑墓，直壁，平底	3.80×2.30-0.50	3.80×2.30-3.0	单椁：3.32×（2.06~2.10）－0.48；单棺：2.20×（0.90~0.94）－0.20	仰身直肢	铜鼎1、铜簋2、铜盂1、铜盘1、铜戈1、铜镞10、陶珠39、玉玦2、石贝58	春秋早期前段	墓底设熟土二层台
M67	40°	长方形竖穴土坑墓，口小底大，壁斜直外张，平底	3.70×（2.48~2.52）－0.64	3.96×（2.48~2.52）－3.40	单椁：（3.24~3.36）×（2~2.12）－0.84；外棺：2.40×1.12-0.44；内棺：2.14×（0.78~0.84）－0.20	仰身直肢	铜盘1、铜盂1、玉玦2、玉口琀2	春秋早期前段	墓底设熟土二层台
M68	20°	长方形竖穴土坑墓，口小底大，壁斜直外张，平底	3.44×（1.88~1.96）－0.80	3.58×（1.96~2.04）－（2.94~3.04）	单椁：（3.14~3.20）×（1.70~1.94）－（0.70~0.78）；单棺：2.20×0.74-0.46	仰身直肢	陶珠2、玉玦2、玉口琀3、石圭1、石贝30	春秋早期前段	墓底设熟土二层台
M69	25°	长方形竖穴土坑墓，直壁，平底	2.48×1.36-0.80	2.48×1.36-1.58	单椁：2.10×（0.96~0.98）－0.32；单棺：1.86×0.68-0.10	仰身直肢	玉玦2、玉口琀1	春秋早期前段	墓底设熟土二层台

续表

墓号	方向	形制结构	墓口（长×宽×深）	墓底（长×宽×深）	葬具（长×宽×高）	葬式	随葬品	分期	备注
M70	285°	长方形竖穴土坑墓，直壁，平底，有壁龛	2.30×1.10—0.75	2.30×1.10—（0.90~0.94）	单椁：2.00×（0.80~0.84）—0.26	侧身屈肢	陶鬲1、玉玦2	春秋早期后段	墓底设熟土二层台
M71	288°	长方形竖穴土坑墓，直壁，平底	2.28×1.14—0.66	2.28×1.14—1.46	单棺：1.86×（0.59~0.74）—（0.24~0.30）	仰身直肢		春秋早期后段	
M72	18°	长方形竖穴土坑墓，直壁，平底	2.30×（1.08~1.14）—0.80	2.30×（1.08~1.14）—1	单椁：2.14×（0.98~1.04）—0.06；单棺：1.90×（0.78~0.84）—0.06	仰身直肢		春秋早期前段	墓底设熟土二层台
M73	290°	长方形竖穴土坑墓，直壁，平底	2.74×（1.48~1.53）—0.75	2.74×（1.48~1.53）—0.96	单棺：2.40×（0.90~1）—0.12	仰身屈肢	陶鬲1、陶罐1、陶盂1、玉口琀1、玛瑙口琀1	春秋早期后段	
M74	13°	长方形竖穴土坑墓，口小底大，壁斜直外张，平底	3.62×2.16—0.50	3.92×（2.46~2.52）—（3.32~3.36）	单椁：（3.42~3.58）×（1.96~2.14）—0.82；外椁：2.71×（1.34~1.40）—0.44；内棺：（2.06~2.10）×（0.72~0.80）—0.32	仰身直肢	陶鬲1、陶珠170、玉口琀1、石圭1、石匕1、石贝87、玛瑙口琀1	春秋早期后段	墓底设熟土二层台，有腰坑
M75	26°	长方形竖穴土坑墓，口小底大，壁直或斜直外张	2.50×1.32—0.40	2.58×（1.36~1.39）—（1.84~1.88）	单椁：2.40×1.12—0.48；单棺：1.96×（0.62~0.64）—0.26	仰身直肢	陶鬲1、石圭1	春秋早期前段	墓底设熟土二层台
M76	110°	长方形竖穴土坑墓，直壁，平底	2.50×（1.08~1.14）—0.72	2.50×（1.08~1.14）—1.90	单椁：2.10×0.78—0.36	仰身屈肢	陶鬲1、陶罐1、陶盂1、玉玦2	春秋早期后段	墓底设熟土二层台
M77	12°	长方形竖穴土坑墓，口小底大，壁斜直外张，平底	3.90×（2.52~2.68）—0.80	3.88×（2.44~2.56）—3.90	单椁：3.64×（2~2.10）—0.86；外椁：（2.46~2.58）×（1~1.04）—0.62；内棺：1.98×（0.62~0.68）—0.18	仰身直肢	铜鼎1、铜簋1、铜盘1、铜盉1、铜戈1、石戈1	春秋早期前段	墓底设熟土二层台

续表

墓号	方向	形制结构	墓口（长×宽－深）	墓底（长×宽－深）	葬具（长×宽－高）	葬式	随葬品	分期	备注
M78	196°	长方形竖穴土坑墓，直壁，平底	2.30×0.92－0.48	2.30×0.92－0.44	单棺：1.97×（0.66～0.74）－0.12	仰身直肢	玉玦1	春秋早期前段	
M79	113°	长方形竖穴土坑墓，直壁，平底	2.43×（1.20～1.30）－0.60	2.43×（1.20～1.30）－（0.96～1.04）	单棺：2.02×（0.66～0.72）－0.12	仰身屈肢	石刀1、蚌口珍1	春秋早期后段	墓底有腰坑
M80	285°	长方形竖穴土坑墓，直壁，平底	2.74×1.28－0.50	2.74×1.28－1.52	单棺：2.30×（0.94～1.02）－0.08	仰身直肢	蚌圭1	春秋早期后段	墓底有腰坑
M81	110°	长方形竖穴土坑墓，直壁，平底	2.54×1.50－0.70	2.54×1.50－1.56	单棺：2.22×（1～1.06）－0.34	侧身直肢	蚌口珍1	春秋早期后段	墓底有腰坑
M82	18°	长方形竖穴土坑墓，口小底大，壁直或斜直外张，平底	4.54×（3.10～3.22）－1	4.68×（3.20～3.24）－2.80	单椁：3.50×（2.30～2.54）－0.78；外棺：2.34×（0.96～1.04）－0.23；内棺：1.86×0.46－0.06	仰身屈肢	铜鼎2、铜簋3、铜甗1、铜盉1、铜盘2、玉块2、玉块1、铜珍2、石贝5	春秋早期前段	墓底设熟土二层台，有腰坑
M83	15°	长方形竖穴土坑墓，直壁，平底	3.56×1.96－0.40	3.56×1.96－1.90	单椁：（2.90～3）×（1.60～1.74）－0.36；单棺：2.26×（0.90～1）－0.08	仰身屈肢	玉块2、石口珍2	春秋早期前段	墓底设熟土二层台
M84	21°	长方形竖穴土坑墓，直壁，平底	2.38×1.32－0.42	2.38×1.32－1	单椁：1.99×0.90－0.50	仰身直肢	玉口珍1	春秋早期后段	墓底设熟土二层台
M85	288°	长方形竖穴土坑墓，直壁，平底	2.40×（1.04～1.24）－0.70	2.40×（1.04～1.24）－（0.50～0.54）	单棺：2.02×（0.72～0.78）－0.10	仰身屈肢	陶鬲1、蚌口珍1	春秋早期后段	墓底有腰坑

续表

墓号	方向	形制结构	墓口（长×宽×深）	墓底（长×宽×深）	葬具（长×宽×高）	葬式	随葬品	分期	备注
M86	212°	长方形竖穴土坑墓，口小底大，壁斜直外张，平底	（3.62~3.68）×2.10-0.50	3.96×（2.44~2.48）-（2.90~3.04）	单椁：3.28×（1.80~1.90）-0.66；外椁：2.38×（0.96~1.04）-0.30；内椁：2.20×（0.70~0.82）-0.30	仰身直肢	铜鼎2、铜簋2、铜匜1、铜盘1、兽面纹玉佩1、玉管1、玉玦2、玉口琀1	春秋早期前段	墓底设熟土二层台
M87	20°	长方形竖穴土坑墓，直壁，平底	2.12×0.92-0.80	2.12×0.92-（0.18~0.28）	单棺：1.96×0.76-?	仰身直肢		春秋早期前段	
M88	96°	长方形竖穴土坑墓，直壁，平底	2.50×（1.24~1.28）-0.50	2.50×（1.24~1.28）-（0.70~0.74）	单椁：2.24×0.96-0.36	仰身直肢	陶鬲1、蚌圭1、蚌刀1、蚌口琀1	春秋早期后段	墓底设熟土二层台
M89	103°	长方形竖穴土坑墓，直壁，平底	2.70×（1.24~1.36）-0.80	2.70×（1.24~1.36）-1.08	单椁：2.34×（1.06~1.12）-0.34	仰身直肢	陶鬲1、陶罐1、陶盂1、玉口琀2、石口琀1	春秋早期后段	墓底设熟土二层台，有腰坑
M90	125°	长方形竖穴土坑墓，口小底大，壁斜直稍外张，平底	2.34×1.20-0.80	2.64×（1.50~1.62）-3.28	单椁：2.04×（1.12~1.16）-（0.50~0.54）	仰身屈肢	玉玦2、玉口琀5、石口琀2	春秋早期后段	墓底设熟土二层台，有腰坑
M91	18°	长方形竖穴土坑墓，直壁，平底	1.84×0.84-0.70	1.84×0.84-0.48	单棺：1.60×0.60-0.18	仰身直肢	石块1、绿松石饰2	春秋早期前段	
M92	107°	长方形竖穴土坑墓，直壁，平底	2.44×1.19-0.50	2.44×1.19-（1.46~1.52）	单椁：2.24×1.04-0.40；单棺：1.80×（0.50~0.58）-?	仰身直肢	陶鬲1、陶罐1、陶盂1、石口琀1	春秋早期后段	墓底设二层台，有腰坑

续表

墓号	方向	形制结构	墓口（长×宽×深）	墓底（长×宽×深）	葬具（长×宽×高）	葬式	随葬品	分期	备注
M93	20°	长方形竖穴土坑墓，直壁，平底	4.84×(3.22~3.60)−0.60	4.84×(3.22~3.60)−3.70	单椁：3.96×(2.42~2.56)−0.84；外棺：2.67×(1.06~1.08)−0.76；内棺：2.20×(0.68~0.70)−?	仰身直肢	铜鼎4、铜簋5、铜方壶2、铜盘1、铜盂1、铜镈38、铜盾钖12、铜衔6、铜镳5、铜镳5、铜带扣3、铜小腰3、铜铃6、铜鱼246、铜三角形饰1、铜翣4、薄铜片饰1、铜腰饰1、玉珠2、玉口琀1、陶珠662、石戈1、石贝320、骨镳5、骨小腰1、骨管2、L形骨饰1	春秋早期前段	墓底设熟土二层台
M94	20°	长方形竖穴土坑墓，口小底大，壁陡直或斜直外张，平底	4.70×(2.70~2.86)−0.60	4.70×(2.70~2.86)−2.84	单椁：3.76×(2.60~2.70)−0.86；外棺：(1.38~1.64)×(1.10~1.12)−0.58；内棺：(1.26~1.30)×(0.68~0.70)−0.13	仰身直肢	铜鼎1、铜簋1、铜盘1、铜盂1、铜方壶2、玉玦2、玉环1、玛瑙腕饰1组24、石贝81、蚌管3	春秋早期前段	墓底设熟土二层台，被扰
M95	115°	长方形竖穴土坑墓，口小底大，壁斜直外张，平底	2.80×(1.26~1.30)−0.50	2.88×(1.36~1.42)−1.30	单椁：2.40×(1.16~1.20)−0.30	仰身直肢	玉玦1	春秋早期后段	
M96	110°	长方形竖穴土坑墓，直壁，底略呈斜坡状	1.88×0.72−0.80	1.88×0.72−0.16	单棺：1.86×0.58−0.16	仰身屈肢	玉玦2、玉口琀1、石口琀1	春秋早期后段	
M97	110°	长方形竖穴土坑墓，口小底大，壁斜直外张，平底	2.86×1.20−0.40	2.90×1.40−2.30	单椁：2.66×1.18−0.36	仰身直肢	石圭1、绿松石口琀2	春秋早期后段	墓底设熟土二层台
M98	110°	长方形竖穴土坑墓，直壁，平底	2.24×(1.08~1.12)−0.62	2.24×(1.08~1.12)−0.70	不明	不详		春秋早期后段	早期正葬

续表

墓号	方向	形制结构	墓口（长×宽×深）	墓底（长×宽×深）	葬具（长×宽-高）	葬式	随葬品	分期	备注
M99	298°	长方形竖穴土坑墓，直壁，平底	2.40×1−0.80	2.40×1−1.16	单棺：1.98×0.62−0.24	仰身直肢	石玦2、玉口琀1	春秋早期后段	
M100	106°	长方形竖穴土坑墓，直壁，平底	2.50×1.30−0.50	2.50×1.30−0.70	单棺：2×（0.74~0.88）−0.16	仰身屈肢	玉口琀3、石口琀1、蚌口琀1	春秋早期后段	墓底有腰坑
M101	105°	长方形竖穴土坑墓，直壁，平底	2.40×1.04−0.50	2.40×1.04−1.80	单椁：2.10×（0.80~0.86）−0.40	仰身屈肢	石玦1	春秋早期后段	墓底设熟土二层台，有腰坑
M102	100°	长方形竖穴土坑墓，口小底大，壁直或斜直外张，平底	2.54×（1.10~1.14）−0.50	2.60×（1.26~1.30）−（1.72~1.84）	单椁：2.40×（1~1.08）−0.18	仰身屈肢	石口琀1	春秋早期后段	墓底设熟土二层台，有腰坑
M103	0°	长方形竖穴土坑墓，直壁，平底	2.30×（0.90~1）−0.68	2.30×（0.90~1）−（0.36~0.40）	单棺：1.76×（0.48~0.52）−0.08	仰身直肢	蚌玦1	春秋早期前段	
M104	10°	长方形竖穴土坑墓，口小底大，壁斜直外张，平底	2.81×1.40−0.40	2.94×（1.56~1.62）−2.70	单椁：（2.38~2.42）×（1.40~1.44）−0.60；单棺：1.96×0.90−0.10	仰身屈肢		春秋早期前段	墓底设熟土二层台
M105	277°	长方形竖穴土坑墓，直壁，平底	2.30×1.10−0.40	2.30×1.10−0.78	单棺：1.92×（0.44~0.60）−0.14	仰身直肢	陶鬲2、陶罐1、海贝口琀1	春秋早期后段	
M106	278°	长方形竖穴土坑墓，直壁，底略呈斜坡状	（2.64~2.76）×1.44−（0.57~0.94）	（2.64~2.76）×1.44−（1.40~1.46）	单椁：2.26×（1.04~1.17）−（0.18~0.26）	仰身直肢		春秋早期后段	墓底设熟土二层台

续表

墓号	方向	形制结构	墓口（长×宽-深）	墓底（长×宽-深）	葬具（长×宽-高）	葬式	随葬品	分期	备注
M107	10°	长方形竖穴土坑墓，直壁，平底	2.70×1.40-0.58	2.70×1.40-1.50	单椁：2.48×1-0.36	仰身直肢	玉玦2	春秋早期前段	墓底设熟土二层台，有腰坑
M108	110°	长方形竖穴土坑墓，直壁，平底	2.30×1.06-0.60	2.30×1.06-（1.40~1.58）	单椁：2.12×0.93-0.48	仰身直肢	海贝口琀2	春秋早期后段	墓底设熟土二层台
M109	284°	长方形竖穴土坑墓，直壁，平底	2.32×（1.16~1.20）-0.82	2.32×（1.16~1.20）-1.06	单棺：2.02×0.88-0.04	不详	玉玦2、石口琀1	春秋早期后段	被扰
M110	278°	长方形竖穴土坑墓，直壁，平底	2.18×1.12-0.40	2.18×1.12-0.36	单棺：1.72×0.64-0.08	仰身直肢	蚌口琀1	春秋早期后段	
M111	283°	长方形竖穴土坑墓，直壁，平底	2.88×（1.52~1.56）-0.60	2.88×（1.52~1.56）-（1.54~1.64）	单椁：2.20×（0.94~1）-0.52	侧身屈肢	陶鬲1、陶罐1、陶盂1、玉玦1、玉口琀4、海贝1	春秋早期后段	墓底设熟土二层台
M112	106°	长方形竖穴土坑墓，直壁，平底	2.80×1.52-0.68	2.80×1.52-1.66	单棺：1.98×0.80-0.60	仰身直肢	石玦1、海贝口琀2	春秋早期后段	
M113	284°	长方形竖穴土坑墓，直壁，平底	2.66×（1.28~1.30）-0.50	2.66×（1.28~1.30）-2.04	单椁：2.40×（1.12~1.20）-0.24	仰身	玉玦2、蚌匕1	春秋早期后段	墓底设熟土二层台
M114	272°	长方形竖穴土坑墓，直壁，平底	2.42×0.92-0.80	2.42×0.92-0.72	单棺：2.04×（0.60~0.64）-0.10	仰身直肢	玉口琀1、海贝1	春秋早期后段	墓底设熟土二层台，被扰

续表

墓号	方向	形制结构	墓口（长×宽−深）	墓底（长×宽−深）	葬具（长×宽−高）	葬式	随葬品	分期	备注
M115	275°	长方形竖穴土坑墓，直壁，平底	2.48×（1.10～1.20）−0.70	2.48×（0.66～0.86）−0.32	单棺：1.67×（0.66～0.86）−0.32	仰身直肢	陶鬲1、陶罐1、陶盂1、蚌口珩1	春秋早期后段	
M116	300°	长方形竖穴土坑墓，直壁，平底	2.66×1.24−（0.54～0.85）	2.66×1.24−1.08	单椁：2.22×（0.90～0.94）−0.46	仰身直肢	陶鬲1、陶罐1、陶盂1、石口珩2	春秋早期后段	墓底设熟土二层台，有腰坑

附表二　义马上石河春秋墓地马坑登记表

单位：米

坑号	方向	形制结构	坑口（长×宽×深）	坑底（长×宽×深）	马（匹）	随葬品	分期	备注
MK1	30°	长方形竖穴土坑式，直壁，平底	5.70×3.40-0.80	5.70×3.40-0.60	6	铜矛1、蚌小腰2	春秋早期前段	
MK2	30°	长方形竖穴土坑式，直壁，平底	5.90×2.80-0.46	5.90×2.80-0.60	6	铜带扣2	春秋早期前段	
MK3	25°	长方形竖穴土坑式，直壁，平底	3.60×（2.64~2.68）-0.70	3.60×（2.64~2.68）-0.20	2		春秋早期前段	整体被扰乱严重
MK4	22°	长方形竖穴土坑式，口大底小四壁较直，东壁下部稍外张，平底	3.60×（2.80~2.82）-（1.12~1.22）	3.58×（2.80~2.86）-（0.98~1.08）	2	铜衔2、铜铃1、铜络饰4、骨镳4	春秋早期前段	
MK5	25°	长方形竖穴土坑式，口小底小、壁直或随直内收，平底	5.10×（3.08~3.12）-0.60	4.98×（3.02~3.08）-1.10	6	铜矛1、铜环3	春秋早期前段	
MK6	36°	长方形竖穴土坑式，直壁，平底	5.30×（2.80~3.20）-0.80	5.30×（2.80~3.20）-0.30	6		春秋早期前段	西北部被汉代陶窑打破
MK7	16°	长方形竖穴土坑式，直壁，底略呈斜坡状	6.86×（2.80~3）-1.22	6.86×（2.80~3）-（0.50~0.72）	6	铜衔1、铜铃1、铜络饰2、骨镳1	春秋早期前段	东北部被现代窖穴坑打破
MK8	25°	长方形竖穴土坑式，直壁，平底	5.20×（2.60~2.90）-0.30	5.20×（2.60~2.90）-0.46	4	铜衔1、铜镳1	春秋早期前段	大部被现代活土坑和汉代遗迹打破
MK9	20°	长方形竖穴土坑式，直壁，平底	2.40×（4.52~4.60）-0.80	2.40×（4.52~4.60）-0.26	4		春秋早期前段	东部和南部分别被现代活土坑和道路打破

附　　录

三门峡义马上石河春秋墓地的颅骨特征

郑立超① 　王一鸣② 　周亚威③

义马上石河墓地位于河南省义马市市区南部、石河西岸约100米处，北临310国道，东南邻义马市第一污水处理厂，南接新安古城遗址，西与开祥精细化工有限公司老厂区隔墙相连。2017年7月～2018年9月，为配合工程建设，受河南省文物考古研究院委派，三门峡市文物考古研究所与义马市文物管理所组成联合考古队，对该工程占地范围的古墓葬进行抢救性考古发掘。目前已初步探明，墓地现存范围东西长约200米，南北宽约150米，总面积约为3万余平方米，墓葬分布较为密集。2017～2018年共发掘墓葬117座，春秋时期马坑9座，汉代灰坑6座。其中春秋时期墓葬116座（含马坑9座），汉墓2座，唐墓1座，明清墓7座，共出土铜、陶、玉石、骨蚌等随葬品3500余件（颗）。出土春秋时期人骨85例，经现场鉴定，其中男性个体41例，女性个体30例，性别不详14例。本文用于颅骨形态研究的个体共2例，均属于春秋时期，分别是：M034，1例，男性，年龄50±岁；M002，1例，男性，年龄30～35岁。

一、观察与测量

（一）颅骨的形态观察

对颅骨非测量性形态的观察标准主要依据《人类学》[1]、《人体测量手册》[2]、《人体测量方法》[3]和《体质人类学》[4]中的相关著述。观察结果如下：

---

① 三门峡市文物考古研究所，河南　三门峡市　472000。
② 中共义马市委宣传部，河南　三门峡市　472000。
③ 郑州大学历史学院，河南　郑州市　450001。

1M034，颅骨保存完整，楔形颅，前额中等，无额中缝。颅骨顶缝的前囟段为深波型，顶段、顶孔段和后段为锯齿型。眉弓凸度显著、眉弓范围2级、眉间突度中等，乳突特大，枕外隆突2级。鼻前棘为BrocaⅡ级，梨状孔为梨形，犬齿窝较浅，方型眶型。翼区为H型、缝间骨为印加骨，无矢状嵴。腭形为椭圆形。颏型为方形，下颌角外翻，无下颌圆枕。

1M002，颅骨保存完整，枕骨大孔后端部分缺如，楔形颅，眉间突度和眉弓的发育程度中等偏弱。颅顶缝的前囟段微波，乳突、枕外隆突明显。眶型为方形，犬齿窝稍有凹浅，门齿均为铲形。鼻前棘为BrocaⅢ级，浅平的鼻根凹陷，梨状孔为梨形。翼区为H型。无矢状嵴。颏型为方形，下颌角外翻，下颌圆枕不发育。

综合上述关于颅骨非测量性形态特征的结果可知，上石河居民的颅型以楔形为主，眉弓眉间发育中等，颅顶矢状缝结构以简单为主，铲形门齿，下颌圆枕不发育，乳突发育中等显著，枕外隆突发育中等，鼻根凹浅平。以上这些形态特征显示出较明显的蒙古人种的性质，因此，上石河春秋居民应归属于亚洲蒙古人的范畴。

（二）颅骨的测量性特征

通过对颅骨测量数据的分析可以将上石河组两例颅骨形态特征概括为：具有特圆颅型、高颅型和中颅型相结合的颅型，颌型为长狭下颌型，突颌型。1M034为高眶型、中额型、中鼻型、面部扁平度偏大、齿槽面突颌。1M002为中眶型、狭额型、阔鼻型、阔腭型、正颌型、突颌型、面部扁平度中等。详细测量数据见表一。

表一　上石河组男性颅骨测量值　　　　　　　单位：毫米

马丁号	测量项目	1M034	1M002	平均值	马丁号	测量项目	1M034	1M002	平均值
1	颅骨最大长（g-op）	182.00	181.00	181.50	60	上颌齿槽弓长（pr-alv）	52.72	48.19	50.46
5	颅基底长（n-enba）	/	94.00	94.00	61	上颌齿槽弓宽（ecm-ecm）	64.90	66.85	65.88
8	颅骨最大宽（eu-eu）	148.00	147.50	147.75	62	颚长（ol-sta）	/	45.92	45.92
9	额骨最小宽（ft-ft）	97.79	90.48	94.14	63	颚宽（enm-enm）	41.74	42.12	41.93
11	耳点间宽（au-au）	129.00	121.77	125.39	FC	两眶内宽（fmo-fmo）	100.36	98.35	99.36
12	枕骨最大宽（ast-ast）	116.42	111.97	114.20	FS	鼻根点至两眶内宽矢高（n to fmo-fmo）	16.50	13.10	14.80
7	枕骨大孔长（enba-o）	/	39.45	39.45	DC	眶间宽（d-d）	/	23.63	23.63
16	枕骨大孔宽（FOR.MA.B）	/	29.63	29.63		额侧角Ⅰ（∠n-m and FH）	79.78	87.50	83.64
17	颅高（b-ba）	/	142.16	142.16		额侧角Ⅱ（∠g-m and FH）	75.50	82.00	78.75
21	耳上颅高（po-po）	125.17	117.04	121.11		前囟角（∠g-b and FH）	41.00	47.50	44.25

马丁号	测量项目	1M034	1M002	平均值	马丁号	测量项目	1M034	1M002	平均值
23	颅周长（g-op-g）	542.00	514.00	528.00	72	总面角（∠n-pr and FH）	77.00	78.00	77.50
24	颅横弧（po-b-po）	342.00	325.00	333.50	73	中面角（∠n-ns and FH）	79.00	78.50	78.75
25	颅矢状弧（n-o）	389.00	390.00	389.50	74	齿槽面角（∠ns-pr and FH）	63.00	77.00	70.00
26	额骨矢状弧（n-b）	139.00	126.00	132.50	75	鼻梁侧角（∠n-rhi and FH）	/	53.50	53.50
27	顶骨矢状弧（b-l）	140.00	136.50	138.25	77	鼻颧角（∠fmo-n-fmo）	147.00	142.50	144.75
28	枕骨矢状弧（l-o）	126.00	126.00	126.00	SSA	颧上颌角（∠zm-ss-zm）	/	127.50	127.50
29	额骨矢状弦（n-b）	114.88	113.94	114.41		鼻梁角（∠72-75）	/	24.50	24.50
30	顶骨矢状弦（b-l）	115.03	119.56	117.30		面三角（∠n-pr-ba）	/	67.30	67.30
31	枕骨矢状弦（l-o）	98.36	104.15	101.26		（∠pr-n-ba）	/	74.00	74.00
40	面底长（pr-enba）	/	91.00	91.00		（∠n-ba-pr）	/	39.30	39.30
43	上面宽（fmt-fmt）	106.33	104.49	105.41	65	下颌髁突间宽（cdl-cdl）	132.46	116.78	124.62
44	两眶宽（ek-ek）	104.68	100.53	102.61	66	下颌角间宽（go-go）	117.04	99.91	108.48
45	面宽/颧点间宽（zy-zy）	/	131.80	131.80	67	颏孔间宽（bimental brea.）	50.99	49.62	50.31
46	中面宽（zm-zm）	/	108.09	108.09	68	下颌体长（mandi.body.len）	83.20	70.90	77.05
47	全面高（n-gn）	119.30	115.24	117.27	Jan-68	下颌体最大投影长	114.50	102.40	108.45
48	上面高（n-pr）	68.53	66.47	67.50	69	下颌联合高（id-gn）	32.18	34.97	33.58
	上面高（n-sd）	72.09	70.05	71.07	MBH Ⅰ L	下颌体高Ⅰ（L）	29.32	31.27	30.30
50	前眶间宽（mf-mf）	19.85	18.45	19.15	MBH Ⅰ R	下颌体高Ⅰ（R）	26.32	29.51	27.92
51	眶宽（mf-ek L）	43.97	42.02	43.00	MBH Ⅱ L	下颌体高Ⅱ（L）	28.37	29.38	28.88
	眶宽（mf-ek R）	44.76	42.15	43.46	MBH Ⅱ R	下颌体高Ⅱ（R）	27.21	29.15	28.18
	眶宽（d-ek L）	40.85	38.40	39.63	MBT Ⅰ L	下颌体厚Ⅰ（L）	13.75	12.70	13.23
	眶宽（d-ek R）	/	39.07	39.07	MBT Ⅰ R	下颌体厚Ⅰ（R）	14.23	13.49	13.86
52	眶高（Orb.Brea.L）	36.77	33.04	34.91	MBT Ⅱ L	下颌体厚Ⅱ（L）	18.36	14.86	16.61
	眶高（Orb.Brea.R）	38.96	32.24	35.60	MBT Ⅱ R	下颌体厚Ⅱ（R）	18.01	16.10	17.06
MH	颧骨高（fmo-zm L）	45.60	46.60	46.10	70 L	下颌支高（L）	71.33	64.01	67.67
	颧骨高（fmo-zm R）	/	45.03	45.03	70 R	下颌支高（R）	67.98	66.52	67.25
MB	颧骨宽（zm-rim Orb L）	25.32	26.50	25.91	71 L	下颌支宽（L）	/	40.15	40.15
	颧骨宽（zm-rim Orb R）	/	26.08	26.08	71 R	下颌支宽（R）	41.31	41.85	41.58

马丁号	测量项目	1M034	1M002	平均值	马丁号	测量项目	1M034	1M002	平均值
54	鼻宽（nadal breadth）	27.74	27.38	27.56	71a L	下颌支最小宽（L）	35.93	33.06	34.50
55	鼻高（n-ns）	58.07	51.79	54.93	71a R	下颌支最小宽（R）	34.96	32.58	33.77
SC	鼻最小宽（simotik chord）	10.13	8.42	9.28	79	下颌角	120.00	124.00	122.00
SS	鼻最小宽高（Sim.cho.to SC）	3.80	2.80	3.30		颏孔间弧（bimental bogen）	61.00	55.00	58.00

二、比较与分析

三门峡地区位于"中华文明"的核心文化"中原龙山文化"的中心地带[5]。先秦时期的周人，族姓姬，起源于今陕西境内。上石河墓地出土的虢人为姬姓一族，对其人群人种进行研究，有助于了解这一地区人骨材料所代表的古人群的亲疏关系，为探讨华夏族、汉民族的形成、演变等问题提供了可能。

（一）与现代亚洲蒙古人种类型的对比

为进一步了解上石河组古代居民的种系类型，将1M034、1M002分别与现代亚洲蒙古人种的四个区域类型比较。本文选择颅长、颅宽、颅高、额角、最小额宽、颧宽、上面高、颅指数、颅长高指数、颅宽高指数、垂直颅面指数、上面指数、面角、鼻颧角、鼻指数、鼻根指数、眶指数等17项测量数据。比较结果见图一。

在上石河组与北亚类型的比较中，落入其变异范围的项目有颅长、颅宽、额角、最小额宽、颅指数、鼻指数、鼻根指数、眶指数8项。超出其变异范围的项目有颅高、颧宽、上面高、颅长高指数、颅宽高指数、垂直颅面指数、上面指数、面角及鼻颧角共9项。

落入东北亚类型变异范围的有颅长、颅宽高指数、鼻根指数、眶指数等4项，其余颅宽、颅高、额角、最小额宽、颧宽、上面高、颅指数、颅长高指数、垂直颅面指数、上面指数、面角、鼻颧角、鼻指数等13项则游离于该类型对比项目之外，其中颅高比较接近东北亚类型的变异范围下限。上石河组与东北亚类型的差异较明显，绝大多数项目的数值均与该类型存在较大的偏离。

与东亚类型相比，共有颅长、额角、颧宽、颅指数、颅长高指数、颅宽高指数、鼻指数、眶指数等8项落入其变异范围，其余颅宽、颅高、最小额宽、上面高、垂直颅面指数、上面指数、面角、鼻颧角、鼻根指数等9项则游离于该类型对比项目之外。其中最小额宽、鼻根指数比较接近东亚类型的变异范围下限。上面指数、鼻颧角接近东亚类型的变异范围上限。

落入南亚变异范围内的有最小额宽、颧宽、上面高、颅指数、颅长高指数、颅宽高指数、

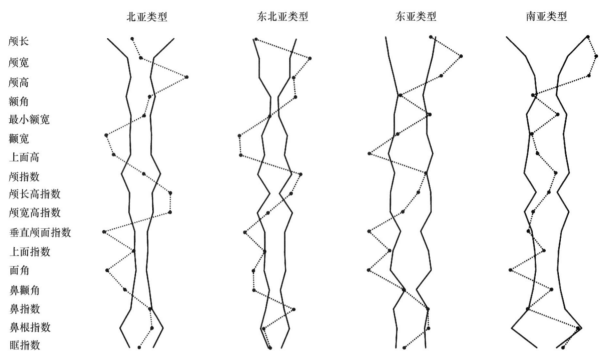

图一　上石河组与亚洲蒙古人种各区域类型对比分析图

上面指数、鼻颧角、鼻根指数等9项；超出其变异范围的项目有颅长、颅宽、颅高、额角、垂直颅面指数、面角、鼻指数、眶指数等8项。整体来看，上石河组与南亚类型基本的颅面部形态基本保持一致。

综合分析上石河组与亚洲蒙古人种各类型的17项主要的颅面部值对比结果可知，上石河组的体质特征与现代亚洲蒙古人种的南亚类型最为相似，其次为东亚类型、北亚类型，而与东北亚类型关系最为疏远。

（二）与近代亚洲蒙古人种的对比

为了更详细地了解上石河人群和现代人群的关系，本文选用了一些近现代的人骨样本与上石河组样本进行比较，包括太原组[6]、僰人组[7]、藏族A组、华南组[8]、新疆汉族组[9]、榆次明清组[10]、吉林组[11]、抚顺组[12]、湖南组[13]、广西壮族组[14]、香港组[15]、华北组、通古斯组、蒙古组、爱斯基摩组[16]（表二）。为直观展示上石河组与各近现代对比组情况，制作了聚类树状图、因子散点图。树状图（图二）反映了上石河组与近现代对比组之间的关系，结果表明上石河组与蒙古组和通古斯组等北亚类型人群在体质上存在着较大区别，与代表亚洲蒙古人种南亚类型的藏族A组、广西壮族组、明代的僰人组[17]，代表中国现代华南人种的香港组，东亚类型的榆次明清组、新疆汉族组等较为接近。

上石河组与其他近现代组的因子散点图（图三）显示：上石河组与代表南亚类型的藏族A组、香港组相对距离较近，与代表北亚类型的通古斯组、东北亚类型的爱斯基摩组存在相对较

表二　上石河组男性与近现代组的比较

单位：毫米（长度）；%（指数）

马丁号	比较项目	上石河组	太原组	僰人组	藏族A组	新疆汉族组	榆次明清组	吉林组	抚顺组	湖南组	广西壮族组	香港组	华北组	华南组	通古斯组	蒙古组	爱斯基摩组	同种系标准差
1	颅长（g-op）	181.50	175.51	182.33	174.80	179.20	178.48	178.40	179.94	176.28	178.28	179.31	178.50	179.90	185.50	182.20	182.30	5.73
18	颅宽（eu-eu）	148.00	137.73	138.98	139.40	135.48	132.70	141.10	139.70	137.95	140.58	139.58	138.20	140.90	145.70	149.00	141.20	4.76
17	颅高（ba-b）	142.16	135.15	137.05	131.20	136.50	135.60	135.15	139.20	135.49	136.61	140.19	137.20	137.80	126.30	131.40	135.20	5.69
45	面宽（zy-zy）	131.80	131.99	130.25	130.40	131.29	130.37	134.12	134.30	132.94	135.48	133.36	132.70	132.60	141.60	141.80	138.40	4.57
48	上面高（n-sd）	67.50	75.82	65.82	69.40	70.44	76.52	75.38	76.24	72.64	69.38	72.85	75.30	73.82	75.40	78.00	77.60	4.15
51	眶宽（mf-ek）R	43.46	42.46	40.07	41.50	40.77	41.10	44.86	42.80	39.82	43.03	43.84	44.00	42.10	43.00	43.20	43.40	1.67
52	眶高R	35.60	35.99	33.83	35.00	34.86	35.36	36.02	35.60	34.77	33.90	33.78	35.50	34.60	35.00	35.80	36.10	1.91
54	鼻宽	27.56	24.52	26.33	25.70	24.79	24.84	26.99	25.70	25.04	26.23	26.18	25.00	25.25	27.10	27.40	24.40	1.77
55	鼻高（n-ns）	54.93	54.16	46.17	51.00	52.60	53.53	55.06	47.90	51.02	51.77	53.26	55.30	52.60	55.30	56.50	54.60	2.92
8：1	颅指数	81.40	78.47	76.29	79.80	75.66	74.41	79.09	76.80	78.26	79.06	77.84	77.56	78.75	78.70	82.00	77.60	2.67
17：1	颅长高指数	78.32	77.00	75.22	75.10	63.87	76.01	75.76	75.80	76.86	76.57	78.18	77.02	77.02	68.09	72.12	74.26	2.94
17：8	颅宽高指数	96.22	98.13	98.67	94.10	100.88	102.62	95.78	98.80	98.22	94.82	100.44	99.53	97.80	86.68	88.19	95.95	4.30
48：45	上面指数	51.21	57.44	50.58	53.70	53.75	59.06	56.20	55.52	54.64	51.31	54.63	56.80	55.70	53.25	55.01	56.07	3.30
52：51	眶指数R	81.91	84.76	88.16	84.20	85.72	86.26	80.29	83.26	87.32	79.01	77.05	80.66	84.90	81.50	82.90	83.00	5.05
54：55	鼻指数	50.17	45.27	53.81	50.40	47.80	46.55	49.02	47.56	49.08	53.82	49.16	45.23	47.40	49.40	48.60	44.80	3.82

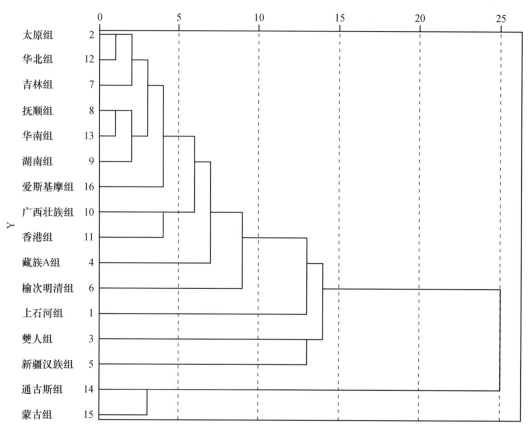

图二　上石河组与近现代对比组聚类树状图

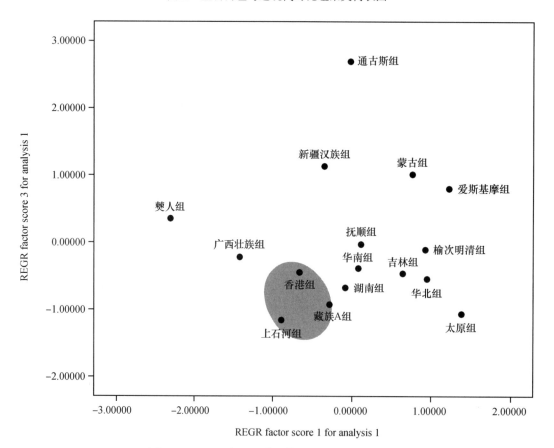

图三　上石河组与近现代组第一、第三因子散点图

远的形态学距离，反映出上石河组在颅面部及颅型形态特征方面与南亚类型最为接近。

上石河组与各近现代对比组聚类分析、主成分分析的结果和其与现代亚洲蒙古人种类型的对比大致符合并相互印证。可以说，上石河组与现代亚洲蒙古人种的南亚类型和东亚类型居民具有最为接近的颅面部形态特征，且与华北汉族，尤其是西安汉族人在颅面等体质特征上有若干相似之处；与北亚类型和东北亚类型在体质上较为疏远。

（三）与相关古代组的对比

为考察上石河组居民与相关古代居民种系源流，了解不同文化间古代居民的亲缘关系。本文选用了"古中原类型"样本组仰韶合并组[18]、庙底沟组[19]、马腾空组[20]、梁带村组[21]，"古西北类型"样本组寨头河组[22]、柳湾合并组[23]、阳山组[24]，"古华北类型"样本组小南庄组[25]、姜家梁组[26]、内阳垣组[27]，"古华南类型"样本组昙石山组[28]、甑皮岩组[29]，"古东北类型"样本组平洋组[30]、白庙Ⅱ组[31]，"古蒙古高原类型"样本组选择新店子组[32]、井沟子组[33]等16个古代对比组的17个项目与上石河组两例个体（1M034、1M002）的平均值进行比较（表三）。我们采用平均数组间差异均方根函数值及欧氏距离系数（Dij值）[34]来比较各对比组之间的关系（表四、表五）。

根据各组古代组组差均方根与欧氏距离系数可知，上石河组与先秦时期古中原类型的人种最为接近，同时又与古华北类型有一定的相似性，另外与位于姬姓发源地陕西的寨头河组存在共性；与古东北类型、古西北类型和古蒙古高原类型关系最为疏远。

为了进一步验证上石河墓地虢人的种系类型，我们采用主成分分析的方法，对各对比组颅骨数据进行因子分析。通过对比发现，前五个因子的特征值均在1以上，累计贡献率为88.720%。其中第一、第二公因子贡献率分别为32.474%、20.739%，分别可以解释32.474%和20.739%的方差；第三、第四、第五公因子分别可以解释15.759%、11.638%和8.110%的方差。

在主成分分析中，第一主成分最大载荷的原变量有上面高、鼻高、眶宽、面角、面宽、上面指数，等等，代表了鼻部的高度、面部高度及宽度、眼眶等形态特征。第二主成分最大载荷的原变量有颅宽、最小额宽、颅指数、颅宽高指数等，代表了颅型的宽高、额部等的特征。第三主成分最大载荷的原变量有颅长、鼻宽、颅高、颅指数、颅长高指数等，他们大致代表了颅部的长度及与长度相关的影响颅型的指标、鼻部等特征。我们认为前三个因子涵盖了主要信息，可以代表上石河组人种类型的主要特征。

依据上文中对各个对比组进行提取公因子进行主成分分析得到的公因子得分值绘制出散点图（图四）。第一因子和第二因子散点图显示：上石河组与代表古中原类型的庙底沟组相对距离较近，与古西北类型的柳湾合并组、阳山组，古华南类型的昙石山组存在相对较远的形态学距离，反映出上石河组在颅面部及颅型形态特征方面与古中原类型最为接近。

表三　上石河组男性与相关古代组的比较

单位：毫米（长度）；%（指数）

马丁号	比较项目	上石河组	仰韶合并组	庙底沟组	马腾空组	梁带村组	寨头河组	柳湾合并组	阳山组	小南庄组	姜家梁组	内阳垣组	昙石山组	甑皮岩组	平洋组	白庙II组	新店子组	井沟子组
1	颅长（g-op）	181.50	180.08	179.43	182.55	182.92	176.66	185.93	181.80	182.00	178.27	181.64	189.70	193.30	190.54	181.13	173.80	184.43
8	颅宽（eu-eu）	148.00	141.92	143.75	143.70	141.66	140.94	136.41	133.30	141.00	134.20	142.71	139.20	143.20	144.60	149.25	153.27	147.88
17	颅高（ba-b）	142.16	141.51	143.17	141.38	143.00	136.80	139.38	133.90	142.00	138.10	139.68	143.12	140.90	140.11	140.00	129.18	131.50
9	最小额宽（ft-ft）	94.14	93.44	93.69	92.73	94.01	90.82	90.30	87.70	88.49	88.60	92.79	91.00	93.50	91.26	98.03	94.33	93.83
45	面宽（zy-zy）	131.80	135.05	140.43	137.68	141.13	131.27	137.24	131.70	140.99	135.63	136.79	135.60	138.00	144.90	145.50	142.08	143.67
48	上面高（n-sd）	67.50	73.96	73.48	72.57	78.00	72.34	78.19	75.60	70.54	75.53	75.85	68.00	69.70	77.08	76.38	73.91	76.00
52	眶高R	35.60	33.51	32.42	34.26	34.45	33.05	34.27	33.30	33.12	33.39	33.44	33.40	34.40	33.91	33.15	33.12	32.84
51	眶宽（mf-ek）R	43.46	43.17	41.75	42.01	44.02	40.93	43.87	42.20	43.12	44.41	42.31	39.60	42.60	43.74	44.25	44.34	43.34
54	鼻宽	27.56	27.59	27.31	26.90	28.01	26.84	27.26	25.90	27.35	27.04	26.98	29.50	28.30	28.90	26.85	27.12	27.66
55	鼻高（n-ns）	54.93	53.69	53.99	54.60	55.53	51.96	55.77	54.80	52.79	55.58	53.44	51.90	53.10	58.38	54.50	56.52	57.72
72	面角（n-prFH）	77.50	81.84	85.75	86.44	85.00	84.05	89.21	89.20	83.25	82.59	82.53	81.00	84.00	90.80	89.75	88.00	89.80
8：1	颅指数	81.40	79.30	80.31	78.90	78.10	79.88	73.92	73.31	76.97	75.76	78.58	73.40	73.20	75.89	82.54	88.13	80.39
17：1	颅长高指数	78.32	78.58	77.64	77.92	78.62	77.81	74.74	73.76	77.29	78.74	76.89	73.80	70.50	74.09	77.31	72.80	71.76
17：8	颅宽高指数	96.22	99.04	99.47	98.30	100.62	97.31	100.96	101.84	100.47	102.33	97.95	99.50	97.90	97.30	93.84	84.57	89.51
48：45	上面指数	51.21	53.62	51.86	53.65	55.03	54.94	57.60	53.68	53.63	55.71	54.08	50.20	50.40	53.06	52.59	51.93	51.93
52：51	眶指数R	81.91	78.31	77.71	81.11	79.33	81.02	78.46	79.29	77.12	77.39	79.18	77.10	80.40	77.77	77.47	74.71	75.88
54：55	鼻指数	50.17	51.55	50.15	49.80	51.39	51.43	49.09	47.25	51.96	49.00	50.71	57.00	53.30	49.40	49.23	48.06	47.99

表四　上石河组男性与古代对比组之均方根值比较

	仰韶合并组	庙底沟组	马腾空组	梁带村组	寨头河组	柳湾合并组	阳山组	小南庄组
上石河组	0.770	1.044	0.934	1.154	1.001	1.613	1.691	1.074
	姜家梁组	内阳垣组	昙石山组	甑皮岩组	平洋组	白庙Ⅱ组	新店子组	井沟子组
上石河组	1.307	0.903	1.394	1.332	1.612	1.386	1.682	1.562

表五　上石河组男性与其他新石器组之Dij值

	1	2	3	4	5	6	7	8	9	10	11	12	13	14	15	16	17
1	0.00																
2	12.25	0.00															
3	15.68	7.86	0.00														
4	13.57	7.42	6.71	0.00													
5	18.75	9.27	8.46	8.50	0.00												
6	14.89	9.23	13.59	11.38	16.17	0.00											
7	24.60	15.19	16.23	13.56	11.93	17.66	0.00										
8	26.02	18.10	20.41	17.76	19.56	15.90	11.35	0.00									
9	17.01	9.48	8.97	9.30	10.59	14.17	14.40	18.29	0.00								
10	21.70	11.90	15.43	14.73	13.90	13.19	12.19	11.81	12.61	0.00							
11	13.90	4.61	7.95	6.29	8.11	9.85	13.20	16.91	9.47	12.39	0.00						
12	19.52	16.28	18.34	16.77	18.70	20.01	19.28	21.88	13.84	20.51	16.477	0.00					
13	19.99	18.21	18.73	15.70	18.05	22.11	17.99	22.34	16.18	23.28	16.55	10.42	0.00				
14	25.16	19.35	16.26	14.75	13.68	23.93	14.16	22.21	16.60	22.17	16.47	21.00	15.58	0.00			
15	21.81	17.45	12.55	14.27	14.69	21.50	21.92	27.66	18.67	24.65	15.61	26.60	22.98	15.65	0.00		
16	28.11	27.69	25.69	26.46	29.55	26.71	33.44	34.54	29.80	33.11	26.06	36.89	33.99	29.04	19.30	0.00	
17	25.15	21.75	19.23	18.54	20.57	23.03	21.97	25.32	21.88	25.91	18.61	27.25	22.22	15.13	13.29	15.72	0.00

1上石河组　2仰韶合并组　3庙底沟组　4马腾空组　5梁带村组　6寨头河组　7柳湾合并组　8阳山组　9小南庄组　10姜家梁组　11内阳垣组　12昙石山组　13甑皮岩组　14平洋组　15白庙Ⅱ组　16新店子组　17井沟子组

三、小　　结

　　上石河春秋墓地古代居民颅骨形态特征可以概括为：具有特圆颅型、高颅型和中颅型相结合的颅型，以楔形为主的颜型特点。形态学显示出上石河春秋墓地虢人应属于蒙古人种类别，体质特征与现代亚洲蒙古人种的南亚类型最为相似，其次为东亚类型。上石河组与各近现代对比组聚类结果显示，上石河虢人与华北汉族，尤其是西安汉族人在颅面等体质特征上有若干相似

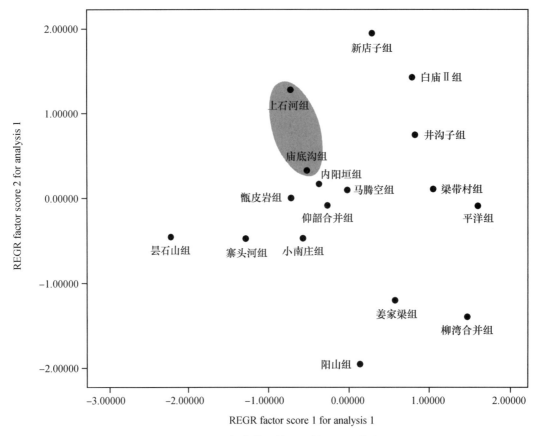

图四　上石河组与古代组第一、第二因子散点图

之处。在与古代组的对比中，上石河组与古中原类型的仰韶合并组、马腾空组、庙底沟组关系最近。

注　释

［1］　吴汝康，吴新智，张振标：《人体测量方法》，科学出版社，1984年，第14、15页。

［2］　朱泓：《体质人类学》，高等教育出版社，2004年，第123～132页。

［3］　刘庆柱：《三门峡——中国考古学史上的"圣地"》，《三门峡职业技术学院学报》2010年第2期。

［4］　王令红，孙凤嘈：《太原地区现代人头骨的研究》，《人类学学报》1988年第3期。

［5］　胡兴宇，肖洪文：《僰人颅骨的测量研究》，《解剖学杂志》1999年第4期。

［6］　青海省文物考古研究所，青海省文物管理处，西北大学文博学院：《民和核桃庄》，科学出版社，2004年，第281～320页。

［7］　崔静，古丽尼沙·克热木，巴哈古丽·尼亚孜：《新疆乌鲁木齐地区出土汉族颅骨的研究》，《新疆医科大学学报》1998年第4期。

［8］　侯侃：《山西榆次高校新校区明清墓葬人骨研究》，吉林大学硕士学位论文，2013年，第18～58页。

［9］　张敬雷，李法军，盛立双：《天津市蓟县桃花园墓地人骨研究》，《文物春秋》2008年第2期。

［10］ 韩康信：《沈阳郑家洼子的两具青铜时代人骨》，《考古学报》，1975年第1期。

［11］ 张怀瑶，党汝霖，王正耀：《湖南人颅骨常数及颅型的调查》，《解剖学杂志》1965年第4期。

［12］ 朱芳武，卢为善，雷一鸣：《广西壮族颅骨的测量与研究》，《人类学学报》1989年第2期。

［13］ 王令红：《香港地区现代人头骨的研究——性别和地区类型的判别分析》，《人类学学报》1989年第3期。

［14］ 韩康信，潘其风：《安阳殷墟中小墓人骨的研究》，中国社会科学院历史研究所，中国社会科学院考古研究所：《安阳殷墟头骨研究》，文物出版社，1985年，第50～81页。

［15］ 朱泓：《"僰人悬棺"颅骨的人种学分析》，《南方民族考古》（第一辑），1987年，第133～141页。

［16］ a. 考古研究所体质人类学组：《陕西华阴横阵的仰韶文化人骨》，《考古》1977年第4期；b. 颜訚，刘昌芝，顾玉珉：《宝鸡新石器时代人骨的研究报告》，《古脊椎动物与古人类》1960年第1期；c. 颜訚：《华县新石器时代人骨的研究》，《考古学报》1962年第2期。

［17］ 韩康信，潘其风：《陕县庙底沟二期文化墓葬人骨的研究》，《考古学报》1979年第2期。

［18］ 王一如：《陕西西安马腾空遗址东周时期墓葬出土人骨研究》，吉林大学博士学位论文，2019年，第115～145页。

［19］ 郑兰爽：《韩城梁带村芮国墓地出土人骨研究》，西北大学硕士学位论文，2012年，第12～26页。

［20］ 陕西省考古研究院，延安市文物研究所，黄陵县旅游文物局：《寨头河：陕西黄陵战国戎人墓地考古发掘报告》，上海古籍出版社，2018年，第182～211页。

［21］ 青海省文物管理处考古队，中国社会科学院考古研究所：《青海柳湾》，文物出版社，1984年，第261～303页。

［22］ 青海省文物考古研究所：《民和阳山》，文物出版社，1990年，第160～173页。

［23］ 侯侃：《山西榆次高校园区先秦墓葬人骨研究》，吉林大学博士学位论文，2017年，第172～235页。

［24］ 李法军：《河北阳原姜家梁新石器时代人骨研究》，科学出版社，2008年，第88、89页。

［25］ 贾莹：《山西浮山桥北及乡宁内阳垣先秦时期人骨研究》，文物出版社，2010年。

［26］ 韩康信，张振标，曾凡：《闽侯昙石山遗址的人骨》，《考古学报》1976年第1期。

［27］ 张银运，王令红，董兴仁：《广西桂林甑皮岩新石器时代遗址的人类头骨》，《古脊椎动物与古人类》1977年第1期。

［28］ 黑龙江省文物考古研究所：《平洋墓葬》，文物出版社，1990年，第187～235页。

［29］ 易振华：《河北宣化白庙墓地青铜时代居民的人种学研究》，《北方文物》1998年第4期。

［30］ 张全超：《内蒙古和林格尔县新店子墓地人骨研究》，科技出版社，2010年，第37～56页。

［31］ 朱泓，张全超：《内蒙古林西县井沟子遗址西区墓地人骨研究》，《人类学学报》2007年第2期。

［32］ a. 武松，潘发明：《SPSS统计分析大全》，清华大学出版社，2014年，第326～329页；b. 薛薇：《统计分析与SPSS的应用》（第5版），中国人民大学出版社，2017年，第129～134页。

河南义马上石河春秋墓地出土铜器的锈蚀产物分析

郑立超① 金 锐②

河南义马上石河春秋墓地出土了一批珍贵的青铜器，受其本身结构的不稳定性以及出土前后环境的巨大变化、馆藏环境等多种因素的影响，这批铜器出现了不同程度的锈蚀现象。为了更好地对铜器进行有效保护，我们对部分铜器的锈蚀产物进行了原位无损分析，为制定科学的保护方案和研究提供了基础资料。

一、样品和实验方法

（一）实验样品

检测样品为河南义马上石河春秋墓M29、M34和M35出土的铜器，包括礼器、兵器、车马器等，共计13件，器物具体信息详见发掘简报[1]。

（二）仪器与方法

（1）超景深显微镜观察

显微观察分析使用日本基恩士公司生产的VHX-5000型超景深三维显微系统，该设备实效像素1600（H）x 1200（V），镜头Z20R，放大倍率20~200倍。显微分析主要用于观察铜器锈蚀产物的形态与颜色等信息，放大50倍。对于表面起伏较大的区域，使用3D景深合成模式观察拍照。拍照后对观测区域使用带箭头的标签纸进行标示，供X荧光光谱分析和拉曼光谱分析。

（2）便携式X荧光光谱分析

成分分析使用美国Thermo Fisher Scientific生产的Niton XL3t 950型便携X荧光光谱仪。该设备最大管电压50kV，最大管电流200μA，最大输出功率2W，探测面积25mm²；标准分析范围：Mg~U。成分分析主要用于检测铜器锈蚀和本体成分。对标示的区域进行成分测试，测试

① 三门峡市文物考古研究所，河南　三门峡　472000。
② 河南大学历史文化学院，河南　开封　475001。

使用Mining模式，测试时长150s。

（3）便携式显微拉曼光谱分析

物质鉴定分析使用HORIBA Jobin Yvon公司生产的HORIBA HE便携式显微拉曼光谱仪，该设备光谱范围150-3300cm^{-1}，光谱分辨率3cm^{-1}。对标示区域的锈蚀进行物质鉴定，选用532nm激发光，物镜放大倍数为50倍。获得拉曼谱图后使用KnowItAll软件进行谱图解析。

二、结果与分析

（一）超景深显微观察分析

运用超景深显微镜对器物不同位置的锈蚀产物进行观察，结果见表一。

表一　超景深显微观察锈蚀形貌图

测试号	器物名称	出土编号	锈蚀产物图示（白色箭头为标示标签）	
1-1、1-2	铜戈	M35：8		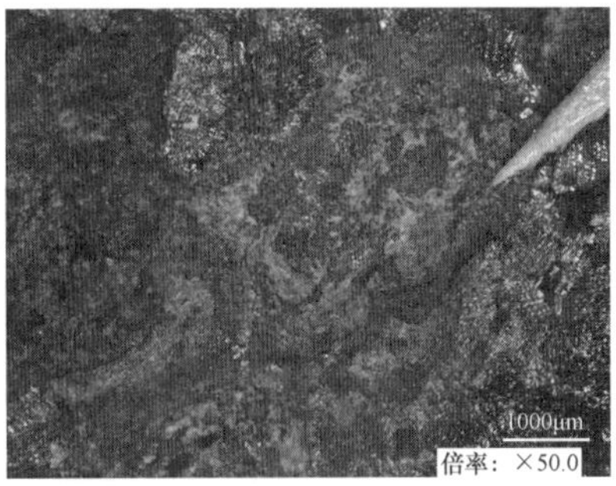
1-3、1-4	铜戈	M35：8		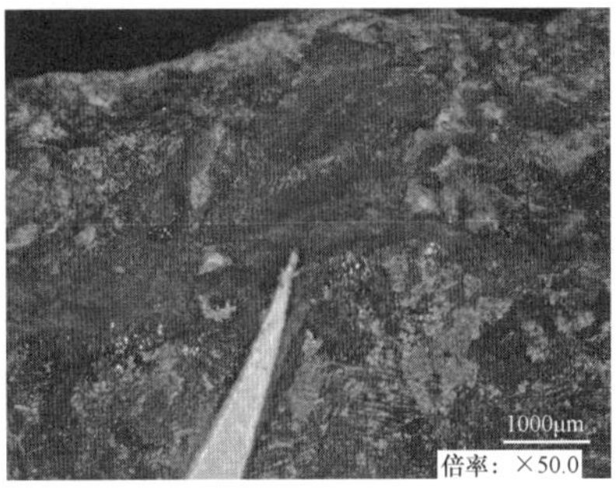

续表

测试号	器物名称	出土编号	锈蚀产物图示（白色箭头为标示标签）	
2-1、2-2	铜环	M29：4	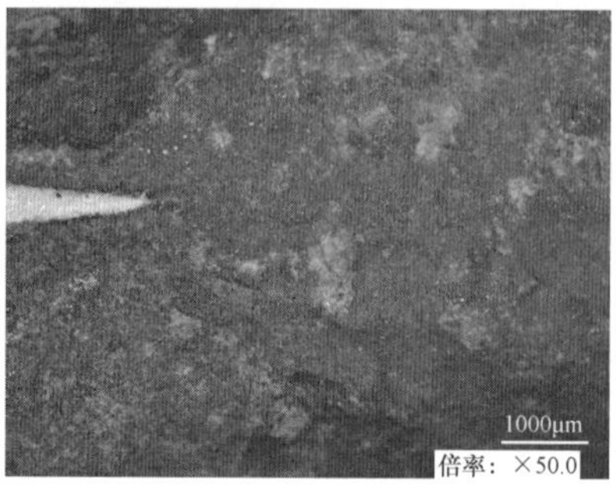	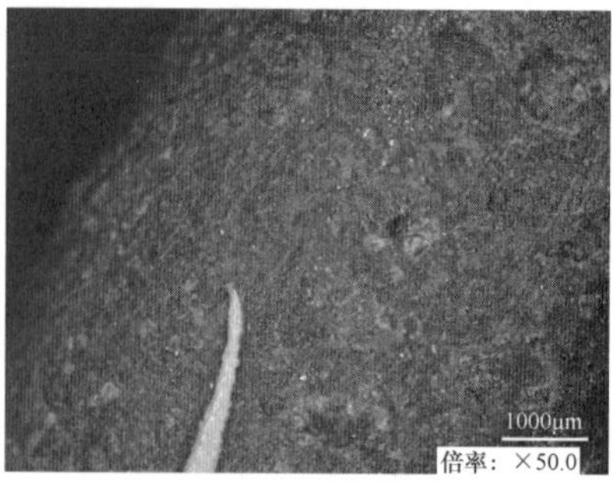
3-1、3-2	铜铃	M35：11	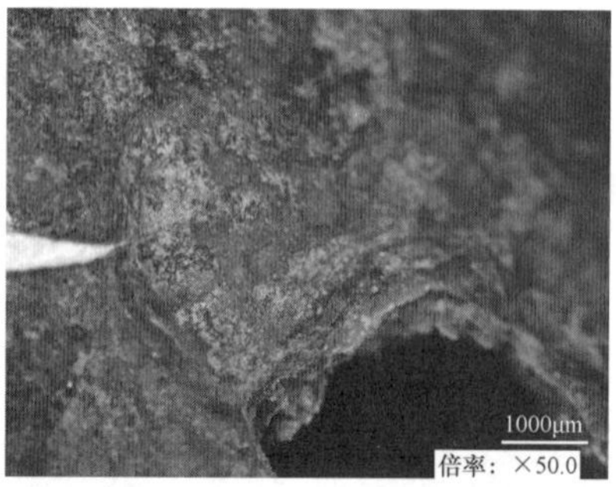	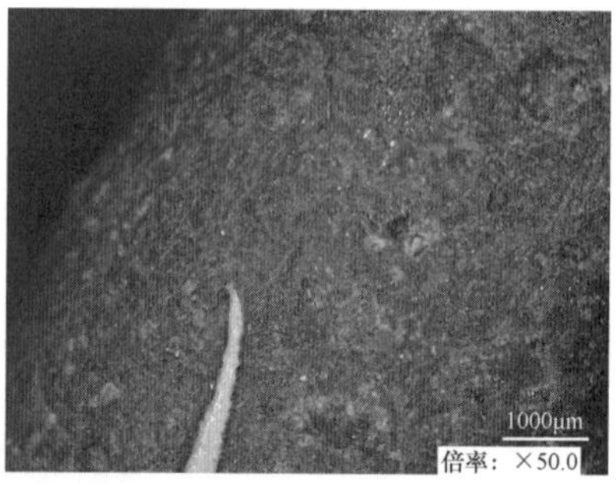
3-3、3-4	铜铃	M35：11	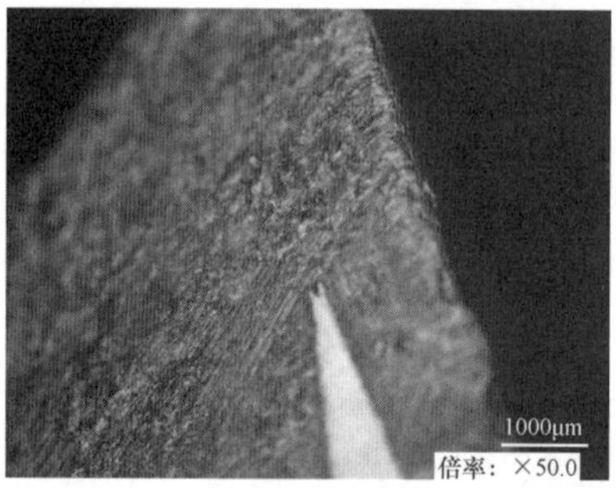	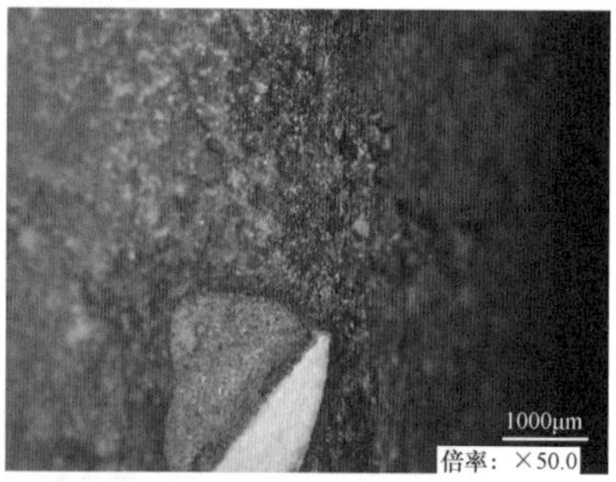
4-1、4-2	铜马衔	M35：10	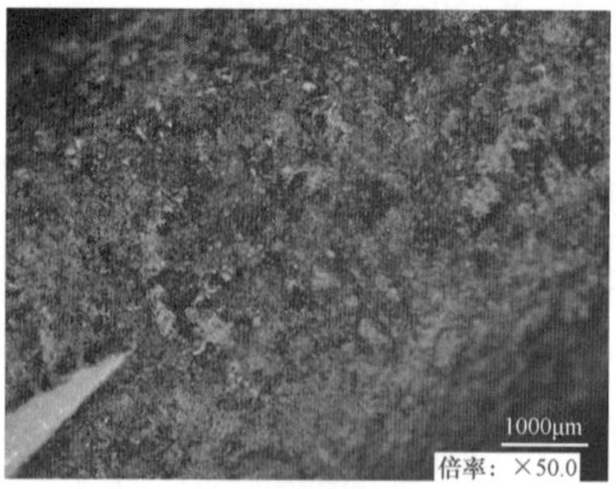	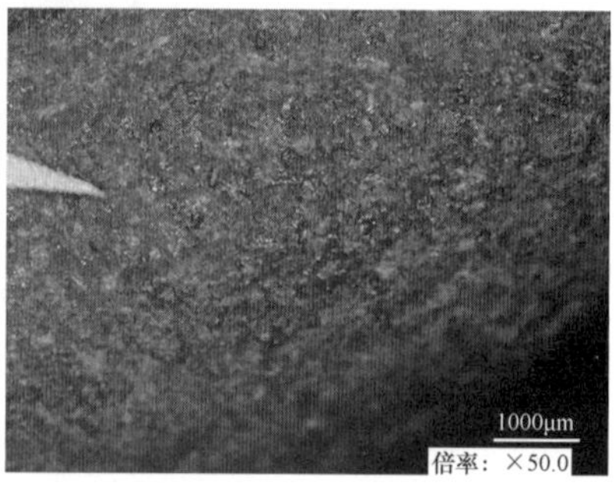

测试号	器物名称	出土编号	锈蚀产物图示（白色箭头为标示标签）		
5-1、5-2	铜马衔	M35：12			
6-1、6-2	铜辖首	M35：13			
7-1、7-2	铜辖首	M35：14			
8-1、8-2	簋盖	M29：4			

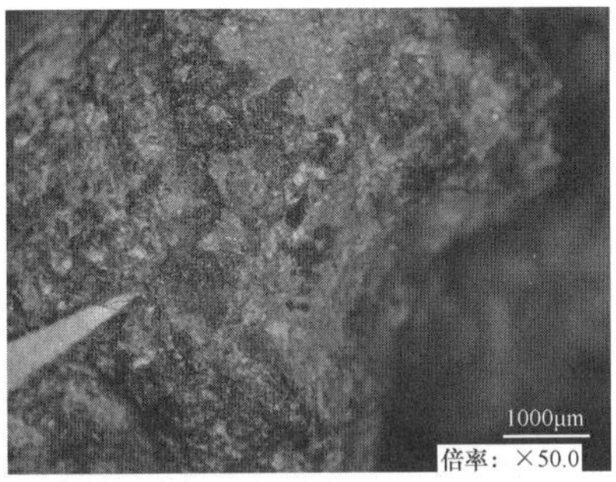

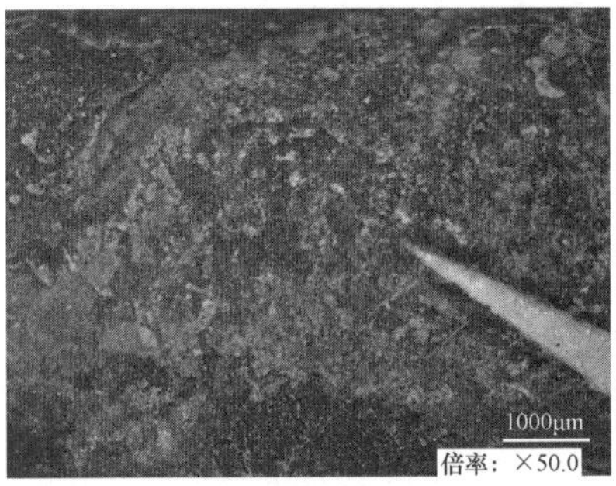

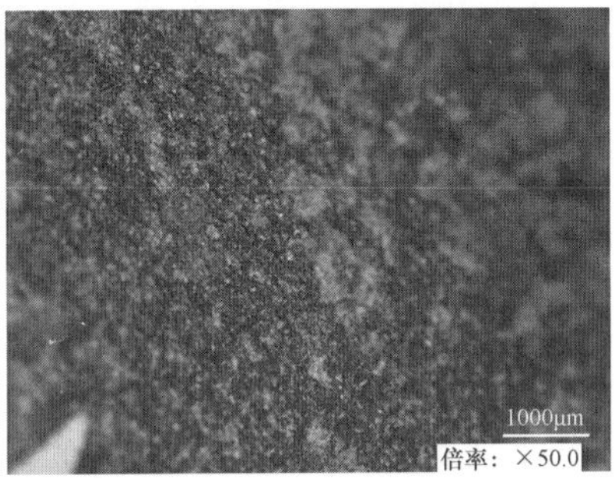

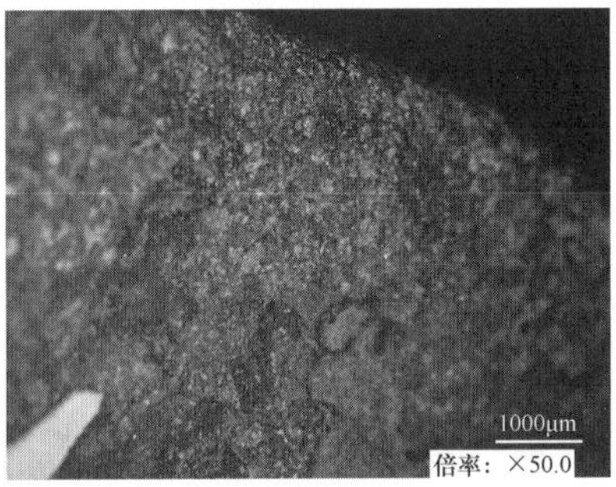

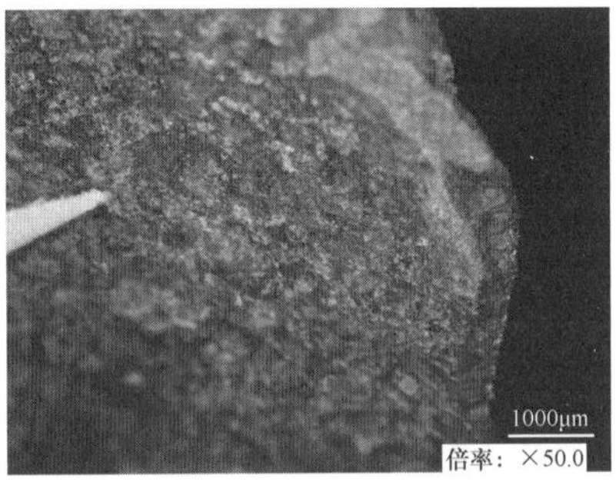

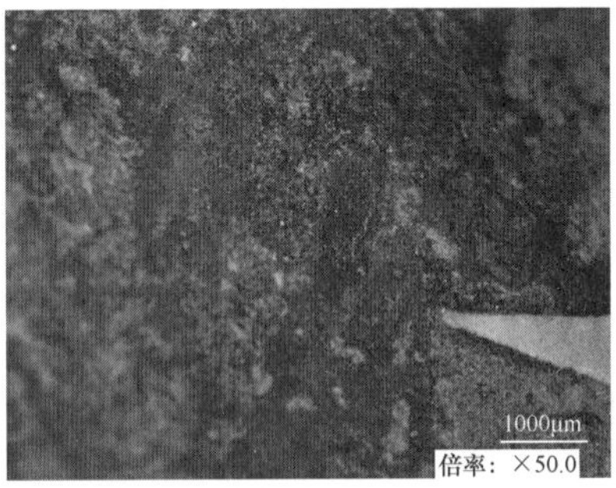

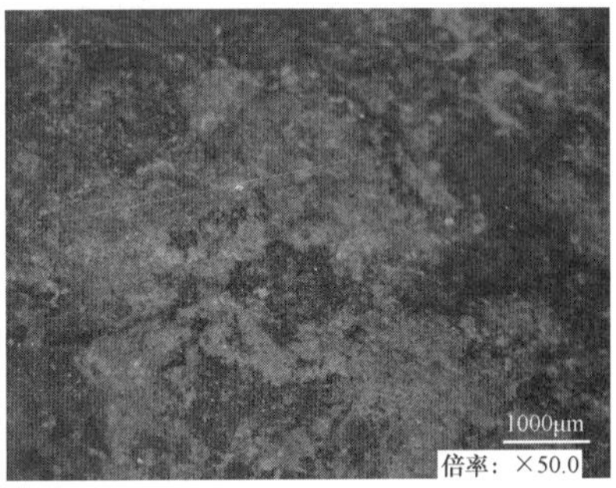

　　显微分析结果显示，这批铜器锈蚀产物特点类似，器表均发现红、绿、蓝、白四种颜色锈蚀，部分器物含有黄褐色锈蚀，多数锈蚀致密粗糙，堆积于器物表面，不同颜色的锈蚀常相互交叠在一起。从锈蚀层次结构看，红色锈蚀紧贴器表，位于其他锈蚀底层；绿色锈蚀叠压于红色锈蚀之上；部分蓝色锈蚀压于红色锈蚀之上，部分叠压于绿色锈蚀之上；白色锈蚀多发现于绿色、红色、蓝色锈蚀层上，呈白色、白绿色，且质地疏松，呈粉状。

（二）X荧光光谱分析

　　运用便携式X荧光光谱仪对铜器上不同颜色的锈蚀产物进行原位无损分析。由于铜器锈蚀严重，锈蚀产物组成复杂，而便携式X荧光光谱仪无法检测出Mg以前元素，光谱分析结果仅用于定性或半定量比较分析。本文选取主量元素进行归一化处理，结果见表二。

　　一般情况下，锈蚀产物的铜含量较本体偏低，铅锡含量较本体偏高。为相对准确地反映铜器本体的合金成分，取每件器物锈蚀产物的金属元素的平均含量作为判断标准，本文中以元素含量2%为限判断铜器的合金类型。其中，铜戈（M35∶8）、铜盘（M34∶3）、铜匜（M34∶12）可能为铜锡二元合金，其余器物为铜锡铅三元合金。

　　从元素含量区分大部分不同颜色锈蚀会呈现出一定的规律性：绿色、蓝色锈蚀产物Cu含量一般较高；红褐色锈蚀产物Cu偏低，Sn、Pb含量较高；灰褐色、灰黑色的漆古Sn含量非常高，Fe含量较其他锈蚀产物高；白色、白绿色锈蚀产物Pb、Sn含量高。铜鼎（M35∶6）黄褐色锈蚀Fe含量非常高，可能为铁的锈蚀产物。

表二　X荧光光谱原位无损分析结果（wt%）

测试号	器物名称	锈蚀颜色	出土编号	Cu	Sn	Pb	Fe
1-1	铜戈	蓝色	M35∶8	79.78	17.55	0.52	2.15
1-2	铜戈	绿色	M35∶8	62.28	35.05	1.73	0.94
1-5	铜戈	灰褐色漆古	M35∶8	53.78	42.12	1.71	2.38
2-1	铜环	红褐色	M29∶4	43.51	11.91	43.53	1.04
2-3	铜环	绿色	M29∶4	32.63	52.26	14.01	1.10
3-1	铜铃	白绿色	M35∶11	63.91	24.84	10.48	0.77
3-2	铜铃	红褐色	M35∶11	48.30	18.46	32.39	0.84
3-3	铜铃	绿色	M35∶11	56.84	29.87	11.43	1.86
4-1	铜马衔	蓝色	M35∶10	79.21	9.21	9.09	2.49
4-2	铜马衔	绿色	M35∶10	57.61	21.32	19.50	1.57
5-1	铜马衔	蓝色	M35∶12	47.78	10.35	39.30	2.57
5-2	铜马衔	绿色	M35∶12	70.69	9.85	15.67	3.79
6-1	铜辖首	绿色	M35∶13	67.76	22.47	8.21	1.55
6-2	铜辖首	黄褐色	M35∶13	64.30	18.25	15.43	2.02

续表

测试号	器物名称	锈蚀颜色	出土编号	Cu	Sn	Pb	Fe
6-3	铜辖首	蓝色	M35：13	65.51	21.72	11.34	1.43
7-1	铜辖首	绿色	M35：14	75.16	15.45	9.20	0.19
7-2	铜辖首	红褐色	M35：14	69.66	17.32	12.22	0.80
7-3	铜辖首	蓝色	M35：14	77.56	14.33	5.42	2.69
8-1	簠盖	黄褐色	M29：4	70.18	24.95	4.82	0.05
8-2	簠盖	白色	M29：4	53.01	10.42	36.10	0.47
8-3	簠盖	蓝色	M29：4	66.26	11.23	21.31	1.20
8-4	簠盖	红褐色	M29：4	76.36	14.67	8.90	0.08
9-1	铜盘	蓝色	M34：3	83.13	13.58	1.21	2.08
9-2	铜盘	绿色	M34：3	85.05	12.56	0.90	1.50
9-3	铜盘	灰黑色漆古	M34：3	51.12	40.36	3.02	5.49
10-1	铜鍑	灰褐色漆古	M35：3	49.34	21.74	28.52	0.40
10-2	铜鍑	蓝色	M35：3	87.60	6.50	3.15	2.75
10-3	铜鍑	绿色	M35：3	42.37	25.21	31.77	0.65
11-1	铜鼎	蓝色	M35：6	78.70	6.98	8.37	5.95
11-2	铜鼎	红褐色	M35：6	76.88	5.91	12.35	4.87
11-3	铜鼎	黄褐色	M35：6	63.72	9.77	12.42	14.10
12-1	铜匜	红褐色	M34：12	83.19	15.98	0.46	0.37
13-1	铜鼎	绿色	M34：1	71.75	11.01	16.52	0.72
13-2	铜鼎	红褐色	M34：1	57.81	12.81	27.15	2.23

（三）拉曼光谱分析

运用便携式显微拉曼光谱仪对不同器物上不同颜色的锈蚀产物进行原位无损的物质鉴定。谱图分析如下：

铜戈（M35：8）蓝色锈蚀产物7个拉曼特征峰（250.9、402.8、767.1、865.4、1097.8、1427.5、1580cm^{-1}）显示其为蓝铜矿〔Azurite，$2CuCO_3 \cdot Cu(OH)_2$〕（图一）。

铜戈（M35：8）绿色锈蚀产物拉曼特征峰（151.5、179.2、218.6、269.6、352.8、428.2、534.8、632.4、1057.3、1092.5cm^{-1}）显示其为孔雀石〔Malachite，$Cu_2CO_3(OH)_2$〕；余下特征峰（717.8、964.9、1361.8、1486.1cm^{-1}）显示其含有斜氯铜矿〔Botallackite，$CuCl(OH)_3$〕（图二）。

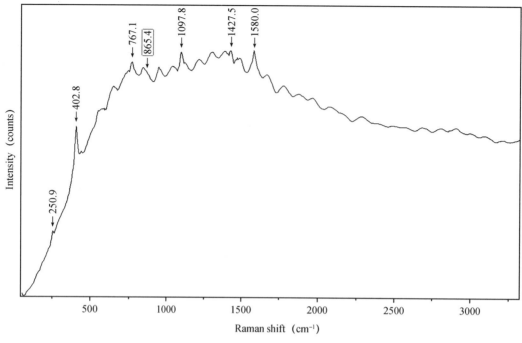

图一　铜戈蓝色锈蚀拉曼光谱图

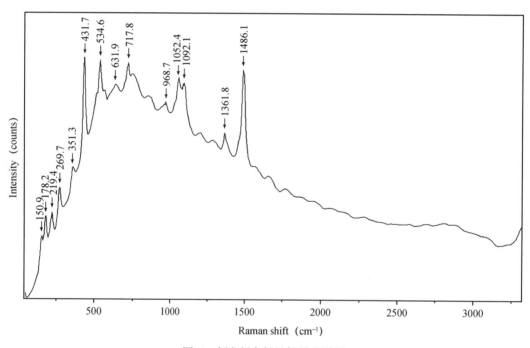

图二　铜戈绿色锈蚀拉曼光谱图

铜戈（M35∶8）绿色锈蚀产物拉曼特征峰（150.9、178.2、219.4、269.7、351.3、431.7、534.6、631.9、1052.4、1092.1cm^{-1}）显示其为孔雀石［Malachite，$Cu_2CO_3(OH)_2$］；余下特征峰（717.8、968.7、1361.8、1486.1 cm^{-1}）显示含有斜氯铜矿［Botallackite，$CuCl(OH)_3$］。

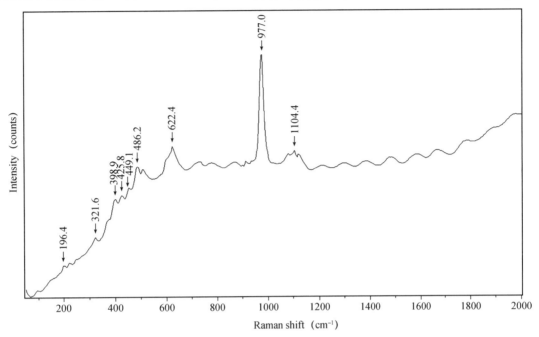

图三　铜戈白绿色锈蚀拉曼光谱图

铜戈（M35∶8）黄色锈蚀产物拉曼特征峰（152.3、218.8、637.6、976.1cm^{-1}）显示其为斜氯铜矿［Botallackite,$CuCl(OH)_3$］（图四）。

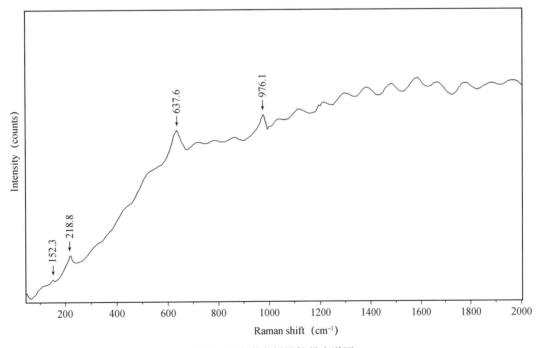

图四　铜戈黄色锈蚀拉曼光谱图

铜铃（M35：11）蓝色锈蚀产物拉曼特征峰（250.3、406.6、755.7、1100.8、1577.2cm^{-1}）显示其为蓝铜矿［Azurite，2CuCO$_3$·Cu（OH）$_2$］（图五）。

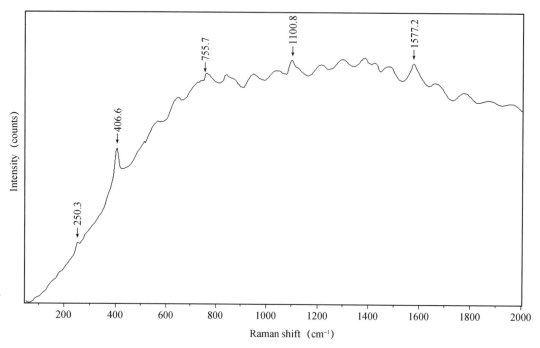

图五　铜铃蓝色锈蚀拉曼光谱图

铜马衔（M35：10）蓝色锈蚀产物拉曼特征峰（247、401.4、758.7、1097.4、1423.8、1577.2 cm^{-1}）显示其为蓝铜矿［Azurite，2CuCO$_3$·Cu（OH）$_2$］（图六）。

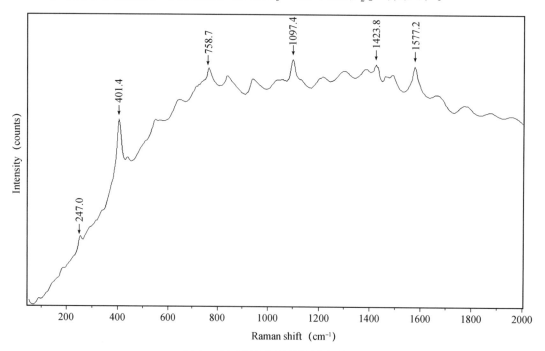

图六　铜马衔蓝色锈蚀拉曼光谱图

铜马衔（M35：10）绿色锈蚀产物拉曼特征峰（434.1、1055.4、1490.3cm⁻¹）显示其为斜氯铜矿［Botallackite, CuCl（OH）₃］（图七）。

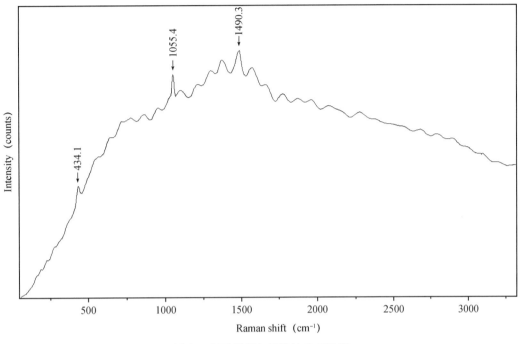

图七　铜马衔绿色锈蚀拉曼光谱图

铜辖首（M35：14）红褐色锈蚀产物拉曼特征峰（220.4、629.2cm⁻¹）显示其为赤铜矿［Cuprite, Cu₂O］（图八）。

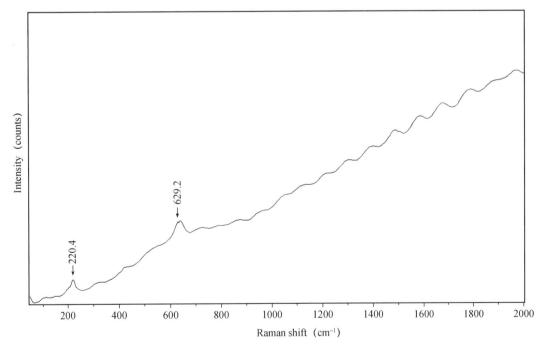

图八　铜辖首红褐色锈蚀拉曼光谱图

铜辖首（M35∶14）绿色锈蚀产物拉曼特征峰（124.5、147.4、367.6、517.2、973.3cm⁻¹）显示其为氯铜矿［Atacamite, $Cu_2Cl(OH)_3$］（图九）。

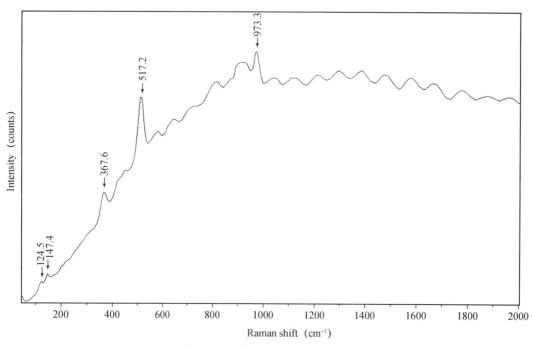

图九　铜辖首绿色锈蚀拉曼光谱图

簋盖（M29∶4）白色锈蚀产物拉曼特征峰（1054.8cm⁻¹）显示其为白铅矿［Cerussite, $PbCO_3$］（图一〇）。

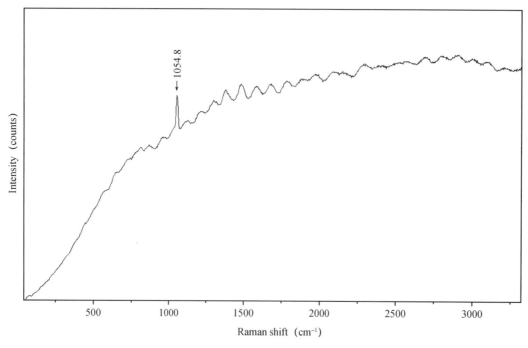

图一〇　簋盖白色锈蚀拉曼光谱图

篕盖（M29：4）内部白色锈蚀产物拉曼特征峰（1055.1cm^{-1}）显示其为白铅矿［Cerussite, PbCO$_3$］，余下特征峰（144.1、392.3、516.5、640.6cm^{-1}）显示其含有锐钛矿［Anatase, TiO$_2$］（图一一）。

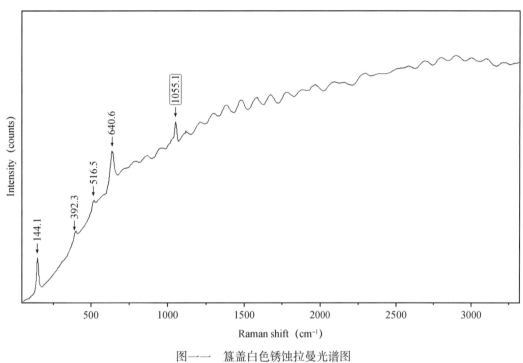

图一一　篕盖白色锈蚀拉曼光谱图

铜盘（M34：3）蓝色锈蚀产物拉曼特征峰（180、251.4、403.9、763.3、840.4、940.4、1092.7cm^{-1}）显示其为蓝铜矿［Azurite，2CuCO$_3$·Cu（OH）$_2$］（图一二）。

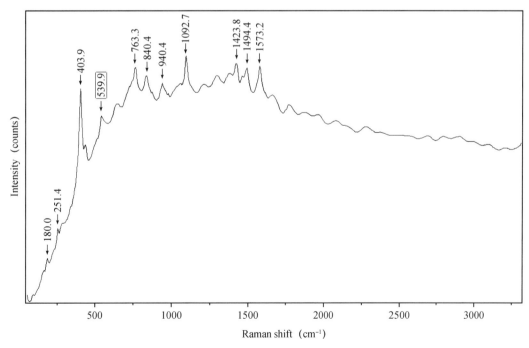

图一二　铜盘蓝色锈蚀拉曼光谱图

　　对不同青铜器不同颜色锈蚀产物的原位无损分析表明，一般蓝色锈蚀产物为蓝铜矿；绿色或白绿色锈蚀产物为孔雀石、斜氯铜矿、氯铜矿；红褐色锈蚀产物为赤铜矿；白色锈蚀产物为铅矾、白铅矿、锐钛矿。从锈蚀产物的产生过程看，铜在暴露于空气中或埋藏地下时，接触到氧气，形成红色的氧化亚铜（赤铜矿）或黑色的氧化铜，氧化亚铜在环境介质的作用下继续发生化学变化，与CO_2、O_2、H_2O反应可以形成孔雀石和蓝铜矿；铜在暴露于空气中或埋藏地下时，接触氯化物，可能生成氯化亚铜，氯化亚铜在环境介质的作用下，可能生成斜氯铜矿、氯铜矿；铜器表面铅的锈蚀物主要是由于铅在铜器表面偏析，与CO_2、SO_2、O_2、H_2O反应生成氧化铅、白铅矿、铅矾等；锐钛矿可能来自土壤。

　　研究表明[2]，青铜器表面腐蚀取决于很多因素，包括空气（氧、二氧化碳、臭氧、氮的氧化物、二氧化硫、三氧化硫、硫化氢等）的作用因素，金属本身成分，化学活性介质的种类、浓度、pH、温度等。每件铜器的成分、耐腐蚀能力、腐蚀环境不同，腐蚀状况和腐蚀程度也就各不相同。根据腐蚀产物对青铜器造成的危害，一般将青铜器的腐蚀产物分为有害锈和无害锈。无害锈指青铜器的氧化物、氢氧化物、硫化物和铜的大多数盐，如孔雀石、蓝铜矿、赤铜矿等，这类锈蚀一般质地较为致密，有些能够阻滞铜器加剧腐蚀，可予以保留。有害锈主要指氯化亚铜和碱式氯化铜等含氯锈蚀，这种锈蚀反应循环往复，直至器物不存，在保护中要彻底去除氯化物或严格控制保存环境，防止有害锈对文物造成不可逆的损害。本次分析的铜器中，铜戈（M35∶8）、铜马衔（M35∶10）、铜辖首（M35∶14）、铜盘（M34∶3）等4件铜器的锈蚀产物中有斜氯铜矿或氯铜矿，为有害锈蚀，应立即与其他青铜器隔离并进行严格除锈封护处理；其余铜器表面为无害锈，可保持锈蚀原貌。

三、结　语

　　对义马上石河春秋墓出土铜器的锈蚀产物分析表明：

　　（1）通过超景深显微观察锈蚀产物的颜色和形态，可以初步判断锈蚀产物的类型；

　　（2）通过便携X荧光光谱分析判断，铜戈（M35∶8）、铜盘（M34∶3）、铜匜（M34∶12）可能为铜锡二元合金，其余器物为铜锡铅三元合金；

　　（3）不同颜色的锈蚀产物的Cu、Sn、Pb含量呈现出一定的规律性；

　　（4）便携显微拉曼光谱分析显示，这批铜器主要锈蚀产物有蓝铜矿、孔雀石、斜氯铜矿、氯铜矿、赤铜矿、铅矾、白铅矿、锐钛矿；

　　（5）铜戈（M35∶8）、铜马衔（M35∶10）、铜辖首（M35∶14）、铜盘（M34∶3）锈蚀产物中含有害锈，亟需进行科学严格的除锈保护。

注　释

［ 1 ］　三门峡市文物考古研究所，义马市文物保护管理所：《河南义马上石河春秋墓发掘简报》，《中原文物》
　　　　2019年第4期。

［ 2 ］　中国文化遗产研究院：《中国文物保护与修复技术》，科学出版社，2009年，第365～384页。

编 后 记

《义马上石河春秋墓》考古发掘报告终于付梓了，这是三门峡地区继《三门峡虢国墓》之后的又一部专门研究三门峡虢国墓葬文化的考古发掘成果学术报告。

从墓地田野发掘至报告的完成，得到了河南省文物局、河南省文物考古研究院、三门峡市文化广电和旅游局、义马市文化广电旅游和新闻出版局等单位和部门的大力协助和支持。在2017～2018年田野发掘期间，河南省文物局文物处副处长何军峰，河南省文物考古研究院研究员马俊才和胡永庆、副研究员梁法伟，三门峡市文化广电和旅游局副局长宁会振，义马市文化广电旅游和新闻出版局局长李纪从等专家领导多次亲临发掘现场指导工作，在此深表感谢。

郑立超为本报告的主编，全面负责报告的编写、统稿与定稿工作，燕飞、杨海青、高鹏为本报告的副主编。

报告各章节撰写的具体分工如下：

第一章：杨海青、高鹏

第二章：郑立超、燕飞、杨海青

第三章：燕飞、杨海青

第四章：郑立超、杨海青、燕飞

第五章：燕飞、郑立超、杨海青

本报告田野绘图的主要完成者为三门峡市文物考古研究所杨海青、燕飞、高鸣，灵宝市文物保护管理所韩红波，西北师范大学历史文化学院研究生李永涛和彭宇等。室内绘图的完成者为三门峡市文物考古研究所张雪娇和河南省文物考古研究院技工陈英。所有墨拓的完成者为张雪娇和陈英。田野摄影与录像的完成者为杨海青、燕飞和高鸣。室内摄影的完成者为郑州市文物局王羿和梁立俊。在报告整理编写的过程中，义马市文物管理所张欲晓也付出了长期的辛劳。

值此《义马上石河春秋墓》考古报告付梓之际，谨向关注、参与并给予本项目指导、支持和帮助的所有单位及个人表示最崇高的感谢与深深的谢意。

本报告在编写过程中，由于我们水平有限，认识和研究尚显肤浅，疏漏在所难免，敬请专家、学者及广大读者批评指正。

编者于2023年

义马上石河墓地远眺（东→西）

义马上石河墓地东北区鸟瞰

1. M18形制结构（东→西）

2. M22形制结构（东→西）

上石河墓地墓葬形制与结构（M18、M22）

1. M23形制结构（东→西）

2. M29形制结构（东→西）

上石河墓地墓葬形制与结构（M23、M29）

1.M33形制结构（西→东）

2.M34形制结构（东→西）

上石河墓地墓葬形制与结构（M33、M34）

1. M35形制结构（东→西）

2. M48形制结构（东→西）

上石河墓地墓葬形制与结构（M35、M48）

1. M66形制结构（西→东）

2. M67形制结构（东→西）

上石河墓地墓葬形制与结构（M66、M67）

1. M77形制结构（东→西）

2. M82形制结构（东→西）

上石河墓地墓葬形制与结构（M77、M82）

1. M86形制结构（东→西）

2. M92形制结构（北→南）

上石河墓地墓葬形制与结构（M86、M92）

1. M93形制结构（东→西）

2. M94形制结构（上→下）

上石河墓地墓葬形制与结构（M93、M94）

1. M111形制结构（南→北）

2. M115形制结构（南→北）

上石河墓地墓葬形制与结构（M111、M115）

1. MK4形制结构（南→北）

2. MK7形制结构（东→西）

上石河墓地马坑形制与结构（MK4、MK7）

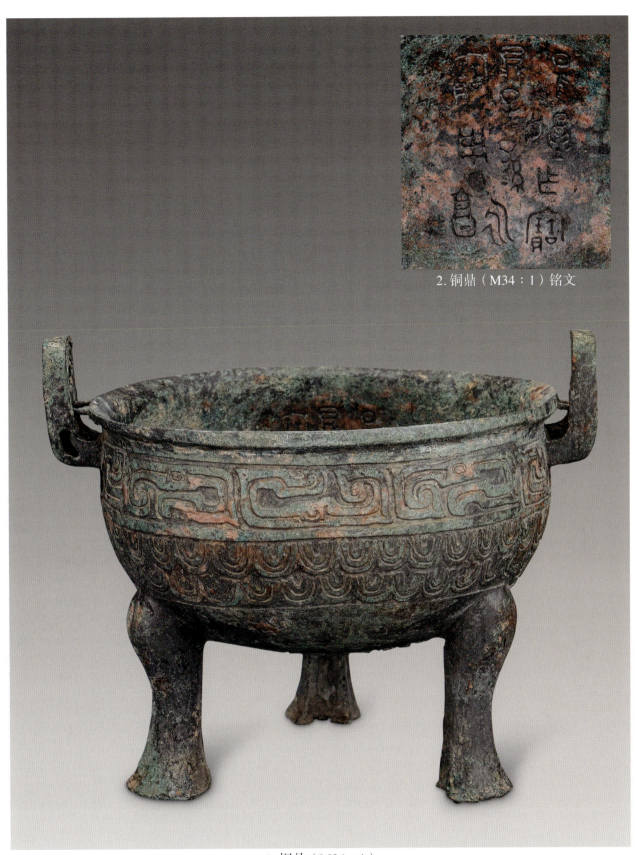

2. 铜鼎（M34：1）铭文

1. 铜鼎（M34：1）

M34出土铜鼎

1. 铜鼎（M35：6）

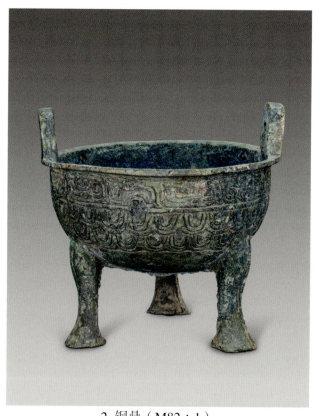

2. 铜鼎（M82：1）

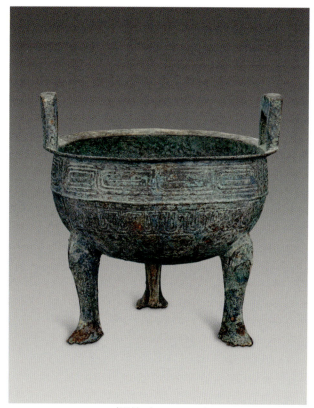

3. 铜鼎（M86：6）

4. 铜鼎（M86：5）

M35、M82、M86出土铜鼎

2. 铜鼎（M93：1）铭文

1. 铜鼎（M93：1）

M93出土铜鼎

1. 铜鼎（M93：7）

2. 铜鼎（M94：4）

3. 铜方壶（M93：29）

4. 铜方壶（M93：32）

M93、M94出土铜礼器

1. 铜簋（M82：5）

2. 铜簋（M82：3）

3. 铜盨（M22：6）

4. 铜盨（M22：4）

M22、M82出土铜器

1.铜匜（M34∶2）

2.铜匜（M82∶8）

3.铜簋盖（M29∶4）

4.铜盘（M82∶4）

M29、M34、M82出土铜器

1. 铜鍑（M35∶3）

2. 铜铲（M18∶8）

3. 铜三角形饰（M93∶45）

4. 铜镞（M18∶2-1、2-2）

5. 铜铃（M93∶16）

6. 铜小腰（M18∶3-1、3-2）

M18、M35、M93出土铜器

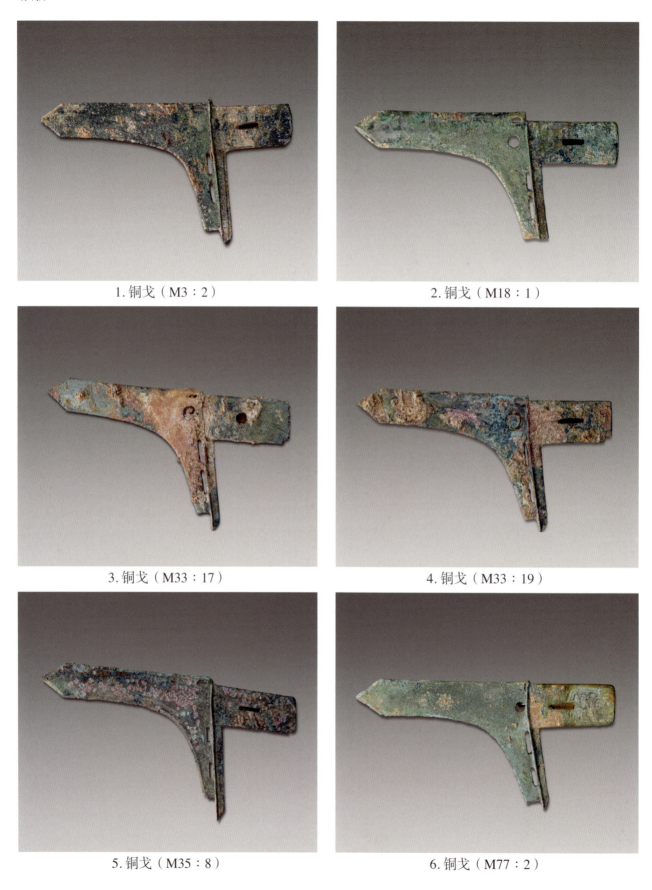

1. 铜戈（M3：2）

2. 铜戈（M18：1）

3. 铜戈（M33：17）

4. 铜戈（M33：19）

5. 铜戈（M35：8）

6. 铜戈（M77：2）

M3、M18、M33、M35、M77出土铜戈

1. 铜辖首（M35：14）

2. 铜辖首（M93：51）

3. 铜带扣（M93：23）

4. 铜带扣（M93：22）

5. 铜辖（M93：25、26）

6. 铜衔镳（M93：41-1～41-3）

M35、M93出土铜车马器

1.陶鬲（M12：1）

2.陶鬲（M22：7）

3.陶鬲（M55：1）

4.陶鬲（M58：1）

M12、M22、M55、M58出土陶鬲

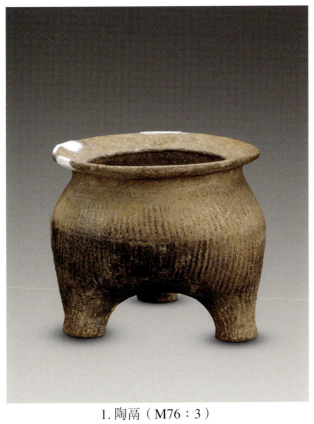

1.陶鬲（M76：3）

2.陶鬲（M115：2）

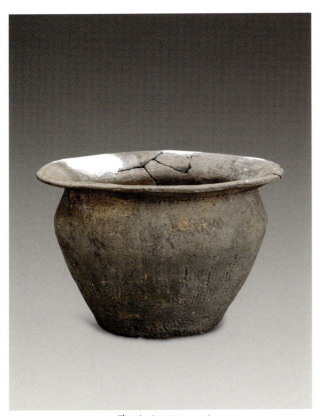

3.陶盂（M76：1）

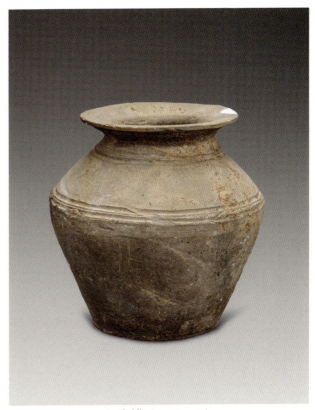

4.陶罐（M92：3）

M76、M92、M115出土陶器

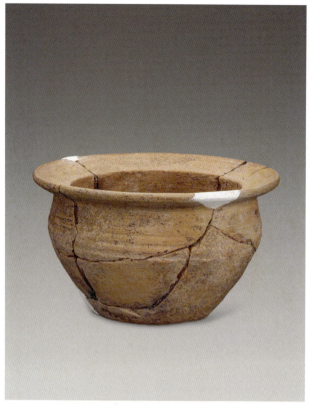

1. 陶盂（M115：1）

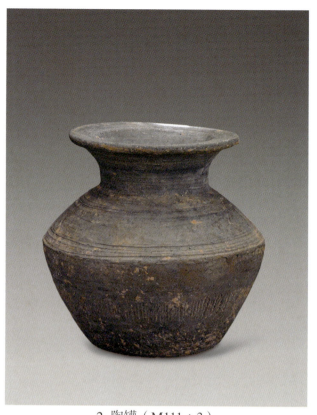

2. 陶罐（M111：3）

3. 陶盂（M116：3）

4. 陶罐（M116：2）

M111、M115、M116出土陶器

1.玉佩、玛瑙珠组合项饰（M22：9）

2.玉璜、管与玛瑙珠组合佩饰（M33：24）

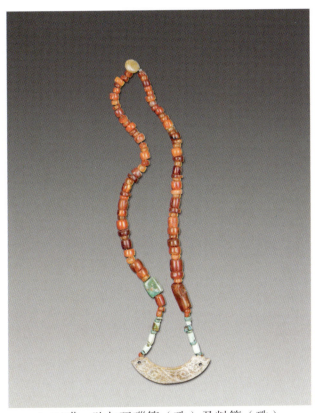

3.玉璜、坠与玛瑙管（珠）及料管（珠）
组合佩饰（M34：9）

4.玛瑙管与珠组合项饰（M47：1）

M22、M33、M34、M47出土玉佩饰

1.玛瑙腕饰（M94：12）

2.玉环（M94：11）

3.玉璧（M43：4）

4.鸟形玉佩（M33：25）

M33、M43、M94出土玉器

1. 兽面纹玉佩（M47：2）

2. 兽面纹玉佩（M86：7）

3. 兽面形玉佩（M5：3）

4. 玉玦（M23：9）

5. 玉玦（M33：21）

6. 玉玦（M33：22）

M5、M23、M33、M47、M86出土玉器

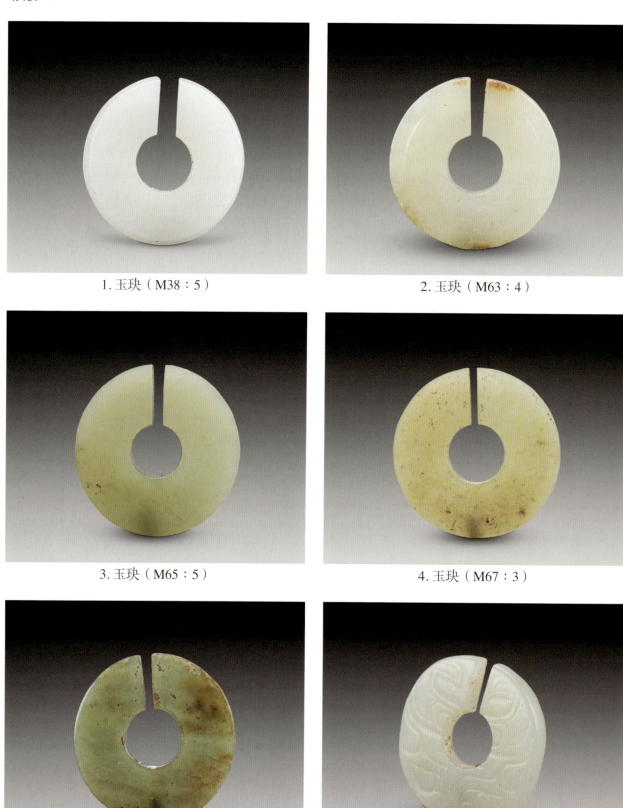

1. 玉玦（M38：5）

2. 玉玦（M63：4）

3. 玉玦（M65：5）

4. 玉玦（M67：3）

5. 玉玦（M67：4）

6. 玉玦（M82：11）

M38、M63、M65、M67、M82出土玉玦

1. 玉玦（M82：12）

2. 玉玦（M86：11）

3. 玉玦（M93：54）

4. 玉玦（M93：55）

5. 玉口玲（M93：56）

6. 玉玦（M94：9）

M82、M86、M93、M94出土玉玦

1. 玉玦（M94：10）

2. 玉口琀（M94：13）

3. 玉玦（M107：2）

4. 玉玦（M109：2）

5. 石璧（M2：2）

6. 石玦（M99：1、2）

M2、M94、M99、M107、M109出土玉石器

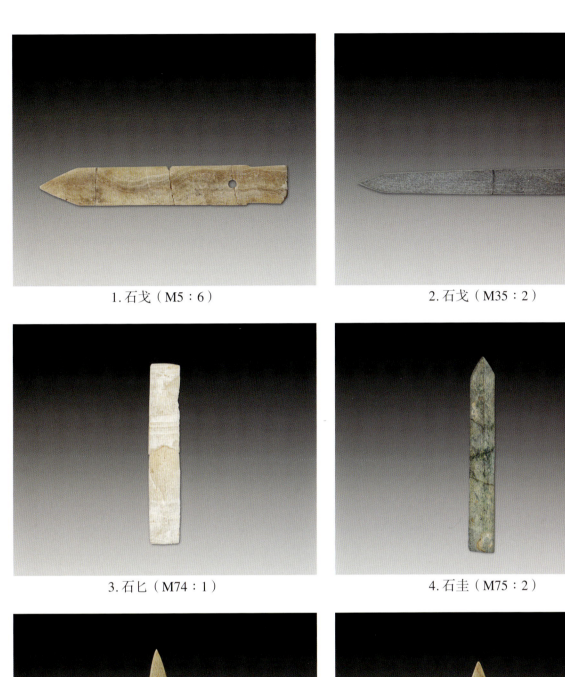

1.石戈（M5：6）

2.石戈（M35：2）

3.石匕（M74：1）

4.石圭（M75：2）

5.骨圭（M51：3-1）

6.骨圭（M51：3-2）

M5、M35、M51、M74、M75出土石器、骨器

1. 骨小腰（M48∶4）

2. 骨管（M93∶18）

3. 龙纹蚌佩（M2∶9）

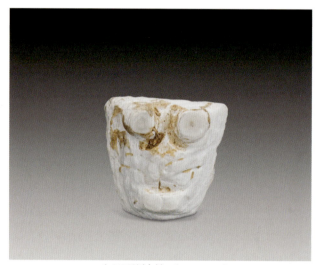

4. 牛面形蚌饰（M2∶4）

5. 蚌圭（M55∶2）

6. 蚌匕（M113∶1）

M2、M48、M55、M93、M113出土骨蚌器

1. 石戈（M2：8）

2. 石贝（M2：17）

3. 玉残饰（M5：4）

4. 石戈（M4：1）

M2、M4、M5出土玉石器

1. 玉玦（M7：2、3）

2. 石戈（M7：1）

3. 石圭（M10：4）

4. 玉玦（M12：3、4）

5. 石戈（M12：2）

M7、M10、M12出土玉石器

1.石戈（M15：1）

2.玉玦玲（M18：9）

3.玉玦（M22：10）

4.玉玦玲（M22：11-1～11-3）

M15、M18、M22出土玉石器

1. 石戈（M23∶1）

2. 玉玦（M23∶10）

3. 石贝（M23∶7）

4. 玉玦（M26∶1、2）

M23、M26出土玉石器

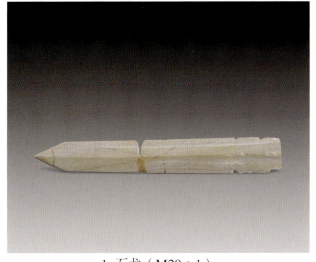

1. 石戈（M29：1）

2. 长方形玉佩（M34：10）

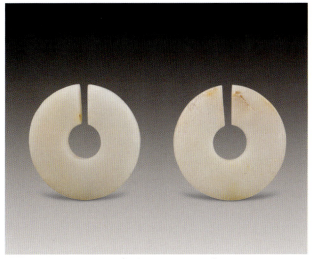

3. 玉玦（M34：6、7）

4. 玉口琀（M34：8-1～8-9）

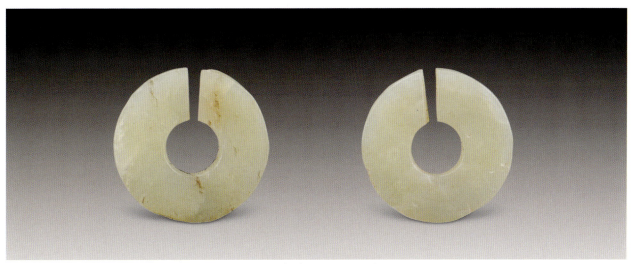

5. 玉玦（M37：1、2）

M29、M34、M37出土玉石器

1. 玉口琀（M37：3-1～3-4）

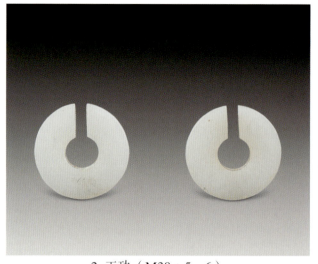

2. 玉玦（M38：5、6）

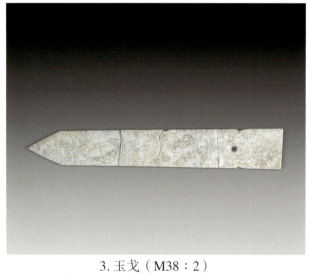

3. 玉戈（M38：2）

4. 石匕（M38：3）

5. 石贝（M38：1）

6. 玉玦（M39：2、3）

M37、M38、M39出土玉石器

1. 石戈（M39：1）

2. 玉玦（M40：1）

3. 石玦（M41：1）

4. 玉戈（M43：6）

M39、M40、M41、M43出土玉石器

1.玉口玲（M43：8-1～8-3）

2.石匕（M43：5）

3.玉玦（M46：2、5）

4.玉玦（M47：3、4）

M43、M46、M47出土玉石器

1.石戈（M48：3）

2.玉玦（M49：1、2）

3.玉玦（M51：1、2）

4.水晶口琀（M51：4-1、4-2）

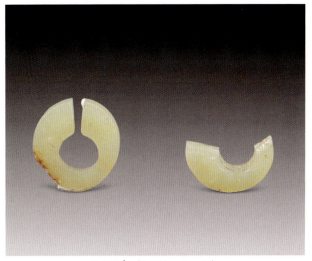

5.玉玦（M54：2、3）

M48、M49、M51、M54出土玉石器与水晶器

1. 石玦（M55：3）

2. 玉口琀（M61：2）

3. 玉玦（M62：4、5）

4. 玉玦（M63：4、5）

5. 玉口琀（M63：6-1）

6. 玉口琀（M63：6-2）

M55、M61、M62、M63出土玉石器

1. 石戈（M63：1）

2. 玉玦（M66：11、12）

3. 玉玦（M67：3、4）

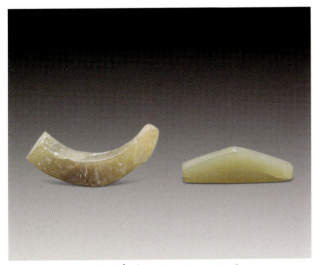

4. 玉口琀（M67：5-2、5-1）

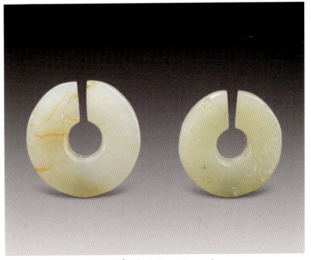

5. 玉玦（M68：6、4）

M63、M66、M67、M68出土玉石器

1.玉口琀（M68：5-3、5-1、5-2）

2.玉玦（M69：1、2）

3.玉玦（M70：2、3）

4.玉口琀（M73：4-1）

5.玛瑙口琀（M73：4-2）

6.石贝（M74：3）

M68、M69、M70、M73、M74出土玉石器

1. 玉玦（M76：4、5）

2. 石戈（M77：1）

3. 玉玦（M78：1）

4. 石刀（M79：1）

M76、M77、M78、M79出土玉石器

1. 玉玦（M82：11、12）

2. 玉口琀（M82：13-1、13-2）

3. 玉玦（M83：1、2）

4. 玉玦（M86：10、11）

5. 玉管（M86：8）

M82、M83、M86出土玉器

1. 玉口琀（M86：9）

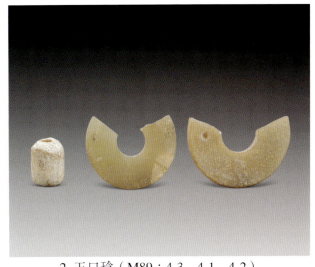

2. 玉口琀（M89：4-3、4-1、4-2）

3. 玉玦（M90：1、2）

4. 绿松石饰（M91：2、3）

5. 石戈（M93：46）

M86、M89、M90、M91、M93出土玉石器

1. 蚌圭（M6：2）

2. 蚌圭（M80：1）

3. 骨圭（M16：1）

4. 骨圭（M27：1）

5. 骨镳（M29：6-1、6-2）

6. 骨戈（M31：1）

M6、M16、M27、M29、M31、M80出土骨蚌器

1.海贝（M10：1）

2.骨小腰（M93：36）

3.蚌管（M94：2-1～2-3）

4.L形骨饰（M93：19）

5.玉口琀（M114：1）

M10、M93、M94、M114出土骨蚌器与玉器

1. 铜矛（MK1：1）

2. 蚌小腰（MK1：3、2）

3. 铜带扣（MK2：1）

4. 铜带扣（MK2：2）

5. 铜衔（MK4：1、5）

6. 铜铃（MK4：3）

MK1、MK2、MK4出土铜器与蚌器

1. 铜络饰（MK4：4-1～4-4）

2. 骨镳（MK4：6-1）

3. 铜环（MK5：2）

4. 铜环（MK5：3）

5. 铜矛（MK5：4）

MK4、MK5出土铜器与骨器

1.铜軎（MK7∶1）

2.铜铃（MK7∶2）

3.铜軎（MK8∶1）

4.铜辖（MK8∶2）

MK7、MK8出土铜车马器

2. M3形制结构（南→北）

4. M10形制结构（东→西）

1. M2形制结构（东→西）

3. M7形制结构（东→西）

上石河墓地墓葬形制与结构（M2、M3、M7、M10）

图版二

2. M21形制结构（西→东）

4. M27形制结构（东→南）

1. M12形制结构（东→西）

3. M26形制结构（北→南）

上石河墓地墓葬形制与结构（M12、M21、M26、M27）

2. M31形制结构（东→西）

4. M37形制结构（东→西）

1. M30形制结构（南→北）

3. M32形制结构（东→西）

上石河墓地墓葬形制与结构（M30、M31、M32、M37）

图版四

2. M41形制结构（南→北）

1. M40形制结构（东→西）

3. M44形制结构（北→南）

4. M45形制结构（南→北）

上石河墓地墓葬形制与结构（M40、M41、M44、M45）

2. M49形制结构（东→西）

4. M55形制结构（西→东）

1. M47形制结构（北→南）

3. M51形制结构（东→西）

上石河墓地墓葬形制与结构（M47、M49、M51、M55）

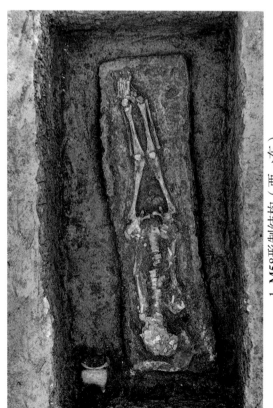

2. M59形制结构（北→南）

4. M63形制结构（东→西）

1. M58形制结构（西→东）

3. M61形制结构（南→北）

上石河墓地墓葬形制与结构（M58、M59、M61、M63）

2. M68形制结构（东→西）

4. M73形制结构（北→南）

1. M65形制结构（西→东）

3. M70形制结构（南→北）

上石河墓地墓葬形制与结构（M65、M68、M70、M73）

2. M75形制结构（东→西）

1. M74形制结构（西→东）

4. M78形制结构（北→南）

3. M76形制结构（南→北）

上石河墓地葬形制与结构（M74、M75、M76、M78）

2. M84形制结构（东→西）

1. M83形制结构（东→西）

4. M89形制结构（南→北）

3. M85形制结构（南→北）

上石河墓地墓葬形制与结构（M83、M84、M85、M89）

图版一〇

2. M99形制结构（南→北）

4. M102形制结构（南→北）

1. M95形制结构（南→北）

3. M100形制结构（南→北）

上石河墓地墓葬形制与结构（M95、M99、M100、M102）

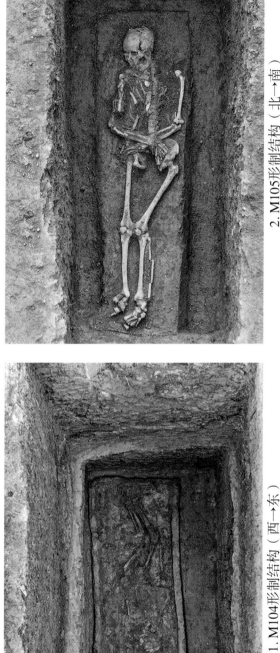

2. M105形制结构（北→南）

4. M108形制结构（南→北）

1. M104形制结构（西→东）

3. M107形制结构（东→西）

上石河墓地墓葬形制与结构（M104、M105、M107、M108）

图版一二

1. M110形制结构（上→下）

2. M112形制结构（南→北）

3. M114形制结构（北→南）

4. M116形制结构（南→北）

上石河墓地墓葬形制与结构（M110、M112、M114、M116）

2. MK2形制结构（东→西）

4. MK6形制结构（西→东）

1. MK1形制结构（西→东）

3. MK5形制结构（东→西）

上石河墓地马坑形制与结构（MK1、MK2、MK5、MK6）

1. 铜衔（M2：11-1）

2. 铜合页（M2：12、13、14）

3. 铜铃（M2：16）

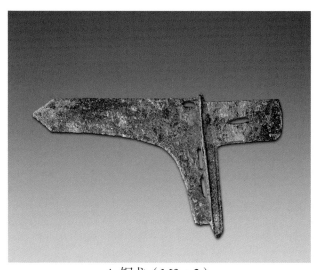

4. 铜戈（M3：2）

5. 铜衔（M3：4-1、3-1）

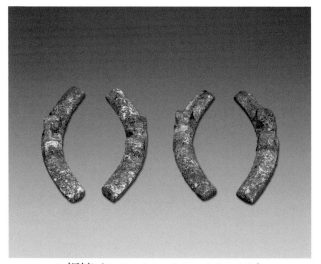

6. 铜镳（M3：3-2、3-3、4-2、4-3）

M2、M3出土铜器

1.铜鼎（M10：6）

2.铜鼎（M17：1）

3.铜鼎（M18：7）

4.铜铲（M18：8）

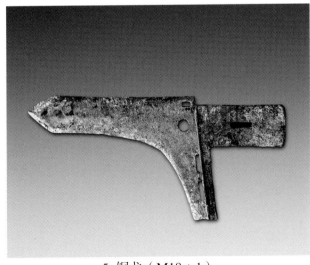

5.铜戈（M18：1）

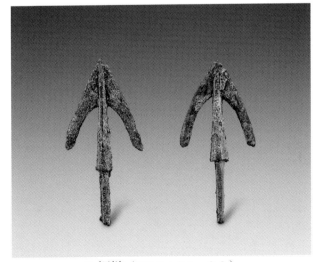

6.铜镞（M18：2-1、2-2）

M10、M17、M18出土铜器

1. 铜铃（M18：4）

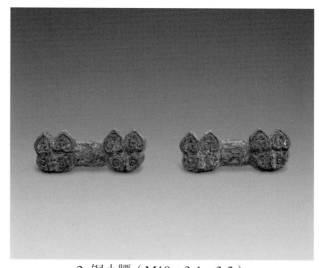

2. 铜小腰（M18：3-1、3-2）

3. 铜盨（M22：6）

4. 铜盨（M22：4）

5. 铜鱼（M22：3-1～3-3）

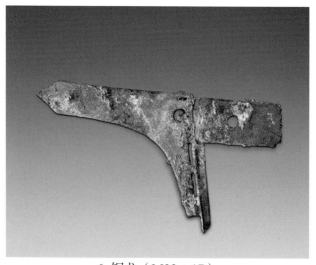

6. 铜戈（M33：17）

M18、M22、M33出土铜器

1. 铜鼎（M23：5）

2. 铜簋（M23：3）

3. 铜盘（M23：4）

4. 铜盉（M23：6）

5. 铜簋盖（M29：4）

6. 铜环（M29：5）

M23、M29出土铜器

1. 铜盾钖（M33：4）

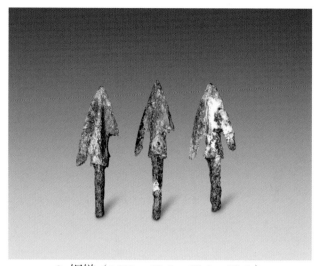

2. 铜镞（M33：18-3、18-2、18-1）

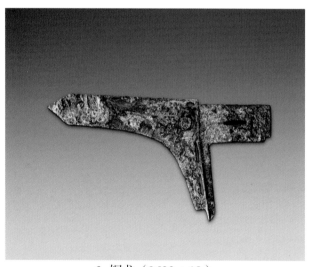

3. 铜戈（M33：19）

4. 铜衔（M33：5、15）

5. 铜刻刀（M33：13-1、13-2）

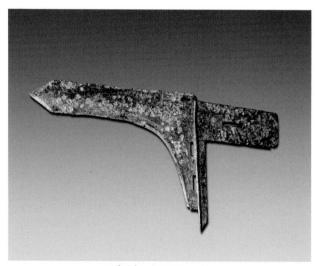

6. 铜戈（M35：8）

M33、M35出土铜器

1. 铜鼎（M34：1）

2. 铜鼎（M34：1）铭文

3. 铜盘（M34：3）

4. 铜匜（M34：2）

5. 铜鍑（M35：3）

6. 铜鼎（M35：6）

M34、M35出土铜器

1. 铜辖首（M35：13）

2. 铜辖首（M35：14）

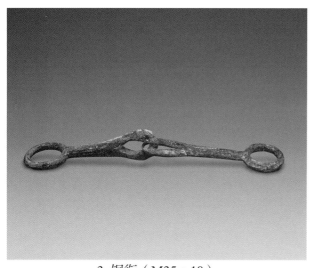

3. 铜衔（M35：10）

4. 铜铃（M35：11）

5. 铜鼎（M48：1）

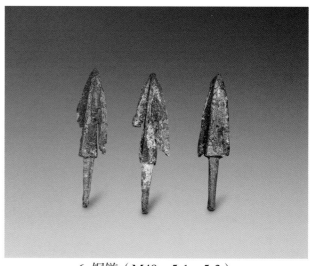

6. 铜镞（M48：5-1～5-3）

M35、M48出土铜器

1. 铜辖（M48：2-1、2-2）

2. 铜镞（M54：1）

3. 铜鼎（M66：10）

4. 铜簋（M66：6）

5. 铜簋（M66：7）

6. 铜盘（M66：8）

M48、M54、M66出土铜器

1.铜镞（M66：2-3、2-1、2-2）

2.铜镞（M66：3-1）

3.铜盉（M66：9）

4.铜盘（M67：2）

5.铜盉（M67：1）

6.铜鼎（M77：3）

M66、M67、M77出土铜器

1. 铜盘（M77：4）

2. 铜簋（M77：5）

3. 铜盉（M77：6）

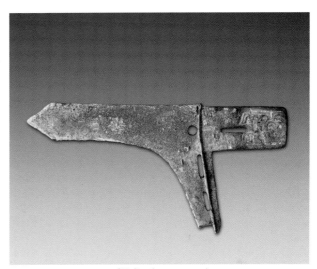

4. 铜戈（M77：2）

5. 铜鼎（M82：1）

6. 铜鼎（M82：10）

M77、M82出土铜器

1. 铜簋（M82：3）

2. 铜簋（M82：5）

3. 铜簋（M82：9）

4. 铜盘（M82：4）

5. 铜盘（M82：7）

6. 铜匜（M82：8）

M82出土铜礼器

1. 铜盉（M82∶6）

2. 铜鼎（M86∶5）

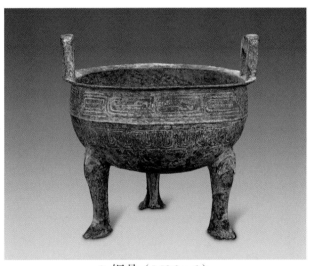

3. 铜鼎（M86∶6）

4. 铜簋（M86∶3）

5. 铜簋（M86∶4）

6. 铜盘（M86∶1）

M82、M86出土铜礼器

1. 铜匜（M86：2）

2. 铜鼎（M93：7）

3. 铜鼎（M93：1）

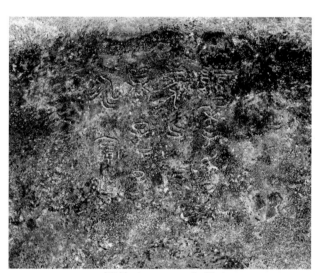

4. 铜鼎（M93：1）铭文

5. 铜鼎（M93：9）

6. 铜鼎（M93：8）

M86、M93出土铜礼器

1. 铜簋（M93：5）

2. 铜簋（M93：30）

4. 铜簋（M93：6）

3. 铜簋（M93：31）

5. 铜簋（M93：2）

M93出土铜簋

1. 铜方壶（M93：32）

2. 铜方壶（M93：29）

3. 铜盉（M93：3）

4. 铜盘（M93：4）

5. 铜镞（M93：14-1）

6. 铜镞（M93：15-5）

M93出土铜器

1. 铜盾钖（M93：13-1）

2. 铜盾钖（M93：13-2）

3. 铜辖首（M93：17）

4. 铜辖首（M93：51）

5. 素面铜辖（M93：25、26）

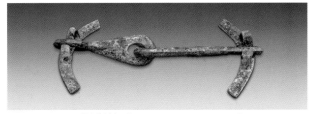

6. 铜衔镳（M93：41-1～41-3）

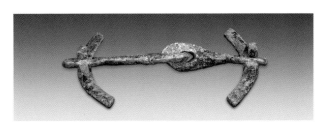

7. 铜衔镳（M93：53-1～53-3）

M93出土铜兵器与车马器

1. 铜带扣（M93：21）

2. 铜带扣（M93：23）

3. 铜带扣（M93：22）

4. 兽首形铜小腰（M93：34、35）

5. 多棱形扁铜小腰（M93：37）

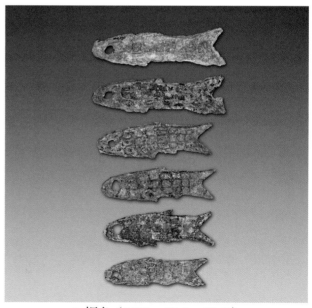

6. 铜鱼（M93：10-1～10-6）

M93出土铜器

1. 铜铃（M93：16）

2. 铜铃（M93：28）

3. 铜铃（M93：44）

4. 铜铃（M93：47）

5. 铜铃（M93：49）

6. 铜铃（M93：50）

M93出土铜铃

1.铜三角形饰（M93：45）

2.铜鼎（M94：4）

3.铜簋（M94：5）

4.铜方壶（M94：3）

5.铜盘（M94：8）

6.铜盉（M94：7）

M93、M94出土铜器

1. 陶鬲（M12：1）

2. 陶鬲（M22：7）

3. 陶鬲（M30：1）

4. 陶罐（M30：2）

5. 陶鬲（M33：20）

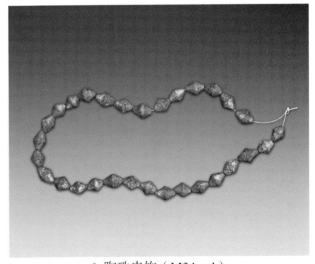

6. 陶珠串饰（M34：4）

M12、M22、M30、M33、M34出土陶器

1.陶鬲（M43：1）

2.陶鬲（M44：3）

3.陶罐（M44：1）

4.陶盂（M44：2）

5.陶鬲（M45：1）

6.陶鬲（M46：1）

M43、M44、M45、M46出土陶器

1. 陶鬲（M48：6）

2. 陶鬲（M55：1）

3. 陶鬲（M58：1）

4. 陶壶（M61：1）

5. 陶罐（M62：2）

6. 陶盂（M62：1）

M48、M55、M58、M61、M62出土陶器

1. 陶珠（M63：3）

2. 陶鬲（M65：2）

3. 陶鬲（M70：1）

4. 陶鬲（M73：1）

5. 陶罐（M73：3）

6. 陶盂（M73：2）

M63、M65、M70、M73出土陶器

1. 陶鬲（M74：5）

2. 陶鬲（M75：1）

3. 陶罐（M76：2）

4. 陶鬲（M76：3）

5. 陶盂（M76：1）

6. 陶鬲（M85：1）

M74、M75、M76、M85出土陶器

1. 陶鬲（M89：3）

2. 陶罐（M89：2）

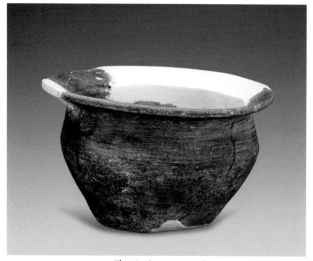

3. 陶盂（M89：1）

4. 陶鬲（M92：2）

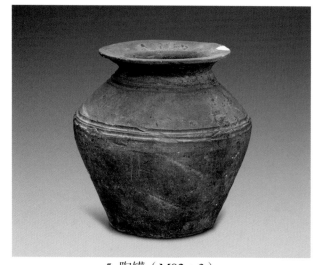

5. 陶罐（M92：3）

6. 陶盂（M92：1）

M89、M92出土陶器

1. 陶鬲（M105：1）

2. 陶鬲（M105：3）

3. 陶盂（M105：2）

4. 陶鬲（M111：1）

5. 陶罐（M111：3）

6. 陶盂（M111：2）

M105、M111出土陶器

1. 陶鬲（M115：2）

2. 陶罐（M115：3）

3. 陶盂（M115：1）

4. 陶鬲（M116：1）

5. 陶罐（M116：2）

6. 陶盂（M116：3）

M115、M116出土陶器